编写人员

主　编： 郑新芝　福建建达律师事务所主任

编委会委员

张传江	苏启东	华毅鹰	董帝亮	伍孝信	黄鸿东
王美强	戴世福	肖辉胜	李志强	叶文兴	刘伟英
陈　彧	朱乃坚	陈瑞龙	张旭东	彭丽梅	林仪荧
吴成明	朱亚辉	叶　涛	陈铭涛	李　洋	苏珍勇
汪佩元	陈恩杰	林晓君	王昱杰	冯凯羚	林雨譞

乡镇（街道）综合行政执法
法律顾问实务

郑新芝 主编

福建建达律师事务所 编著

中国法制出版社
CHINA LEGAL PUBLISHING HOUSE

自　序

基层治理是国家治理的基石。乡镇人民政府（下称乡镇）是我国最基层的行政机关，街道办事处（下称街道）是上级政府的派出机关。两者行政地位虽然不同，但都是联结城市和农村的重要环节，在整个国家经济社会发展中发挥着基础性作用，也是党和政府联系人民群众的纽带。囿于乡镇和街道属地管理原则，2021年《中华人民共和国行政处罚法》修订前，乡镇和街道在行政执法权源存在法律法规没有明确授权、行政执法无据或者有权行政机关委托授权、执法力量不足的问题。推进基层治理体系和治理能力现代化建设，是全面建设社会主义现代化国家的一项重要工作。针对乡镇和街道面临的执法困境，2019年1月，中共中央办公厅、国务院办公厅印发《关于推进基层整合审批服务执法力量的实施意见》，部署各地区"整合现有站所、分局执法力量和资源，组建统一的综合行政执法机构，按照有关法律规定相对集中行使行政处罚权，以乡镇和街道名义开展执法工作，并接受有关县级主管部门的业务指导和监督，逐步实现基层一支队伍管执法"。从党中央和国务院层面明确提出了"以乡镇和街道名义开展执法工作"。2021年1月，《中华人民共和国行政处罚法》修订，其第二十四条第一款规定："省、自治区、直辖市根据当地实际情况，可以决定将基层管理迫切需要的县级人民政府部门的行政处罚权交由能够有效承接的乡镇人民政府、街道办事处行使……"从立法上确定乡镇和街道具有行使行政处罚的职权。2021年4月,《中共中央 国务院关于加强基层治理体系和治理能力现代化建设的意见》再次提出"根据本地实际情况,依法赋予乡镇(街道)行政执法权,整合现有执法力量和资源",将行政执法范围从原有的行政处罚扩展到整个行政执法范围。2021年8月,中共中央、国务院《法治政府建设实施纲要(2021—2025年)》提出"深化行政执法体制改革""乡镇(街道)逐步实现'一支队伍管执法'的改革原则和要求"。

鉴于此,福建建达律师事务所根据乡镇(街道)综合行政执法的最新的文件政策和法律法规,结合多年来乡镇(街道)法律服务实务经验,编撰成书。本书内容贴近基层行政执法常规、常见的法律实务,主要包括三个方面:一是乡镇(街道)综合行政执法的内涵、外延及合法权源;二是乡镇(街道)综合行政执法范围;三是乡镇(街道)综合行政执法的具体法律依据及程序。在章节的编排上,本书分为上、下两篇。其中上篇"实务技能"介绍乡镇(街道)综合行政执法实务技能,包括行政处罚实务、行政许可实务、行政强制实务、行政检查实务及行政复议实务等。下篇"问答案例"又分为问答篇和案例篇,其中问答篇以问答形式对行政处罚、行政许可、行政强制、具体行政执法事项及相关制度的疑难点进行解答,重点涉及自然资源、海洋渔业、林地草原、生态环境、道路运输、应急管理、农业农村、文化市场、市场监管、商务、消防、社会服务十二个领域;案例篇精选二十一个乡镇(街道)综合执法典型案例,力求做到实务性强与可操作性并举。

本书编写过程中需要说明两个问题:一是关于本书第11—14章选取赋权文件的说明。鉴于各地赋权文件及目录清单不统一,且仍处于动态调整中,故本书第11—14章仅选取部分省已生效的赋权文件及目录清单作为乡镇(街道)行政执法的参考依据,具体行政执法应以各省颁布的现行有效的赋权文件及目录清单为准。二是关于本书案例选取的说明。考虑到目前乡镇(街道)综合行政执法改革还在探索中,相关案例少之又少，因此，编写人员另辟蹊径，将在工作实践中收集整理而来的案例经过一定的编辑、加工，来说明乡镇（街道）综合行政执法的重点和难点问题，供读者研究参考。

本书在编写过程中，得到了福建建达律师事务所其他专业服务团队（政府法律顾问专业委员会、建设工程与房地产专业委员会、婚姻家事专业委员会、行政诉讼专业委员会、民事诉讼专业委员会）的专业支持，以及福建建达律师事务所泉州、厦门、漳州、福鼎、长乐、南平、成都、香港等分所，福建理则达、佳汇、骁腾、双达、涉达、秉坚律师事务所及上海劲达律师事务所等单位的大力协助。特别是中国法制出版社黄会丽编辑和韩亚慧编辑对本书章节结构和统筹策划注入大量心血，并提出了宝贵的修改意见，在此一并致谢。

福建建达律师事务所于2017年和2021年先后在中国法制出版社出版了《政府法律顾问实务：技能、问答与案例》《"三农"法律顾问实务：技能、问答与案例》两本书，借此书的出版，汇集了政府、"三农"、乡镇（街道）行政法律服务系列丛书，希冀为法治政府和法治社会建设奉献一份绵薄之力。

由于时间仓促以及各省赋权文件仍在不断调整和更新中，本书在内容上还有诸多待完善之处，借此还望读者予以关注和斧正！

郑新芝

2024年6月

简 目

上篇 实务技能

第 一 章 乡镇（街道）综合行政执法概述 / 3

第 二 章 乡镇（街道）行政处罚实务 / 11

第 三 章 乡镇（街道）行政许可实务 / 22

第 四 章 乡镇（街道）行政强制实务 / 33

第 五 章 乡镇（街道）行政检查实务 / 53

第 六 章 乡镇（街道）行政复议实务 / 61

下篇 问答案例

➡ 问答篇

第 七 章 行政处罚 / 69

第 八 章 行政许可 / 85

第 九 章 行政强制 / 95

第 十 章 行政执法相关规定 / 107

第十一章 乡镇（街道）行政执法事项 / 130

第十二章 乡镇（街道）行政执法制度规定 / 372

第十三章 行政执法全过程记录 / 406

第十四章　重大执法决定法制审核 / 414

➡ **案例篇**

第十五章　乡镇（街道）综合执法案例 / 419

上篇 实务技能

第一章 乡镇（街道）综合行政执法概述 / 3

第一节 乡镇（街道）综合行政执法 / 4

一、行政执法 / 4

二、乡镇（街道）综合行政执法 / 5

第二节 乡镇（街道）行政执法基本特征 / 8

一、乡镇（街道）是赋权行政执法主体 / 8

二、乡镇（街道）以自己名义作出行政执法行为 / 8

三、乡镇（街道）行政执法须有法律明确规定或省政府赋权规范性文件 / 9

四、乡镇（街道）应对行政执法行为承担法律后果 / 9

第三节 乡镇（街道）行政执法其他事项 / 9

一、经费保障 / 9

二、队伍建设 / 10

第二章 乡镇（街道）行政处罚实务 / 11

第一节 相关法律规定 / 12
一、关于赋权行政处罚的合法性 / 12
二、关于赋权行政处罚的适用范围 / 12
三、关于赋权行政处罚的管辖 / 14

第二节 行政处罚工作流程 / 14
一、立案 / 15
二、调查取证 / 15
三、集体讨论和法制审核制度 / 16
四、作出行政处罚行为前的告知和听证程序 / 16
五、作出行政处罚行为 / 17

第三节 注意事项 / 17
一、如何认定行政处罚追诉时效 / 17
二、关于行政处罚裁量基准 / 18
三、关于文书送达方式 / 19
四、如何理解听证程序中的"较大数额罚款" / 20
五、作出行政处罚决定时应告知救济权利 / 21

第三章 乡镇（街道）行政许可实务 / 22

第一节 相关法律规定 / 23
一、关于乡镇（街道）实施行政许可的合法性 / 23
二、关于赋权行政许可的实施主体 / 23
三、关于赋权行政许可的适用范围 / 23

第二节 行政许可工作流程 / 24
一、申请 / 24
二、受理 / 24

三、审查 / 25

　　四、听证 / 25

　　五、决定 / 26

　　六、期限 / 28

　　七、变更与延续 / 28

　　八、撤销和注销 / 29

　第三节　注意事项 / 30

　　一、关于行政许可事项 / 30

　　二、关于行政机关法定注意义务 / 30

　　三、关于申请人的诚信义务 / 31

　　四、关于公众查询行政许可的范围 / 31

　　五、关于行政许可的地域限制 / 32

第四章　乡镇（街道）行政强制实务 / 33

　第一节　相关法律规定 / 34

　　一、关于赋权行政强制实施的合法性依据 / 34

　　二、关于赋权行政强制的实施主体 / 35

　　三、关于赋权行政强制的适用范围 / 35

　第二节　行政强制工作流程 / 36

　　一、基本执法流程 / 36

　　二、注意事项 / 36

　第三节　行政强制措施的实施流程 / 37

　　一、限制人身自由措施 / 37

　　二、查封、扣押措施 / 38

　　三、冻结 / 41

　　四、涉嫌犯罪案件财物的移送 / 42

第四节　行政强制执行 / 43

　　一、行政强制执行的基本规定 / 43

　　二、行政强制执行的基本步骤 / 43

　　三、行政强制执行的注意事项 / 45

第五节　行政强制执行的实施流程 / 47

　　一、金钱给付义务的执行 / 47

　　二、代履行 / 49

　　三、强制拆除 / 50

　　四、排除妨碍、恢复原状 / 50

第六节　申请人民法院强制执行 / 50

　　一、法律规定 / 50

　　二、注意事项 / 51

第五章　乡镇（街道）行政检查实务 / 53

第一节　相关法律规定 / 54

　　一、关于行政检查的含义 / 54

　　二、关于行政检查的类型和方式 / 54

　　三、关于行政检查的行使原则 / 55

第二节　行政检查工作流程 / 55

　　一、检查前准备 / 55

　　二、送达检查通知书 / 56

　　三、行政检查 / 56

　　四、形成检查报告 / 56

　　五、内部复核 / 57

　　六、作出行政处理、处罚决定 / 57

第三节　注意事项 / 58

　　一、实施行政检查须遵守相关规定 / 58

二、关于检验、检疫、检测和技术鉴定 / 58

三、保障检查对象权益，不得妨碍正常生活和生产经营活动 / 58

四、行政检查风险评估 / 59

五、关于行政检查文书制作和保存 / 59

第六章 乡镇（街道）行政复议实务 / 61

第一节 相关法律规定 / 61

第二节 行政复议工作流程 / 61

一、复议答复阶段 / 62

二、审理阶段 / 62

三、庭后归档阶段 / 63

第三节 注意事项 / 63

一、关于行政复议调解或和解 / 63

二、乡镇或街道不服行政复议决定的救济途径 / 64

三、关于行政复议时效性 / 64

四、关于行政复议证据 / 65

五、关于行政复议法中的"期日" / 65

下篇 问答案例

问答篇

第七章 行政处罚 / 69

1. 什么是行政处罚？/ 69

2. 哪些部门有权实施行政处罚？/ 69

3. 行政处罚的客体是什么？／69
4. 行政处罚包括哪些处罚方式？／69
5. 哪些是行政处罚的对象？／70
6. 乡镇、街道行使行政处罚权的法律依据是什么？／70
7. 赋权乡镇、街道行政处罚包括哪些范围？／70
8. 县级人民政府制定具体赋权清单应遵守哪些程序？／71
9. 赋予乡镇、街道行政处罚权应由哪一级政府决定？／71
10. 行政处罚的管辖权是如何规定的？／71
11. 行政处罚管辖权发生争议时应如何处理？／71
12. 行政处罚的种类有哪些？／72
13. 哪些违法处罚对象不予处罚？／72
14. 哪些违法处罚对象应当从轻或者减轻处罚？／72
15. 哪些违法处罚对象可以从轻或者减轻处罚？／72
16. 哪些违法行为可以不予处罚？／73
17. 哪些行政违法行为应当减轻或者从轻处罚？／73
18. 如何理解"从轻处罚"？／73
19. 如何理解"免予处罚"和"不予处罚"？／73
20. 哪些行政违法行为应当从重处罚？／73
21. 如何理解从重处罚？／74
22. 如何理解"减轻处罚"？／74
23. 如何理解"不予行政处罚"？／74
24. 哪些行政处罚属于无效？／74
25. 行政机关办理行政处罚案件期限是多长？／75
26. 什么是行政处罚追责时效？／75
27. 行政执法人员执法时是否需要出示证件？／75
28. 如何利用电子技术监控设备收集、固定违法事实？／75
29. 行政执法时对执法人员人数有何规定？／76

30. 什么情况下可以对证据进行先行登记保存？／76
31. 如何对证据进行先行登记保存？／76
32. 行政处罚中当事人的违法所得是如何计算的？／77
33. 对同一违法行为可否给予两次罚款的行政处罚？／77
34. 同一个违法行为违反了多个法律规范，如何处罚？／77
35. 行政处罚的普通程序如何取证和立案？／77
36. 哪些行政处罚决定作出前需要告知当事人听证权利？／78
37. 当事人提出听证要求的时限是几日？／78
38. 行政处罚听证有哪些程序？／78
39. 行政法规、地方性法规可以设定行政处罚吗？／79
40. 行政处罚事实认定证据的种类及要求是什么？／79
41. 哪些情况下可以当场作出处罚决定？／80
42. 哪些情况执法人员可以当场收缴罚款？／80
43. 当场收缴的罚款，执法人员应在多长时间内交至行政机关？／80
44. 作出行政处罚决定前，需要告知当事人哪些内容？／80
45. 未告知当事人陈述、申辩等相关权利可能有哪些后果？／81
46. 行政处罚决定书应当包含哪些内容？／81
47. 拟作出行政处罚前，行政机关负责人应如何审查？／81
48. 如何作出具体的行政处罚决定？／82
49. 行政处罚决定书如何送达？／82
50. 行政机关能否通过电子邮件等方式送达处罚决定书？／82
51. 行政处罚决定公开应遵守哪些规定？／82
52. 行政处罚法中的"日"是指工作日还是自然日？／83
53. 当事人拒收当场处罚决定书如何处理？／83
54. 逾期不履行行政处罚决定的，行政机关可以采取哪些措施？／83
55. 如何处理"刑行交叉"案件？／84

第八章　行政许可 / 85

56. 什么是行政许可？ / 85

57. 乡镇、街道以什么名义实施行政许可？ / 85

58. 哪些事项可以设定行政许可？ / 86

59. 设定行政许可事项通过哪些方式规范后可以不设定行政许可？ / 86

60. 法律、行政法规、国务院决定的行政许可设定权是如何规定的？ / 86

61. 尚未制定法律、行政法规和地方性法规的，因行政管理的需要，确需立即实施行政许可的，如何处理？ / 87

62. 行政许可所依据的法律、法规、规章修改或者废止，或者准予行政许可所依据的客观情况发生重大变化的，应如何处理？ / 87

63. 当事人取得的行政许可证件是否可以转让？ / 87

64. 行政许可申请可以通过什么方式提出？ / 88

65. 行政机关应当在办公场所公示行政许可的哪些信息？ / 88

66. 申请事项不需要取得行政许可的，应当如何处理？ / 88

67. 申请事项依法不属于本行政机关职权范围的，应当如何处理？ / 88

68. 申请材料不齐全或者不符合法定形式的，应当如何处理？ / 89

69. 行政机关审查申请材料的工作人员数量是几名？ / 89

70. 行政机关作出准予行政许可的决定，需要颁发行政许可证件的，应当向申请人颁发哪些行政许可证件？ / 89

71. 行政机关应当自受理行政许可申请之日起几日内作出行政许可决定？ / 89

72. 行政机关限期不能作出行政许可决定的，如何处理？ / 90

73. 行政许可采取统一办理或者联合办理、集中办理的，办理期限是多长时间？／90
74. 如何通过招标、拍卖等方式作出行政许可决定？／90
75. 行政许可事项直接关系他人重大利益的，应当如何处理？／91
76. 被许可人需要延续依法取得的行政许可的有效期，应当在多长时间内提出申请？／91
77. 变更行政许可的程序是怎样的？／91
78. 哪些行政许可应当组织听证？／92
79. 行政许可听证有哪些程序？／92
80. 行政机关实施行政许可和对行政许可事项进行监督检查是否收费？／92
81. 哪些情形行政机关有权注销有关行政许可？／93
82. 属于直接关系公共安全、人身健康、生命财产安全事项的行政许可，有哪些特别规定？／93
83. 被许可人有哪些行为，行政机关将依法给予行政处罚；构成犯罪的，依法追究刑事责任？／94

第九章　行政强制 ／95

84. 行政强制分为哪两种，有什么作用？／95
85. 什么是行政强制措施？／95
86. 什么是行政强制执行？／95
87. 行政强制措施有哪些种类？／95
88. 哪些法律法规可以设定行政强制措施？／96
89. 行政强制执行的方式有哪些？／96
90. 在行政强制中当事人享有哪些权利？／96
91. 行政强制措施是否可以委托行使？／97
92. 行政强制措施应当由哪些人员实施？／97

93. 乡镇（街道）实施行政强制措施的范围是什么？/ 97

94. 乡镇（街道）实施行政强制措施应遵守哪些规定？/ 97

95. 情况紧急，需要当场实施行政强制措施的，乡镇（街道）应当如何处理？/ 98

96. 实施查封、扣押措施有哪些限制条件？/ 98

97. 查封、扣押决定书应当载明哪些事项？/ 98

98. 查封、扣押的期限是如何规定的？/ 99

99. 因查封、扣押发生的保管费用由谁承担？/ 99

100. 哪些情形行政机关应当及时作出解除查封、扣押决定？/ 99

101. 解除查封、扣押应当注意哪些事项？/ 100

102. 乡镇（街道）冻结存款、汇款需要注意哪些事项？/ 100

103. 冻结决定书应当载明哪些事项？/ 101

104. 哪些情形乡镇（街道）应当及时作出解除冻结决定？/ 101

105. 催告是否为行政强制执行的必经程序？/ 101

106. 催告应当载明哪些事项？/ 102

107. 强制执行决定应当载明哪些事项？/ 102

108. 哪种情形乡镇（街道）可以中止强制执行？/ 102

109. 哪种情形乡镇（街道）可以不再强制执行？/ 102

110. 哪种情形乡镇（街道）可以终结强制执行？/ 103

111. 乡镇（街道）实施行政强制执行有哪些限制条件？/ 103

112. 在执行中或者执行完毕后，据以执行的行政决定被撤销、变更，或者执行错误的，应当如何处理？/ 103

113. 对违法的建筑物、构筑物、设施等需要强制拆除的，乡镇（街道）如何处理？/ 103

114. 当事人逾期不履行金钱给付义务的行政决定的，如何处理？/ 104

115. 行政机关实施加处罚款或者滞纳金超过三十日，经催告当事人仍不履行的，如何处理？/ 104

116. 划拨存款、汇款应当如何处理？/ 104
117. 哪种情况下可以采取代履行？/ 105
118. 代履行应当遵守哪些规定？/ 105
119. 哪些情形下行政机关可以决定立即实施代履行？/ 105
120. 申请法院强制执行应当遵守哪些程序？/ 105
121. 申请人民法院强制执行，应当提供哪些材料？/ 106

第十章　行政执法相关规定 / 107

122. 什么是行政给付？/ 107
123. 实施行政给付有哪些种类？/ 107
124. 抚恤金的发放对象主要有哪些？/ 107
125. 抚恤金主要包括哪几种形式？/ 108
126. 生活补助费的发放对象主要有哪些？/ 109
127. 生活补助费主要包括哪几种形式？/ 109
128. 安置的对象主要有哪些？/ 110
129. 安置主要包括哪几种形式？/ 111
130. 社会救助的对象主要有哪些？/ 112
131. 社会救助主要包括哪几种形式？/ 112
132. 优待主要包括哪几种形式？/ 113
133. 社会福利的对象主要有哪些？/ 114
134. 社会福利主要包括哪几种形式？/ 114
135. 什么是行政检查？/ 114
136. 实施行政检查有哪些程序？/ 115
137. 什么是行政确认？/ 116
138. 实施行政确认有哪些程序？/ 116
139. 什么是行政裁决？/ 116
140. 哪些纠纷可以申请行政裁决？/ 117

141. 行政裁决有哪些程序？/ 118

142. 行政裁决的救济途径有哪些？/ 119

143. 什么是行政奖励？/ 119

144. 实施行政奖励有哪些程序？/ 119

145. 什么是政府信息？/ 121

146. 行政机关公开政府信息的原则是什么？/ 121

147. 如何确定政府信息公开的主体？/ 121

148. 哪些信息属于可以公开的政府信息？/ 121

149. 两个以上行政机关共同制作的政府信息，由哪个机关负责公开？/ 122

150. 政府信息公开指南包括哪些内容？/ 122

151. 政府信息公开目录包括哪些内容？/ 122

152. 行政机关可以采取哪些方式公开政府信息？/ 122

153. 哪些政府信息行政机关可以不予公开？/ 122

154. 哪些政府信息行政机关不得公开？/ 123

155. 哪些政府信息行政机关应当主动公开？/ 123

156. 属于主动公开范围的政府信息，应该在多长时限内进行公开？/ 124

157. 政府信息公开申请应当包括哪些内容？/ 124

158. 政府信息公开申请内容不明确的，应当如何处理？/ 125

159. 行政机关收到政府信息公开申请的时间应当如何确定？/ 125

160. 依申请公开的政府信息公开会损害第三方合法权益的，应当如何处理？/ 125

161. 政府信息公开申请答复期限是多久？/ 126

162. 申请人申请公开政府信息的数量、频次明显超过合理范围的，行政机关可以如何处理？/ 126

163. 对政府信息公开申请，行政机关应当如何答复？/ 126

164. 申请公开的信息中含有不应当公开或者不属于政府信息的内容,如何处理?/ 127
165. 申请人以政府信息公开申请的形式进行信访、投诉、举报等活动,如何处理?/ 127
166. 行政机关提供政府信息的具体形式有哪些?/ 127
167. 当事人有证据证明行政机关提供的与其自身相关的政府信息记录不准确,要求行政机关更正的,如何处理?/ 128
168. 行政机关依申请提供政府信息是否收取费用?/ 128
169. 多个申请人就相同政府信息向同一行政机关提出公开申请,且该政府信息属于可以公开的,如何处理?/ 128
170. 政府信息公开工作年度报告应当包括哪些内容?/ 128
171. 教育、卫生健康、供水、供电、供气、供热、环境保护、公共交通等与人民群众利益密切相关的公共企事业单位,如何公开在提供社会公共服务过程中制作、获取的信息?/ 129

第十一章 乡镇(街道)行政执法事项 / 130

一、自然资源 / 131

172. 乡镇(街道)执法人员在巡查时发现有人未经许可擅自取水,应如何处罚?/ 131
173. 村民发现有项目建设导致水土流失的情况,乡镇(街道)是否有权进行行政处罚?/ 131
174. 发现有人擅自建设取水工程,乡镇(街道)是否有权进行行政处罚?/ 133
175. 发现有人在滑坡地带从事采石活动,乡镇(街道)是否有权进行行政处罚?/ 134
176. 发现有人随意倾倒砂石,乡镇(街道)是否有权进行行政处罚?/ 135

177. 某街道执法人员在巡查过程中，发现有人擅自进河道采砂，如何进行行政处罚？/ 135

178. 某街道执法人员在巡查过程中，发现有人在水源保护区山坡地开垦种植农作物的，如何进行行政处罚？/ 137

179. 群众举报有人在禁止开垦的陡坡上开垦的，乡镇（街道）是否有权进行行政处罚？/ 138

180. 村民举报有人开发植物保护带的植物，乡镇（街道）是否有权进行行政处罚？/ 139

181. 发现有人未按照河道采砂许可证规定的要求采砂的，乡镇（街道）是否有权进行行政处罚？/ 140

182. 乡镇（街道）执法人员发现某采砂许可人未及时清理砂石，该如何处罚？/ 142

183. 发现本辖区有人在禁采期内采砂，乡镇（街道）是否有权进行行政处罚？/ 143

184. 巡查过程中，发现有人在堤防、护堤地建房的，乡镇（街道）是否有权进行行政处罚？/ 144

185. 某村民未经批准擅自在河道挖筑鱼塘，乡镇（街道）是否有权进行行政处罚？/ 145

186. 群众举报，发现有人在河道滩地擅自开采地下资源，乡镇（街道）是否有权进行行政处罚？/ 146

187. 发现行为人在禁止开垦区进行开垦的，乡镇（街道）该如何进行行政处罚？/ 147

188. 行为人拒不履行土地复垦义务的，乡镇（街道）是否有权进行行政处罚？/ 147

189. 发现存在未按照规定将土地复垦费用列入生产成本的违法行为，乡镇（街道）是否有权进行行政处罚？/ 148

190. 发现行为人未按照规定报告土地损毁情况、土地复垦费用使用情况，乡镇（街道）是否有权进行行政处罚？/ 149
191. 发现行为人不肯缴纳复垦费的，乡镇（街道）该如何进行行政处罚？/ 149
192. 发现行为人不肯缴纳水土保持补偿费，乡镇（街道）该如何进行行政处罚？/ 150
193. 发现行为人存在隐瞒情况骗取取水申请批准文件的违法行为，乡镇（街道）该如何进行行政处罚？/ 151
194. 有人举报某行为人存在对年度取水情况作假的行为，乡镇（街道）是否有权进行行政处罚？/ 152
195. 发现某行为人伪造取水许可证，乡镇（街道）该如何进行处罚？/ 152
196. 发现行为人对天然河道改建，乡镇（街道）该如何进行行政处罚？/ 153
197. 群众举报有村民占用土地，乡镇（街道）是否有权进行行政处罚？/ 153
198. 村民举报某处非法用地村民被责令归还土地后仍然占有前述土地，乡镇（街道）是否有权进行行政处罚？/ 154
199. 发现有人超越批准范围采矿的，乡镇（街道）该如何处罚？/ 154
200. 发现村民在禁止采矿区采矿的，乡镇（街道）是否有权进行行政处罚？/ 156
201. 发现村民销售无证采矿开采的石料，乡镇（街道）是否有权进行行政处罚？/ 156
202. 发现有人在地质灾害区内进行工程建设，乡镇（街道）该如何处罚？/ 157
203. 发现有人在生活供水区域开展养殖活动，乡镇（街道）该如何处罚？/ 157

204. 土地所有权发生争议的，乡镇（街道）是否有权处理？/ 158

205. 乡镇（街道）执法人员发现有人不按批准用途使用国有土地，该如何处罚？/ 158

206. 某村村民举报，有临时用地超期未进行复垦，乡镇（街道）是否有权进行行政处罚？/ 159

207. 行为人不按规定编制土地复垦方案，乡镇（街道）是否有权进行行政处罚？/ 159

208. 发现有人擅自开采实行保护性开采的特定矿种的，乡镇（街道）该如何进行处罚？/ 160

209. 群众举报，有人在湖泊管理范围内建设妨碍行洪的建筑物的，乡镇（街道）是否有权进行行政处罚？/ 161

210. 群众举报，有人在河道内倾倒垃圾，乡镇（街道）如何进行处罚？/ 163

211. 群众举报，有人在大坝上取土，乡镇（街道）是否有权进行行政处罚？/ 166

212. 村民举报，有人在水库区域内围垦，乡镇（街道）是否有权进行行政处罚？/ 167

213. 在巡查时发现有人装运违法开采的砂石，乡镇（街道）该如何对违法行为人进行处罚？/ 169

214. 发现有采砂船舶违法滞留禁采区，乡镇（街道）该如何进行处罚？/ 170

215. 发现有人擅自在河道滩地设置堆砂场，乡镇（街道）该如何进行处罚？/ 171

216. 乡镇工作人员巡查河道时发现，有人违反规定引水、截水，该如何进行处罚？/ 172

217. 群众举报，有人填埋湿地，若举报属实，乡镇（街道）是否有权进行行政处罚？/ 172

218. 在紧急防汛期，乡镇（街道）是否有权根据防汛抗洪需要，决定采取取土占地、砍伐林木、清除阻水障碍物和其他必要的紧急措施？／173

219. 滩涂养殖人使滩涂荒芜满一年，且无正当理由的，乡镇（街道）是否有权进行行政处罚？／174

220. 乡镇（街道）执法人员发现有人向水源保护区丢弃农药的，如何进行处罚？／174

221. 乡镇（街道）是否有权审批临时用地申请？／175

222. 乡镇（街道）是否有权审批取水许可申请？／176

223. 有群众举报有人在禁牧区放牧的，乡镇（街道）应当如何处罚？／176

224. 有人扰乱矿山治理恢复工作的，乡镇（街道）是否有权进行行政处罚？／177

225. 行为人应当编制矿山地质环境保护与土地复垦方案而未编制的，乡镇（街道）是否有权进行行政处罚？／177

226. 行为人作为探矿权人，没有采取治理恢复措施的，乡镇（街道）是否有权进行行政处罚？／178

227. 行为人未按经批准的矿山地质环境保护与土地复垦方案治理，乡镇（街道）是否有权进行行政处罚？／178

228. 行为人未按规定期限和条件开发利用土地，乡镇（街道）是否有权进行行政处罚？／179

229. 行为人超越批准的勘查区块范围进行勘查，乡镇（街道）是否有权进行行政处罚？／179

230. 行为人擅自进行滚动勘探开发，乡镇（街道）是否有权进行行政处罚？／180

231. 行为人冒用勘查许可证，乡镇（街道）是否有权进行行政处罚？／180

232. 行为人未按规定备案、报告有关勘查情况，乡镇（街道）是否有权进行行政处罚？／180

233. 行为人不办理勘查许可证变更登记，乡镇（街道）是否有权进行行政处罚？／181

234. 行为人不按期缴纳应当缴纳的探矿权使用费，乡镇（街道）是否有权进行行政处罚？／181

235. 群众举报有人无证采矿，乡镇（街道）是否有权进行行政处罚？／182

236. 乡镇（街道）执法人员在巡查中发现有人采取破坏性方式采矿的，应当如何处罚？／182

237. 乡镇（街道）执法人员在巡查中发现有人冒用采矿许可证采矿的，应当如何处罚？／183

238. 乡镇（街道）执法人员在巡查中发现有人不按期缴纳应当缴纳的采矿权使用费，应当如何处罚？／183

239. 乡镇（街道）执法人员在巡查中发现有人不办理采矿许可证变更登记，应当如何处罚？／184

240. 乡镇（街道）执法人员在巡查中发现有人非法买卖矿产资源，应当如何处罚？／184

241. 乡镇（街道）执法人员在巡查中发现有人非法用采矿权作抵押，应当如何处罚？／184

242. 乡镇（街道）执法人员在巡查中发现有人将探矿权、采矿权倒卖牟利，应当如何处罚？／185

243. 乡镇（街道）执法人员在巡查中发现有人未经批准擅自转让探矿权，应当如何处罚？／185

244. 乡镇（街道）执法人员在巡查中发现有人以承包等方式擅自将采矿权转给他人，应当如何处罚？／186

二、海洋渔业 / 186

245. 群众举报，行为人使用炸鱼、毒鱼、电鱼等破坏渔业资源方法进行捕捞，乡镇（街道）是否可以进行行政处罚？/ 186

246. 对未依法取得捕捞许可证擅自进行捕捞的行为，乡镇（街道）是否可以进行行政处罚？/ 187

247. 对违反捕捞许可证关于作业类型、场所、时限和渔具数量的规定的，乡镇（街道）是否可以进行行政处罚？/ 187

248. 行为人销售禁渔区渔获物的，乡镇（街道）是否可以进行行政处罚？/ 187

249. 行为人欲申请水产苗种生产许可（除水产原、良种场外）的，是否可以向乡镇（街道）申请？/ 188

250. 行为人欲申请水面养殖使用证，是否可以向乡镇（街道）申请？/ 188

251. 对集体经济组织以外的单位或者个人承包集体所有的水域和滩涂，乡镇（街道）是否可以进行行政审批？/ 188

252. 对在增殖和保护渔业资源、发展渔业生产、进行渔业科学技术研究等方面成绩显著的，乡镇（街道）是否有权进行行政奖励？/ 189

253. 乡镇（街道）能否核发水域滩涂养殖证？/ 189

254. 对使用全民所有的水域、滩涂从事养殖生产，无正当理由使水域、滩涂荒芜满一年的，乡镇（街道）是否有权进行处罚？/ 189

255. 对涂改、买卖、出租或者以其他形式转让捕捞许可证的行为，乡镇（街道）是否可以进行行政处罚？/ 190

256. 行为人在重要渔业水域设置网箱、围栏和排污口的，乡镇（街道）是否可以进行行政处罚？/ 190

三、林地草原 / 191

257. 海边村民发现有人侵占、毁坏沿海防护林地，乡镇（街道）是否可以进行行政处罚？/ 191

258. 海边村民发现有人无证采伐沿海防护林，乡镇（街道）是否可以进行行政处罚？/ 191

259. 因自然灾害严重毁损承包地，村民的承包土地无法正常耕种，申请适当调整的，乡镇（街道）是否有权审批？/ 192

260. 某林业大省村民承包的林地中病虫害侵害严重，申请森林病虫害防治费的适当扶持或补助，乡镇（街道）是否有权发放？/ 192

261. 某村村民个人之间发生了林木所有权和林地使用权争议，乡镇（街道）是否有权处理？/ 193

262. 乡镇（街道）执法人员在巡查过程中，发现某店铺对销售种子应当包装而没有包装，是否有权进行行政处罚？/ 194

263. 乡镇（街道）执法人员在巡查过程中，发现某村民未经批准私自采集、销售国家重点保护的天然种质资源，该如何行政处罚？/ 195

264. 群众举报某工程队在采石、采砂、采土过程中，造成林木、林地毁坏，乡镇（街道）是否有权行政处罚？/ 195

265. 村民举报存在盗伐、滥伐林木的违法行为，乡镇（街道）是否有权进行行政处罚？/ 196

266. 乡镇（街道）执法人员发现有人违反规定收购、加工、运输明知是盗伐、滥伐等非法来源木材，行为人该承担哪些法律责任？/ 198

267. 乡镇（街道）执法人员发现某农家乐开展经营性旅游活动破坏草原等，该如何处罚？/ 199

268. 发现存在违反规定野外用火的违法行为，乡镇（街道）是否有权进行行政处罚？／200

269. 乡镇（街道）审批人员在核查材料的过程中，发现存在提交的材料弄虚作假、虚报冒领补助资金的违法行为，该如何处罚？／201

270. 某林地承包方拒绝接受森林防火检查，阻碍执法，乡镇（街道）是否有权进行行政处罚？／201

271. 群众举报，发现有人擅自在森林防火区内用明火烧烤，乡镇（街道）是否有权进行行政处罚？／202

272. 乡镇（街道）执法人员发现行为人存在擅自改变林地用途、在临时使用的林地上修建永久性建筑物，或者临时使用林地期满后一年内未恢复植被或者林业生产条件的违法行为，如何进行行政处罚？／203

273. 村民举报有人擅自开垦林地，乡镇（街道）如何进行行政处罚？／204

274. 发现森林、林木、林地的经营单位或者个人未履行森林防火责任，乡镇（街道）是否有权进行行政处罚？／205

275. 发现在森林防火期内，森林、林木、林地的经营单位未设置森林防火警示宣传标志，乡镇（街道）是否有权进行行政处罚？／206

276. 乡镇（街道）执法人员发现部分商家对销售的种子没有使用说明或者标签内容不符合规定，该如何进行行政处罚？／206

277. 乡镇（街道）执法人员发现部分商家对种子的标签擅自进行涂改，该如何进行行政处罚？／207

278. 乡镇（街道）执法人员发现种子生产经营者在异地设立分支机构、专门经营不再分装的包装种子或者受委托生产、代销种子，未按规定备案，该如何进行行政处罚？／207

279. 有人举报某村村民擅自调换承包林地，乡镇（街道）应如何处罚？/ 208

280. 乡镇（街道）工作人员巡山，发现有村民临时占用林地，逾期一年仍不归还，该如何进行处罚？/ 208

281. 乡镇（街道）执法人员发现某采伐队擅自在幼林地内砍柴，致使幼林木受到毁坏，该如何进行处罚？/ 209

282. 乡镇（街道）执法人员发现某采伐队租借采伐许可证，该如何进行行政处罚？/ 209

283. 群众举报有村民聚众哄抢林木，乡镇（街道）是否有权进行行政处罚？/ 210

284. 村民举报某人深夜向林地倾倒垃圾及有毒有害物质，乡镇（街道）应如何进行行政处罚？/ 210

285. 乡镇（街道）执法人员发现有人毁坏新造林苗木，该如何处罚？/ 211

286. 发现村民在森林高火险期内，未经批准擅自进入森林高火险区活动，经多次劝阻拒不离开的，乡镇（街道）是否有权进行行政处罚？/ 211

287. 发现在森林防火期内，有村民在森林防火区内未经批准进行烧灰积肥、烧地（田）埂、秸秆、烧荒烧炭，经多次劝阻不改正，乡镇（街道）是否有权进行行政处罚？/ 212

288. 乡镇（街道）执法人员发现在森林防火期内，有村民不听劝阻，在森林防火区内不符合相关要求用火，该如何处罚？/ 213

289. 乡镇（街道）执法人员发现在森林防火期内，有村民不听劝阻，在森林防火区内未经批准实施计划烧除、炼山造林、勘察、开采矿藏和各项建设工程等野外用火，该如何处罚？/ 213

290. 乡镇（街道）执法人员发现在森林防火期内，有村民不听劝阻，在森林防火区内烧纸、烧香，该如何处罚？/ 214

291. 乡镇（街道）执法人员发现在森林防火期内，有村民不听劝阻，在森林防火区内烧蜂、烧山狩猎，该如何处罚？/ 215

292. 乡镇（街道）执法人员发现在森林防火期内，有村民不听劝阻，在森林防火区内烧火、野炊、使用火把照明，该如何处罚？/ 215

293. 乡镇（街道）执法人员发现在森林防火期内，有游客不听劝阻，在森林防火区内燃放烟花爆竹和孔明灯，该如何处罚？/ 216

294. 乡镇（街道）执法人员发现在森林防火期内，有村民不听劝阻，在森林防火区内焚烧垃圾，该如何处罚？/ 217

295. 乡镇（街道）执法人员发现在森林防火期内，有村民携带火种和易燃易爆物品进入森林防火区，该如何处罚？/ 217

296. 某村村民举报，发现有人侵占森林防火通道、隔离带，用来开发旅游项目，乡镇（街道）是否有权进行行政处罚？/ 218

297. 村民发现有人非法开垦草原，乡镇（街道）是否有权进行行政处罚？/ 219

298. 乡镇（街道）执法人员发现有人采取欺骗手段骗取批准、非法使用草原，用以开发旅游项目，该如何进行处罚？/ 219

299. 群众举报，某花店在销售授权的植物品种时未使用其注册登记的名称，乡镇（街道）如何进行处罚？/ 220

300. 群众举报，公园里的古树保护牌及保护设施被人破坏，乡镇（街道）如何进行处罚？/ 220

301. 群众举报，公园里的古树长时间未被养护，存在枝干、树叶损伤的情况，乡镇（街道）是否有权进行处罚？/ 221

302. 村民发现，村里的古树名木被人剥树皮、掘根，乡镇（街道）是否有权进行处罚？/ 221

303. 某农家乐门口有一古树名木,农家乐主人以此为噱头招揽顾客,在树下铺设电线、管线,筑土坑供游客明火烧烤使用,在古树枝干上缠绕绳索、铁丝,用于悬挂电影幕布、电灯。后被人举报,乡镇(街道)是否有权进行处罚?／222

304. 乡镇执法人员巡视林地时发现,有人擅自破坏林地界桩,该如何进行处罚?／222

305. 乡镇执法人员巡视林地时发现,有人违反规定调运林木种苗或者木材,该如何进行处罚?／223

306. 群众举报,有人可能伪造林木良种合格证进行销售,若举报属实,乡镇(街道)应如何进行处罚?／223

307. 农村居民打算采伐承包林地的树木,乡镇(街道)是否有权核发采伐许可证?／224

308. 采伐林木的单位或者个人没有按照规定完成更新造林任务的,乡镇(街道)是否有权进行行政处罚?／225

309. 农村村民就林地承包经营权发生纠纷,乡镇(街道)是否有权进行行政仲裁?／225

310. 对当事人申请扑救森林火灾、防洪抢险等紧急情况林木采伐的备案,乡镇(街道)是否有权处理?／226

311. 建设方的建设项目需要临时使用林地施工建设,乡镇(街道)是否有权进行行政审批?／227

312. 承包人已完成森林更新的验收,乡镇(街道)是否有权核发合格证?／229

313. 乡镇(街道)执法人员发现有村民擅自移植古树名木,该如何处罚?／229

314. 乡镇(街道)是否有权对森林防火、草原防火、草原法律、法规执行情况进行行政检查?／230

315. 乡镇（街道）是否有权对森林防火、森林病虫害防治、森林资源保护管理工作中作出重大贡献的人予以奖励？／231

316. 发现森林火灾隐患，乡镇（街道）是否有权下达整改通知书？／231

317. 乡镇（街道）执法人员发现未按照确认的行驶区域在草原上行驶，碾轧草原植被的，该如何处罚？／232

318. 群众举报有人在草原上经营性采挖天然草皮，乡镇（街道）是否有权进行行政处罚？／232

319. 发现未经批准在草原上野外用火及未取得草原防火通行证进入草原防火管制区的，乡镇（街道）是否有权进行处罚？／233

320. 在草原防火期或草原防火管制区发现存在未安装防火装置、丢弃火种、不遵守防火安全操作规程和未按照规定用火等违法行为的，乡镇（街道）是否有权进行处罚？／233

321. 乡镇（街道）执法人员在行政检查时，草原上的一家旅馆未建立草原防火责任制，该如何进行处罚？／234

322. 集体所有的草原调整或对外承包的，乡镇（街道）是否有权审批？／234

323. 乡镇（街道）是否有权对草原保护、建设和利用情况进行行政检查？／235

324. 村民个人之间发生了草原所有权、使用权争议，乡镇（街道）是否有权处理？／235

四、生态环境／236

325. 有人向水体排放或者施用未经无害化处理的人畜粪便逾期不整改，乡镇（街道）如何履行自身职责？／236

326. 乡镇（街道）执法人员发现有人在饮用水一级保护区使用化肥，该如何处罚？／236

327. 出现未按照规定设置大气污染物排放口等违法行为，乡镇（街道）应如何处罚？/ 237

328. 出现露天仓库产生扬尘，污染环境等违法行为，乡镇（街道）应如何处罚？/ 237

329. 从事服装干洗和机动车维修等服务活动，存在未设置异味和废气处理装置等污染防治设施并保持正常使用，影响周边环境等违法行为，乡镇（街道）应如何处罚？/ 238

330. 出现在饮用水水源一级保护区内从事网箱养殖、旅游、游泳、垂钓或者其他可能污染饮用水水体的活动等违法行为，乡镇（街道）应如何处罚？/ 238

331. 出现在饮用水水源保护区内设置排污口等违法行为，乡镇（街道）应如何处罚？/ 239

332. 出现畜禽养殖废弃物未进行综合利用和无害化处理等违法行为，乡镇（街道）应如何处罚？/ 240

333. 出现将畜禽养殖废弃物用作肥料造成环境污染等违法行为，乡镇（街道）应如何处罚？/ 240

334. 出现排放畜禽养殖废弃物超标、超总量或未经无害化处理直接向环境排放畜禽养殖废弃物等违法行为，乡镇（街道）应如何处罚？/ 241

335. 出现擅自开垦、围垦、填埋等改变湿地用途以及擅自开垦、围垦、填埋、采砂、取土等占用湿地等违法行为，乡镇（街道）应如何处罚？/ 242

336. 出现向公园水体排放不符合排放标准的污水或者向公园水体倾倒杂物、垃圾等违法行为，乡镇（街道）应如何处罚？/ 243

337. 出现乱倒垃圾、污水、粪便、乱扔动物尸体等废弃物等违法行为，乡镇（街道）应如何处罚？/ 243

338. 本市集镇、村庄范围内存在随意堆积、堆放秸秆、柴草、杂物造成环境污染或者腐烂的秸秆、柴草、杂物不及时处理造成环境污染等违法行为，乡镇（街道）应如何处罚？／244

339. 单位存在未按照规定对裸露土地进行绿化或者铺装等违法行为，乡镇（街道）应如何处罚？／244

340. 作业单位和个人存在在道路或者公共场所无组织排放粉尘或者废气等违法行为，乡镇（街道）应如何处罚？／245

341. 出现经营性炉灶排放明显可见黑烟等违法行为，乡镇（街道）应如何处罚？／245

342. 出现在噪声敏感建筑物集中区域内从事金属切割、石材和木材加工等易产生噪声污染的商业经营活动等违法行为，乡镇（街道）应如何处罚？／245

343. 饮食服务业的经营者存在未按照规定安装油烟净化和异味处理设施或在线监控设施、未保持设施正常运行等违法行为，乡镇（街道）应如何处罚？／246

344. 出现在当地人民政府禁止的时段和区域内露天烧烤食品或者为露天烧烤食品提供场地等违法行为，乡镇（街道）应如何处罚？／246

345. 出现运输煤炭、水泥、石灰、石膏、砂土、垃圾等易产生扬尘的作业，未采取防抛洒、防扬尘措施等违法行为，乡镇（街道）应如何处罚？／246

346. 从事车辆清洗维修、废品收购等行业的经营者存在未保持经营场所周边的环境卫生整洁，污水外流或者废弃物向外散落等违法行为，乡镇（街道）应如何处罚？／247

347. 农业投入品生产者、销售者、使用者存在未按照规定及时回收肥料等农业投入品的包装废弃物或者农用薄膜，或者未按照规定及时回收农药包装废弃物交由专门的机构或者组织进行无害化处理等违法行为，乡镇（街道）应如何处罚？/ 248

348. 出现拒不配合生态环境检查，或者在接受检查时弄虚作假等违法行为，乡镇（街道）应如何处罚？/ 248

349. 出现在机关、学校、医院、居民住宅区等人口集中地区和其他依法需要特殊保护的区域内，从事橡胶制品生产等产生恶臭、有毒有害气体的生产经营活动等违法行为，乡镇（街道）应如何处罚？/ 250

350. 从事屠宰加工的单位存在未及时收集、贮存、利用或者处置加工过程中产生的固体废物等违法行为，乡镇（街道）应如何处罚？/ 250

351. 在不具备集中处置医疗废物条件的农村，医疗机构存在未按要求处置医疗废物等违法行为，乡镇（街道）应如何处罚？/ 251

352. 出现违反摊点卫生管理规定等违法行为，乡镇（街道）应如何处罚？/ 251

353. 施工单位存在未及时清运工程施工过程中产生的建筑垃圾，造成环境污染等违法行为，乡镇（街道）应如何处罚？/ 252

354. 出现随意倾倒、抛洒、堆放城市生活垃圾等违法行为，乡镇（街道）应如何处罚？/ 252

355. 出现随地吐痰、吐口香糖，乱扔烟蒂、纸屑、果皮及食品包装等废弃物，随地便溺；从车辆内或者建（构）筑物上向外抛掷杂物、废弃物；在非指定地点倾倒垃圾、污水、粪便等废弃物或者将废弃物扫入、排入城市排水沟、地下管道；在非指定区域、指定时间燃放烟花爆竹；在露天场所或者垃圾收集容器内焚烧秸秆、树叶、垃圾或者其他废弃物；在住宅区内从事产生废气、废水、废渣的经营活动，影响居民正常生活；占用道路、桥梁、人行天桥、地下通道、广场等公共场所摆摊设点、堆放物料及从事经营性活动等违法行为，乡镇（街道）应如何处罚？/ 253

356. 出现堆放、吊挂影响市容市貌物品等违法行为，乡镇（街道）应如何处罚？/ 254

357. 出现在城镇住宅区内饲养家畜家禽，饲养宠物和信鸽影响环境卫生和周围居民正常生活等违法行为，乡镇（街道）应如何处罚？/ 254

358. 出现对车辆未采取覆盖或者密闭措施，造成泄漏遗撒的或者违规倾倒等违法行为，乡镇（街道）应如何处罚？/ 255

359. 出现在水利工程管理和保护范围内从事相关违法行为，乡镇（街道）应如何处罚？/ 255

五、道路运输 / 256

360. 对擅自在桥梁或者路灯设施上设置广告牌或者其他挂浮物的行为，乡镇（街道）应如何处罚？/ 256

361. 对依附于城市道路建设各种管线、杆线等设施，不按照规定办理批准手续的违法行为，乡镇（街道）应如何处罚？/ 256

362. 对紧急抢修埋设在城市道路下的管线，不按照规定补办批准手续的违法行为，乡镇（街道）应如何处罚？/ 257

363. 对未按照批准的位置、面积、期限占用或者挖掘城市道路，或者需要移动位置、扩大面积、延长时间，未提前办理变更审批手续的违法行为，乡镇（街道）应如何处罚？/ 257

364. 对架设临时架空线未备案的，乡镇（街道）应如何处罚？/ 257

365. 对未在规定期限内拆除临时架空线的，乡镇（街道）应如何处罚？/ 258

366. 对在城市道路范围内车辆载物拖刮路面的，乡镇（街道）应如何处罚？/ 258

367. 对在城市道路范围内建设永久性的建筑物或者构筑物的，乡镇（街道）应如何处罚？/ 258

368. 对在城市道路范围内沿路建筑物底层向外开门、窗占用道路的，乡镇（街道）应如何处罚？/ 259

369. 对在城市道路范围内占用桥面、隧道堆物、设摊，占用道路堆物超过道路限载重物的，乡镇（街道）应如何处罚？/ 259

370. 对在城市道路范围内直接在路面拌和混凝土等有损道路的各种作业的，乡镇（街道）应如何处罚？/ 259

371. 对在城市道路范围内利用桥梁、隧道进行牵拉、吊装等施工作业的，乡镇（街道）应如何处罚？/ 260

372. 对在城市道路范围内挪动、毁损窨井盖等城市道路附属设施的，乡镇（街道）应如何处罚？/ 260

373. 对挖掘城市道路未按照技术规范和规程施工的，乡镇（街道）应如何处罚？/ 260

374. 对擅自占用城市道路人行道设置各类设施的，乡镇（街道）应如何处罚？/ 261

375. 对未及时拆除、迁移设施或者未及时恢复城市道路原状的，乡镇（街道）应如何处罚？/ 261

376. 对新增迁移客运车辆站点未加固城市道路的，乡镇（街道）应如何处罚？/ 262

377. 对擅自依附桥梁、隧道架设管线的，乡镇（街道）应如何处罚？/ 262

378. 对擅自在桥梁、隧道安全保护区域内作业的，乡镇（街道）应如何处罚？/ 262

379. 对擅自占用交通干道或者规定路段，未造成损坏的，乡镇（街道）应如何处罚？/ 263

380. 对擅自占用非城市交通干道或者规定路段以外的城市道路的，乡镇（街道）应如何处罚？／263

381. 对超过批准的临时占路面积或者期限占用城市交通干道或者规定路段，未造成城市道路及其设施损坏的，乡镇（街道）应如何处罚？／264

382. 对超过批准的临时占用面积或者限期占用非城市交通干道或者规定路段以外的城市道路，未造成损坏的，乡镇（街道）应如何处罚？／264

383. 对擅自占用城市道路或者超过批准的临时占路面积或者期限占用城市道路，并且造成城市道路及其设施损坏的，乡镇（街道）应如何处罚？／265

384. 对未对设在城市道路上的各种管线的检查井、箱盖或者城市道路附属设施的缺损及时补缺或者修复的，乡镇（街道）应如何处罚？／265

385. 对未在城市道路施工现场设置明显标志和安全防围设施的，乡镇（街道）应如何处罚？／266

386. 对占用城市道路期满后不及时清理现场的，乡镇（街道）应如何处罚？／266

387. 对挖掘城市道路后不及时清理现场的，乡镇（街道）应如何处罚？／266

388. 对依附于城市道路建设各种管线、杆线等设施，不按照规定办理批准手续的，乡镇（街道）应如何处罚？／267

389. 对紧急抢修埋设在城市道路下的管线，不按照规定补办批准手续的，乡镇（街道）应如何处罚？／267

390. 对未按照批准的位置、面积、期限占用或者挖掘城市道路，或者需要移动位置、扩大面积、延长时间，未提前办理变更审批手续的，乡镇（街道）应如何处罚？／268

391. 发现存在在公路建筑控制区内修建、扩建建筑物、地面构筑物或者未经许可埋设管道、电缆等设施,或者在公路建筑控制区外修建的建筑物、地面构筑物以及其他设施遮挡公路标志或者妨碍安全视距的违法行为,乡镇(街道)应当如何处理?/ 268

392. 发现存在车辆装载物触地拖行、掉落、遗洒或者飘散,造成公路路面损坏、污染的违法行为,乡镇(街道)应当如何处理?/ 269

393. 发现存在造成公路路面损坏、污染或者影响公路畅通的违法行为,乡镇(街道)应当如何处理?/ 269

394. 发现从业人员安全培训的时间少于《生产经营单位安全培训规定》或者有关标准规定,相关人员未按规定重新参加安全培训,乡镇(街道)应当如何处理?/ 270

395. 发现存在知道或者应当知道生产经营单位未取得安全生产许可证或者其他批准文件擅自从事生产经营活动,仍为其提供生产经营场所、运输、保管、仓储等条件的违法行为,乡镇(街道)应当如何处理?/ 270

396. 发现存在生产、经营、储存、使用危险物品的车间商店、仓库与员工宿舍在同一座建筑内,或者与员工宿舍的距离不符合安全要求的违法行为,乡镇(街道)应当如何处理?/ 271

397. 发现生产经营场所和员工宿舍未设有符合紧急疏散需要、标志明显、保持畅通的出口、疏散通道,或者占用、锁闭、封堵生产经营场所或者员工宿舍出口、疏散通道,乡镇(街道)应当如何处理?/ 272

398. 发现工贸企业未在有限空间作业场所设置明显的安全警示标志,乡镇(街道)应当如何处理?/ 272

399. 发现存在擅自在农村公路上设卡、收费的违法行为,乡镇(街道)应当如何处理?/ 273

400. 发现存在未经批准在农村公路用地范围内设置公路标志以外的其他标志的违法行为,乡镇(街道)应当如何处理?/ 273

401. 发现存在未经批准更新采伐农村公路护路林的违法行为,乡镇(街道)应当如何处理?/ 274

402. 发现存在渡船混载乘客与大型牲畜的违法行为,乡镇(街道)应当如何处理?/ 274

403. 发现存在烟花爆竹零售经营者销售非法生产、经营的烟花爆竹的违法行为,乡镇(街道)应当如何处理?/ 274

404. 发现农村公路上存在从事挖砂、爆破及其他危及公路、公路桥梁等安全作业的违法行为,乡镇(街道)应当如何处理?/ 275

405. 发现农村公路上存在利用公路桥梁进行牵拉、吊装等危及公路桥梁安全的施工作业的违法行为,乡镇(街道)应当如何处理?/ 276

406. 发现农村公路上存在铁轮车、履带车和其他可能损害路面的机具擅自在公路上行驶的违法行为,乡镇(街道)应当如何处理?/ 276

六、应急管理 / 277

407. 发现存在未经许可生产、经营烟花爆竹制品的违法行为,乡镇(街道)应当如何处理?/ 277

408. 发现存在未经许可经营、超许可范围经营、许可证过期继续经营烟花爆竹的违法行为,乡镇(街道)应当如何处理?/ 277

409. 发现烟花爆竹零售经营者存放的烟花爆竹数量超过零售许可证载明范围,乡镇(街道)应当如何处理?/ 277

410. 发现生产经营单位未落实应急预案规定的应急物资及装备,乡镇(街道)应当如何处理?/ 278

411. 对车辆装载物触地拖行、掉落、遗洒或者飘散,造成公路路面损坏、污染,影响公路畅通,将公路作为试车场地的,乡镇(街道)应如何处罚?/ 278

412. 对在公路建筑控制区内修建建筑物、地面构筑物或者擅自埋设管线、电缆等设施的,乡镇(街道)应如何处罚?／279

413. 对未经批准,在公路上增设平面交叉道口的,乡镇(街道)应如何处罚?／279

414. 对擅自占用、利用、挖掘公路或者使公路改线的;未经同意修建桥梁、隧道、渡槽、牌楼等设施的;未经批准或者未按照国家规定的公路技术标准增设交叉道口的;铁轮车、履带车和其他损害路面的机具擅自在公路上行驶的;在公路两侧建筑控制区内开山炸石、采矿、取土,填埋公路路基、边坡,危及公路安全的,乡镇(街道)应如何处罚?／280

415. 对在公路建筑控制区外修建的建筑物、地面构筑物以及其他设施遮挡公路标志或者妨碍安全视距的,乡镇(街道)应如何处罚?／280

416. 对利用公路桥梁进行牵拉、吊装等危及公路桥梁安全的施工作业,利用公路桥梁(含桥下空间)、公路隧道、涵洞堆放物品,搭建设施以及铺设高压电线和输送易燃、易爆或者其他有毒有害气体、液体的管道的,乡镇(街道)应如何处罚?／281

417. 对生产经营单位主要负责人未履行《中华人民共和国安全生产法》规定的安全生产管理职责的,乡镇(街道)应如何处罚?／281

418. 对生产经营单位未为从业人员提供符合国家标准或者行业标准的劳动防护用品的,乡镇(街道)应如何处罚?／281

419. 对生产经营单位未按照规定对从业人员、被派遣劳动者、实习学生进行安全生产教育和培训的,乡镇(街道)应如何处罚?／282

420. 对生产经营单位未按照规定设置安全生产管理机构或者配备安全生产管理人员的,乡镇(街道)应如何处罚?／283

七、农业农村 / 283

421. 村民之间因农村土地承包经营权产生纠纷，是否可以向乡镇申请仲裁？/ 283

422. 发现伪造、冒用、转让、买卖无公害农产品产地认定证书、产品认证证书和标志的，乡镇（街道）是否有权进行行政处罚？/ 283

423. 发现冒用农产品质量标志的，乡镇是否有权进行行政处罚？/ 284

424. 发现属地企业生产对养殖动物、人体健康有害或者存在其他安全隐患饲料、饲料添加剂的，乡镇（街道）是否有权进行行政处罚？/ 285

425. 发现存在无兽药生产许可证、兽药经营许可证生产、经营兽药等违法行为，乡镇（街道）应当如何处理？/ 286

426. 发现存在未按照国家有关兽药安全使用规定使用兽药等违法行为的，乡镇（街道）应当如何处理？/ 286

427. 发现存在生产、销售未取得登记证或者有效成分或含量与登记批准的内容不符的肥料产品，假冒、伪造肥料登记证、登记证号等违法行为的，乡镇（街道）应当如何处理？/ 287

428. 发现存在直接向农田排放不符合农田灌溉水质标准污废水的违法行为的，乡镇（街道）应当如何处理？/ 287

429. 发现存在非法占用耕地等破坏种植条件，或者因开发土地造成土地荒漠化、盐渍化等违法行为的，乡镇（街道）应当如何处理？/ 288

430. 发现存在农村村民未经批准或者采取欺骗手段骗取批准或者非法占用土地建住宅的违法行为，乡镇（街道）应当如何处理？/ 288

431. 发现存在农药经营者未取得农药经营许可证经营农药等违法行为的，乡镇（街道）应当如何处理？/ 289

432. 发现存在无兽药经营许可证经营兽药等违法行为的，乡镇（街道）应当如何处理？/ 289

433. 发现存在开办动物饲养场和隔离场所、动物屠宰加工场所以及动物和动物产品无害化处理场所，未取得动物防疫条件合格证等违法行为的，乡镇（街道）应当如何处理？/ 290

434. 发现存在未取得动物诊疗许可证从事动物诊疗活动的违法行为，乡镇（街道）应当如何处理？/ 291

435. 发现存在未经定点从事生猪屠宰活动的违法行为的，乡镇（街道）应当如何处理？/ 291

436. 对茶叶种植使用剧毒、高毒、高残留农药的，乡镇（街道）应当如何处理？/ 292

437. 对未取得拖拉机、联合收割机操作证件而操作拖拉机、联合收割机的，乡镇（街道）应当如何处理？/ 293

438. 发现存在操作与本人操作证件规定不相符的拖拉机、联合收割机，或者操作未按照规定登记、检验或者检验不合格、安全设施不全、机件失效的拖拉机、联合收割机等违法行为，乡镇（街道）应当如何处理？/ 293

439. 对农业机械操作（驾驶）人员使用自走式农业机械违章载人、酒后驾驶的，乡镇（街道）应当如何处理？/ 294

440. 村民申请农村村民住宅用地（不涉及占用农用地），乡镇（街道）应当如何处理？/ 294

441. 本集体经济组织以外的单位或个人需要承包经营农民集体所有的土地，乡镇（街道）应当如何处理？/ 295

442. 农村土地承包人需要对农村承包地调整的，乡镇（街道）是否有权作出审批？/ 296

443. 发现存在农村集体经济组织人员以及村民委员会成员损害村集体利益的行为，乡镇（街道）应当如何处理？/ 296

444. 农村集体经济组织章程修改后应当向哪一级政府备案？/ 297
445. 农村集体经济组织的成员名册应当向哪一级政府备案？/ 297
446. 农村集体经济组织的农村集体经济组织股份合作制改革实施方案审查、备案，应当由哪一级政府负责实施？/ 298
447. 发现农村集体经济组织、村民委员会侵害承包方土地承包经营权行为，乡镇（街道）应当如何处理？/ 298
448. 发现村民委员会或者农村五保供养服务机构对农村五保供养对象提供的供养服务不符合要求，乡镇（街道）应当如何处理？/ 299
449. 某企业拟通过流转取得土地经营权，应当向哪一级政府申请行政许可？/ 300
450. 村民委员会成员的任期和离任经济责任审，需要由哪一机关实施？/ 301
451. 因特殊原因需要对个别农户之间承包的耕地和草地适当调整，乡镇（街道）应当如何处理？/ 301
452. 发现某村一未取得动物诊疗许可的游医从事动物诊疗活动，乡镇（街道）应当如何处理？/ 302
453. 某村一诊所未取得执业兽医备案从事经营性动物诊疗活动，乡镇（街道）应当如何处理？/ 302
454. 发现某单位有动物染疫、疑似染疫未报告，或者未采取隔离等控制措施，乡镇（街道）应当如何处理？/ 303
455. 发现当事人不如实提供与动物防疫活动有关资料，乡镇（街道）应当如何处理？/ 303
456. 发现经营依法应当检疫而未经检疫或者检疫不合格的动物、动物产品，乡镇（街道）应当如何处理？/ 304

457. 发现存在转让、涂改、伪造《动物防疫合格证》、《动物诊疗许可证》、动物检疫验讫印章和标识的违法行为，乡镇（街道）应当如何处理？／305

458. 发现存在无种畜禽生产经营许可证或者违反种畜禽生产经营许可证的规定生产经营种畜禽、转让租借种畜禽生产经营许可证的违法行为，乡镇（街道）应当如何处理？／305

459. 发现存在畜禽养殖未建立养殖档案或者未按照规定保存养殖档案的违法行为，乡镇（街道）应当如何处理？／306

460. 发现存在经营无产品标签、无生产许可证、无产品质量检验合格证的饲料、饲料添加剂的违法行为，乡镇（街道）应当如何处理？／306

461. 发现存在经营无产品批准文号的饲料添加剂、添加剂预混合饲料的违法行为，乡镇（街道）应当如何处理？／307

462. 对饲料、饲料添加剂进行拆包、分装的，乡镇（街道）应当如何处理？／308

463. 发现存在未按规定实行饲料、饲料添加剂产品购销台账制度的违法行为，乡镇（街道）应当如何处理？／309

464. 对经营的饲料、饲料添加剂失效、霉变或者超过保质期的，乡镇（街道）应当如何处理？／309

465. 对养殖者使用无产品标签、无生产许可证、无产品质量标准、无产品质量检验合格证的饲料、饲料添加剂的，乡镇（街道）应当如何处理？／310

466. 对养殖者使用无产品批准文号的饲料添加剂、添加剂预混合饲料的，乡镇（街道）应当如何处理？／311

467. 对使用全民所有的水域、滩涂从事养殖生产，无正当理由使水域、滩涂荒芜满一年，逾期未开发利用的，乡镇（街道）应当如何处理？／312

468. 发现存在涂改、买卖、出租或者以其他形式转让捕捞许可证的违法行为，乡镇（街道）应当如何处理？／312

469. 发现存在在重要渔业水域设置网箱、围栏和排污口的违法行为，乡镇（街道）应当如何处理？／312

470. 对生产、经营种子未按照规定进行备案的，乡镇（街道）应当如何处理？／313

471. 对未按规定取得种子经营备案书或者伪造、变造、买卖、租借备案书的，乡镇（街道）应当如何处理？／313

472. 对销售的种子应当包装而没有包装的，乡镇（街道）应当如何处理？／314

473. 对销售的种子没有使用说明或者标签内容不符合规定的，乡镇（街道）应当如何处理？／314

474. 对种子包装涂改标签的，乡镇（街道）应当如何处理？／315

475. 发现存在农村村民未经批准或者采取欺骗手段骗取批准，非法占用土地建住宅的违法行为，乡镇（街道）应当如何处理？／316

476. 发现存在农产品生产企业、农民专业合作经济组织未建立或者未按照规定保存农产品生产记录，或者伪造农产品生产记录的违法行为，乡镇（街道）应当如何处理？／316

477. 发现存在某单位或个人对销售的农产品未按照规定进行包装的违法行为，乡镇（街道）应当如何处理？／317

478. 发现存在生产、销售未取得登记证的肥料产品的违法行为，乡镇（街道）应当如何处理？／318

479. 发现存在未经批准私自采集或者采伐国家重点保护的天然种质资源的违法行为，乡镇（街道）应当如何处理？／319

480. 发现存在动物、动物产品的运载工具在装载前和卸载后没有及时清洗、消毒的违法行为，乡镇（街道）应当如何处理？／319

481. 发现存在某单位或个人不按照国家和本省规定随意处置和丢弃病死动物的动物饲养的违法行为，乡镇（街道）应当如何处理？／320

482. 发现存在破坏或者擅自改变基本农田保护区标志的违法行为，乡镇（街道）应当如何处理？／320

483. 发现存在不按照规定区域从业的乡村兽医的违法行为，乡镇（街道）应当如何处理？／321

484. 发现存在乡村兽医不按照当地人民政府或者有关部门的要求参加动物疫病预防、控制和扑灭活动的违法行为，乡镇（街道）应当如何处理？／321

八、文化市场 / 322

485. 乡镇（街道）对擅自从事互联网上网服务经营活动的应当如何处理？／322

486. 对互联网上网服务营业场所经营单位在规定的营业时间以外营业的，乡镇（街道）应当如何处理？／323

487. 对互联网上网服务营业场所经营单位向上网消费者提供的计算机未通过局域网的方式接入互联网等的，乡镇（街道）是否有权进行行政处罚？／323

488. 对未经批准，擅自从事经营性互联网文化活动的，乡镇（街道）应当如何处罚？／324

489. 对游艺娱乐场所经营设置未经文化和旅游主管部门内容核查的游戏游艺设备等的，乡镇（街道）应当如何处理？／324

490. 对娱乐场所变更有关事项、未按照规定申请重新核发娱乐经营许可证的、在规定的禁止营业时间内营业的或者从业人员在营业期间未统一着装并佩戴工作标志的，乡镇（街道）是否有权进行行政处罚？／325

491. 对娱乐场所未在显著位置悬挂娱乐经营许可证、悬挂警示标志、未成年人禁入或者限入标志或者标志未注明举报电话的，乡镇（街道）应当如何处罚？／326

492. 对擅自从事营业性演出经营活动的；超范围从事营业性演出经营活动的；变更营业性演出经营项目未向原发证机关申请换发营业性演出许可证的，乡镇（街道）应当如何处罚？／327

493. 对未经批准举办营业性演出等的，乡镇（街道）应当如何处理？／327

494. 对变更演出举办单位、参加演出的文艺表演团体、演员或者节目未重新报批或者演出场所经营单位为未经批准的营业性演出提供场地的，乡镇（街道）是否有权进行行政处罚？／328

495. 对演出场所经营单位、演出举办单位发现营业性演出有《营业性演出管理条例》第二十五条禁止情形未采取措施予以制止或者未依照《营业性演出管理条例》第二十六条规定报告的，乡镇（街道）应当如何处理？／329

496. 对以政府或者政府部门的名义举办营业性演出，或者营业性演出冠以"中国""中华""全国""国际"等字样的，乡镇（街道）是否有权进行行政处罚？／329

497. 对未经批准，擅自出售演出门票的，乡镇（街道）应当如何处罚？／330

498. 对演出举办单位没有现场演唱、演奏记录的，乡镇（街道）应当如何处理？／330

499. 对违反规定经营图书、报纸、期刊零售和出租业务的，乡镇（街道）是否有权进行行政处罚？／331

500. 对互联网上网服务营业场所、娱乐场所未按规定接纳未成年人进入营业场所的，乡镇（街道）应当如何处罚？／331

501. 对互联网上网服务营业场所未悬挂《网络文化经营许可证》或者未成年人禁入标志的，乡镇（街道）应当如何处理？／332

502. 对擅自从事娱乐场所经营活动的，乡镇（街道）应当如何处理？／333

503. 对互联网上网服务营业场所未按规定核对、登记上网消费者的有效身份证件或者记录有关上网信息的，乡镇（街道）是否有权进行行政处罚？／333

504. 对游艺娱乐场所设置的电子游戏机在国家法定节假日外向未成年人提供的，乡镇（街道）应当如何处罚？／334

505. 对娱乐场所未按照规定建立从业人员名簿、营业日志的，乡镇（街道）应当如何处理？／335

506. 对于境内文艺表演团体及个人营业性演出的审批，乡镇（街道）应当如何行使职权？／335

507. 对于互联网上网服务经营活动的审批，乡镇（街道）应当如何处理？／336

508. 对内资娱乐场所经营活动的审批，乡镇（街道）应当如何行使职权？／337

509. 对于举办营业性艺术展览、文艺比赛的审查，乡镇（街道）应当如何履行职责？／338

510. 对于设立文化经纪单位、营业性艺术培训以及艺术摄影、摄像单位的备案，乡镇（街道）应当如何处理？／338

511. 对于艺术品经营单位的备案，乡镇(街道)应当如何处理？／338

512. 对于演出场所经营单位的备案，乡镇（街道）应当如何处理？／339

513. 对于个体演员、个体演出经纪人的备案，乡镇（街道）应当如何行使职权？／339

514. 对互联网上网服务营业场所经营单位擅自停止实施经营管理技术措施的，乡镇（街道）应当如何处罚？/ 340

515. 对变更演出的名称、时间、地点、场次未重新报批的，乡镇（街道）是否有权进行行政处罚？/ 340

516. 对娱乐场所为未经文化主管部门批准的营业性演出活动提供场地的，乡镇（街道）应当如何处理？/ 341

517. 对娱乐场所拒绝配合文化主管部门的日常检查和技术监管措施的，乡镇（街道）应当如何处理？/ 341

518. 对娱乐场所容纳的消费者超过核定人数的，乡镇（街道）是否有权进行行政处罚？/ 342

519. 对擅自设立从事出版物印刷经营活动的企业或者擅自从事印刷经营活动的，乡镇（街道）应当如何处罚？/ 342

520. 对擅自移动、损毁文物保护单位保护范围和建设控制地带竖立的界桩的，乡镇（街道）应当如何处理？/ 343

521. 对经营非网络游戏的，乡镇（街道）应当如何处罚？/ 343

九、市场监管 / 343

522. 乡镇（街道）对食品摊贩进行管理的依据是什么？/ 343

523. 对食品小作坊、小餐饮店、小食杂店和食品摊贩违法生产经营的，乡镇（街道）应当如何处罚？/ 344

十、商务 / 345

524. 家电维修经营者和从业人员实施虚列、夸大、伪造维修服务项目或内容等行为的，乡镇（街道）是否有权进行行政处罚？/ 345

525. 对美容美发经营者违反《美容美发业管理暂行办法》的，乡镇（街道）应当如何处理？/ 345

十一、消防 / 346

526. 对损坏、挪用或者擅自拆除、停用消防设施、器材的，乡镇（街道）是否有权进行行政处罚？/ 346

527. 对占用、堵塞、封闭疏散通道、安全出口或者有其他妨碍安全疏散的，乡镇（街道）应当如何处理？/ 346

528. 对埋压、圈占、遮挡消火栓的，乡镇（街道）是否有权进行行政处罚？/ 347

529. 对占用、堵塞、封闭消防车通道的，乡镇（街道）应当如何处罚？/ 347

530. 对门窗设置影响逃生、灭火救援的障碍物的，乡镇（街道）是否有权进行行政处罚？/ 348

531. 对火灾隐患经消防救援机构通知后不及时采取措施消除的，乡镇（街道）应如何处理？/ 349

532. 对生产、储存、经营易燃易爆危险品的场所与居住场所设置在同一建筑物内的，乡镇（街道）应当如何处罚？/ 349

533. 对生产、储存、经营其他物品的场所与居住场所设置在同一建筑物内，不符合消防技术标准的，乡镇（街道）是否有权进行行政处罚？/ 349

534. 对违规使用明火作业或者在具有火灾、爆炸危险的场所吸烟、使用明火的，乡镇（街道）是否有权进行行政处罚？/ 350

535. 对在高层民用建筑的公共门厅、疏散走道、楼梯间、安全出口停放电动自行车或者为电动自行车充电拒不改正的，乡镇（街道）应当如何处罚？/ 350

536. 对在住宅楼楼梯间、楼道等疏散通道、安全出口停放电动自行车的，乡镇（街道）是否有权进行行政处罚？/ 351

537. 对在人员密集场所或者生产、储存、经营易燃易爆危险品场所擅自拆除、停用消防设施的，乡镇（街道）应当如何处理？/ 352

538. 乡镇（街道）是否有权对公共消防设施、火灾隐患和消防安全违法行为进行行政检查？/ 352

539. 对在人员密集场所室内外装修、装饰，未按照消防技术标准的要求使用不燃、难燃材料的，乡镇（街道）是否有权进行行政处罚？／353

540. 对在商场、集贸市场、公共娱乐场所以及具有火灾危险的车间、仓库等违反规定设置员工集体宿舍的，乡镇（街道）应当如何处罚？／353

541. 乡镇（街道）对未采取防范措施在野外焚烧杂草、垃圾等可燃物的是否具有管理权限？／353

十二、社会服务 ／ 354

542. 对于扑救森林火灾、防洪抢险等紧急情况林木采伐的备案，乡镇（街道）应当如何处理？／354

543. 对于房地产中介服务机构备案，乡镇（街道）应当如何处理？／355

544. 对于劳动用工备案，乡镇（街道）应当如何处理？／355

545. 关于就业失业登记，乡镇（街道）应当如何处理？／356

546. 关于再生资源回收经营者登记、变更备案，乡镇（街道）应当如何处理？／357

547. 对于最低生活保障对象认定、保障金给付，乡镇（街道）应当如何处理？／357

548. 对孤儿基本生活保障金的给付，乡镇（街道）应当如何处理？／359

549. 对于特困人员认定、救助供养金给付，乡镇（街道）应当如何处理？／360

550. 关于困难残疾人生活补贴和重度残疾人护理补贴，乡镇（街道）应当如何处理？／362

551. 对维护老年人合法权益和敬老、养老、助老成绩显著的组织、家庭或者个人以及对参与社会发展做出突出贡献的老年人，乡镇（街道）是否有权表彰或者奖励？／362

552. 对申请医疗救助事项（最低生活保障家庭成员和特困供养人员除外），乡镇（街道）应当如何处理？／363

553. 关于殡葬设施建设审批（仅限农村为村民设置公益性墓地审批），乡镇（街道）有哪些行政职责？／363

554. 对于申请社会救助或临时救助的，乡镇（街道）应当如何行使职权？／364

555. 对采取虚报、隐瞒、伪造等手段，骗取享受城市居民最低生活保障待遇的，乡镇（街道）是否有权进行行政处罚？／365

556. 对在享受城市居民最低生活保障待遇期间家庭收入情况好转，不按规定告知管理审批机关，继续享受城市居民最低生活保障待遇的，乡镇（街道）应当如何处罚？／365

557. 对未经批准，擅自兴建殡葬设施的，乡镇（街道）是否有权进行行政处罚？／366

558. 对墓穴占地面积超过省人民政府规定的标准的，乡镇（街道）应当如何处理？／366

559. 对制造、销售封建迷信殡葬用品的，乡镇（街道）是否有权进行处罚？／366

560. 对挪用、侵占或者贪污捐赠款物的，乡镇（街道）是否有权进行行政处罚？／367

561. 对采取虚报、隐瞒、伪造等手段，骗取社会救助资金、物资或者服务的，乡镇（街道）应当如何处理？／367

562. 对志愿服务组织、志愿者向志愿服务对象收取或者变相收取报酬的，乡镇（街道）应当如何处罚？／367

563. 乡镇（街道）是否有权对农村离任两老生活补助进行行政确认？/ 368

564. 乡镇（街道）是否有权对养老机构进行监督检查？/ 368

565. 对于适龄儿童、少年因身体状况需要延缓入学或者休学审批的，乡镇（街道）应当如何处理？/ 368

566. 对于基本养老服务补贴的审核、管理和给付，乡镇（街道）应当如何行使职权？/ 369

567. 对于高龄补贴的审核、管理和给付，乡镇（街道）应当如何处理？/ 369

568. 对于村（居）民申请法律援助经济困难证明，乡镇（街道）应当如何行使职权？/ 370

569. 对于城乡居民基本医疗保险参保登记、缴费续保，乡镇（街道）应当如何处理？/ 370

570. 对于自然灾害救助对象初审，乡镇（街道）应当如何审查？/ 371

571. 对于非本地户籍的临时遇困人员，乡镇（街道）应当如何行使救助责任？/ 371

第十二章　乡镇（街道）行政执法制度规定 / 372

一、乡镇（街道）行政执法程序 / 372

572. 行政执法主要包括哪些程序？/ 372

573. 行政相对人对行政执法享有哪些权利？/ 372

574. 乡镇（街道）综合行政执法应遵守哪些程序方面的法律规定？/ 373

575. 如何协调乡镇（街道）综合行政执法机构与派驻行政执法机构之间的关系？/ 373

576. 乡镇（街道）综合行政执法人员的录用采用什么办法？/ 373

577. 乡镇（街道）综合行政执法人员上岗执法必须满足哪些条件？／373
578. 乡镇（街道）综合行政执法范围有哪些？／374
579. 乡镇（街道）赋权事项被取消后，由哪个部门行使？／374
580. 行政处罚权依法相对集中行使的，原行政执法部门是否可以行使？／374
581. 乡镇（街道）是否可以实施赋权指导清单外行政处罚？／375
582. 哪个部门可以明确乡镇（街道）与有关行政执法部门的执法责任和执法边界？／375
583. 乡镇（街道）如何执行行政执法三项制度？／375
584. 乡镇（街道）进行调查或者检查应注意哪些事项？／375
585. 乡镇（街道）应在多长时间内作出行政执法决定？／376
586. 乡镇（街道）行政执法人员有哪些回避规定？／376
587. 乡镇（街道）可以采取哪些行政执法措施？／376
588. "责令改正或者限期改正违法行为"和"行政处罚"是否可以一并作出？／377
589. 行政执法中需要进行鉴定、检验、检测的，乡镇（街道）应如何处理？／377
590. 乡镇（街道）实施行政处罚时如何适用行政裁量权？／377
591. 乡镇（街道）处理罚款、没收的违法所得或者没收非法财物拍卖的款项有哪些规定？／378
592. 乡镇（街道）应如何处理行政执法案卷？／378
593. 如何协调乡镇（街道）与有关行政执法部门之间执法衔接？／379
594. 什么是乡镇与有关行政执法部门之间涉嫌违法行为告知制度？／379
595. 乡镇（街道）发现违法行为涉嫌犯罪的，应如何处理？／379
596. 乡镇（街道）如何利用现有制度和设备做好巡查工作？／380

597. 哪些制度可以对乡镇和街道综合行政执法进行监督？/ 380

598. 乡镇人民政府和街道办事处及其行政执法人员有哪些行为，可能受到行政处理、内部处分甚至刑事处罚？/ 380

599. 阻碍乡镇和街道行政执法人员依法执行职务的，乡镇可以如何处理？/ 381

600. 什么是行政执法主体资格确认公示？/ 381

601. 综合行政执法涉及行政强制、行政许可和相对集中行政处罚等的，应当如何处理？/ 381

602. 受委托组织是否可以再委托其他组织或者个人实施行政处罚？/ 382

603. 受委托行政执法组织应符合哪些条件？/ 382

604. 行政执法事项需两个以上行政执法机关共同办理的，应当如何处理？/ 383

605. 联合执法中的行政执法决定应由哪个机关承担法律责任？/ 384

606. 哪些情形下，行政执法机关可以请求相关机关协助？/ 384

607. 行政执法辅助人员是否可以行政执法？/ 385

608. 行政执法机关作出对当事人不利的行政执法决定前，应当如何处理？/ 385

609. 哪些情形下，行政执法机关应当在作出行政执法决定前举行听证？/ 386

610. 如何确定行政处罚听证案件中"较大数额罚款"标准？/ 386

611. 行政执法机关应当在多长时限内作出行政执法决定？/ 388

612. 行政执法决定是否可以附条件或者附期限生效？/ 389

613. 行政执法机关送达行政执法文书有哪些方式？/ 389

614. 行政执法机关认为本机关作出的行政执法决定确有错误需要撤回、撤销或者变更的，应如何处理？/ 389

615. 行政执法机关根据调查需要，可以采取哪些措施？/ 390

二、乡镇（街道）行政执法证据 / 390

616. 什么是行政执法证据？/ 390

617. 行政执法证据包括哪些种类？/ 391

618. 收集行政执法证据有什么具体要求？/ 391

619. 行政执法行为中举证责任是如何分配的？/ 392

620. 原告在行政执法行为中是否当然不承担举证责任？/ 393

621. 如何理解行政执法证据的证明标准？/ 393

622. 如何理解当事人的"自认"证据？/ 394

623. 中华人民共和国领域外形成的行政执法证据有什么具体要求？/ 394

624. 当事人提供外文书证或者外文说明资料证据有什么要求？/ 395

625. 哪些行政执法事实无须举证证明？/ 395

626. 哪些证据材料不得作为行政执法决定的依据？/ 395

627. 哪些证据不能单独作为定案的依据？/ 396

628. 电子数据包括哪些内容？/ 397

629. 如何判断电子数据的真实性？/ 397

630. 哪些情形下的电子数据，可以确认其真实性？/ 397

631. 当事人对电子数据真实性提出异议，应当如何审查？/ 398

632. 哪些情形下当事人可以申请重新鉴定？/ 399

633. 证人作证有哪些要求？/ 399

634. 如何审核认定证据？/ 400

635. 如何理解行政执法证据的证明标准？/ 400

636. 如何审核认定行政执法单一证据？/ 401

637. 如何认识公文书证的效力？/ 401

638. 当事人提交私文书证有什么具体要求？/ 402

639. 如何审查私文书证？/ 402

640. 控制书证的当事人无正当理由拒不提交书证的，行政机关应当如何处理？/ 403

三、乡镇（街道）行政执法其他制度 / 403

641. 什么是行政执法公示？/ 403

642. 行政执法事前公开（公示）的内容有哪些？/ 403

643. 行政执法信息公示有哪些载体？/ 404

644. 如何规范事中公示？/ 404

645. 行政执法机关应在执法决定作出后多长时间内公布信息？/ 404

646. 已公开的行政执法决定被依法撤销、确认违法或者要求重新作出的，应当如何处理？/ 405

647. 行政执法决定中的哪些信息不予公开？/ 405

第十三章　行政执法全过程记录 / 406

648. 什么是行政执法全过程记录？/ 406

649. 行政执法程序启动环节应当记录哪些内容？/ 406

650. 行政执法调查取证环节应当记录哪些内容？/ 406

651. 行政执法审查决定环节应当记录哪些内容？/ 407

652. 行政执法送达执行环节应当记录哪些内容？/ 407

653. 什么是行政执法文字记录？/ 407

654. 行政执法过程中的行政文书有哪些具体要求？/ 408

655. 送达行政文书有哪些具体要求？/ 408

656. 什么是行政执法音像记录？/ 408

657. 音像记录设备包括哪些？/ 409

658. 实务中哪些行政执法环节应当进行音像记录？/ 409

659. 行政执法机关进行音像记录时，应当重点记录哪些内容？/ 409

660. 遇有客观原因中断音像记录的，应当如何重新开始记录？/ 409

661. 音像记录完成后，如何及时储存？/ 410

662. 如何衔接音像记录与文字记录？/ 410

663. 行政机关如何建立健全执法音像记录管理制度？/ 410

664. 行政执法全过程资料如何记录归档？/ 410

665. 违反行政执法全过程记录制度的行政执法机关及其工作人员，将承担哪些行政责任和刑事责任？/ 411

666. 什么是重大执法决定法制审核？/ 411

667. 如何加强法制审核队伍建设？/ 412

668. 哪些重大执法决定需要法制审核？/ 412

669. 如何审核重大执法决定？/ 413

670. 如何明确重大执法决定法制审核责任？/ 413

第十四章　重大执法决定法制审核 / 414

671. 什么是重大执法决定法制审核？/ 414

672. 如何设立法制审核机构？/ 414

673. 哪些行政行为属于重大执法决定法制审核范围？/ 415

674. 如何进行重大执法决定法制审核？/ 415

675. 行政执法机关拟作出的重大执法决定提交法制审核时，应当提供哪些材料？/ 416

676. 负责法制审核的机构进行法制审核时应当重点审核哪些内容？/ 416

677. 承办机构在重大执法决定法制审核中承担哪些责任？/ 416

678. 审核机构在重大执法决定法制审核中承担哪些责任？/ 417

679. 重大行政执法决定未通过法制审核，应当如何处理？/ 417

案例篇

第十五章　乡镇（街道）综合执法案例 / 419

一、行政处罚 / 419

案例1：街道办事处对油烟排放超标餐饮公司行政处罚案 / 419

案例2：镇政府适用《中华人民共和国大气污染防治法》对石料场进行行政处罚案 / 423

二、行政许可 / 426

案例3：镇政府未依法核查《乡村建设规划许可证》申请材料案 / 426

案例4：镇政府拒不受理公共场所卫生许可确认违法案 / 429

三、行政强制 / 431

案例5：镇政府适用《中华人民共和国城乡规划法》等规定对违法建筑作出强拆决定案 / 431

案例6：街道办事处对违法建设作出限期拆除通知案 / 434

案例7：镇政府未履行法定程序强制拆除被撤销案 / 436

案例8：赋权乡镇政府扣押违规载人拖拉机案 / 438

案例9：赋权乡镇政府扣押无照经营户财物案 / 440

案例10：镇政府强制扣押车辆确认违法案 / 443

案例11：镇政府未按法定程序强制拆除违法建设确认违法案 / 446

四、其他 / 449

案例12：镇政府对权属争议土地行政裁决案 / 449

案例13：某镇政府行政检查案 / 452

案例14：镇政府怠于履行法定职责公益诉讼案 / 454

案例15：镇政府未对申请信息进行区别，"笼统"答复案 / 458

案例16：镇政府信息公开工作年度报告未侵害公民信息案 / 462

案例17：镇政府在事故调查中未予回避确认违法案 / 464

案例18：村民向镇政府申请村务信息公开被驳回案 / 466

案例19：乡镇政府不予特困人员供养行政确认纠纷案 / 469

案例20：恢复基本农田原种植条件行政强制案 / 472

案例21：城管局对当事人违法堆放土方进行行政处罚案 / 475

上 篇

实务技能

第一章
乡镇（街道）综合行政执法概述

2019年1月，中共中央办公厅、国务院办公厅印发《关于推进基层整合审批服务执法力量的实施意见》，部署各地区"推进行政执法权限和力量向基层延伸和下沉，强化乡镇和街道的统一指挥和统筹协调职责。整合现有站所、分局执法力量和资源，组建统一的综合行政执法机构，按照有关法律规定相对集中行使行政处罚权，以乡镇和街道名义开展执法工作，并接受有关县级主管部门的业务指导和监督，逐步实现基层一支队伍管执法"。2021年1月，新修订的《中华人民共和国行政处罚法》第二十四条第一款规定："省、自治区、直辖市根据当地实际情况，可以决定将基层管理迫切需要的县级人民政府部门的行政处罚权交由能够有效承接的乡镇人民政府、街道办事处行使，并定期组织评估。决定应当公布。"2021年4月，《中共中央 国务院关于加强基层治理体系和治理能力现代化建设的意见》提出，根据本地实际情况，依法赋予乡镇（街道）行政执法权，整合现有执法力量和资源。2021年8月，中共中央、国务院《法治政府建设实施纲要（2021—2025年）》提出，继续深化行政执法体制改革，坚持乡镇（街道）逐步实现"一支队伍管执法"的改革原则和要求，加强对执法工作监督，加强省市县乡四级全覆盖的行政执法协调监督工作体系建设，强化全方位、全流程监督，提高执法质量。

2019年以来，各省、自治区、直辖市及县市根据中共中央办公厅、国务院办公厅《关于推进基层整合审批服务执法力量的实施意见》文件精神，陆续出台赋予乡镇（街道）法定行政权力事项相关文件，并制定公布赋权指导目录清单。例如，湖南省人民政府办公厅出台了《湖南省乡镇权力清单和责任清单》和《湖南省赋予乡镇（街道）经济社会管理权限指导目录》（湘政办发〔2019〕55号）；北京市人民政府出台了《关于向街道办事处和乡镇人民政府下放部分行政执法职权并实行综合执法的决定》（京政发〔2020〕9号）；福建省人民政府办公厅出台了《福建省赋予经济发达镇部分县级经济社会管理权限的指导目录（一）》（闽政办〔2020〕22号）、福建省人民政府出台了《关于赋予乡镇人民政府、街道办事处部分行政处罚权的决定》（闽政文〔2022〕3号）；广东省人民政府出台了《关于乡镇街道综合行政执法的公告》（粤府函〔2020〕136号）；等等。

基层是党和政府联系人民群众的纽带、服务人民群众的平台。基层管理水平直接关系人民群众生产生活，决定着党执政的社会基础和执政能力、国家治理的根基和水平。坚持和加强党的全面领导，省、自治区和直辖市人民政府可以根据乡镇和街道工作特点及便民服务需要，制定赋权行政执法目录清单，由乡镇和街道集中行使行政执法权，确保乡镇和街道有法可依，有法必依，以自己的名义进行行政执法，避免"多头监管""多头执法"，提高基层依法执政管理水平。

第一节 乡镇（街道）综合行政执法

目前，国家行政立法层面对"乡镇（街道）综合行政执法"没有一个统一的概念，但是通过梳理地方各省法规、规章及规范性文件，可以对行政执法、乡镇（街道）行政执法的内涵和外延有一个基本认识。

一、行政执法

关于"行政执法"的概念，各省地方性法规、规章及规范性文件规定并不一致，主要有两类，分别从内涵和外延方面对"行政执法"进行定义。一类是从内涵方面阐述行政执法的含义，例如，《河南省行政执法条例》第三条第一款规定："本条例所称行政执法，是指行政执法机关在对公民、法人和其他组织实施行政管理活动中，执行法律、法规、规章的行为。"《辽宁省行政执法条例》第二条第一款规定："本条例所称行政执法，是指行政执法机关和行政执法人员在行政管理活动中执行法律、法规、规章的行为。"另一类是通过列举行政执法的外延（类型）来阐述概念，例如，《福建省行政执法条例》第三条第一款规定："本条例所称行政执法，是指行政执法机关针对特定公民、法人和其他组织作出的行政许可、行政处罚、行政强制、行政确认、行政征收征用、行政检查等行为。"《河北省行政执法全过程记录办法》第二条第二款规定："本办法所称行政执法，是指行政执法机关（包括法律、法规授权行使行政执法职权的组织，下同）依法履行行政处罚、行政许可、行政强制、行政检查、行政征收征用等行政职责的行为。"《甘肃省行政执法全过程记录办法》第二条第三款规定："本办法所称行政执法，是指行政执法主体依法履行行政处罚、行政许可、行政强制、行政征收、行政征用、行政给付、行政确认、行政登记、行政裁决、行政检查等行政职责的行为。"

综上所述，笔者认为，行政执法的含义可以归纳为行政执法机关在行政管理活动中执行法律、法规、规章的行为，其外延（类型）主要包括行政许可、行政处罚、行政强制、行政确认、行政征收征用、行政检查等行为。

二、乡镇（街道）综合行政执法

在《关于推进基层整合审批服务执法力量的实施意见》出台之前，各地已出现"城市管理综合行政执法"的概念，主要是指省人民政府依据国家法律、行政法规和国务院有关规定，决定由市、县的城市管理综合行政执法部门，依法集中行使有关行政管理部门在城市管理领域全部或者部分行政处罚权。乡镇和街道综合行政执法实质上是将集中行使行政处罚权从城市管理领域延伸至乡镇（街道）行政区域，目前上海、河北对"乡镇和街道综合行政执法"作出相应规定，如《上海市城市管理综合行政执法条例》第二条第二款规定："前款所称的城市管理综合行政执法是指市和区城市管理行政执法部门（以下简称城管执法部门）以及街道办事处、乡镇人民政府依法相对集中行使有关行政管理部门在城市管理领域的全部或部分行政处罚权及相关的行政检查权和行政强制权的行为。"《河北省乡镇和街道综合行政执法条例》第八条第一款规定："乡镇人民政府和街道办事处应当按照相对集中行使行政处罚权要求，整合乡镇和街道现有站所、分局和县级人民政府有关行政执法部门下放的执法力量，组建乡镇和街道综合行政执法机构，以乡镇人民政府和街道办事处名义依法开展执法工作。"因此，所谓乡镇和街道综合行政执法，是指乡镇人民政府和街道办事处按照国家法律、行政法规和国务院有关规定以及省政府赋权文件及目录，以其自己名义依法集中行使有关行政管理部门行政执法职权，并集中开展行政执法工作。

（一）关于乡镇（街道）行政执法权源

根据现行法律法规，乡镇（街道）行使行政执法职权的合法权源主要有三种：（1）法律法规直接规定乡镇行政执法权限，但与其他行政部门存在交叉执法。例如，《中华人民共和国土地管理法》第十四条第二款规定："单位之间的争议，由县级以上人民政府处理；个人之间、个人与单位之间的争议，由乡级人民政府或者县级以上人民政府处理。"（2）根据《中华人民共和国行政处罚法》第十八条的规定，由省级人民政府赋予乡镇和街道部分或全部行政执法权。例如，《福建省人民政府关于赋予乡镇人民政府、街道办事处部分行政处罚权的决定》（闽政文〔2022〕3号）明确规定："省人民政府决定将部分县级人民政府有关部门行使的行政处罚权交由乡镇人民政府和街道办事处，以其自身名义行使，实行综合行政执法。"（3）行政委托，为加强乡镇（街道）的综合管理，行政机关将执法职权委托给乡镇（街道）。例如，《中华人民共和国行政处罚法》第二十条规定："行政机关依照法律、法规、规章的规定，可以在其法定权限内书面委托符合本法第二十一条规定条件的组织实施行政处罚……受委托组织在委托范围内，以委托行政机关名义实施行政处罚；不得再委托其他组织或者个人实施行政处罚。"

（二）关于乡镇（街道）行政执法范围

根据《中华人民共和国行政处罚法》第十八条的规定："国家在城市管理、市场监管、生态环境、文化市场、交通运输、应急管理、农业等领域推行建立综合行政执法制度，相对集中行政处罚权。国务院或者省、自治区、直辖市人民政府可以决定一个行政机关行使有关行政机关的行政处罚权。限制人身自由的行政处罚权只能由公安机关和法律规定的其他机关行使。"《国务院关于进一步推进相对集中行政处罚权工作的决定》规定："二、相对集中行政处罚权的范围……根据试点工作的经验，省、自治区、直辖市人民政府在城市管理领域可以集中行政处罚权的范围，主要包括：市容环境卫生管理方面法律、法规、规章规定的行政处罚权，强制拆除不符合城市容貌标准、环境卫生标准的建筑物或者设施；城市规划管理方面法律、法规、规章规定的全部或者部分行政处罚权；城市绿化管理方面法律、法规、规章规定的行政处罚权；市政管理方面法律、法规、规章规定的行政处罚权；环境保护管理方面法律、法规、规章规定的部分行政处罚权；工商行政管理方面法律、法规、规章规定的对无照商贩的行政处罚权；公安交通管理方面法律、法规、规章规定的对侵占城市道路行为的行政处罚权；省、自治区、直辖市人民政府决定调整的城市管理领域的其他行政处罚权。需要在城市管理领域以外的其他行政管理领域相对集中行政处罚权的，省、自治区、直辖市人民政府依照行政处罚法第十六条的规定，也可以决定在有条件的地方开展这项工作……"因此，乡镇（街道）行政执法范围，包括城市管理和其他行政管理，重点涉及生态环境保护、交通运输、农业农村、文化市场、应急管理、市场监管、自然资源、海洋渔业、林业、商务、消防及社会服务等领域。

第二节　乡镇（街道）行政执法基本特征

根据相关法律法规和各地省政府赋权文件，乡镇（街道）乡镇执法具有如下基本特征：

一、乡镇（街道）是赋权行政执法主体

中共中央办公厅、国务院办公厅印发《关于推进基层整合审批服务执法力量的实施意见》提出："按照依法下放、宜放则放原则，将点多面广、基层管理迫切需要且能有效承接的审批服务执法等权限赋予乡镇和街道，由省级政府统一制定赋权清单，依法明确乡镇和街道执法主体地位。"据此，可以明确行使赋权目录或清单内行政执法职权的主体是乡镇（街道）。

二、乡镇（街道）以自己名义作出行政执法行为

根据《国务院办公厅关于继续做好相对集中行政处罚权试点工作的通知》《国务院关于进一步推进相对集中行政处罚权工作的决定》的规定，集中行使行政处罚权的行政机关应作为本级政府直接领导的一个独立的行政执法部门，依法独立履行规定的职权，并承担相应的法律责任。行政处罚权相对集中后，有关部门如果仍然行使已被调整出的行政处罚权，所作出的行政处罚决定一律无效……在赋权行政执法目录或清单公布后，乡镇（街道）可以自己名义独立作出行政执法行为，出具法律文书。原行政执法部门不得再行使行政执法权，否则，其作出的行政处罚决定一律无效，并将承担相应法律责任。

三、乡镇（街道）行政执法须有法律明确规定或省政府赋权规范性文件

《中华人民共和国行政处罚法》第三十八条第一款规定："行政处罚没有依据或者实施主体不具有行政主体资格的，行政处罚无效。"根据上述法律规定，乡镇（街道）行政执法必须具有明确的法律依据，否则，行政执法行为无效。因此，乡镇（街道）行政执法具体应以《中华人民共和国行政处罚法》《中华人民共和国行政强制法》《中华人民共和国行政许可法》以及相关部门规章、省政府赋权行政执法指导目录或清单作为执法依据。

四、乡镇（街道）应对行政执法行为承担法律后果

《国务院关于进一步推进相对集中行政处罚权工作的决定》规定："集中行使行政处罚权的行政机关应作为本级政府直接领导的一个独立的行政执法部门，依法独立履行规定的职权，并承担相应的法律责任。"乡镇（街道）作为独立的行政执法部门，以自己的名义作出行政执法行为，亦应承担相应的法律责任。即对乡镇（街道）作出的具体行政行为不服提出的行政复议申请，应由乡镇（街道）作为被复议申请人，由本级人民政府依法受理；如果行政相对人对乡镇（街道）作出的具体行政行为不服，也应以乡镇（街道）作为被告提起行政诉讼。

第三节 乡镇（街道）行政执法其他事项

一、经费保障

根据《国务院关于进一步推进相对集中行政处罚权工作的决定》的规定，集中行使行政处罚权的行政机关所需经费，一律由财政予以保

障，所有收费、罚没收入全部上缴财政，不得作为经费来源。中共中央办公厅、国务院办公厅《关于推进基层整合审批服务执法力量的实施意见》指出，坚持重心下移、力量下沉、保障下倾，加强下放给乡镇和街道事权的人才、技术、资金、网络端口等方面的保障，做到权随事转、人随事转、钱随事转，使基层有人有物有权，保证基层事情基层办、基层权力给基层、基层事情有人办。完善事业单位工作人员待遇保障机制，采取有效措施，进一步调动基层干部队伍积极性，激励担当作为、干事创业。

二、队伍建设

根据《国务院关于进一步推进相对集中行政处罚权工作的决定》的规定，集中行使行政处罚权的行政机关履行原由多个部门行使的职权，权力大，责任重，必须加强队伍建设，加强监督管理。集中行使行政处罚权的行政机关的执法人员，要按照《国家公务员暂行条例》[①] 和其他有关规定，采取考试、考核等办法从有关部门和社会符合条件的人员中择优录用。有关地方人民政府要采取有效措施，加强对集中行使行政处罚权的行政机关的领导和管理，推行执法责任制和评议考核制，强化对有关行政执法人员的政治教育和法律培训，努力提高依法行政水平。中共中央办公厅、国务院办公厅《关于推进基层整合审批服务执法力量的实施意见》也提出，推进编制资源向乡镇和街道倾斜，鼓励从上往下跨层级调剂使用行政和事业编制，充实加强基层一线工作力量。完善机构编制实名制管理，根据基层对人才的需求，按编制员额及时补充人员，制定用编用人计划优先保障空编的乡镇和街道。整合条线辅助人员，按照属地化管理原则，由乡镇和街道统筹指挥调配。创新基层人员编制管理，统筹使用各类编制资源，赋予乡镇和街道更加灵活的用人自主权。

---

① 该条例已失效。

第二章
乡镇（街道）行政处罚实务

2019年1月31日，中共中央办公厅、国务院办公厅印发《关于推进基层整合审批服务执法力量的实施意见》，提出："基层是党和政府联系人民群众的纽带、服务人民群众的平台。基层管理水平直接关系人民群众生产生活，决定着党执政的社会基础和执政能力、国家治理的根基和水平。要以习近平新时代中国特色社会主义思想为指导，全面贯彻党的十九大和十九届二中、三中全会精神，坚持和加强党的全面领导，适应乡镇和街道工作特点及便民服务需要，加强党的基层组织建设，改革和完善基层管理体制，使基层各类机构、组织在服务保障群众需求上有更大作为。"

乡镇人民政府是我国最基层的一级地方政权组织，负责本行政区域内政治、经济、文化等全方位的综合性行政管理。在《关于推进基层整合审批服务执法力量的实施意见》出台之前，乡镇（街道）人民政府本身开展行政处罚时并没有合法权源（即便是相关职能部门出于权宜之计采取行政委托，也不是乡镇政府行政处罚的合法权源），同时又不具备专业执法队伍和检验检测设备，且囿于"属地管辖"行政原则，在行政处罚中左右为难。

《关于推进基层整合审批服务执法力量的实施意见》指出："推进行政执法权限和力量向基层延伸和下沉，强化乡镇和街道的统一指挥和统筹协调职责。整合现有站所、分局执法力量和资源，组建统一的综合行政执法机构，按照有关法律规定相对集中行使行政处罚权，以乡镇和街道名义开展执法工作。"结合各省赋予乡镇（街道）行政处罚事项指导目录，以行政处罚为例，本所总结了乡镇（街道）赋权行政处罚的相关法律规定、工作程序及注意事项，供参考。

第一节 相关法律规定

一、关于赋权行政处罚的合法性

根据《中华人民共和国行政处罚法》第十八条第一款、第二款规定："国家在城市管理、市场监管、生态环境、文化市场、交通运输、应急管理、农业等领域推行建立综合行政执法制度，相对集中行政处罚权。国务院或者省、自治区、直辖市人民政府可以决定一个行政机关行使有关行政机关的行政处罚权。"国务院或者经国务院授权的省、自治区、直辖市人民政府可以将一个或多个行政机关的行政处罚权交由一个行政机关行使，并授予该机关以自己的名义行使赋权目录范围内的行政处罚，属于相对集中的行政处罚权，具有合法依据。因此，根据《中华人民共和国行政处罚法》和《关于推进基层整合审批服务执法力量的实施意见》相关规定，乡镇（街道）可以在各省赋予乡镇（街道）行政处罚事项指导目录内以乡镇和街道名义开展处罚工作，其中包括行使行政处罚权。

二、关于赋权行政处罚的适用范围

虽然《关于推进基层整合审批服务执法力量的实施意见》没有明确规定乡镇（街道）赋权行政处罚的适用范围，但提出要"适应乡镇和街道工作特点及便民服务需要，加强党的基层组织建设，改革和完善基层管理体制"，因此，赋权行政处罚的具体适用范围可以由各省、自治区和直辖市根据实际情况制定。例如,《北京市人民政府关于向街道办事处和乡镇人民政府下放部分行政执法职权并实行综合执法的决定》(京政发〔2020〕9号)规定:"(一)原由城管执法部门行使的市政管理、园林绿化管理、环境保护管理、施工现场管理、停车场管理、交通运输管理、食品摊贩管理等方面和对流动无照经营、违法建设、无导游证从事导游活动等行为的全部行政处罚权、行政强制权。(二)原由城管执法部门行使的市容环境卫生管理、公用事业管理、能源运行管理等方面的部分行政处罚权、行政强制权。石油天然气管道保护的行政检查权由城管执法部门和街道办事处、乡镇人民政府共同行使,行政处罚权仍由城管执法部门行使。(三)原由生态环境部门行使的大气、噪声污染防治方面的部分行政处罚权。(四)原由水务部门行使的河湖保护、水土保持等方面的部分行政处罚权、行政强制权。(五)原由农业农村部门行使的禁止垂钓方面的行政处罚权。(六)原由卫生健康部门行使的控制吸烟、除四害等方面的全部行政处罚权。"《福建省人民政府关于赋予乡镇人民政府、街道办事处部分行政处罚权的决定》(闽政文〔2022〕3号)规定:"(一)重点涉及生态环境保护、交通运输、农业农村、文化市场、应急管理、市场监管、自然资源、海洋渔业、林业、商务、消防及社会服务等领域基层管理迫切需要且能够有效承接的行政处罚权。"《广东省人民政府关于乡镇街道综合行政执法的公告》(粤府函〔2020〕136号)规定:"(一)重点调整实施自然资源和规划建设、生态保护、市场监管、卫生健康、镇区和乡村治理、农业技术推广使用等方面的行政处罚权。(二)对县域副中心、经济发达镇,以及经济特别发达、城镇化程度特别高的镇街,可以全面赋予县级行政处罚权。公安等法律法规或者党中央有明确规定实行非属地管理部门涉及的领域除外……"

综上,乡镇(街道)行政执法范围,既包括城市管理,也包括生态环境保护、交通运输、农业农村、文化市场、应急管理、市场监管、自然资源、海洋渔业、林业、商务、消防及社会服务等领域。

三、关于赋权行政处罚的管辖

关于赋权行政处罚的管辖，各地规定并不一致。例如，根据《北京市人民政府关于向街道办事处和乡镇人民政府下放部分行政执法职权并实行综合执法的决定》（京政发〔2020〕9号）规定："下放至街道办事处、乡镇人民政府的行政执法职权，需要在特定区域调整管辖的，按有关规定执行。街道办事处、乡镇人民政府认为案件重大复杂、或需要回避、或不宜本级管辖的，可以报请区人民政府指定原下放职权的区执法部门管辖；区人民政府认为案件重大复杂或街道办事处、乡镇人民政府承办可能影响公正处理的，可以指定原下放职权的区执法部门管辖。"《广东省人民政府关于乡镇街道综合行政执法的公告》（粤府函〔2020〕136号）规定："相关县级行政处罚权调整由镇街行使后，跨行政区域的案件和县级人民政府及其行政执法部门认为有较大影响的案件，仍由县级人民政府行政执法部门负责查处。镇街与县级人民政府行政执法部门对行政处罚案件管辖权存在争议的，由县级人民政府协调决定。"福建省在行政处罚管辖方面规定得相对灵活，《福建省人民政府关于赋予乡镇人民政府、街道办事处部分行政处罚权的决定》（闽政文〔2022〕3号）规定："相关行政处罚权交由乡镇（街道）行使后，县级人民政府及其部门应当根据当地实际情况，依法制定具体行政处罚权层级管辖规定，明确县级人民政府部门与乡镇（街道）的职责边界。乡镇（街道）与县级人民政府有关部门对行政处罚案件管辖权存在争议的，提请共同的上一级行政机关决定。"

第二节 行政处罚工作流程

在取得行政处罚合法权限后，乡镇（街道）可以根据下列程序进行相关行政处罚。

一、立案

乡镇（街道）发现公民、法人或者其他组织在赋权行政处罚清单目录内有依法应当给予行政处罚的行为的，必须全面、客观、公正地调查，收集有关证据；必要时，依照法律、法规的规定，可以进行检查。符合立案标准的，乡镇（街道）应当及时立案。

二、调查取证

乡镇（街道）决定受理后，可以依法指派两名以上执法人员对当事人或者有关人员进行询问或调查，询问或者检查应当制作笔录。笔录应当记载时间、地点、询问和检查情况，并由被询问人、被检查单位和处罚人员签名或者盖章；被询问人、被检查单位要求补正的，应当允许。被询问人或者被检查单位拒绝签名或者盖章的，执法人员应当在笔录上注明原因并签名。

执法人员应当收集、调取与案件有关的原始凭证作为证据。调取原始凭证确有困难的，可以复制，复制件应当注明"经核对与原件无异"的字样和原始凭证存放的单位及其处所，并由出具证据的人员签名或者单位盖章。在收集证据时，也可以采取抽样取证的方法；在证据可能灭失或者以后难以取得的情况下，可以先行登记保存，并应当及时作出处理决定，在此期间，当事人或者有关人员不得销毁或者转移证据。

执法人员对与案件有关的物品、场所进行勘验检查时，应当通知当事人到场，制作勘验笔录，并由当事人核对无误后签名或者盖章。当事人拒绝到场的，可以邀请在场的其他人员作证，并在勘验笔录中注明原因并签名；也可以采用录音、录像等方式记录有关物品、场所的情况后，再进行勘验检查。

三、集体讨论和法制审核制度

调查终结，行政机关在作出行政执法决定前，应告知行政相对人有关行政执法行为的依据、内容、事实、理由，有行政裁量权基准的，应在行政执法决定书中对行政裁量权基准的适用情况予以明确。适用本行政机关制定的行政裁量权基准可能出现明显不当、显失公平，或者行政裁量权基准适用的客观情况发生变化的，经本行政机关主要负责人批准或者集体讨论通过后可以调整适用，批准材料或者集体讨论记录应作为执法案卷的一部分归档保存。适用上级行政机关制定的行政裁量权基准可能出现明显不当、显失公平，或者行政裁量权基准适用的客观情况发生变化的，报请该基准制定机关批准后，可以调整适用。

行政机关负责人根据不同情况，分别作出如下决定：（1）确有应受行政处罚的违法行为的，根据情节轻重及具体情况，作出行政处罚决定；（2）违法行为轻微，依法可以不予行政处罚的，不予行政处罚；（3）违法事实不能成立的，不予行政处罚；（4）违法行为涉嫌犯罪的，移送司法机关。对情节复杂或者重大违法行为给予行政处罚，行政机关负责人应当集体讨论决定。

但是，有些行政处罚在行政机关负责人集体讨论决定前必须进行法制审核，具体如下：（1）涉及重大公共利益的；（2）直接关系当事人或者第三人重大权益，经过听证程序的；（3）案件情况疑难复杂、涉及多个法律关系的；（4）法律、法规规定应当进行法制审核的其他情形。未经法制审核或者审核未通过的，行政机关负责人不得作出决定。

四、作出行政处罚行为前的告知和听证程序

乡镇（街道）作出行政处罚行为之前，必须履行告知和听证程序，否则，属于严重违反行政处罚程序，存在可能被复议机关或审判机关撤销的法律风险。

1. 告知程序。乡镇（街道）在作出行政处罚决定之前，应当告知当事人作出行政处罚决定的事实、理由及依据，有行政裁量权基准的，应在行政处罚决定书中对行政裁量权基准的适用情况予以明确。并告知当事人依法享有的权利。当事人有权进行陈述和申辩，乡镇（街道）必须充分听取当事人的意见，对当事人提出的事实、理由和证据，应当进行复核；当事人提出的事实、理由或者证据成立的，乡镇（街道）应当采纳。

2. 听证程序。乡镇（街道）作出较大数额罚款、没收较大数额违法所得、没收较大价值非法财物、降低资质等级、吊销许可证件、责令停产停业、责令关闭、限制从业、其他较重的行政处罚以及法律、法规、规章规定的其他情形等行政处罚决定之前，应当告知当事人有要求举行听证的权利；当事人要求听证的，乡镇（街道）应当组织听证。

五、作出行政处罚行为

调查终结，行政机关负责人应当对调查结果进行审查，作出行政处罚决定，并制作行政处罚决定书，包括如下内容：行政处罚决定书应当载明下列事项：（1）当事人的姓名或者名称、地址；（2）违反法律、法规、规章的事实和证据；（3）行政处罚的种类和依据；（4）行政处罚的履行方式和期限；（5）申请行政复议、提起行政诉讼的途径和期限；（6）作出行政处罚决定的行政机关名称和作出决定的日期。行政处罚决定书必须盖有作出行政处罚决定的行政机关即乡镇（街道）的印章。

第三节　注意事项

一、如何认定行政处罚追诉时效

行政处罚追诉时效是指行政处罚机关对行政违法行为追究行政处罚

责任的有效期限。如果当事人违法行为在二年内未被发现的，不再给予行政处罚。涉及公民生命健康安全、金融安全且有危害后果的，上述期限延长至五年。法律另有规定的除外。上述规定的期限，从违法行为发生之日起计算；违法行为有连续或者继续状态的，从行为终了之日起计算。

但是，全国人大常委会法制工作委员会在《如何认定行政处罚追诉时效"二年未被发现"》[①]中作出答复，发现违法违纪行为的主体是处罚机关或有权处罚的机关，公安、检察、法院、纪检监察部门和司法行政机关都是行使社会公权力的机关，对律师违法违纪行为的发现都应该具有《中华人民共和国行政处罚法》规定的法律效力。因此上述任何一个机关对律师违法违纪行为只要启动调查、取证和立案程序，均可视为"发现"；群众举报后被认定属实的，发现时效以举报时间为准。

二、关于行政处罚裁量基准

行政裁量权基准是行政机关结合本地区本部门行政管理实际，按照裁量涉及的不同事实和情节，对法律、法规、规章中的原则性规定或者具有一定弹性的执法权限、裁量幅度等内容进行细化量化，以特定形式向社会公布并施行的具体执法尺度和标准。行政处罚裁量权基准应当包括违法行为、法定依据、裁量阶次、适用条件和具体标准等内容。

《中华人民共和国行政处罚法》第三十四条规定："行政机关可以依法制定行政处罚裁量基准，规范行使行政处罚裁量权。行政处罚裁量基准应当向社会公布。"《国务院办公厅关于进一步规范行政裁量权基准制定和管理工作的意见》规定，行政机关可以根据工作需要依法制定行政裁量权基准。无法律、法规、规章依据，不得增加行政相对人的义务

[①] 《如何认定行政处罚追诉时效"二年未被发现"》，载中国人大网，http://www.npc.gov.cn/zgrdw/npc/xinwen/lfgz/xwdf/2004-12/24/content_ 363201. htm，最后访问时间：2024年5月6日。

或者减损行政相对人的权益。对同一行政执法事项，上级行政机关已经制定行政裁量权基准的，下级行政机关原则上应直接适用；如下级行政机关不能直接适用，可以结合本地区经济社会发展状况，在法律、法规、规章规定的行政裁量权范围内进行合理细化量化，但不能超出上级行政机关划定的阶次或者幅度。下级行政机关制定的行政裁量权基准与上级行政机关制定的行政裁量权基准冲突的，应适用上级行政机关制定的行政裁量权基准。

适用行政裁量权基准注意事项：（1）严格依照《中华人民共和国行政处罚法》有关规定，明确不予处罚、免予处罚、从轻处罚、减轻处罚、从重处罚的裁量阶次，有处罚幅度的要明确情节轻微、情节较轻、情节较重、情节严重的具体情形。（2）对同一种违法行为，法律、法规、规章规定可以选择处罚种类、幅度，或者法律、法规、规章对不予处罚、免予处罚、从轻处罚、减轻处罚、从重处罚的条件只有原则性规定的，要根据违法行为的事实、性质、情节以及社会危害程度细化量化行政处罚裁量权基准，防止过罚不相适应、重责轻罚、轻责重罚。（3）坚持过罚相当、宽严相济，避免畸轻畸重、显失公平。坚持处罚与教育相结合，发挥行政处罚教育引导公民、法人和其他组织自觉守法的作用。对违法行为依法不予行政处罚的，行政机关要加强对当事人的批评教育，防止违法行为再次发生。（4）依法合理细化具体情节、量化罚款幅度，坚决避免乱罚款，严格禁止以罚款进行创收，严格禁止以罚款数额进行排名或者作为绩效考核的指标。（5）需要在法定处罚种类或幅度以下减轻处罚的，要严格进行评估，明确具体情节、适用条件和处罚标准。

三、关于文书送达方式

行政处罚决定书应当在宣告后当场交付当事人；当事人不在场的，行政机关应当在七日内依照《中华人民共和国民事诉讼法》的有关规定，将行政处罚决定书送达当事人。当事人同意并签订确认书的，行政机关可以采用传真、电子邮件等方式，将行政处罚决定书等送达当事人。否则，乡镇（街道）送达行政处罚决定书的方式依次如下：直接送达、代收送达、留置送达、传真送达、电子送达、代为送达、邮寄送达、转交送达，前述送达方式均无法送达的，才适用公告送达。

四、如何理解听证程序中的"较大数额罚款"

乡镇（街道）作出较大数额罚款等行政处罚决定之前，应当告知当事人有要求举行听证的权利。如何理解"较大数额罚款"的标准，现行法律法规没有统一的标准，在确定"较大数额"标准时，不能一概而论，实务中主要依据部委、地方性法规、省政府规章及各部门规范性文件。例如，《关于确定中国人民银行举行听证的较大数额罚款幅度的通知》规定，根据《中华人民共和国行政处罚法》的规定和有关文件的精神，为保障中国人民银行听证工作的顺利进行，现规定中国人民银行举行听证的"较大数额的罚款"为：县级支行五万元以上，地（市）级分行二十万元以上，省级分行五十万元以上，总行三百万元以上（均不含本数）。《财政行政处罚听证实施办法》第六条第二款、第三款规定："财政部作出罚款、没收违法所得、没收非法财物等行政处罚的，'较大数额'、'较大价值'标准为对公民作出1万元以上的处罚，对法人或者其他组织作出10万元以上的处罚。地方财政部门作出罚款、没收违法所得、没收非法财物等行政处罚的，其听证相关数额标准按照各省、自治区、直辖市人大常委会或者人民政府的规定执行。"《贵州省人民政府关于行政处罚较大数额罚款标准的规定》规定，"一、法律、法规、规章对某类违法行为罚款没有最高限额规定的，对非经营活动中公民的违法行为处1000元（含1000元）以上罚款、法人或者其他组织的违法行为处5000元（含5000元）以上罚款为'较大数额罚款'；对经营活动中公民的违法行为处3000元（含3000元）以上罚款、法人或者其他组织的违法行为处1万元（含1万元）以上罚款为'较大数额罚款'"。北京市发展和改革委员会《关于行政处罚听证"较大数额罚款"标准的通知》（京发改〔2019〕1763号）规定，"对公民处以5000元以上的罚款，对法人或者其它组织处以50000元以上的罚款（或等值物品价值）"。

五、作出行政处罚决定时应告知救济权利

乡镇（街道）作出行政处罚决定，应告知行政相对人享有相应复议、诉讼等救济权利。在行政行为决定书结尾需要附上这样一段话："如不服本决定，可在决定书送达之日起六十日内向某市人民政府或某上一级主管部门申请行政复议，或者依据《中华人民共和国行政诉讼法》第四十六条的规定在决定书送达之日起六个月内向某市某区人民法院提起行政诉讼。"乡镇（街道）未告知行政相对人复议和诉讼救济权利的，不影响行政相对人的行政复议权利和行政诉讼权利。

第三章
乡镇（街道）行政许可实务

根据《中华人民共和国行政许可法》第二条和第二十五条规定，行政许可，是指行政机关根据公民、法人或者其他组织的申请，经依法审查，准予其从事特定活动的行为。经国务院批准，省、自治区、直辖市人民政府根据精简、统一、效能的原则，可以决定一个行政机关行使有关行政机关的行政许可权。2021年4月28日《中共中央 国务院关于加强基层治理体系和治理能力现代化建设的意见》指出，"（一）增强乡镇（街道）行政执行能力。加强乡镇（街道）党（工）委对基层政权建设的领导。依法赋予乡镇（街道）综合管理权、统筹协调权和应急处置权，强化其对涉及本区域重大决策、重大规划、重大项目的参与权和建议权。根据本地实际情况，依法赋予乡镇（街道）行政执法权，整合现有执法力量和资源。推行乡镇（街道）行政执法公示制度，实行'双随机、一公开'监管模式。优化乡镇（街道）行政区划设置，确保管理服务有效覆盖常住人口。（二）增强乡镇（街道）为民服务能力。市、县级政府要规范乡镇（街道）政务服务、公共服务、公共安全等事项，将直接面向群众、乡镇（街道）能够承接的服务事项依法下放"。结合各省赋予乡镇（街道）行政许可事项指导目录，笔者总结了乡镇（街道）赋权行政许可的相关法律规定、工作程序及注意事项，供参考。

第一节 相关法律规定

一、关于乡镇（街道）实施行政许可的合法性

根据《中华人民共和国行政许可法》第二十二条、第二十三条和第二十四条的规定，行政主体实施行政许可主要有三种法律权利来源：(1) 由具有行政许可权的行政机关在其法定职权范围内实施；(2) 法律、法规授权的具有管理公共事务职能的组织，在法定授权范围内，以自己的名义实施行政许可；(3) 行政机关在其法定职权范围内，依照法律、法规、规章的规定，可以委托其他行政机关实施行政许可。

本文中乡镇（街道）实施行政许可行为属于《中华人民共和国行政许可法》第二十五条的相对集中行政许可权，即省、自治区、直辖市人民政府根据精简、统一、效能的原则，可以决定乡镇（街道）行使有关行政机关的行政许可权，具有法定依据。

二、关于赋权行政许可的实施主体

在省、自治区、直辖市人民政府决定乡镇（街道）行使有关行政机关的行政许可权后，有关行政机关不得实施其原有的行政许可权，乡镇（街道）即是赋权行政许可目录内的实施主体，以自己名义作出行政许可行为，并对外以自己名义独立承担法律责任，其中包括成为行政复议案件的被申请人和行政诉讼案件的被告主体。

三、关于赋权行政许可的适用范围

乡镇（街道）实施行政许可应在《中华人民共和国行政许可法》、各省行政许可事项清单及赋权行政许可指导目录内进行，并随法律法规及各省地方性规定进行动态调整，领域涉及政务服务、公共服务、公共安全等事项。

第二节　行政许可工作流程

一、申请

公民、法人或者其他组织从事特定活动，依法需要取得行政许可的，应当向行政机关提出申请。申请人也可以委托代理人提出行政许可申请。但是，依法应当由申请人到行政机关办公场所提出行政许可申请的除外。

行政许可申请可以通过信函、电报、电传、传真、电子数据交换和电子邮件等方式提出。

二、受理

行政机关对申请人提出的行政许可申请，应当根据下列情况分别作出处理：（1）申请事项依法不需要取得行政许可的，应当即时告知申请人不受理；（2）申请事项依法不属于本行政机关职权范围的，应当即时作出不予受理的决定，并告知申请人向有关行政机关申请；（3）申请材料存在可以当场更正的错误的，应当允许申请人当场更正；（4）申请材料不齐全或者不符合法定形式的，应当当场或者在五日内一次告知申请人需要补正的全部内容，逾期不告知的，自收到申请材料之日起即为受理；（5）申请事项属于本行政机关职权范围，申请材料齐全、符合法定形式，或者申请人按照本行政机关的要求提交全部补正申请材料的，应当受理行政许可申请。

行政机关受理或者不予受理行政许可申请，应当出具加盖本行政机关专用印章和注明日期的书面凭证。

三、审查

行政机关收到申请人提交的申请材料后，应当进行审查。申请人提交的申请材料齐全、符合法定形式，行政机关能够当场作出决定的，应当当场作出书面的行政许可决定。根据法定条件和程序，需要对申请材料的实质内容进行核实的，行政机关应当指派两名以上工作人员进行核查。

如依法应当先经下级行政机关审查后报上级行政机关决定的行政许可，下级行政机关应当在法定期限内将初步审查意见和全部申请材料直接报送上级行政机关。但是上级行政机关不得要求申请人重复提供申请材料。

行政机关对行政许可申请进行审查时，发现行政许可事项直接关系他人重大利益的，应当告知该利害关系人，保障其合法权益。申请人、利害关系人有权进行陈述和申辩，行政机关应当听取申请人、利害关系人的意见。

四、听证

在行政机关作出行政许可决定前，如法律、法规、规章规定实施行政许可应当听证的事项，或者行政机关认为需要听证的其他涉及公共利益的重大行政许可事项，行政机关应当向社会公告并举行听证。

如行政许可直接涉及申请人与他人之间重大利益关系的，行政机关在作出行政许可决定前，应当告知申请人、利害关系人享有要求听证的权利；申请人、利害关系人在被告知听证权利之日起五日内提出听证申请的，行政机关应当在二十日内组织听证。如未提出听证申请的，视为放弃听证权利。

行政机关组织听证应当按照下列程序进行：（1）行政机关应当于举行听证的七日前将举行听证的时间、地点通知申请人、利害关系人，必要时予以公告；（2）听证应当公开举行；（3）行政机关应当指定审查该行政许可申请的工作人员以外的人员为听证主持人，申请人、利害关系人认为主持人与该行政许可事项有直接利害关系的，有权申请回避；（4）举行听证时，审查该行政许可申请的工作人员应当提供审查意见的证据、理由，申请人、利害关系人可以提出证据，并进行申辩和质证；（5）听证应当制作笔录，听证笔录应当交听证参加人确认无误后签字或者盖章；（6）行政机关应当根据听证笔录，作出行政许可决定。

五、决定

行政机关对行政许可申请进行审查后，根据现有材料和查明事实，除当场作出行政许可决定的外，应当在法定期限内按照规定程序作出行政许可决定。

如申请人的申请符合法定条件、标准的，行政机关应当依法作出准予行政许可的书面决定。行政机关依法作出不予行政许可的书面决定的，应当说明理由，并告知申请人享有依法申请行政复议或者提起行政诉讼的权利。如未告知申请人行政复议或行政诉讼权利的，不影响申请人的权利救济期限。

如行政机关作出准予行政许可决定，需要颁发行政许可证件的，应当向申请人颁发加盖本行政机关印章的下列行政许可证件：（1）许可证、执照或者其他许可证书；（2）资格证、资质证或者其他合格证书；（3）行政机关的批准文件或者证明文件；（4）法律、法规规定的其他行政许可证件。如行政机关实施检验、检测、检疫的，可以在检验、检测、检疫合格的设备、设施、产品、物品上加贴标签或者加盖检验、检测、检疫印章，也属于行政机关作出的行政许可决定。另外，行政机关作出行政许可决定还应当遵守其他特别规定：

1. 实施《中华人民共和国行政许可法》第十二条第二项所列事项的行政许可的，行政机关应当通过招标、拍卖等公平竞争的方式作出决定。但是，法律、行政法规另有规定的，依照其规定。

行政机关通过招标、拍卖等方式作出行政许可决定的具体程序，依照有关法律、行政法规的规定。确定中标人、买受人后，行政机关应当作出准予行政许可的决定，并依法向中标人、买受人颁发行政许可证件。

2. 实施《中华人民共和国行政许可法》第十二条第三项所列事项的行政许可，赋予公民特定资格，依法应当举行国家考试的，行政机关根据考试成绩和其他法定条件作出行政许可决定；赋予法人或者其他组织特定的资格、资质的，行政机关根据申请人的专业人员构成、技术条件、经营业绩和管理水平等的考核结果作出行政许可决定。但是，法律、行政法规另有规定的，依照其规定。

3. 实施《中华人民共和国行政许可法》第十二条第四项所列事项的行政许可的，应当按照技术标准、技术规范依法进行检验、检测、检疫，行政机关根据检验、检测、检疫的结果作出行政许可决定。

行政机关实施检验、检测、检疫，应当自受理申请之日起五日内指派两名以上工作人员按照技术标准、技术规范进行检验、检测、检疫。不需要对检验、检测、检疫结果作进一步技术分析即可认定设备、设施、产品、物品是否符合技术标准、技术规范的，行政机关应当当场作出行政许可决定。

如行政机关根据检验、检测、检疫结果，作出不予行政许可决定的，应当书面说明不予行政许可所依据的技术标准、技术规范。

4. 实施《中华人民共和国行政许可法》第十二条第五项所列事项的行政许可，申请人提交的申请材料齐全、符合法定形式的，行政机关应当当场予以登记。如需要对申请材料的实质内容进行核实的，行政机关依照《中华人民共和国行政许可法》第三十四条第三款的规定办理。

5. 有数量限制的行政许可，两个或者两个以上申请人的申请均符合法定条件、标准的，行政机关应当根据受理行政许可申请的先后顺序作出准予行政许可的决定。但是，法律、行政法规另有规定的，依照其规定。

六、期限

行政机关应当在法定期限内作出行政许可决定，否则，属于行政机关不履职或作出行政许可行为程序违反。具体期限梳理如下：

（一）一般规定

除可以当场作出行政许可决定的外，行政机关应当自受理行政许可申请之日起二十日内作出行政许可决定。如二十日内不能作出决定的，经本行政机关负责人批准，可以延长十日，并应当将延长期限的理由告知申请人。但是，法律、法规另有规定的，依照其规定。

（二）特别规定

1. 行政许可采取统一办理或者联合办理、集中办理的，办理的时间不得超过四十五日；四十五日内不能办结的，经本级人民政府负责人批准，可以延长十五日，并应当将延长期限的理由告知申请人。

2. 依法应当先经下级行政机关审查后报上级行政机关决定的行政许可，下级行政机关应当自其受理行政许可申请之日起二十日内审查完毕。但是，法律、法规另有规定的，依照其规定。

3. 行政机关作出准予行政许可的决定，应当自作出决定之日起十日内向申请人颁发、送达行政许可证件，或者加贴标签、加盖检验、检测、检疫印章。

4. 行政机关作出行政许可决定，依法需要听证、招标、拍卖、检验、检测、检疫、鉴定和专家评审的，所需时间不计算在本节规定的期限内。但是行政机关应当将所需时间书面告知申请人。

七、变更与延续

行政许可期间，如被许可人要求变更行政许可事项的，应当向作出行政许可决定的行政机关提出申请；符合法定条件、标准的，行政机关应当依法办理变更手续。

需要特别注意：（1）如被许可人需要延续依法取得的行政许可的有效期的，应当在该行政许可有效期届满三十日前向作出行政许可决定的行政机关提出申请，这是被许可人的法定义务。如未在前述期限内提出延续申请，行政机关有权不予受理，被许可人需要重新办理行政许可证照。但是，法律、法规、规章另有规定的，依照其规定。（2）行政机关应当根据被许可人的申请，在该行政许可有效期届满前作出是否准予延续的决定；逾期未作决定的，视为准予延续。

八、撤销和注销

根据利害关系人的请求或者依据职权，作出行政许可决定的行政机关或者其上级行政机关可以撤销行政许可，具体情形如下：（1）行政机关工作人员滥用职权、玩忽职守作出准予行政许可决定的；（2）超越法定职权作出准予行政许可决定的；（3）违反法定程序作出准予行政许可决定的；（4）对不具备申请资格或者不符合法定条件的申请人准予行政许可的；（5）依法可以撤销行政许可的其他情形。

如果被许可人以欺骗、贿赂等不正当手段取得行政许可的，作出行政许可决定的行政机关或者其上级行政机关应当予以撤销行政许可。但是，撤销行政许可，可能对公共利益造成重大损害的，不予撤销。

特别注意：有下列情形之一的，行政机关应当依法办理有关行政许可的注销手续：（1）行政许可有效期届满未延续的；（2）赋予公民特定资格的行政许可，该公民死亡或者丧失行为能力的；（3）法人或者其他组织依法终止的；（4）行政许可依法被撤销、撤回，或者行政许可证件依法被吊销的；（5）因不可抗力导致行政许可事项无法实施的；（6）法律、法规规定的应当注销行政许可的其他情形。

第三节 注意事项

一、关于行政许可事项

《中华人民共和国行政许可法》第十二条规定，下列事项可以设定行政许可：(1) 直接涉及国家安全、公共安全、经济宏观调控、生态环境保护以及直接关系人身健康、生命财产安全等特定活动，需要按照法定条件予以批准的事项；(2) 有限自然资源开发利用、公共资源配置以及直接关系公共利益的特定行业的市场准入等，需要赋予特定权利的事项；(3) 提供公众服务并且直接关系公共利益的职业、行业，需要确定具备特殊信誉、特殊条件或者特殊技能等资格、资质的事项；(4) 直接关系公共安全、人身健康、生命财产安全的重要设备、设施、产品、物品，需要按照技术标准、技术规范，通过检验、检测、检疫等方式进行审定的事项；(5) 企业或者其他组织的设立等，需要确定主体资格的事项；(6) 法律、行政法规规定可以设定行政许可的其他事项。

《中华人民共和国行政许可法》第十三条规定了可以不设行政许可的事项，本法第十二条所列事项，通过下列方式能够予以规范的，可以不设行政许可：(1) 公民、法人或者其他组织能够自主决定的；(2) 市场竞争机制能够有效调节的；(3) 行业组织或者中介机构能够自律管理的；(4) 行政机关采用事后监督等其他行政管理方式能够解决的。以上申请事项依法不需要取得行政许可，行政机关应当即时告知申请人不受理。

二、关于行政机关法定注意义务

1. 公示义务。行政机关应当将法律、法规、规章规定的有关行政许可的事项、依据、条件、数量、程序、期限以及需要提交的全部材料的目录和申请书示范文本等在办公场所公示。

2. 公示内容说明义务。申请人要求行政机关对公示内容予以说明、解释的，行政机关应当说明、解释，提供准确、可靠的信息。

3. 提供格式文本的义务。申请书需要采用格式文本的，行政机关应当向申请人提供行政许可申请书格式文本，且不得收费。

4. 不得要求申请人提供与许可无关信息的义务。申请书格式文本中不得包含与申请行政许可事项没有直接关系的内容；行政机关不得要求申请人提交与其申请的行政许可事项无关的技术资料和其他材料；行政机关及其工作人员不得以转让技术作为取得行政许可的条件；不得在实施行政许可的过程中，直接或者间接地要求转让技术。

三、关于申请人的诚信义务

申请人申请行政许可，应当如实向行政机关提交有关材料和反映真实情况，并对其申请材料实质内容的真实性负责。根据《中华人民共和国行政许可法》第三十四条规定："行政机关应当对申请人提交的申请材料进行审查。申请人提交的申请材料齐全、符合法定形式，行政机关能够当场作出决定的，应当当场作出书面的行政许可决定。根据法定条件和程序，需要对申请材料的实质内容进行核实的，行政机关应当指派两名以上工作人员进行核查。"

四、关于公众查询行政许可的范围

根据《中华人民共和国行政许可法》第四十条规定，"行政机关作出的准予行政许可决定，应当予以公开，公众有权查阅"。本条款中"公众有权查阅"的范围，是行政机关作出的准予行政许可的决定及其内容，而不是行政机关办理行政许可过程中的全部资料，包括准予或未准予申请人的申请资料，均不予公开。

五、关于行政许可的地域限制

根据《中华人民共和国行政许可法》第四十一条规定,"法律、行政法规设定的行政许可,其适用范围没有地域限制的,申请人取得的行政许可在全国范围内有效"。法律、行政法规设定的行政许可,其适用范围没有地域限制,但地方性法规设定的行政许可的适用范围,只在本行政区域内有效。

第四章
乡镇（街道）行政强制实务

根据《中华人民共和国行政强制法》第二条规定，行政强制，包括行政强制措施和行政强制执行。行政强制措施，是指行政机关在行政管理过程中，为制止违法行为、防止证据损毁、避免危害发生、控制危险扩大等情形，依法对公民的人身自由实施暂时性限制，或者对公民、法人或者其他组织的财物实施暂时性控制的行为。行政强制执行，是指行政机关或者行政机关申请人民法院，对不履行行政决定的公民、法人或者其他组织，依法强制履行义务的行为。

《中华人民共和国行政处罚法》第二十四条第一款规定："省、自治区、直辖市根据当地实际情况，可以决定将基层管理迫切需要的县级人民政府部门的行政处罚权交由能够有效承接的乡镇人民政府、街道办事处行使，并定期组织评估。决定应当公布。"2021年4月，《中共中央 国务院关于加强基层治理体系和治理能力现代化建设的意见》提出，根据本地实际情况，依法赋予乡镇（街道）行政执法权，整合现有执法力量和资源。2021年8月，中共中央、国务院《法治政府建设实施纲要（2021—2025年）》提出，继续深化行政执法体制改革，坚持乡镇（街道）逐步实现"一支队伍管执法"的改革原则和要求。

2019年，福建省先后印发了《福建省深化综合行政执法改革实施方案》（闽委办发〔2019〕37号）和《关于深化乡镇（街道）机构改革的意见》（闽委办发〔2019〕64号），部署推进乡镇（街道）综合行政执法改革，设置综合执法机构，承担相关行政执法职责。2020年底前，福建省各乡镇（街道）均已设置"综合执法队"或"综合执法办公室"。2022年1月7日，为进一步贯彻落实中央关于加强基层治理体系和治理能力现代化建设的有关要求，继续深化基层综合行政执法体制改革，扎实推进乡镇（街道）逐步实现"一支队伍管执法"，福建省人民政府根据《中华人民共和国行政处罚法》《中华人民共和国行政强制法》《国务院关于进一步推进相对集中行政处罚权工作的决定》等规定，作出《关于赋予乡镇人民政府、街道办事处部分行政处罚权的决定》（闽政文〔2022〕3号），将部分县级人民政府有关部门行使的行政处罚权交由乡镇人民政府和街道办事处，以其自身名义行使，实行综合行政执法。

笔者总结了乡镇（街道）赋权行政强制的相关法律规定、工作程序及注意事项，供参考。

第一节　相关法律规定

一、关于赋权行政强制实施的合法性依据

依据《中华人民共和国行政强制法》第十七条以及第七十条规定，行政主体实施行政强制主要有三种法律权利来源：第一种是行政强制措施由法律、法规规定的行政机关在法定职权范围内实施。第二种是法律、行政法规授权的具有管理公共事务职能的组织在法定授权范围内，以自己的名义实施行政强制，适用《中华人民共和国行政强制法》有关行政机关的规定。第三种是依据《中华人民共和国行政处罚法》的规定行使相对集中行政处罚权的行政机关，可以实施法律、法规规定的与行政处罚权有关的行政强制措施。

本文中乡镇（街道）实施赋权行政强制属于上述第三种情形，即

省、自治区、直辖市人民政府根据精简、统一、效能的原则，将部分县级人民政府有关部门行使的行政处罚权交由乡镇人民政府和街道办事处，以其自身名义实施法律、法规规定的与行政处罚权有关的行政强制措施。

二、关于赋权行政强制的实施主体

依据《中华人民共和国行政强制法》的规定，有权实施行政强制措施的三类主体分别是：第一类是由法律法规直接设定行政强制措施权的行政机关。第二类是得到法律、行政法规授权的具有管理公共事务职能的组织，在法定授权范围内，以自己的名义实施行政强制，适用本法有关行政机关的规定。第三类是依据《中华人民共和国行政处罚法》的规定行使相对集中行政处罚权的行政机关，可以实施法律、法规规定的与行政处罚权有关的行政强制措施。

在省、自治区、直辖市人民政府决定乡镇（街道）行使有关行政机关的行政强制权后，乡镇（街道）即是赋权目录内的实施主体，以其自身名义行使，并对外独立承担法律责任，其中包括成为行政复议和行政诉讼的被告主体。

三、关于赋权行政强制的适用范围

乡镇（街道）赋权行政强制的适用范围主要是《中华人民共和国行政强制法》、各省赋权清单或指导目录，并随法律法规进行动态调整。

第二节　行政强制工作流程

一、基本执法流程

1. 实施前须向行政机关负责人报告并经批准。
2. 由两名以上行政执法人员实施。
3. 出示执法身份证件。
4. 通知当事人到场。
5. 当场告知当事人采取行政强制措施的理由、依据以及当事人依法享有的权利、救济途径。
6. 听取当事人的陈述和申辩。
7. 制作现场笔录。
8. 现场笔录由当事人和行政执法人员签名或者盖章，当事人拒绝签名或者盖章的，行政执法人员应当在笔录中予以注明。

二、注意事项

1. 具体行政执法人员应当符合以下条件：
（1）取得行政执法资格。
（2）与本案无利害关系。
2. 现场笔录作为证据的效力：现场笔录、勘验笔录优于其他书证、视听资料和证人证言。（《最高人民法院关于行政诉讼证据若干问题的规定》第六十三条）。
3. 当事人拒绝签名或者盖章的，行政执法人员应当在笔录中予以注明，这种情况不影响笔录的效力；当事人不到场的，邀请见证人到场，由见证人和行政执法人员在现场笔录上签名或者盖章。
4. 当场实施行政强制措施的情形。

情况紧急，需要当场实施行政强制措施的，行政执法人员应当在二十四小时内向行政机关负责人报告，并补办批准手续。行政机关负责人认为不应当采取行政强制措施的，应当立即解除。

《中华人民共和国行政强制法》第八条规定，因行政机关违法实施行政强制受到损害的，有权依法要求赔偿。《中华人民共和国国家赔偿法》的赔偿范围也是行政机关的违法行为。一种情形是如果紧急实施的行政强制措施严重违反比例原则，对相对人的权益造成较大损失，法院可以根据具体情况判决撤销或者确认违法。另一种情形对即时强制措施的程序要件的审查，涉及事后审批程序的审查，应当侧重对解除条件的审查，如果行政机关负责人认为不应当采取行政强制措施而解除强制措施的，对相对人造成损害的，当事人可以要求赔偿。[1]

第三节 行政强制措施的实施流程

一、限制人身自由措施

1. 法律规定

依照法律规定实施限制公民人身自由的行政强制措施，除应当履行《中华人民共和国行政强制法》第十八条规定的程序外，还应当遵守下列规定：

（1）当场告知或者实施行政强制措施后立即通知当事人家属实施行政强制措施的行政机关、地点和期限。

（2）在紧急情况下当场实施行政强制措施的，在返回行政机关后，立即向行政机关负责人报告并补办批准手续。

---

[1] 江必新主编、最高人民法院行政强制法研究小组编著：《〈中华人民共和国行政强制法〉条文理解与适用》，人民法院出版社2011年版，第128~129页。

(3) 法律规定的其他程序。

(4) 实施限制人身自由的行政强制措施不得超过法定期限。实施行政强制措施的目的已经达到或者条件已经消失，应当立即解除。

2. 注意事项

(1) 通知时间：当场或者立即。

(2) 通知对象：家属是需要通知的首要对象，无家属或者家属通知不到的，通知其单位。

(3) 通知内容：实施限制人身自由的机关；当事人被限制人身自由的地点；当事人被限制人身自由的期限。

(4) 实施限制人身自由的行政强制措施不得超过法定期限。

(5) 实施行政强制措施的目的已经达到或者条件已经消失，应当立即解除。

二、查封、扣押措施

1. 法律规定

(1) 法定机关实施查封、扣押。

查封、扣押应当由法律、法规规定的行政机关实施，其他任何行政机关或者组织不得实施。

(2) 查封、扣押的对象范围。

查封、扣押限于涉案的场所、设施或者财物，不得查封、扣押与违法行为无关的场所、设施或者财物。

不得查封、扣押公民个人及其所扶养家属的生活必需品。

当事人的场所、设施或者财物已被其他国家机关依法查封的，不得重复查封。

(3) 行政机关决定实施查封、扣押的，应当履行《中华人民共和国行政强制法》第十八条规定的程序，制作并当场交付查封、扣押决定书和清单。查封、扣押清单一式二份，由当事人和行政机关分别保存。

查封、扣押决定书应当载明下列事项：

①当事人的姓名或者名称、地址。

②查封、扣押的理由、依据和期限。

③申请行政复议或者提起行政诉讼的途径和期限。

④行政机关的名称、印章和日期。

（4）查封、扣押期限。

查封、扣押的期限不得超过三十日；情况复杂的，经行政机关负责人批准，可以延长，但是延长期限不得超过三十日。法律、行政法规另有规定的除外。延长查封、扣押的决定应当及时书面告知当事人，并说明理由。

对物品需要进行检测、检验、检疫或者技术鉴定的，查封、扣押的期间不包括检测、检验、检疫或者技术鉴定的期间。检测、检验、检疫或者技术鉴定的期间应当明确，并书面告知当事人。

（5）查封、扣押期间的保管和费用。

对查封、扣押的场所、设施或者财物，行政机关应当妥善保管，不得使用或者损毁；造成损失的，应当承担赔偿责任。

对查封的场所、设施或者财物，行政机关可以委托第三人保管，第三人不得损毁或者擅自转移、处置。因第三人的原因造成的损失，行政机关先行赔付后，有权向第三人追偿。

因查封、扣押发生的保管费用由行政机关承担。检测、检验、检疫或者技术鉴定的费用由行政机关承担。

（6）查封、扣押财物的处理。

行政机关采取查封、扣押措施后，应当及时查清事实，在《中华人民共和国行政强制法》第二十五条规定的期限内作出处理决定。

对违法事实清楚，依法应当没收的非法财物予以没收；法律、行政法规规定应当销毁的，依法销毁；应当解除查封、扣押的，作出解除查封、扣押的决定。

有下列情形之一的,行政机关应当及时作出解除查封、扣押决定:①当事人没有违法行为;②查封、扣押的场所、设施或者财物与违法行为无关;③行政机关对违法行为已经作出处理决定,不再需要查封、扣押;④查封、扣押期限已经届满;⑤其他不再需要采取查封、扣押措施的情形。解除查封、扣押应当立即退还财物;已将鲜活物品或者其他不易保管的财物拍卖或者变卖的,退还拍卖或者变卖所得款项。变卖价格明显低于市场价格,给当事人造成损失的,应当给予补偿。

2. 注意事项

(1) 不得被行政机关查封、扣押的物品。

根据《最高人民法院关于人民法院民事执行中查封、扣押、冻结财产的规定》第三条的规定,人民法院对被执行人的下列财产不得查封、扣押、冻结:①被执行人及其所扶养家属生活所必需的衣服、家具、炊具、餐具及其他家庭生活必需的物品;②被执行人及其所扶养家属所必需的生活费用。当地有最低生活保障标准的,必需的生活费用依照该标准确定;③被执行人及其所扶养家属完成义务教育所必需的物品;④未公开的发明或者未发表的著作;⑤被执行人及其所扶养家属用于身体缺陷所必需的辅助工具、医疗物品;⑥被执行人所得的勋章及其他荣誉表彰的物品;⑦根据《中华人民共和国缔结条约程序法》,以中华人民共和国、中华人民共和国政府或者中华人民共和国政府部门名义同外国、国际组织缔结的条约、协定和其他具有条约、协定性质的文件中规定免于查封、扣押、冻结的财产;⑧法律或者司法解释规定的其他不得查封、扣押、冻结的财产。

(2) 查封、扣押的期限的计算。

根据《中华人民共和国行政强制法》第六十九条的规定,本法中十日以内期限的规定是指工作日,不含法定节假日。《中华人民共和国行政强制法》第二十五条规定的是十日以上的期限,因此,该期限是指自然日,既包括工作日,也包括休息日。

此外,《中华人民共和国民事诉讼法》第八十五条第二款规定,期间以时、日、月、年计算。期间开始的时和日,不计算在期间内。

三、冻结

1. 法律规定

(1) 法定机关实施冻结

冻结存款、汇款应当由法律规定的行政机关实施,不得委托给其他行政机关或者组织;其他任何行政机关或者组织不得冻结存款、汇款。

冻结存款、汇款的数额应当与违法行为涉及的金额相当;已被其他国家机关依法冻结的,不得重复冻结。

(2) 冻结通知

行政机关依照法律规定决定实施冻结存款、汇款的,应当于实施前向行政机关负责人报告并经批准;由两名以上行政执法人员实施;出示执法身份证件;制作现场笔录(《中华人民共和国行政强制法》第十八条第一项、第二项、第三项、第七项规定的程序),并向金融机构交付冻结通知书。

金融机构接到行政机关依法作出的冻结通知书后,应当立即予以冻结,不得拖延,不得在冻结前向当事人泄露信息。

法律规定以外的行政机关或者组织要求冻结当事人存款、汇款的,金融机构应当拒绝。

(3) 冻结决定书

依照法律规定冻结存款、汇款的,作出决定的行政机关应当在三日内向当事人交付冻结决定书。冻结决定书应当载明下列事项:①当事人的姓名或者名称、住址;②冻结的理由、依据和期限;③冻结的账号和数额;④申请行政复议或者提起行政诉讼的途径和期限;⑤行政机关的名称、印章和日期。

(4) 冻结的期限

自冻结存款、汇款之日起三十日内，行政机关应当作出处理决定或者作出解除冻结决定；情况复杂的，经行政机关负责人批准，可以延长，但是延长期限不得超过三十日。法律另有规定的除外。延长冻结的决定应当及时书面告知当事人，并说明理由。

(5) 解除冻结的情形

有下列情形之一的，行政机关应当及时作出解除冻结决定：①当事人没有违法行为；②冻结的存款、汇款与违法行为无关；③行政机关对违法行为已经作出处理决定，不再需要冻结；④冻结期限已经届满；⑤其他不再需要采取冻结措施的情形。

行政机关作出解除冻结决定的，应当及时通知金融机构和当事人。金融机构接到通知后，应当立即解除冻结。

行政机关逾期未作出处理决定或者解除冻结决定的，金融机构应当自冻结期满之日起解除冻结。

2. 注意事项

《金融机构协助查询、冻结、扣划工作管理规定》第二十二条规定，两个以上有权机关对同一单位或个人的同一笔存款采取冻结或扣划措施时，金融机构应当协助最先送达协助冻结、扣划存款通知书的有权机关办理冻结、扣划手续。两个以上有权机关对金融机构协助冻结、扣划的具体措施有争议的，金融机构应当按照有关争议机关协商后的意见办理。

四、涉嫌犯罪案件财物的移送

1. 法律规定

违法行为涉嫌犯罪应当移送司法机关的，行政机关应当将查封、扣押、冻结的财物一并移送，并书面告知当事人。

2. 注意事项

《行政执法机关移送涉嫌犯罪案件的规定》第十二条规定，行政执法机关对公安机关决定立案的案件，应当自接到立案通知书之日起 3 日内将涉案物品以及与案件有关的其他材料移交公安机关，并办结交接手续；法律、行政法规另有规定的，依照其规定。

第四节　行政强制执行

一、行政强制执行的基本规定

1. 行政机关行政强制执行的适用情形

行政机关依法作出行政决定后，当事人在行政机关决定的期限内不履行义务的，具有行政强制执行权的行政机关依照本章规定强制执行。

2. 执行禁止行为

行政机关不得在夜间或者法定节假日实施行政强制执行。但是，情况紧急的除外。

行政机关不得对居民生活采取停止供水、供电、供热、供燃气等方式迫使当事人履行相关行政决定。

二、行政强制执行的基本步骤

1. 催告

行政机关作出强制执行决定前，应当事先催告当事人履行义务。

催告应当以书面形式作出，并载明下列事项：（1）履行义务的期限；（2）履行义务的方式；（3）涉及金钱给付的，应当有明确的金额和给付方式；（4）当事人依法享有的陈述权和申辩权。

2. 陈述和申辩

当事人收到催告书后有权进行陈述和申辩。行政机关应当充分听取当事人的意见，对当事人提出的事实、理由和证据，应当进行记录、复核。当事人提出的事实、理由或者证据成立的，行政机关应当采纳。

3. 强制执行决定

经催告，当事人逾期仍不履行行政决定，且无正当理由的，行政机关可以作出强制执行决定。

强制执行决定应当以书面形式作出，并载明下列事项：（1）当事人的姓名或者名称、住址；（2）强制执行的理由和依据；（3）强制执行的方式和时间；（4）申请行政复议或者提起行政诉讼的途径和期限；（5）行政机关的名称、印章和日期。在催告期间，对有证据证明有转移或者隐匿财物迹象的，行政机关可以作出立即强制执行决定。

4. 送达

催告书、行政强制执行决定书应当直接送达当事人。当事人拒绝接收或者无法直接送达当事人的，应当依照《中华人民共和国民事诉讼法》的有关规定送达。

5. 中止执行

有下列情形之一的，中止执行：（1）当事人履行行政决定确有困难或者暂无履行能力的；（2）第三人对执行标的主张权利，确有理由的；（3）执行可能造成难以弥补的损失，且中止执行不损害公共利益的；（4）行政机关认为需要中止执行的其他情形。

中止执行的情形消失后，行政机关应当恢复执行。对没有明显社会危害，当事人确无能力履行，中止执行满三年未恢复执行的，行政机关不再执行。

6. 终结执行

有下列情形之一的，终结执行：（1）公民死亡，无遗产可供执行，又无义务承受人的；（2）法人或者其他组织终止，无财产可供执行，又无义务承受人的；（3）执行标的灭失的；（4）据以执行的行政决定被撤销的；（5）行政机关认为需要终结执行的其他情形。

7. 执行回转

在执行中或者执行完毕后，据以执行的行政决定被撤销、变更，或者执行错误的，应当恢复原状或者退还财物；不能恢复原状或者退还财物的，依法给予赔偿。

8. 执行协议

实施行政强制执行，行政机关可以在不损害公共利益和他人合法权益的情况下，与当事人达成执行协议。

执行协议可以约定分阶段履行；当事人采取补救措施的，可以减免加处的罚款或者滞纳金。

执行协议应当履行。当事人不履行执行协议的，行政机关应当恢复强制执行。

三、行政强制执行的注意事项

1. 根据《中华人民共和国行政复议法》第四十二条的规定，行政复议期间行政行为不停止执行；但是有下列情形之一的，应当停止执行：（1）被申请人认为需要停止执行；（2）行政复议机关认为需要停止执行；（3）申请人、第三人申请停止执行，行政复议机关认为其要求合理，决定停止执行；（4）法律、法规、规章规定停止执行的其他情形。

2. 《中华人民共和国噪声污染防治法》第八十八条规定，夜间，是指晚上十点至次日早晨六点之间的期间。目前，"夜间"时间段可以此为参照。

3. 行政机关不得在夜间或者法定节假日实施行政强制执行。但是情况紧急的除外。

4. 行政机关不得对居民生活采取停止供水、供电、供热、供燃气等方式迫使当事人履行相关行政决定。

5. 需要立即清除道路、河道、航道或者公共场所的遗洒物、障碍物或者污染物，当事人不能清除的，行政机关可以决定立即实施代履行；

当事人不在场的，行政机关应当在事后立即通知当事人，并依法作出处理。

6. 行政机关依法作出金钱给付义务的行政决定，当事人逾期不履行的，行政机关可以依法加处罚款或者滞纳金。加处罚款或者滞纳金的标准应当告知当事人。

7.《中华人民共和国行政强制法》第四十六条第一款规定，行政机关依照本法第四十五条规定实施加处罚款或者滞纳金超过三十日，经催告当事人仍不履行的，具有行政强制执行权的行政机关可以强制执行。

8. 当事人依法提出陈述和申辩意见，行政机关应当保存其书面材料；当事人口头提出的，行政机关应当负责记录，让当事人签字后保存。

9. 送达。

催告书、行政强制决定书应当直接送达当事人。当事人拒绝接收或者无法直接送达当事人的，应当依照《中华人民共和国民事诉讼法》的有关规定送达。

10. 中止执行的适用条件。

（1）当事人履行行政决定确有困难或者暂无履行能力的。

（2）第三人对执行标的主张权利，确有理由的。

（3）执行可能造成难以弥补的损失，且中止执行不损害公共利益的。

（4）行政机关认为需要中止执行的其他情形。

11. 执行回转。

在执行中或者执行完毕后，据以执行的行政决定被撤销、变更，或者执行错误的，应当恢复原状或者退还财物；不能恢复原状或者退还财物的，依法给予赔偿。

第五节 行政强制执行的实施流程

一、金钱给付义务的执行

1. 法律规定

（1）罚款和滞纳金

行政机关依法作出金钱给付义务的行政决定，当事人逾期不履行的，行政机关可以依法加处罚款或者滞纳金。加处罚款或者滞纳金的标准应当告知当事人。加处罚款或者滞纳金的数额不得超出金钱给付义务的数额。

（2）不缴纳罚款或滞纳金时的强制执行

行政机关依照《中华人民共和国行政强制法》第四十五条规定实施加处罚款或者滞纳金超过三十日，经催告当事人仍不履行的，具有行政强制执行权的行政机关可以强制执行。

行政机关实施强制执行前，需要采取查封、扣押、冻结措施的，依照《中华人民共和国行政强制法》第三章规定办理。

没有行政强制执行权的行政机关应当申请人民法院强制执行。但是，当事人在法定期限内不申请行政复议或者提起行政诉讼，经催告仍不履行的，在实施行政管理过程中已经采取查封、扣押措施的行政机关，可以将查封、扣押的财物依法拍卖抵缴罚款。

（3）依法划拨存款、汇款

划拨存款、汇款应当由法律规定的行政机关决定，并书面通知金融机构。金融机构接到行政机关依法作出划拨存款、汇款的决定后，应当立即划拨。法律规定以外的行政机关或者组织要求划拨当事人存款、汇款的，金融机构应当拒绝。

(4) 依法拍卖

依法拍卖财物，由行政机关委托拍卖机构依照《中华人民共和国拍卖法》的规定办理。

(5) 款项依法归库

划拨的存款、汇款以及拍卖和依法处理所得的款项应当上缴国库或者划入财政专户。任何行政机关或者个人不得以任何形式截留、私分或者变相私分。

2. 注意事项

(1)《中华人民共和国行政处罚法》第七十三条第三款规定，当事人申请行政复议或者提起行政诉讼的，加处罚款的数额在行政复议或者行政诉讼期间不予计算。

(2) 没有行政强制执行权的行政机关应当申请人民法院强制执行。依照《最高人民法院关于适用〈中华人民共和国行政诉讼法〉的解释》第一百五十五条的规定，行政机关根据行政诉讼法第九十七条的规定申请执行其行政行为，应当具备以下条件：①行政行为依法可以由人民法院执行；②行政行为已经生效并具有可执行内容；③申请人是作出该行政行为的行政机关或者法律、法规、规章授权的组织；④被申请人是该行政行为所确定的义务人；⑤被申请人在行政行为确定的期限内或者行政机关催告期限内未履行义务；⑥申请人在法定期限内提出申请；⑦被申请执行的行政案件属于受理执行申请的人民法院管辖。行政机关申请人民法院执行，应当提交行政强制法第五十五条规定的相关材料。人民法院对符合条件的申请，应当在五日内立案受理，并通知申请人；对不符合条件的申请，应当裁定不予受理。行政机关对不予受理裁定有异议，在十五日内向上一级人民法院申请复议的，上一级人民法院应当在收到复议申请之日起十五日内作出裁定。

(3) 行政机关应当依据《金融机构协助查询、冻结、扣划工作管理规定》第十条与第十一条的规定，提供以下内容，有权机关执法人员的工作证件；有权机关县团级以上机构签发的协助扣划存款通知书，法律、行政法规规定应当由有权机关主要负责人签字的，应当由主要负责人签字；有关生效法律文书或行政机关的有关决定书；"协助冻结、扣划存款通知书"填写的需被冻结或扣划存款的单位或个人开户金融机构名称、户名和账号、大小写金额。此外，有权机关对个人存款户不能提供账户的，金融机构应当要求有权机关提供该个人的公民身份证号码或其它足以确定该个人存款账户的情况。

二、代履行

1. 法律规定

（1）行政机关依法作出要求当事人履行排除妨碍、恢复原状等义务的行政决定，当事人逾期不履行，经催告仍不履行，其后果已经或者将危害交通安全、造成环境污染或者破坏自然资源的，行政机关可以代履行，或者委托没有利害关系的第三人代履行。

（2）代履行应当遵守下列规定：①代履行前送达决定书，代履行决定书应当载明当事人的姓名或者名称、地址，代履行的理由和依据、方式和时间、标的、费用预算以及代履行人；②代履行三日前，催告当事人履行，当事人履行的，停止代履行；③代履行时，作出决定的行政机关应当派员到场监督；④代履行完毕，行政机关到场监督的工作人员、代履行人和当事人或者见证人应当在执行文书上签名或者盖章。代履行的费用按照成本合理确定，由当事人承担。但是，法律另有规定的除外。代履行不得采用暴力、胁迫以及其他非法方式。

（3）需要立即清除道路、河道、航道或者公共场所的遗洒物、障碍物或者污染物，当事人不能清除的，行政机关可以决定立即实施代履行；当事人不在场的，行政机关应当在事后立即通知当事人，并依法作出处理。

2. 注意事项

代履行的适用情形：当事人逾期不履行排除妨碍、恢复原状等义务，经催告仍不履行，其后果已经或者将危害交通安全、造成环境污染或者破坏自然资源。

三、强制拆除

对违法的建筑物、构筑物、设施等需要强制拆除的，应当由行政机关予以公告，限期当事人自行拆除。

在法定期限内不申请行政复议或者提起行政诉讼，又不拆除的，行政机关可以依法强制拆除。

四、排除妨碍、恢复原状

关于排除妨碍、恢复原状，该类行政强制执行方式可根据《中华人民共和国民法典》及司法解释相关规定理解并参照执行。

第六节 申请人民法院强制执行

一、法律规定

1. 当事人在法定期限内不申请行政复议或者提起行政诉讼，又不履行行政决定的，没有行政强制执行权的行政机关可以自期限届满之日起三个月内，依照《中华人民共和国行政强制法》第五章规定申请人民法院强制执行。

2. 行政机关申请人民法院强制执行前，应当催告当事人履行义务。催告书送达十日后当事人仍未履行义务的，行政机关可以向所在地有管辖权的人民法院申请强制执行；执行对象是不动产的，向不动产所在地有管辖权的人民法院申请强制执行。

3. 行政机关向人民法院申请强制执行，应当提供下列材料：（1）强制执行申请书；（2）行政决定书及作出决定的事实、理由和依据；（3）当事人的意见及行政机关催告情况；（4）申请强制执行标的情况；（5）法律、行政法规规定的其他材料。

4. 强制执行申请书应当由行政机关负责人签名，加盖行政机关的印章，并注明日期。

5. 行政机关对人民法院不予受理的裁定有异议的，可以在十五日内向上一级人民法院申请复议。

6. 因情况紧急，为保障公共安全，行政机关可以申请人民法院立即执行。经人民法院院长批准，人民法院应当自作出执行裁定之日起五日内执行。

7. 行政机关申请人民法院强制执行，不缴纳申请费。强制执行的费用由被执行人承担。

二、注意事项

1. 行政机关向人民法院申请强制执行的行政行为应当具备的条件

《最高人民法院关于适用〈中华人民共和国行政诉讼法〉的解释》第一百五十五条规定，行政机关根据行政诉讼法第九十七条的规定申请执行其行政行为，应当具备以下条件：（1）行政行为依法可以由人民法院执行；（2）行政行为已经生效并具有可执行内容；（3）申请人是作出该行政行为的行政机关或者法律、法规、规章授权的组织；（4）被申请人是该行政行为所确定的义务人；（5）被申请人在行政行为确定的期限内或者行政机关催告期限内未履行义务；（6）申请人在法定期限内提出申请；（7）被申请执行的行政案件属于受理执行申请的人民法院管辖。行政机关申请人民法院执行，应当提交行政强制法第五十五条规定的相关材料。人民法院对符合条件的申请，应当在五日内立案受理，并通知申请人；对不符合条件的申请，应当裁定不予受理。行政机关对不予受理裁定有异议，在十五日内向上一级人民法院申请复议的，上一级人民法院应当在收到复议申请之日起十五日内作出裁定。

2. 申请人民法院强制执行的期限

《最高人民法院关于适用〈中华人民共和国行政诉讼法〉的解释》第一百五十六条规定，没有强制执行权的行政机关申请人民法院强制执行其行政行为，应当自被执行人的法定起诉期限届满之日起三个月内提出。逾期申请的，除有正当理由外，人民法院不予受理。

3. 管辖

《最高人民法院关于适用〈中华人民共和国行政诉讼法〉的解释》第一百五十七条规定，行政机关申请人民法院强制执行其行政行为的，由申请人所在地的基层人民法院受理；执行对象为不动产的，由不动产所在地的基层人民法院受理。基层人民法院认为执行确有困难的，可以报请上级人民法院执行；上级人民法院可以决定由其执行，也可以决定由下级人民法院执行。

第五章
乡镇（街道）行政检查实务

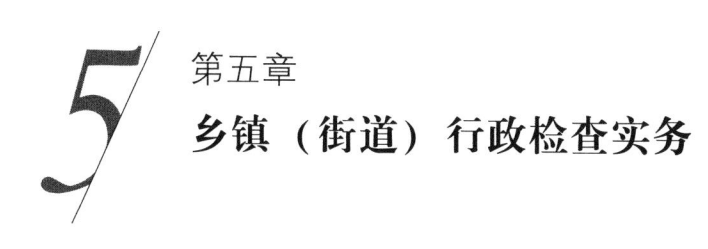

目前国家立法层面没有关于行政检查方面的相关规定，因此，"行政检查"也没有一个统一的概念，其散见于各部委、地方省市制定的规章和法规中。例如，《广东省行政检查办法》第三条规定："本办法所称行政检查，是指行政执法主体依照法定职权，对公民、法人和其他组织（以下称检查对象）遵守法律、法规、规章和执行行政命令、行政决定的情况进行了解、调查和监督的行为。"《财政检查工作办法》第三条规定："本办法所称财政检查，是指财政部门为履行财政监督职责，纠正财政违法行为，维护国家财政经济秩序，对单位和个人执行财税法规情况以及财政、财务、会计等管理事项进行检查的活动。"《养老机构行政检查办法》第二条规定，"本办法适用于民政部门依法对养老机构遵守《中华人民共和国老年人权益保障法》、《养老机构管理办法》、《养老机构服务安全基本规范》等法律、法规、规章、强制性标准和执行行政决定、命令情况进行查看、了解，并指导督促其履行义务的行为。法律、法规、规章等另有规定的，从其规定"。笔者总结了乡镇（街道）赋权行政检查的相关法律规定、工作程序及注意事项，供读者参考。

第一节　相关法律规定

一、关于行政检查的含义

通过梳理各部委和各地方的相关规定，"行政检查"基本可归纳为以下定义：行政检查，是指行政执法主体依照法定职权，对公民、法人和其他组织遵守法律、法规、规章和执行行政命令、行政决定的情况进行了解、调查和监督的行为。

行政检查是行政执法类型之一，行政执法主体有权作出行政检查行为。根据《中华人民共和国行政处罚法》第十八条，《关于推进基层整合审批服务执法力量的实施意见》和各省赋予乡镇（街道）行政执法规范性文件，乡镇（街道）可以在各省赋予乡镇（街道）行政执法事项指导目录以乡镇和街道名义开展行政执法工作，其中也包括行使行政检查权。

二、关于行政检查的类型和方式

1. 行政检查的类型

行政检查包括日常检查和专项检查。日常检查是指行政执法主体依照法定职权对不特定对象或者不特定事项进行检查。专项检查是指行政执法主体根据投诉举报、上级交办、其他机关移送等案件线索或者重点领域治理部署对特定对象或者特定事项进行检查。

2. 行政检查的方式

行政检查的方式包括现场检查和非现场检查。行政执法主体可以通过信息共享、"互联网+监管"等方式达到行政检查目的的，原则上不再进行现场检查。

三、关于行政检查的行使原则

法律、法规、规章规定行政检查权可以由不同层级行政执法主体行使的，原则上由法定的最低一级行政执法主体行使。上级行政执法主体负责本行政区域有较大影响的或者跨区域的行政检查。下级行政执法主体认为行政检查案件可能在本行政区域产生较大影响的，可以提请上级行政执法主体实施。

组织行政检查可以采取合并检查、联合检查、跨区域检查等方式进行。推行"综合查一次"制度，避免行政执法主体对检查对象重复检查。同一行政执法主体同一时期对同一检查对象实施多项检查的，原则上应当合并进行。不同行政执法主体需要对同一检查对象进行多项检查并且内容可以合并完成的，原则上应当组织联合检查。经省人民政府或者所在地级以上市人民政府决定、批准，行政执法主体可以组织开展跨区域检查。

第二节 行政检查工作流程

乡镇（街道）可以根据年度行政检查计划实施日常检查工作，也可以根据投诉举报、上级交办、其他机关移送等案件线索或者重点领域治理部署对特定对象或者特定事项进行专项检查。

一、检查前准备

乡镇（街道）可以抽调检查人员组建检查组，负责具体检查工作。检查人员应当具备下列条件：（1）熟悉有关法律、法规、规章和政策；（2）掌握相关的专业知识；（3）具有一定的调查研究、综合分析和文字表达能力。

检查人员与被检查单位或个人有直接利害关系的，应当回避。被检查人认为检查人员与自己有利害关系的，可以要求检查人员回避。

二、送达检查通知书

实施行政检查，一般应于 3 个工作日前向被检查人送达行政检查通知书。情况紧急的，也可以不通知被检查对象。

检查通知书的内容包括：（1）被检查人的名称；（2）检查的依据、范围、内容、方式和时间；（3）对被检查人配合检查工作的具体要求；（4）检查组组长及检查人员名单、联系方式；（5）财政部门公章及签发日期。

三、行政检查

行政执法主体实施行政检查可以采取下列方法：（1）听取检查对象情况说明；（2）查阅、调取、复制相关资料；（3）审查检查对象自查报告；（4）组织实地调查、勘查；（5）抽取样品进行检验、检疫、检测或者技术鉴定；（6）询问有关人员；（7）法律、法规、规章规定的其他方式。

行政执法主体实施行政检查过程中，需要采取先行登记保存证据、查封、扣押、冻结等措施的，依照《中华人民共和国行政处罚法》《中华人民共和国行政强制法》等规定办理。

四、形成检查报告

检查工作结束前，检查组应当就检查工作的基本情况、被检查人存在的问题等事项书面征求被检查人的意见，根据行政检查中取得的证据、认定的事实，依据法定程序形成检查报告。被检查人应在规定期限内就征求意见函提出书面意见或说明，没有提出书面意见或说明的，视为无异议。

五、内部复核

行政执法部门应根据实际情况建立复核制度,指定内部有关职能机构或者专门人员,对检查组提交的检查报告以及其他有关材料予以复核。

负责复核的有关职能机构或者专门人员,应当从以下几个方面对检查报告以及其他有关材料进行复核:(1)检查事项认定的事实是否清楚;(2)取得的证据是否真实、充分;(3)检查程序是否合法;(4)认定违法行为的法律依据是否适当;(5)提出的行政处理、处罚建议或者移送处理建议是否适当;(6)其他需要复核的事项。

有关职能机构或者专门人员对财政检查报告复核后,应当提出复核意见。

六、作出行政处理、处罚决定

行政执法部门对检查报告和复核意见进行审定后,根据不同情况作出如下处理:(1)对未发现有违法行为的被检查人作出检查结论;(2)对有违法行为的被检查人依法作出行政处理、处罚决定;(3)对不属于本部门职权范围的事项依法移送。

检查报告与复核意见存在重大分歧的,行政执法部门应当责成检查组进一步核实、补正有关情况或者材料;必要时,应当另行派出检查组,重新实施行政检查。

作出行政处理、处罚决定的,应当制作行政处理、处罚决定书。行政处理、处罚决定书应当载明以下事项:(1)当事人的姓名或者名称、地址;(2)违反法律、法规或者规章的事实和证据;(3)行政处理、处罚的种类和依据;(4)行政处理、处罚履行的方式和期限;(5)不服行政处理、处罚决定,申请行政复议或者提起行政诉讼的途径和期限;(6)作出行政处理、处罚决定的部门名称和日期;行政处理、处罚决定书必须盖有作出行政处理、处罚决定的财政部门印章。

第三节　注意事项

一、实施行政检查须遵守相关规定

行政执法部门实施现场检查应当遵守下列规定：（1）实施前经本单位负责人批准；（2）由两名以上行政执法人员实施；（3）出示行政执法证件；（4）告知检查对象有关权利义务；（5）听取检查对象的意见；（6）记录询问、检查情况；（7）法律、法规、规章规定的其他程序。

行政执法主体实施行政检查，禁止下列行为：（1）要求检查对象接受指定机构的检验、检疫、检测、技术鉴定等服务；（2）泄露检查对象技术秘密、商业秘密和个人隐私；（3）接受检查对象宴请、礼品、礼金，以及娱乐、旅游、食宿等安排；（4）违法干预检查对象经济纠纷；（5）其他侵害检查对象合法权益的违法行为。

二、关于检验、检疫、检测和技术鉴定

除直接涉及人民群众健康的食品药品等产品外，行政执法主体不得重复检验、检疫、检测和技术鉴定。

检查对象与法定检验、检疫、检测、技术鉴定机构存在民事纠纷或者其他明显利益冲突的，行政执法主体应当另行委托检验、检疫、检测或者技术鉴定机构。

对行政执法主体委托的法定检验、检疫、检测、技术鉴定机构依法作出的符合法定要求的检验、检疫、检测和技术鉴定结果，其他行政执法主体能够采用的，应当直接采用。

三、保障检查对象权益，不得妨碍正常生活和生产经营活动

行政执法主体不得以实施行政检查为由，限制或者变相限制其他地

区的个人或者企业到本地区从事生产经营和提供服务,不得变相限制其他地区的商品进入本地区市场。

除涉及人民群众生命安全、发生重特大事故或者举办国家重大活动并依法报经有权机关批准外,不得在相关区域采取要求相关行业、领域的市场主体普遍停产、停业的措施。

行政执法主体实施行政检查依法确需采取查封、扣押、冻结措施的,应当尽可能减少对市场主体正常生产经营活动的影响,除依法需责令关闭的企业外,在条件允许的情况下应当为企业预留必要的流动资金和往来账户。不得查封、扣押、冻结与案件无关的财产。

四、行政检查风险评估

实施行政检查可能对人身自由、生命健康、重大财产权益等方面造成不利影响的,行政执法主体应当对检查活动合法性、社会稳定性及风险可控性进行研判和评估。

行政执法人员认为行政检查可能引发执法风险,或者实施行政检查已经引发执法风险的,应当及时报本单位主要负责人处理。

行政执法主体作出行政处理决定,涉及重大公共利益、可能造成重大社会影响或者引发社会风险的,应当按规定进行法制审核。法制审核机构认为行政执法案件存在风险的,执法承办机构应当研究提出风险化解处置方案,报本单位主要负责人审批。

五、关于行政检查文书制作和保存

行政执法主体实施行政检查应当制作行政检查登记表、现场检查记录或者现场检查笔录等文书。根据本单位行政执法全过程音像记录清单范围,对现场检查、随机抽查、调查取证、文书送达等容易引发争议的行政执法过程进行音像记录。对直接涉及人身自由、生命健康、重大财产权益的现场活动,应当进行全过程音像记录。

行政执法主体应当对行政检查过程中直接形成的、反映检查活动情况的、有保存价值的行政执法文书和证据等进行归档，确保行政检查档案的完整性、准确性和系统性。行政检查档案实行一案一卷；档案材料较少的，可以多案一卷。

第六章 乡镇（街道）行政复议实务

乡镇和街道综合行政执法，是指赋权乡镇人民政府和街道办事处按照国家法律、行政法规和国务院有关规定以及省政府赋权文件及目录，以其自己名义依法集中行使有关行政管理部门行政执法职权，并集中开展行政执法工作。如行政行为的相对人对乡镇和街道在履行法定职责过程中作出的行政行为持有异议时，可以选择行政复议或行政诉讼维护自己的合法权益。

第一节 相关法律规定

2023年9月修订的《中华人民共和国行政复议法》开始施行，对于监督和保障行政机关依法行使职权，发挥行政复议化解行政争议提出了新的要求，特别是在如何规范工作流程、注意事项等方面。

第二节 行政复议工作流程

实务中，乡镇或街道并没有设置专门科室处理行政复议事务，一般由办公室承担。具体来说，可以将乡镇或街道行政复议的工作流程概括为复议答复阶段、审理阶段及庭后归档阶段。

一、复议答复阶段

这个阶段是相对关键的环节，需要工作人员提交作出行政行为的证据、依据和其他有关材料，相对其他两个阶段较为繁杂，也更为重要。具体的工作流程是：

1. 接收材料

办公室在收到复议机关（乡镇或街道所在地司法局）的行政复议答复通知书及相关材料后，及时通知业务部门和法律顾问（如有）。

2. 案卷交接

办公室与业务部门进行相关案卷的交接，对于个别复杂案件，业务部门应当对总体案情及作出行政行为时的考虑做特别介绍与说明。有时候办公室会将案件材料的原件交给法律顾问，经办人员一定要办理交接手续并加强保密工作。

3. 收集证据与草拟答复状

办公室与业务部门进行证据的整理收集与答复状的草拟工作，收集证据的重点通常是业务部门作出该行政行为的合法性和合理性等相关材料，一般以相关卷宗材料为准，这样既方便了收集证据，提高效率，同时也保证了证据本身的完整性和合法性。办公室与业务部门根据复议申请书，结合证据材料，草拟答复书。

4. 核准审批

办公室将草拟好的答复书及证据材料提交给行政机关负责人核准，注意应尽早提交，留足时间，同时保证在答复期限内将相关材料提交给复议机关。

二、审理阶段

在收到复议机关寄送的行政复议答复通知书后，按照法律规定期限将行政复议答复书及相关证据材料提交给复议机关。必要时，经办人员当面向复议机关陈述意见，可以由法律顾问作为主发言人，行政机关工作人员补充发言。在审理重大、疑难、复杂的行政复议案件或申请人请求听证时，经办人员积极参加听证，陈述作出行政行为的证据和依据。

三、庭后归档阶段

根据法律规定，行政复议案件一审终结。在收到行政复议决定后，乡镇或街道根据复议决定结果准备下一阶段工作。如复议机关维持行政行为，且相对人未在法定期限内起诉的，乡镇或街道经办人员可以进行案卷的整理归档工作。同时根据相对人履行行政行为的情况，决定是否申请法院强制执行。

如相对人对复议决定不服，在法定期限内提起诉讼的，乡镇或街道经办人员可以参照行政复议程序准备相关答辩状和证据材料。二审及再审程序亦是如此。

综上所述，用流程图来概括乡镇或街道行政复议的工作流程，大致如下：①接收行政复议通知（经办人员）→②准备答复材料（经办人员和办案人员）→③审核盖章（乡镇或街道）→④提交答复材料（复议机关）→⑤出庭陈述意见、参加听证（经办人员+法律顾问）→⑥接收复议决定（经办人员+法律顾问）→⑦案卷归档（经办人员）→⑧申请强制执行。

第三节 注意事项

乡镇或街道在行政复议过程中，应注意以下几个方面：

一、关于行政复议调解或和解

乡镇或街道与行政行为当事人可以达成行政复议调解或和解，根据《中华人民共和国行政复议法》第五条第一款和第七十四条规定，行政复议机关办理行政复议案件，可以进行调解；当事人在行政复议决定作出前可以自愿达成和解，和解内容不得损害国家利益、社会公共利益和他人合法权益，不得违反法律、法规的强制性规定。

当事人达成和解后，由申请人向行政复议机构撤回行政复议申请。行政复议机构准予撤回行政复议申请、行政复议机关决定终止行政复议的，申请人不得再以同一事实和理由提出行政复议申请。但是，申请人能够证明撤回行政复议申请违背其真实意愿的除外。

二、乡镇或街道不服行政复议决定的救济途径

根据《中华人民共和国行政复议法》第十条规定，公民、法人或者其他组织对行政复议决定不服的，可以依照《中华人民共和国行政诉讼法》的规定向人民法院提起行政诉讼。但是《中华人民共和国行政复议法》并未规定乡镇或街道可以提起行政诉讼，其主要原因在于行政复议是上级行政机关监督和保障行政机关依法行使职权的内部机制，如果乡镇或街道对行政复议决定不服，可以提起申诉，但是必须执行行政复议决定。

三、关于行政复议时效性

根据《中华人民共和国行政复议法》第四十八条、第七十条规定，行政复议机构应当自行政复议申请受理之日起七日内，将行政复议申请书副本或者行政复议申请笔录复印件发送被申请人。被申请人应当自收到行政复议申请书副本或者行政复议申请笔录复印件之日起十日内，提出书面答复，并提交作出行政行为的证据、依据和其他有关材料。逾期提交或拒不提交的，视为该行政行为没有证据、依据，行政复议机关决定撤销、部分撤销该行政行为，确认该行政行为违法、无效或者决定被申请人在一定期限内履行。

四、关于行政复议证据

根据《中华人民共和国行政复议法》第四十三条规定，行政复议证据包括：(1) 书证；(2) 物证；(3) 视听资料；(4) 电子数据；(5) 证人证言；(6) 当事人的陈述；(7) 鉴定意见；(8) 勘验笔录、现场笔录。以上证据经行政复议机构审查属实，才能作为认定行政复议案件事实的根据。

五、关于行政复议法中的"期日"

新修订的《中华人民共和国行政复议法》做了较大调整，即将行政复议期间的"三日""五日""七日""十日"统一规定为工作日，不含法定休假日。

下 篇

问答案例

问答篇

第七章 行政处罚

1. 什么是行政处罚？

答：根据《中华人民共和国行政处罚法》第二条的规定，行政处罚是指行政机关依法对违反行政管理秩序的公民、法人或者其他组织，以减损权益或者增加义务的方式予以惩戒的行为。

2. 哪些部门有权实施行政处罚？

答：实施行政处罚的主体包括以下组织：(1) 具有行政处罚权限的行政机关；(2) 具有行政处罚权限的法律法规授权组织和受行政机关委托处罚的组织。但并非所有的行政机关都是行政处罚的主体。

3. 行政处罚的客体是什么？

答：行政处罚针对的是违反行政管理秩序的行为，但不包括刑事犯罪行为。所谓行政管理秩序，是指行政机关与行政相对人之间的受行政法律法规规制的权利义务关系，是行政机关在行政管理活动中所要维护的秩序。

4. 行政处罚包括哪些处罚方式？

答：处罚方式即减损权益或者增加义务。所谓权益即权利和利益，因此，减损权益，严格来说是指减损应受行政处罚行为当事人的权利和利益。义务，是主体以作为或不作为的方式保障权利主体获得利益的一种约束手段。所谓增加义务，是指要求应受行政处罚行为相对人应作出一定行为或不为一定行为。

5. 哪些是行政处罚的对象？

答：行政处罚的对象针对的是外部行政相对人，即公民、法人或者其他组织，而非内部相对人，这是其与处分、监察之间的区别。

6. 乡镇、街道行使行政处罚权的法律依据是什么？

答：根据《中华人民共和国行政处罚法》第二十四条第一款的规定，省、自治区、直辖市根据当地实际情况，可以决定将基层管理迫切需要的县级人民政府部门的行政处罚权交由能够有效承接的乡镇人民政府、街道办事处行使，并定期组织评估。决定应当公布。

省、自治区、直辖市决定将县级人民政府部门的行政处罚权交由乡镇人民政府、街道办事处行使，即行政授权，而非行政委托。一经授权，乡镇人民政府、街道办事处是具有实施行政处罚主体资格的行政机关，能够独立作出行政处罚并以自己的名义承担相应的法律后果。如果是行政委托，乡镇人民政府、街道办事处只能以县级人民政府部门的名义行使行政处罚权，最终由县级人民政府部门承担法律责任，包括行政复议、行政诉讼。

7. 赋权乡镇、街道行政处罚包括哪些范围？

答：根据《中华人民共和国行政处罚法》第二十四条第一款规定，赋权乡镇、街道的行政处罚范围应限于基层管理迫切需要的县级人民政府部门的行政处罚权。参考《福建省人民政府关于赋予乡镇人民政府、街道办事处部分行政处罚权的决定》（闽政文〔2022〕3号）规定，"一、法律、法规、规章规定由县级人民政府有关部门行使的行政处罚权，除专业性和技术性强、乡镇（街道）无法承接，或者工作量较小、由县级集中行使成本更低的事项外，按照实际需要、宜放则放的原则，可以按以下规定交由乡镇（街道）实施：（一）重点涉及生态环境保护、交通运输、农业农村、文化市场、应急管理、市场监管、自然资源、海洋渔业、林业、商务、消防及社会服务等领域基层管理迫切需要且能够有效承接的行政处罚权……二、赋予乡镇（街道）行政执法事项指导目录（以下简称《指导目录》）由省委编办会同省司法厅商相关省级行政执法机关制定并发布"。

8. 县级人民政府制定具体赋权清单应遵守哪些程序？

答：县级人民政府及其部门根据设区市地方性法规和政府规章承担的行政处罚权，需交由乡镇（街道）行使的，由设区市地方性法规和政府规章起草部门依照法定程序提请立法机关决定。县级人民政府应当结合当地实际，研究确定具体赋权清单及其实施时间并向社会公布。

9. 赋予乡镇、街道行政处罚权应由哪一级政府决定？

答：根据《中华人民共和国行政处罚法》第二十四条第一款的规定，应由省、自治区、直辖市决定赋予乡镇、街道行政处罚权。但前述条款并未明确是省级人民代表大会常务委员会抑或是省级人民政府通过决定进行授权。

10. 行政处罚的管辖权是如何规定的？

答：根据《中华人民共和国行政处罚法》第二十二条的规定，行政处罚由违法行为发生地的行政机关管辖。

11. 行政处罚管辖权发生争议时应如何处理？

答：根据《中华人民共和国行政处罚法》第二十五条的规定，两个以上行政机关都有管辖权的，由最先立案的行政机关管辖。对管辖发生争议的，应当协商解决，协商不成的，报请共同的上一级行政机关指定管辖；也可以直接由共同的上一级行政机关指定管辖。

注意：指定管辖的前提必须是上下级行政关系。共同的上一级行政机关，是指能够同时指挥、管理不同下级行政机关且最为直接的行政管理机关。

12. 行政处罚的种类有哪些？

答：根据《中华人民共和国行政处罚法》第九条的规定，行政处罚的种类：（1）警告、通报批评；（2）罚款、没收违法所得、没收非法财物；（3）暂扣许可证件、降低资质等级、吊销许可证件；（4）限制开展生产经营活动、责令停产停业、责令关闭、限制从业；（5）行政拘留；（6）法律、行政法规规定的其他行政处罚。

13. 哪些违法处罚对象不予处罚？

答：根据《中华人民共和国行政处罚法》第三十条的规定，不满十四周岁的未成年人有违法行为的，不予行政处罚，责令监护人加以管教。第三十一条的规定，精神病人、智力残疾人在不能辨认或者不能控制自己行为时有违法行为的，不予行政处罚，但应当责令其监护人严加看管和治疗。

14. 哪些违法处罚对象应当从轻或者减轻处罚？

答：根据《中华人民共和国行政处罚法》第三十条的规定，已满十四周岁不满十八周岁的未成年人有违法行为的，应当从轻或者减轻行政处罚。

15. 哪些违法处罚对象可以从轻或者减轻处罚？

答：根据《中华人民共和国行政处罚法》第三十一条的规定，尚未完全丧失辨认或者控制自己行为能力的精神病人、智力残疾人有违法行为的，可以从轻或者减轻行政处罚。

16. 哪些违法行为可以不予处罚？

答：根据《中华人民共和国行政处罚法》第三十三条的规定，初次违法且危害后果轻微并及时改正的，可以不予行政处罚。

17. 哪些行政违法行为应当减轻或者从轻处罚？

答：根据《中华人民共和国行政处罚法》第三十二条的规定，当事人有下列情形之一，应当从轻或者减轻行政处罚：（1）主动消除或者减轻违法行为危害后果的；（2）受他人胁迫或者诱骗实施违法行为的；（3）主动供述行政机关尚未掌握的违法行为的；（4）配合行政机关查处违法行为有立功表现的；（5）法律、法规、规章规定其他应当从轻或者减轻行政处罚的。

18. 如何理解"从轻处罚"？

答：从轻处罚，是指行政机关对行政违法行为人在几种可能的法定处罚方式内选择较低的处罚方式，或者在一种处罚方式下在法定允许的幅度内选择幅度的较低限进行处罚。

19. 如何理解"免予处罚"和"不予处罚"？

答：免予处罚，是指行政机关依照法律、法规的规定，因法定的特殊情形，对本应给予处罚的违法行为人免除对其适用行政处罚。"免予处罚"不同于"不予处罚"。不予处罚是针对违法事实不构成行政违法，免予处罚是基于法定特殊情形针对已构成行政违法的事实免除处罚。

20. 哪些行政违法行为应当从重处罚？

答：根据《中华人民共和国行政处罚法》第四十九条的规定，发生重大传染病疫情等突发事件，为了控制、减轻和消除突发事件引起的社会危害，行政机关对违反突发事件应对措施的行为，依法快速、从重处罚。

21. 如何理解从重处罚？

答：所谓从重处罚，是指对违法行为人在法定的处罚幅度内决定实施较重的行政处罚，以及在若干种类行政处罚中选择一个较重的行政处罚种类。适用从重处罚的两个要点为：一是从重处罚应限定在法定的处罚幅度以内，而不应在法定行政处罚的限度以外实施行政处罚；二是行政机关在决定从重处罚时仍应结合违法行为的发生原因、事实、情节、性质、社会危害程度等具体情况作出具体判断。因此，从重处罚是指行政机关对行政违法行为人在几种可能的法定处罚方式中选择较严厉的处罚方式或者在某一处罚方式下在法定允许的幅度内选择上限或者接近于上限进行的处罚。

22. 如何理解"减轻处罚"？

答：减轻处罚，是指行政机关在法定的处罚方式和处罚幅度最低限以下，对违法行为人适用行政处罚。减轻处罚有两类：第一类是行政机关在法定的处罚方式以下对违法者实施处罚。第二类是行政机关在法定的处罚幅度最低限以下实施处罚。

23. 如何理解"不予行政处罚"？

答：不予行政处罚行为是具备责任能力的当事人违反行政管理秩序事实成立，但依法应当或者可以不予行政处罚的行为。

不予行政处罚行为性质上属于违法行为，与正当防卫、紧急避险等合法行为本质上不同。

24. 哪些行政处罚属于无效？

答：根据《中华人民共和国行政处罚法》第三十八条的规定，行政处罚没有依据或者实施主体不具有行政主体资格的，行政处罚无效。违反法定程序构成重大且明显违法的，行政处罚无效。该条中"行政处罚无效"包括三种情形：（1）没有法律依据；（2）不具有行政处罚权限或超越权限；（3）违反法定程序达到重大且明显违法的程度。

25. 行政机关办理行政处罚案件期限是多长？

答：根据《中华人民共和国行政处罚法》第六十条的规定，行政机关应当自行政处罚案件立案之日起九十日内作出行政处罚决定。法律、法规、规章另有规定的，从其规定。

26. 什么是行政处罚追责时效？

答：行政处罚追诉时效，是指对违法行为人违反行政管理秩序的行为追究行政责任、给予行政处罚的有效期限。行政机关超过法律规定的期限未发现违法行为的，对当时的违法行为人不再给予行政处罚。根据《中华人民共和国行政处罚法》第三十六条的规定，违法行为在二年内未被发现的，不再给予行政处罚；涉及公民生命健康安全、金融安全且有危害后果的，上述期限延长至五年。法律另有规定的除外。前款规定的期限，从违法行为发生之日起计算；违法行为有连续或者继续状态的，从行为终了之日起计算。

27. 行政执法人员执法时是否需要出示证件？

答：根据《中华人民共和国行政处罚法》第五十二条第一款、第五十五条第一款的规定，执法人员当场作出行政处罚决定的、在调查或进行检查时，应当向当事人出示执法证件。

28. 如何利用电子技术监控设备收集、固定违法事实？

答：根据《中华人民共和国行政处罚法》第四十一条的规定，行政机关依照法律、行政法规规定利用电子技术监控设备收集、固定违法事实的，应当经过法制和技术审核，确保电子技术监控设备符合标准、设置合理、标志明显，设置地点应当向社会公布。电子技术监控设备记录违法事实应当真实、清晰、完整、准确。行政机关应当审核记录内容是否符合要求；未经审核或者经审核不符合要求的，不得作为行政处罚的证据。行政机关应当及时告知当事人违法事实，并采取信息化手段或者其他措施，为当事人查询、陈述和申辩提供便利。不得限制或者变相限制当事人享有的陈述权、申辩权。

29. 行政执法时对执法人员人数有何规定？

答：根据《中华人民共和国行政处罚法》第四十二条第一款的规定，行政处罚应当由具有行政执法资格的执法人员实施。执法人员不得少于两人，法律另有规定的除外。

30. 什么情况下可以对证据进行先行登记保存？

答：根据《中华人民共和国行政处罚法》第五十六条的规定，行政机关在收集证据时，可以采取抽样取证的方法；在证据可能灭失或者以后难以取得的情况下，经行政机关负责人批准，可以先行登记保存，并应当在七日内及时作出处理决定，在此期间，当事人或者有关人员不得销毁或者转移证据。

31. 如何对证据进行先行登记保存？

答：根据《中华人民共和国行政处罚法》第五十六条及参照《交通运输行政执法程序规定》第四十四条第一款、第四十五条的规定，经行政机关负责人批准，可以先行登记保存；先行登记保存有关证据，应当当场清点，制作《证据登记保存清单》，由当事人和执法人员签名或者盖章，当场交当事人一份。对先行登记保存的证据，执法部门应当于先行登记保存之日起七日内采取以下措施：及时采取记录、复制、拍照、录像等证据保全措施，不再需要采取登记保存措施的，及时解除登记保存措施，并作出《解除证据登记保存决定书》；需要鉴定的，及时送交有关部门鉴定；违法事实成立，应当依法予以没收的，作出行政处罚决定，没收违法物品。执法部门逾期未作出处理决定的，先行登记保存措施自动解除。

32. 行政处罚中当事人的违法所得是如何计算的？

答：根据《中华人民共和国行政处罚法》第二十八条第二款的规定，违法所得是指实施违法行为所取得的款项。法律、行政法规、部门规章对违法所得的计算另有规定的，从其规定。

33. 对同一违法行为可否给予两次罚款的行政处罚？

答：不能。根据《中华人民共和国行政处罚法》第二十九条的规定："对当事人的同一个违法行为，不得给予两次以上罚款的行政处罚。同一个违法行为违反多个法律规范应当给予罚款处罚的，按照罚款数额高的规定处罚。"本条明确了"一事不再罚"原则，即同一个违法行为不得被重复处罚，但目前法律仅限定在罚款行政处罚种类，其他行政处罚种类不受此原则拘束。

34. 同一个违法行为违反了多个法律规范，如何处罚？

答：根据《中华人民共和国行政处罚法》第八条的规定："公民、法人或者其他组织因违法行为受到行政处罚，其违法行为对他人造成损害的，应当依法承担民事责任。违法行为构成犯罪，应当依法追究刑事责任的，不得以行政处罚代替刑事处罚。"

35. 行政处罚的普通程序如何取证和立案？

答：根据《中华人民共和国行政处罚法》第五十四条的规定："除本法第五十一条规定的可以当场作出的行政处罚外，行政机关发现公民、法人或者其他组织有依法应当给予行政处罚的行为的，必须全面、客观、公正地调查，收集有关证据；必要时，依照法律、法规的规定，可以进行检查。符合立案标准的，行政机关应当及时立案。"

36. 哪些行政处罚决定作出前需要告知当事人听证权利？

答：根据《中华人民共和国行政处罚法》第六十三条第一款的规定，行政机关拟作出下列行政处罚决定，应当告知当事人有要求听证的权利，当事人要求听证的，行政机关应当组织听证：较大数额罚款；没收较大数额违法所得、没收较大价值非法财物；降低资质等级、吊销许可证件；责令停产停业、责令关闭、限制从业；其他较重的行政处罚；法律、法规、规章规定的其他情形。

37. 当事人提出听证要求的时限是几日？

答：五日。根据《中华人民共和国行政处罚法》第六十四条第一项的规定，当事人要求听证的，应当在行政机关告知后五日内提出。

38. 行政处罚听证有哪些程序？

答：根据《中华人民共和国行政处罚法》第六十四条的规定，听证应当依照以下程序组织：当事人要求听证的，应当在行政机关告知后五日内提出；行政机关应当在举行听证的七日前，通知当事人及有关人员听证的时间、地点；除涉及国家秘密、商业秘密或者个人隐私依法予以保密外，听证公开举行；听证由行政机关指定的非本案调查人员主持；当事人认为主持人与本案有直接利害关系的，有权申请回避；当事人可以亲自参加听证，也可以委托一至二人代理；当事人及其代理人无正当理由拒不出席听证或者未经许可中途退出听证的，视为放弃听证权利，行政机关终止听证；举行听证时，调查人员提出当事人违法的事实、证据和行政处罚建议，当事人进行申辩和质证；听证应当制作笔录。笔录应当交当事人或者其代理人核对无误后签字或者盖章。当事人或者其代理人拒绝签字或者盖章的，由听证主持人在笔录中注明。

39. 行政法规、地方性法规可以设定行政处罚吗？

答：行政法规可以设定除限制人身自由以外的行政处罚。根据《中华人民共和国行政处罚法》第十一条的规定："行政法规可以设定除限制人身自由以外的行政处罚。法律对违法行为已经作出行政处罚规定，行政法规需要作出具体规定的，必须在法律规定的给予行政处罚的行为、种类和幅度的范围内规定。法律对违法行为未作出行政处罚规定，行政法规为实施法律，可以补充设定行政处罚。拟补充设定行政处罚的，应当通过听证会、论证会等形式广泛听取意见，并向制定机关作出书面说明。行政法规报送备案时，应当说明补充设定行政处罚的情况。"

地方性法规可以设定除限制人身自由、吊销营业执照以外的行政处罚。根据《中华人民共和国行政处罚法》第十二条的规定："地方性法规可以设定除限制人身自由、吊销营业执照以外的行政处罚。法律、行政法规对违法行为已经作出行政处罚规定，地方性法规需要作出具体规定的，必须在法律、行政法规规定的给予行政处罚的行为、种类和幅度的范围内规定。法律、行政法规对违法行为未作出行政处罚规定，地方性法规为实施法律、行政法规，可以补充设定行政处罚。拟补充设定行政处罚的，应当通过听证会、论证会等形式广泛听取意见，并向制定机关作出书面说明。地方性法规报送备案时，应当说明补充设定行政处罚的情况。"

40. 行政处罚事实认定证据的种类及要求是什么？

答：根据《中华人民共和国行政处罚法》第四十六条的规定，证据包括：书证；物证；视听资料；电子数据；证人证言；当事人的陈述；鉴定意见；勘验笔录、现场笔录。证据必须经查证属实，方可作为认定案件事实的根据。以非法手段取得的证据，不得作为认定案件事实的根据。

41. 哪些情况下可以当场作出处罚决定？

答：根据《中华人民共和国行政处罚法》第五十一条的规定："违法事实确凿并有法定依据，对公民处以二百元以下、对法人或者其他组织处以三千元以下罚款或者警告的行政处罚的，可以当场作出行政处罚决定。法律另有规定的，从其规定。"

42. 哪些情况执法人员可以当场收缴罚款？

答：根据《中华人民共和国行政处罚法》第六十八条的规定："……有下列情形之一，执法人员可以当场收缴罚款：（一）依法给予一百元以下罚款的；（二）不当场收缴事后难以执行的。"第六十九条规定："在边远、水上、交通不便地区，行政机关及其执法人员依照本法第五十一条、第五十七条的规定作出罚款决定后，当事人到指定的银行或者通过电子支付系统缴纳罚款确有困难，经当事人提出，行政机关及其执法人员可以当场收缴罚款。"《中华人民共和国行政处罚法》第六十八条是对行政机关及其执法人员可以当场收缴罚款的一般规定；第六十九条是对行政机关及其执法人员可以当场收缴罚款的特殊规定，主要针对特殊地区收缴罚款所遇到的特殊情况而作出的特别规定。

43. 当场收缴的罚款，执法人员应在多长时间内交至行政机关？

答：二日内。根据《中华人民共和国行政处罚法》第七十一条的规定："执法人员当场收缴的罚款，应当自收缴罚款之日起二日内，交至行政机关；在水上当场收缴的罚款，应当自抵岸之日起二日内交至行政机关；行政机关应当在二日内将罚款缴付指定的银行。"

44. 作出行政处罚决定前，需要告知当事人哪些内容？

答：根据《中华人民共和国行政处罚法》第四十四条的规定："行政机关在作出行政处罚决定之前，应当告知当事人拟作出的行政处罚内容及事实、理由、依据，并告知当事人依法享有的陈述、申辩、要求听证等权利。"《中华人民共和国行政处罚法》第六十二条规定："行政机关及其执法人员在作出行政处罚决定之前，未依照本法第四十四条、第四十五条的规定向当事人告知拟作出的行政处罚内容及事实、理由、依据，或者拒绝听取当事人的陈述、申辩，不得作出行政处罚决定；当事人明确放弃陈述或者申辩权利的除外。"

45. 未告知当事人陈述、申辩等相关权利可能有哪些后果？

答：根据《中华人民共和国行政处罚法》第六十二条的规定："行政机关及其执法人员在作出行政处罚决定之前，未依照本法第四十四条、第四十五条的规定向当事人告知拟作出的行政处罚内容及事实、理由、依据，或者拒绝听取当事人的陈述、申辩，不得作出行政处罚决定；当事人明确放弃陈述或者申辩权利的除外。"

46. 行政处罚决定书应当包含哪些内容？

答：根据《中华人民共和国行政处罚法》第五十九条的规定，行政处罚决定书应当载明下列事项：当事人的姓名或者名称、地址；违反法律、法规、规章的事实和证据；行政处罚的种类和依据；行政处罚的履行方式和期限；申请行政复议、提起行政诉讼的途径和期限；作出行政处罚决定的行政机关名称和作出决定的日期。行政处罚决定书必须盖有作出行政处罚决定的行政机关的印章。

47. 拟作出行政处罚前，行政机关负责人应如何审查？

答：《中华人民共和国行政处罚法》第五十七条规定，调查终结，行政机关负责人应当对调查结果进行审查，根据不同情况，分别作出如下决定：确有应受行政处罚的违法行为的，根据情节轻重及具体情况，作出行政处罚决定；违法行为轻微，依法可以不予行政处罚的，不予行政处罚；违法事实不能成立的，不予行政处罚；违法行为涉嫌犯罪的，移送司法机关。对情节复杂或者重大违法行为给予行政处罚，行政机关负责人应当集体讨论决定。

48. 如何作出具体的行政处罚决定？

答：根据《中华人民共和国行政处罚法》第五十七条第一款的规定："调查终结，行政机关负责人应当对调查结果进行审查，根据不同情况，分别作出如下决定：（一）确有应受行政处罚的违法行为的，根据情节轻重及具体情况，作出行政处罚决定；（二）违法行为轻微，依法可以不予行政处罚的，不予行政处罚；（三）违法事实不能成立的，不予行政处罚；（四）违法行为涉嫌犯罪的，移送司法机关。"

49. 行政处罚决定书如何送达？

答：根据《中华人民共和国行政处罚法》第六十一条第一款的规定："行政处罚决定书应当在宣告后当场交付当事人；当事人不在场的，行政机关应当在七日内依照《中华人民共和国民事诉讼法》的有关规定，将行政处罚决定书送达当事人。"根据《中华人民共和国民事诉讼法》的规定，送达方式包括直接送达、留置送达、电子送达、委托及邮寄送达、转交送达、公告送达等。

50. 行政机关能否通过电子邮件等方式送达处罚决定书？

答：根据《中华人民共和国行政处罚法》第六十一条第二款的规定："当事人同意并签订确认书的，行政机关可以采用传真、电子邮件等方式，将行政处罚决定书等送达当事人。"适用该条款的前提是当事人同意以电子送达方式送达并签订确认书。

51. 行政处罚决定公开应遵守哪些规定？

答：根据《中华人民共和国行政处罚法》第四十八条第一款的规定："具有一定社会影响的行政处罚决定应当依法公开。"《中华人民共和国政府信息公开条例》第二十条第六项规定：行政机关应当依照本条例第十九条的规定，主动公开本行政机关实施行政处罚、行政强制的依据、条件、程序以及本行政机关认为具有一定社会影响的行政处罚决定。另外，根据《浙江省行政处罚结果信息网上公开暂行办法》第五条的规定："有下列情形之一的行政处罚结果信息，不予网上公开：（一）被处罚人是未成年人的；（二）案件主要事实涉及国家秘密、商业秘密、个人隐私的；（三）公开后可能危及国家安全、公共安全、经济安全和社会稳定的；（四）省级以上行政执法机关认为不适宜网上公开的其他行政处罚结果信息。"

52. 行政处罚法中的"日"是指工作日还是自然日？

答：根据《中华人民共和国行政处罚法》第八十五条的规定："本法中'二日''三日''五日''七日'的规定是指工作日，不含法定节假日。"

53. 当事人拒收当场处罚决定书如何处理？

答：根据《中华人民共和国行政处罚法》第五十二条第一款的规定："执法人员当场作出行政处罚决定的，应当向当事人出示执法证件，填写预定格式、编有号码的行政处罚决定书，并当场交付当事人。当事人拒绝签收的，应当在行政处罚决定书上注明。"

54. 逾期不履行行政处罚决定的，行政机关可以采取哪些措施？

答：根据《中华人民共和国行政处罚法》第七十二条的规定："当事人逾期不履行行政处罚决定的，作出行政处罚决定的行政机关可以采取下列措施：（一）到期不缴纳罚款的，每日按罚款数额的百分之三加处罚款，加处罚款的数额不得超出罚款的数额；（二）根据法律规定，将查封、扣押的财物拍卖、依法处理或者将冻结的存款、汇款划拨抵缴罚款；（三）根据法律规定，采取其他行政强制执行方式；（四）依照《中华人民共和国行政强制法》的规定申请人民法院强制执行。行政机关批准延期、分期缴纳罚款的，申请人民法院强制执行的期限，自暂缓或者分期缴纳罚款期限结束之日起计算。"

55. 如何处理"刑行交叉"案件？

答： 根据《中华人民共和国行政处罚法》第三十五条的规定："违法行为构成犯罪，人民法院判处拘役或者有期徒刑时，行政机关已经给予当事人行政拘留的，应当依法折抵相应刑期。违法行为构成犯罪，人民法院判处罚金时，行政机关已经给予当事人罚款的，应当折抵相应罚金；行政机关尚未给予当事人罚款的，不再给予罚款。"

第八章 行政许可

56. 什么是行政许可？

答：根据《中华人民共和国行政许可法》第二条的规定："本法所称行政许可，是指行政机关根据公民、法人或者其他组织的申请，经依法审查，准予其从事特定活动的行为。"

57. 乡镇、街道以什么名义实施行政许可？

答：目前乡镇、街道实施行政许可具体有如下三种情形：第一种是法定职权，就是法律规定。乡镇、街道以自己的名义实施行政许可。根据《中华人民共和国行政许可法》第二十二条的规定："行政许可由具有行政许可权的行政机关在其法定职权范围内实施。"第二种是行政委托。行政委托是受托机关以委托机关的名义行使，由委托机关对受托机关的行政行为承担法律责任，这种情况下一般都要签委托书。根据《中华人民共和国行政许可法》第二十四条的规定："行政机关在其法定职权范围内，依照法律、法规、规章的规定，可以委托其他行政机关实施行政许可。委托机关应当将受委托行政机关和受委托实施行政许可的内容予以公告。委托行政机关对受委托行政机关实施行政许可的行为应当负责监督，并对该行为的后果承担法律责任。受委托行政机关在委托范围内，以委托行政机关名义实施行政许可；不得再委托其他组织或者个人实施行政许可。"第三种就是赋权，指的是直接赋予乡镇、街道以其自己的名义，相对集中行使原其他行政职能部门的职权。根据《中华人民共和国行政许可法》第二十三条的规定："法律、法规授权的具有管理公共事务职能的组织，在法定授权范围内，以自己的名义实施行政许可。被授权的组织适用本法有关行政机关的规定。"

58. 哪些事项可以设定行政许可？

答：根据《中华人民共和国行政许可法》第十二条规定，下列事项可以设定行政许可：直接涉及国家安全、公共安全、经济宏观调控、生态环境保护以及直接关系人身健康、生命财产安全等特定活动，需要按照法定条件予以批准的事项；有限自然资源开发利用、公共资源配置以及直接关系公共利益的特定行业的市场准入等，需要赋予特定权利的事项；提供公众服务并且直接关系公共利益的职业、行业，需要确定具备特殊信誉、特殊条件或者特殊技能等资格、资质的事项；直接关系公共安全、人身健康、生命财产安全的重要设备、设施、产品、物品，需要按照技术标准、技术规范，通过检验、检测、检疫等方式进行审定的事项；企业或者其他组织的设立等，需要确定主体资格的事项；法律、行政法规规定可以设定行政许可的其他事项。

59. 设定行政许可事项通过哪些方式规范后可以不设定行政许可？

答：根据《中华人民共和国行政许可法》第十三条规定，本法第十二条所列事项，通过下列方式能够予以规范的，可以不设行政许可：公民、法人或者其他组织能够自主决定的；市场竞争机制能够有效调节的；行业组织或者中介机构能够自律管理的；行政机关采用事后监督等其他行政管理方式能够解决的。

60. 法律、行政法规、国务院决定的行政许可设定权是如何规定的？

答：根据《中华人民共和国行政许可法》第十四条的规定："本法

第十二条所列事项，法律可以设定行政许可。尚未制定法律的，行政法规可以设定行政许可。必要时，国务院可以采用发布决定的方式设定行政许可。实施后，除临时性行政许可事项外，国务院应当及时提请全国人民代表大会及其常务委员会制定法律，或者自行制定行政法规。"

61. 尚未制定法律、行政法规和地方性法规的，因行政管理的需要，确需立即实施行政许可的，如何处理？

答：根据《中华人民共和国行政许可法》第十五条第一款的规定："本法第十二条所列事项，尚未制定法律、行政法规的，地方性法规可以设定行政许可；尚未制定法律、行政法规和地方性法规的，因行政管理的需要，确需立即实施行政许可的，省、自治区、直辖市人民政府规章可以设定临时性的行政许可。临时性的行政许可实施满一年需要继续实施的，应当提请本级人民代表大会及其常务委员会制定地方性法规。"

62. 行政许可所依据的法律、法规、规章修改或者废止，或者准予行政许可所依据的客观情况发生重大变化的，应如何处理？

答：根据《中华人民共和国行政许可法》第八条的规定："公民、法人或者其他组织依法取得的行政许可受法律保护，行政机关不得擅自改变已经生效的行政许可。行政许可所依据的法律、法规、规章修改或者废止，或者准予行政许可所依据的客观情况发生重大变化的，为了公共利益的需要，行政机关可以依法变更或者撤回已经生效的行政许可。由此给公民、法人或者其他组织造成财产损失的，行政机关应当依法给予补偿。"

63. 当事人取得的行政许可证件是否可以转让？

答：根据《中华人民共和国行政许可法》第九条的规定："依法取得的行政许可，除法律、法规规定依照法定条件和程序可以转让的外，不得转让。"

64. 行政许可申请可以通过什么方式提出？

答： 根据《中华人民共和国行政许可法》第二十九条的规定："公民、法人或者其他组织从事特定活动，依法需要取得行政许可的，应当向行政机关提出申请。申请书需要采用格式文本的，行政机关应当向申请人提供行政许可申请书格式文本。申请书格式文本中不得包含与申请行政许可事项没有直接关系的内容。申请人可以委托代理人提出行政许可申请。但是，依法应当由申请人到行政机关办公场所提出行政许可申请的除外。行政许可申请可以通过信函、电报、电传、传真、电子数据交换和电子邮件等方式提出。"

65. 行政机关应当在办公场所公示行政许可的哪些信息？

答： 根据《中华人民共和国行政许可法》第三十条的规定："行政机关应当将法律、法规、规章规定的有关行政许可的事项、依据、条件、数量、程序、期限以及需要提交的全部材料的目录和申请书示范文本等在办公场所公示。申请人要求行政机关对公示内容予以说明、解释的，行政机关应当说明、解释，提供准确、可靠的信息。"

66. 申请事项不需要取得行政许可的，应当如何处理？

答： 根据《中华人民共和国行政许可法》第三十二条第一款第一项的规定："行政机关对申请人提出的行政许可申请，应当根据下列情况分别作出处理：（一）申请事项依法不需要取得行政许可的，应当即时告知申请人不受理。"

67. 申请事项依法不属于本行政机关职权范围的，应当如何处理？

答： 根据《中华人民共和国行政许可法》第三十二条第一款第二项的规定："行政机关对申请人提出的行政许可申请，应当根据下列情况分别作出处理……（二）申请事项依法不属于本行政机关职权范围的，应当即时作出不予受理的决定，并告知申请人向有关行政机关申请。"

68. 申请材料不齐全或者不符合法定形式的，应当如何处理？

答：根据《中华人民共和国行政许可法》第三十二条第一款第四项规定："行政机关对申请人提出的行政许可申请，应当根据下列情况分别作出处理……（四）申请材料不齐全或者不符合法定形式的，应当当场或者在五日内一次告知申请人需要补正的全部内容，逾期不告知的，自收到申请材料之日起即为受理。"

69. 行政机关审查申请材料的工作人员数量是几名？

答：根据《中华人民共和国行政许可法》第三十四条第三款的规定："根据法定条件和程序，需要对申请材料的实质内容进行核实的，行政机关应当指派两名以上工作人员进行核查。"

70. 行政机关作出准予行政许可的决定，需要颁发行政许可证件的，应当向申请人颁发哪些行政许可证件？

答：根据《中华人民共和国行政许可法》第三十九条的规定，行政机关作出准予行政许可的决定，需要颁发行政许可证件的，应当向申请人颁发加盖本行政机关印章的下列行政许可证件：许可证、执照或者其他许可证书；资格证、资质证或者其他合格证书；行政机关的批准文件或者证明文件；法律、法规规定的其他行政许可证件。行政机关实施检验、检测、检疫的，可以在检验、检测、检疫合格的设备、设施、产品、物品上加贴标签或者加盖检验、检测、检疫印章。

71. 行政机关应当自受理行政许可申请之日起几日内作出行政许可决定？

答：根据《中华人民共和国行政许可法》第四十二条的规定："除可以当场作出行政许可决定的外，行政机关应当自受理行政许可申请之日起二十日内作出行政许可决定。二十日内不能作出决定的，经本行政机关负责人批准，可以延长十日，并应当将延长期限的理由告知申请人。但是，法律、法规另有规定的，依照其规定。依照本法第二十六条的规定，行政许可采取统一办理或者联合办理、集中办理的，办理的时间不得超过四十五日；四十五日内不能办结的，经本级人民政府负责人批准，可以延长十五日，并应当将延长期限的理由告知申请人。"

72. 行政机关限期不能作出行政许可决定的，如何处理？

答：根据《中华人民共和国行政许可法》第四十二条的规定："除可以当场作出行政许可决定的外，行政机关应当自受理行政许可申请之日起二十日内作出行政许可决定。二十日内不能作出决定的，经本行政机关负责人批准，可以延长十日，并应当将延长期限的理由告知申请人。但是，法律、法规另有规定的，依照其规定。依照本法第二十六条的规定，行政许可采取统一办理或者联合办理、集中办理的，办理的时间不得超过四十五日；四十五日内不能办结的，经本级人民政府负责人批准，可以延长十五日，并应当将延长期限的理由告知申请人。"

73. 行政许可采取统一办理或者联合办理、集中办理的，办理期限是多长时间？

答：根据《中华人民共和国行政许可法》第四十二条第二款的规定："依照本法第二十六条的规定，行政许可采取统一办理或者联合办理、集中办理的，办理的时间不得超过四十五日；四十五日内不能办结的，经本级人民政府负责人批准，可以延长十五日，并应当将延长期限的理由告知申请人。"

74. 如何通过招标、拍卖等方式作出行政许可决定？

答：根据《中华人民共和国行政许可法》第五十三条的规定："实施本法第十二条第二项所列事项的行政许可的，行政机关应当通过招标、拍卖等公平竞争的方式作出决定。但是，法律、行政法规另有规定的，依照其规定。行政机关通过招标、拍卖等方式作出行政许可决定的具体程序，依照有关法律、行政法规的规定。行政机关按照招标、拍卖程序确定中标人、买受人后，应当作出准予行政许可的决定，并依法向中标人、买受人颁发行政许可证件。行政机关违反本条规定，不采用招标、拍卖方式，或者违反招标、拍卖程序，损害申请人合法权益的，申请人可以依法申请行政复议或者提起行政诉讼。"

75. 行政许可事项直接关系他人重大利益的，应当如何处理？

答：根据《中华人民共和国行政许可法》第三十六条的规定："行政机关对行政许可申请进行审查时，发现行政许可事项直接关系他人重大利益的，应当告知该利害关系人。申请人、利害关系人有权进行陈述和申辩。行政机关应当听取申请人、利害关系人的意见。"根据《中华人民共和国行政许可法》第四十七条第一款的规定："行政许可直接涉及申请人与他人之间重大利益关系的，行政机关在作出行政许可决定前，应当告知申请人、利害关系人享有要求听证的权利；申请人、利害关系人在被告知听证权利之日起五日内提出听证申请的，行政机关应当在二十日内组织听证。"

76. 被许可人需要延续依法取得的行政许可的有效期，应当在多长时间内提出申请？

答：根据《中华人民共和国行政许可法》第五十条的规定："被许可人需要延续依法取得的行政许可的有效期的，应当在该行政许可有效期届满三十日前向作出行政许可决定的行政机关提出申请。但是，法律、法规、规章另有规定的，依照其规定。行政机关应当根据被许可人的申请，在该行政许可有效期届满前作出是否准予延续的决定；逾期未作决定的，视为准予延续。"

77. 变更行政许可的程序是怎样的？

答：根据《中华人民共和国行政许可法》第四十九条的规定："被

许可人要求变更行政许可事项的，应当向作出行政许可决定的行政机关提出申请；符合法定条件、标准的，行政机关应当依法办理变更手续。"

78. 哪些行政许可应当组织听证？

答：根据《中华人民共和国行政许可法》第四十六条的规定："法律、法规、规章规定实施行政许可应当听证的事项，或者行政机关认为需要听证的其他涉及公共利益的重大行政许可事项，行政机关应当向社会公告，并举行听证。"

79. 行政许可听证有哪些程序？

答：根据《中华人民共和国行政许可法》第四十八条的规定："听证按照下列程序进行：（一）行政机关应当于举行听证的七日前将举行听证的时间、地点通知申请人、利害关系人，必要时予以公告；（二）听证应当公开举行；（三）行政机关应当指定审查该行政许可申请的工作人员以外的人员为听证主持人，申请人、利害关系人认为主持人与该行政许可事项有直接利害关系的，有权申请回避；（四）举行听证时，审查该行政许可申请的工作人员应当提供审查意见的证据、理由，申请人、利害关系人可以提出证据，并进行申辩和质证；（五）听证应当制作笔录，听证笔录应当交听证参加人确认无误后签字或者盖章。行政机关应当根据听证笔录，作出行政许可决定。"

80. 行政机关实施行政许可和对行政许可事项进行监督检查是否收费？

答：根据《中华人民共和国行政许可法》第五十八条的规定："行政机关实施行政许可和对行政许可事项进行监督检查，不得收取任何费用。但是，法律、行政法规另有规定的，依照其规定。行政机关提供行政许可申请书格式文本，不得收费。行政机关实施行政许可所需经费应当列入本行政机关的预算，由本级财政予以保障，按照批准的预算予以核拨。"

81. 哪些情形行政机关有权注销有关行政许可？

答：根据《中华人民共和国行政许可法》第七十条的规定："有下列情形之一的，行政机关应当依法办理有关行政许可的注销手续：（一）行政许可有效期届满未延续的；（二）赋予公民特定资格的行政许可，该公民死亡或者丧失行为能力的；（三）法人或者其他组织依法终止的；（四）行政许可依法被撤销、撤回，或者行政许可证件依法被吊销的；（五）因不可抗力导致行政许可事项无法实施的；（六）法律、法规规定的应当注销行政许可的其他情形。"

82. 属于直接关系公共安全、人身健康、生命财产安全事项的行政许可，有哪些特别规定？

答：《中华人民共和国行政许可法》第十二条第四项规定："下列事项可以设定行政许可……（四）直接关系公共安全、人身健康、生命财产安全的重要设备、设施、产品、物品，需要按照技术标准、技术规范，通过检验、检测、检疫等方式进行审定的事项……"第二十八条规定："对直接关系公共安全、人身健康、生命财产安全的设备、设施、产品、物品的检验、检测、检疫，除法律、行政法规规定由行政机关实施的外，应当逐步由符合法定条件的专业技术组织实施。专业技术组织及其有关人员对所实施的检验、检测、检疫结论承担法律责任。"第六十二条第二款规定："行政机关根据法律、行政法规的规定，对直接关系公共安全、人身健康、生命财产安全的重要设备、设施进行定期检验。对检验合格的，行政机关应当发给相应的证明文件。"第六十八条规定："对直接关系公共安全、人身健康、生命财产安全的重要设备、设施，行政机关应当督促设计、建造、安装和使用单位建立相应的自检制度。行政机关在监督检查时，发现直接关系公共安全、人身健康、生命财产安全的重要设备、设施存在安全隐患的，应当责令停止建造、安装和使用，并责令设计、建造、安装和使用单位立即改正。"第七十八条规定："行政许可申请人隐瞒有关情况或者提供虚假材料申请行政许可的，行政机关不予受理或者不予行政许可，并给予警告；行政许可申请属于直接关系公共安全、人身健康、生命财产安全事项的，申请人在一年内不得再次申请该行政许可。"第七十九条规定："被许可人以欺骗、贿赂等不正当手段取得行政许可的，行政机关应当依法给予行政处罚；取得的行政许可属于直接关系公共安全、人身健康、生命财产安全事项的，申请人在三年内不得再次申请该行政许可；构成犯罪的，依法追究刑事责任。"

83. 被许可人有哪些行为，行政机关将依法给予行政处罚；构成犯罪的，依法追究刑事责任？

答：《中华人民共和国行政许可法》第七十九条规定："被许可人以欺骗、贿赂等不正当手段取得行政许可的，行政机关应当依法给予行政处罚；取得的行政许可属于直接关系公共安全、人身健康、生命财产安全事项的，申请人在三年内不得再次申请该行政许可；构成犯罪的，依法追究刑事责任。"第八十条规定："被许可人有下列行为之一的，行政机关应当依法给予行政处罚；构成犯罪的，依法追究刑事责任：（一）涂改、倒卖、出租、出借行政许可证件，或者以其他形式非法转让行政许可的；（二）超越行政许可范围进行活动的；（三）向负责监督检查的行政机关隐瞒有关情况、提供虚假材料或者拒绝提供反映其活动情况的真实材料的；（四）法律、法规、规章规定的其他违法行为。"

第九章
行政强制

84. 行政强制分为哪两种，有什么作用？

答：根据《中华人民共和国行政强制法》第二条第一款的规定，行政强制包括行政强制措施和行政强制执行。行政强制措施具有防患于未然、紧急阻却违法行为的作用。

85. 什么是行政强制措施？

答：根据《中华人民共和国行政强制法》第二条第二款的规定，行政强制措施，是指行政机关在行政管理过程中，为制止违法行为、防止证据损毁、避免危害发生、控制危险扩大等情形，依法对公民的人身自由实施暂时性限制，或者对公民、法人或者其他组织的财物实施暂时性控制的行为。

86. 什么是行政强制执行？

答：根据《中华人民共和国行政强制法》第二条第三款的规定，行政强制执行，是指行政机关或者行政机关申请人民法院，对不履行行政决定的公民、法人或者其他组织，依法强制履行义务的行为。

87. 行政强制措施有哪些种类？

答：根据《中华人民共和国行政强制法》第九条的规定，行政强制措施的种类包括以下几种：（1）限制公民人身自由；（2）查封场所、设施或者财物；（3）扣押财物；（4）冻结存款、汇款；（5）其他行政强制措施。

88. 哪些法律法规可以设定行政强制措施？

答：《中华人民共和国行政强制法》第十条规定，行政强制措施由法律设定。尚未制定法律，且属于国务院行政管理职权事项的，行政法规可以设定除限制公民人身自由、冻结存款汇款和应当由法律规定的行政强制措施以外的其他行政强制措施。尚未制定法律、行政法规，且属于地方性事务的，地方性法规可以设定查封场所、设施或者财物、扣押财物的行政强制措施。法律、法规以外的其他规范性文件不得设定行政强制措施。第十一条第二款规定，法律中未设定行政强制措施的，行政法规、地方性法规不得设定行政强制措施。但是，法律规定特定事项由行政法规规定具体管理措施的，行政法规可以设定除限制公民人身自由、冻结存款汇款和应当由法律规定的行政强制措施以外的其他行政强制措施。

89. 行政强制执行的方式有哪些？

答：根据《中华人民共和国行政强制法》第十二条的规定，行政强制执行的方式包括：（1）加处罚款或者滞纳金；（2）划拨存款、汇款；（3）拍卖或者依法处理查封、扣押的场所、设施或者财物；（4）排除妨碍、恢复原状；（5）代履行；（6）其他强制执行方式。

90. 在行政强制中当事人享有哪些权利？

答：根据《中华人民共和国行政强制法》第八条的规定，公民、法人或者其他组织对行政机关实施行政强制，享有陈述权、申辩权；有权依法申请行政复议或者提起行政诉讼；因行政机关违法实施行政强制受到损害的，有权依法要求赔偿。公民、法人或者其他组织因人民法院在强制执行中有违法行为或者扩大强制执行范围受到损害的，有权依法要求赔偿。

91. 行政强制措施是否可以委托行使？

答：根据《中华人民共和国行政强制法》第十七条第一款的规定，行政强制措施由法律、法规规定的行政机关在法定职权范围内实施。行政强制措施权不得委托。

92. 行政强制措施应当由哪些人员实施？

答：根据《中华人民共和国行政强制法》第十七条第二款、第三款的规定，依据《中华人民共和国行政处罚法》的规定行使相对集中行政处罚权的行政机关，可以实施法律、法规规定的与行政处罚权有关的行政强制措施。行政强制措施应当由行政机关具备资格的行政执法人员实施，其他人员不得实施。

93. 乡镇（街道）实施行政强制措施的范围是什么？

答：根据《中华人民共和国行政强制法》第十七条第二款的规定，依据《中华人民共和国行政处罚法》的规定行使相对集中行政处罚权的行政机关，可以实施法律、法规规定的与行政处罚权有关的行政强制措施。乡镇（街道）依据相对集中行政处罚权，实施法律、法规规定的与行政处罚权有关的行政强制措施。

94. 乡镇（街道）实施行政强制措施应遵守哪些规定？

答：根据《中华人民共和国行政强制法》第十八条的规定，行政机关实施行政强制措施应当遵守下列规定：（1）实施前须向行政机关负责人报告并经批准；（2）由两名以上行政执法人员实施；（3）出示执法身份证件；（4）通知当事人到场；（5）当场告知当事人采取行政强制措施的理由、依据以及当事人依法享有的权利、救济途径；（6）听取当事人的陈述和申辩；（7）制作现场笔录；（8）现场笔录由当事人和行政执法人员签名或者盖章，当事人拒绝的，在笔录中予以注明；（9）当事人不到场的，邀请见证人到场，由见证人和行政执法人员在现场笔录上签名或者盖章；（10）法律、法规规定的其他程序。根据《中华人民共和国行政强制法》第二十条的规定，依照法律规定实施限制公民人身自由的行政强制措施，除应当履行本法第十八条规定的程序外，还应当遵守下列规定：（1）当场告知或者实施行政强制措施后立即通知当事人家属实施行政强制措施的行政机关、地点和期限；（2）在紧急情况下当场实施行政强制措施的，在返回行政机关后，立即向行政机关负责人报告并补办批准手续；（3）法律规定的其他程序。实施限制人身自由的行政强制措施不得超过法定期限。实施行政强制措施的目的已经达到或者条件已经消失，应当立即解除。

95. 情况紧急，需要当场实施行政强制措施的，乡镇（街道）应当如何处理？

答：根据《中华人民共和国行政强制法》第十九条的规定，情况紧急，需要当场实施行政强制措施的，行政执法人员应当在二十四小时内向行政机关负责人报告，并补办批准手续。行政机关负责人认为不应当采取行政强制措施的，应当立即解除。

96. 实施查封、扣押措施有哪些限制条件？

答：根据《中华人民共和国行政强制法》第二十三条的规定，查封、扣押限于涉案的场所、设施或者财物，不得查封、扣押与违法行为无关的场所、设施或者财物；不得查封、扣押公民个人及其所扶养家属的生活必需品。当事人的场所、设施或者财物已被其他国家机关依法查封的，不得重复查封。

97. 查封、扣押决定书应当载明哪些事项？

答：根据《中华人民共和国行政强制法》第二十四条第二款、第三款的规定，行政机关决定实施查封、扣押的，应当履行本法第十八条规定的程序，制作并当场交付查封、扣押决定书和清单。查封、扣押决定书应当载明下列事项：（1）当事人的姓名或者名称、地址；（2）查封、扣押的理由、依据和期限；（3）查封、扣押场所、设施或者财物的名称、数量等；（4）申请行政复议或者提起行政诉讼的途径和期限；（5）行政机关的名称、印章和日期。查封、扣押清单一式二份，由当事人和行政机关分别保存。

98. 查封、扣押的期限是如何规定的？

答：根据《中华人民共和国行政强制法》第二十五条的规定，查封、扣押的期限不得超过三十日；情况复杂的，经行政机关负责人批准，可以延长，但是延长期限不得超过三十日。法律、行政法规另有规定的除外。延长查封、扣押的决定应当及时书面告知当事人，并说明理由。对物品需要进行检测、检验、检疫或者技术鉴定的，查封、扣押的期间不包括检测、检验、检疫或者技术鉴定的期间。检测、检验、检疫或者技术鉴定的期间应当明确，并书面告知当事人。检测、检验、检疫或者技术鉴定的费用由行政机关承担。

99. 因查封、扣押发生的保管费用由谁承担？

答：根据《中华人民共和国行政强制法》第二十六条的规定，对查封、扣押的场所、设施或者财物，行政机关应当妥善保管，不得使用或者损毁；造成损失的，应当承担赔偿责任。对查封的场所、设施或者财物，行政机关可以委托第三人保管，第三人不得损毁或者擅自转移、处置。因第三人的原因造成的损失，行政机关先行赔付后，有权向第三人追偿。因查封、扣押发生的保管费用由行政机关承担。

100. 哪些情形行政机关应当及时作出解除查封、扣押决定？

答：根据《中华人民共和国行政强制法》第二十八条第一款的规

定，有下列情形之一的，行政机关应当及时作出解除查封、扣押决定：（1）当事人没有违法行为；（2）查封、扣押的场所、设施或者财物与违法行为无关；（3）行政机关对违法行为已经作出处理决定，不再需要查封、扣押；（4）查封、扣押期限已经届满；（5）其他不再需要采取查封、扣押措施的情形。

101. 解除查封、扣押应当注意哪些事项？

答：根据《中华人民共和国行政强制法》第二十八条第二款的规定，解除查封、扣押应当立即退还财物；已将鲜活物品或者其他不易保管的财物拍卖或者变卖的，退还拍卖或者变卖所得款项。变卖价格明显低于市场价格，给当事人造成损失的，应当给予补偿。

102. 乡镇（街道）冻结存款、汇款需要注意哪些事项？

答：根据《中华人民共和国行政强制法》第十八条第一项、第二项、第三项、第七项，第二十九条，第三十条，第三十二条的规定，冻结存款、汇款应当由法律规定的行政机关实施，不得委托给其他行政机关或者组织，其他任何行政机关或者组织不得冻结存款、汇款。冻结存款、汇款的数额应当与违法行为涉及的金额相当，已被其他国家机关依法冻结的，不得重复冻结。行政机关依照法律规定决定实施冻结存款、汇款的，实施前须向行政机关负责人报告并经批准、由两名以上行政执法人员出示执法身份证、实施、制作现场笔录并向金融机构交付冻结通知书，冻结存款、汇款的，作出决定的行政机关应当在三日内向当事人交付冻结决定书。自冻结存款、汇款之日起三十日内，行政机关应当作出处理决定或者作出解除冻结决定；情况复杂的，经行政机关负责人批准，可以延长，但是延长期限不得超过三十日。法律另有规定的除外。延长冻结的决定应当及时书面告知当事人，并说明理由。

103. 冻结决定书应当载明哪些事项？

答：根据《中华人民共和国行政强制法》第三十一条的规定，行政机关出具冻结决定书时，应当载明：当事人的姓名或者名称、地址；冻结的理由、依据和期限；冻结的账号和数额；申请行政复议或者提起行政诉讼的途径和期限；行政机关的名称、印章和日期。

104. 哪些情形乡镇（街道）应当及时作出解除冻结决定？

答：根据《中华人民共和国行政强制法》第三十三条的规定，有下列五项情形之一的，行政机关应当及时作出解除冻结决定：一是当事人没有违法行为；二是冻结的存款、汇款与违法行为无关；三是行政机关对违法行为已经作出处理决定，不再需要冻结；四是冻结期限已经届满；五是其他不再需要采取冻结措施的情形。行政机关作出解除冻结决定的，应当及时通知金融机构和当事人。金融机构接到通知后，应当立即解除冻结。行政机关逾期未作出处理决定或者解除冻结决定的，金融机构应当自冻结期满之日起解除冻结。

105. 催告是否为行政强制执行的必经程序？

答：催告是行政强制执行的必经程序。根据《中华人民共和国行政强制法》第三十五条、第三十六条、第三十七条的规定，行政机关作出强制执行决定前，应当事先催告当事人履行义务，催告应当以书面形式作出并载明法定事项。当事人收到催告书后有权进行陈述和申辩。行政机关应当充分听取当事人的意见，对当事人提出的事实、理由和证据，应当进行记录、复核。当事人提出的事实、理由或者证据成立的，行政机关应当采纳。经催告，当事人逾期仍不履行行政决定，且无正当理由的，行政机关可以作出强制执行决定，强制执行决定也应当以书面形式作出。在催告期间，对有证据证明有转移或者隐匿财物迹象的，行政机关可以作出立即强制执行决定。

106. 催告应当载明哪些事项？

答：根据《中华人民共和国行政强制法》第三十五条、第三十八条的规定，行政机关作出的催告书应当载明履行义务的期限、履行义务的方式、涉及金钱给付的，应当有明确的金额和给付方式、当事人依法享有的陈述权和申辩权等事项。催告书、行政强制执行决定书应当直接送达当事人。当事人拒绝接收或者无法直接送达当事人的，应当依照《中华人民共和国民事诉讼法》的有关规定送达。

107. 强制执行决定应当载明哪些事项？

答：根据《中华人民共和国行政强制法》第三十七条、第三十八条规定，行政机关作出的强制执行决定书应当载明当事人的姓名或者名称、地址；强制执行的理由和依据；强制执行的方式和时间；申请行政复议或者提起行政诉讼的途径和期限；行政机关的名称、印章和日期等事项。催告书、行政强制执行决定书应当直接送达当事人。当事人拒绝接收或者无法直接送达当事人的，应当依照《中华人民共和国民事诉讼法》的有关规定送达。

108. 哪种情形乡镇（街道）可以中止强制执行？

答：根据《中华人民共和国行政强制法》第三十九条第一款的规定，当发生下列四种情形之一的，行政机关应当中止执行：（1）当事人履行行政决定确有困难或者暂无履行能力的；（2）第三人对执行标的主张权利，确有理由的；（3）执行可能造成难以弥补的损失，且中止执行不损害公共利益的；（4）行政机关认为需要中止执行的其他情形。上述中止执行的情形消失后，行政机关应当恢复执行。

109. 哪种情形乡镇（街道）可以不再强制执行？

答：根据《中华人民共和国行政强制法》第三十九条第二款的规定，对没有明显社会危害，当事人确无能力履行，中止执行满三年未恢复执行的，行政机关不再执行。

110. 哪种情形乡镇（街道）可以终结强制执行？

答：根据《中华人民共和国行政强制法》第四十条的规定，当发生下列五种情形之一的，终结执行：（1）公民死亡，无遗产可供执行，又无义务承受人的；（2）法人或者其他组织终止，无财产可供执行，又无义务承受人的；（3）执行标的灭失的；（4）据以执行的行政决定被撤销的；（5）行政机关认为需要终结执行的其他情形。

111. 乡镇（街道）实施行政强制执行有哪些限制条件？

答：根据《中华人民共和国行政强制法》第四十三条的规定，行政机关不得在夜间或者法定节假日实施行政强制执行。但是，情况紧急的除外。行政机关不得对居民生活采取停止供水、供电、供热、供燃气等方式迫使当事人履行相关行政决定。

112. 在执行中或者执行完毕后，据以执行的行政决定被撤销、变更，或者执行错误的，应当如何处理？

答：根据《中华人民共和国行政强制法》第四十一条的规定，在执行中或者执行完毕后，据以执行的行政决定被撤销、变更，或者执行错误的，应当恢复原状或者退还财物；不能恢复原状或者退还财物的，依法给予赔偿。

113. 对违法的建筑物、构筑物、设施等需要强制拆除的，乡镇（街道）如何处理？

答：根据《中华人民共和国行政强制法》第十三条、第四十四条的规定，行政强制执行由法律设定。法律没有规定行政机关强制执行的，作出行政决定的行政机关应当申请人民法院强制执行。对违法的建筑物、构筑物、设施等需要强制拆除的，应当由行政机关予以公告，限期当事人自行拆除。当事人在法定期限内不申请行政复议或者提起行政诉讼，又不拆除的，行政机关可以依法强制拆除。

114. 当事人逾期不履行金钱给付义务的行政决定的，如何处理？

答：根据《中华人民共和国行政强制法》第四十五条的规定，行政机关依法作出金钱给付义务的行政决定，当事人逾期不履行的，行政机关可以依法加处罚款或者滞纳金。加处罚款或者滞纳金的标准应当告知当事人。加处罚款或者滞纳金的数额不得超出金钱给付义务的数额。

115. 行政机关实施加处罚款或者滞纳金超过三十日，经催告当事人仍不履行的，如何处理？

答：根据《中华人民共和国行政强制法》第四十六条的规定，行政机关实施加处罚款或者滞纳金超过三十日，经催告当事人仍不履行的，具有强制执行权的行政机关可以强制执行。没有行政强制执行权的行政机关应当申请人民法院强制执行。行政机关实施强制执行前，需要采取查封、扣押、冻结措施的，应当依照《中华人民共和国行政强制法》第三章有关规定办理。当事人在法定期限内不申请行政复议或者提起行政诉讼，经催告仍不履行的，在实施行政管理过程中已经采取查封、扣押措施的行政机关，可以将查封、扣押的财物依法拍卖抵缴罚款。

116. 划拨存款、汇款应当如何处理？

答：根据《中华人民共和国行政强制法》第四十七条、第四十九条规定，行政机关决定划拨存款、汇款时，应当书面通知金融机构。金融机构接到行政机关依法作出划拨存款、汇款的决定后，应当立即划拨。法律规定以外的行政机关或者组织要求划拨当事人存款、汇款的，金融机构应当拒绝。划拨的存款、汇款应当上缴国库或者划入财政专户，行政机关及工作人员不得以任何形式截留、私分或者变相私分。

117. 哪种情况下可以采取代履行？

答：根据《中华人民共和国行政强制法》第五十条、第五十一条第三款的规定，行政机关依法作出要求当事人履行排除妨碍、恢复原状等义务的行政决定，当事人逾期不履行，经催告仍不履行，其后果已经或者将危害交通安全、造成环境污染或者破坏自然资源的，行政机关可以代履行，或者委托没有利害关系的第三人代履行。代履行不得采用暴力、胁迫以及其他非法方式。

118. 代履行应当遵守哪些规定？

答：根据《中华人民共和国行政强制法》第五十一条的规定，代履行应遵守以下四项规定：一是代履行前送达决定书，代履行决定书应当载明当事人的姓名或者名称、地址，代履行的理由和依据、方式和时间、标的、费用预算以及代履行人；二是代履行三日前，催告当事人履行，当事人履行的，停止代履行；三是代履行时，作出决定的行政机关应当派员到场监督；四是代履行完毕，行政机关到场监督的工作人员、代履行人和当事人或者见证人应当在执行文书上签名或者盖章。另外，代履行的费用按照成本合理确定，由当事人承担。但是，法律另有规定的除外。代履行不得采用暴力、胁迫以及其他非法方式。

119. 哪些情形下行政机关可以决定立即实施代履行？

答：根据《中华人民共和国行政强制法》第五十二条的规定，立即实施代履行应具备时间紧急性和危害急迫性两个条件。需要立即清除道路、河道、航道或者公共场所的遗洒物、障碍物或者污染物，当事人不能清除的，行政机关可以决定立即实施代履行；当事人不在场的，行政机关应当在事后立即通知当事人，并依法作出处理。

120. 申请法院强制执行应当遵守哪些程序？

答：根据《中华人民共和国行政强制法》第五十三条、第五十四条的规定，当事人在法定期限内不申请行政复议或者提起行政诉讼，又不履行行政决定的，没有行政强制执行权的行政机关可以自期限届满之日起三个月内，向人民法院申请强制执行。但是，行政机关申请人民法院强制执行前，应当催告当事人履行义务。催告书送达十日后当事人仍未履行义务的，行政机关可以向所在地有管辖权的人民法院申请强制执行。管辖包括级别管辖和地域管辖：一是级别管辖。一般非诉行政强制执行案件是由基层人民法院管辖。但当事人提起行政诉讼的管辖法院是中级人民法院或高级人民法院，行政机关应向中级人民法院或者高级人民法院申请强制执行，即行政机关应当按照级别管辖的一般原则向有管辖权的中级或高级人民法院申请强制执行，并非完全由基层人民法院作为非诉行政执行的管辖法院。二是地域管辖。一般以行政机关所在地的人民法院为非诉行政执行的管辖法院。但执行对象是不动产的，向不动产所在地的人民法院申请强制执行；专利管理机关的行政决定，由被执行人住所地或财产所在地的省、自治区、直辖市有权受理专利纠纷案件的中级人民法院执行。

121. 申请人民法院强制执行，应当提供哪些材料？

答： 根据《中华人民共和国行政强制法》第五十五条的规定，行政机关向人民法院申请强制执行，应当提供下列材料：一是强制执行申请书；二是行政决定书及作出决定的事实、理由和依据；三是当事人的意见及行政机关催告情况；四是申请强制执行标的情况；五是法律、行政法规规定的其他材料。另，强制执行申请书应当由行政机关负责人签名，加盖行政机关的印章，并注明日期。其中，第二项是指行政处罚案卷（复议案卷）；第三项是指催告程序的相关文书，包括催告书、送达回证、当事人陈述、申辩或自行履行的材料；第四项是指行政决定书、法院判决书确定的内容，即罚没款和加处罚款；第五项为兜底条款，即申请执行人民法院需要的其他材料。

第十章
行政执法相关规定

122. 什么是行政给付？

答：根据最高人民法院《关于行政案件案由的暂行规定》规定，行政给付包括给付抚恤金、给付基本养老金、给付基本医疗保险金、给付失业保险金、给付工伤保险金、给付生育保险金、给付最低生活保障金等。根据《江苏省行政程序条例》第八十八条的规定，行政给付是指行政机关根据公民、法人或者其他组织的申请，依照有关法律、法规、规章或者行政规范性文件的规定，发放最低生活保障金和其他福利等赋予物质权益或者与物质有关的权益的行为。行政给付应当遵循有利于保护公民、法人和其他组织合法权益，促进社会公正，维护社会稳定的原则。

123. 实施行政给付有哪些种类？

答：根据最高人民法院《关于行政案件案由的暂行规定》第八项规定，行政给付包括给付抚恤金、给付基本养老金、给付基本医疗保险金、给付失业保险金、给付工伤保险金、给付生育保险金、给付最低生活保障金等。

124. 抚恤金的发放对象主要有哪些？

答：根据《伤残抚恤管理办法》第二条规定，伤残抚恤金的发放对象为：（1）在服役期间因战因公致残退出现役的军人，在服役期间因病评定了残疾等级退出现役的残疾军人；（2）因战因公负伤时为行政编制的人民警察；（3）因参战、参加军事演习、军事训练和执行军事勤务致残的预备役人员、民兵、民工以及其他人员；（4）为维护社会治安同违法犯罪分子进行斗争致残的人员；（5）为抢救和保护国家财产、人民生命财产致残的人员；（6）法律、行政法规规定应当由退役军人事务部门负责伤残抚恤的其他人员。

根据《中华人民共和国兵役法》第四十九条第三款"军人牺牲、病故，国家按照规定发给其遗属抚恤金"；《中华人民共和国社会保险法》第十七条"参加基本养老保险的个人，因病或者非因工死亡的，其遗属可以领取丧葬补助金和抚恤金"、第三十八条第八项"因工伤发生的下列费用，按照国家规定从工伤保险基金中支付……（八）因工死亡的，其遗属领取的丧葬补助金、供养亲属抚恤金和因工死亡补助金"、第四十九条"失业人员在领取失业保险金期间死亡的，参照当地对在职职工死亡的规定，向其遗属发给一次性丧葬补助金和抚恤金。所需资金从失业保险基金中支付。个人死亡同时符合领取基本养老保险丧葬补助金、工伤保险丧葬补助金和失业保险丧葬补助金条件的，其遗属只能选择领取其中的一项"等规定，死亡抚恤金的发放对象为革命烈士、因公牺牲人的家属；工人、职员因工死亡时其供养的直系亲属；国家工作人员病故人的家属。

125. 抚恤金主要包括哪几种形式？

答：抚恤金是因公致残或者死亡时，由政府发给本人或者其家属用于对抚恤对象提供精神安慰和基本生活保障的款项。我国抚恤金有两种：一为伤残抚恤金，发放对象为革命伤残军人、因公致残的职工等；二为死亡抚恤金，发放对象是革命烈士、因公牺牲人员的家属。

126. 生活补助费的发放对象主要有哪些？

答：根据《中华人民共和国兵役法》第五十三条第三款"服现役期间平时获得二等功以上荣誉或者战时获得三等功以上荣誉以及属于烈士子女的义务兵退出现役，由安置地的县级以上地方人民政府安排工作；待安排工作期间由当地人民政府按照国家有关规定发给生活补助费；根据本人自愿，也可以选择自主就业"、第五十四条第三款"军士退出现役，服现役满十二年或者符合国家规定的其他条件的，由安置地的县级以上地方人民政府安排工作；待安排工作期间由当地人民政府按照国家有关规定发给生活补助费；根据本人自愿，也可以选择自主就业"；《退役士兵安置条例》第三十五条第二款"退役士兵待安排工作期间，安置地人民政府应当按照不低于当地最低生活水平的标准，按月发给生活补助费"；《中华人民共和国产品质量法》第四十四条第一款"因产品存在缺陷造成受害人人身伤害的，侵害人应当赔偿医疗费、治疗期间的护理费、因误工减少的收入等费用；造成残疾的，还应当支付残疾者生活自助具费、生活补助费、残疾赔偿金以及由其扶养的人所必需的生活费等费用；造成受害人死亡的，并应当支付丧葬费、死亡赔偿金以及由死者生前扶养的人所必需的生活费等费用"；《退耕还林条例》第三十五条"国家按照核定的退耕还林实际面积，向土地承包经营权人提供补助粮食、种苗造林补助费和生活补助费。具体补助标准和补助年限按照国务院有关规定执行"等规定，生活补助费的发放对象主要为服现役期间平时获得二等功以上荣誉或者战时获得三等功以上荣誉以及属于烈士子女的义务兵、服现役满十二年或者符合国家规定的其他条件的退役军士、待安排工作的退役士兵、因产品存在缺陷造成人身伤害的受害人、退耕还林的土地承包经营权人等。

127. 生活补助费主要包括哪几种形式？

答：生活补助费主要包括失业补助金、残疾生活补助费、优抚对象生活补助金。《失业保险条例》第十四条规定，具备相应条件的失业人员，可以领取失业保险金。《中华人民共和国残疾人保障法》第十二条规定，国家和社会对残疾军人、因公致残人员以及其他为维护国家和人民利益致残的人员实行特别保障，给予抚恤和优待。第二十一条第四款规定，各级人民政府对接受义务教育的残疾学生、贫困残疾人家庭的学生提供免费教科书，并给予寄宿生活费等费用补助；对接受义务教育以外其他教育的残疾学生、贫困残疾人家庭的学生按照国家有关规定给予资助。

128. 安置的对象主要有哪些？

答：根据《中华人民共和国退役军人保障法》第二十条"地方各级人民政府应当按照移交接收计划，做好退役军人安置工作，完成退役军人安置任务。机关、群团组织、企业事业单位和社会组织应当依法接收安置退役军人，退役军人应当接受安置"。《中华人民共和国土地管理法》第四十七条第四款"拟征收土地的所有权人、使用权人应当在公告规定期限内，持不动产权属证明材料办理补偿登记。县级以上地方人民政府应当组织有关部门测算并落实有关费用，保证足额到位，与拟征收土地的所有权人、使用权人就补偿、安置等签订协议；个别确实难以达成协议的，应当在申请征收土地时如实说明"。《经济适用住房管理办法》第二条"本办法所称经济适用住房，是指政府提供政策优惠，限定套型面积和销售价格，按照合理标准建设，面向城市低收入住房困难家庭供应，具有保障性质的政策性住房。本办法所称城市低收入住房困难家庭，是指市和县人民政府所在地镇的范围内，家庭收入、住房状况等符合市、县人民政府规定条件的家庭"、第三条"经济适用住房制度是解决城市低收入家庭住房困难政策体系的组成部分。经济适用住房供应对象要与廉租住房保障对象相衔接。经济适用住房的建设、供应、使用及监督管理，应当遵守本办法"。《中华人民共和国职业病防治法》

第三十五条第二款"用人单位不得安排未经上岗前职业健康检查的劳动者从事接触职业病危害的作业;不得安排有职业禁忌的劳动者从事其所禁忌的作业;对在职业健康检查中发现有与所从事的职业相关的健康损害的劳动者,应当调离原工作岗位,并妥善安置;对未进行离岗前职业健康检查的劳动者不得解除或者终止与其订立的劳动合同"、第五十六条第三款"用人单位对不适宜继续从事原工作的职业病病人,应当调离原岗位,并妥善安置"、第六十条第二款"用人单位在发生分立、合并、解散、破产等情形时,应当对从事接触职业病危害的作业的劳动者进行健康检查,并按照国家有关规定妥善安置职业病病人"。《中华人民共和国老年人权益保障法》第四十六条"养老机构变更或者终止的,应当妥善安置收住的老年人,并依照规定到有关部门办理手续。有关部门应当为养老机构妥善安置老年人提供帮助"。《中华人民共和国国家情报法》第二十四条"对为国家情报工作作出贡献并需要安置的人员,国家给予妥善安置。公安、民政、财政、卫生、教育、人力资源社会保障、退役军人事务、医疗保障等有关部门以及国有企业事业单位应当协助国家情报工作机构做好安置工作"等规定,安置的对象主要为退役军人、被征地的农民、城市低收入住房困难家庭、职业病病人、老年人、为国家情报工作作出贡献的人等。

129. 安置主要包括哪几种形式?

答:安置主要有退役安置、征地安置、住房安置、职业病安置、老年人安置、情报人员安置等。根据《中华人民共和国退役军人保障法》第九条的规定,退役安置、教育培训、抚恤优待资金主要由中央财政负担;根据《中华人民共和国土地管理法》第四十八条的规定,征收土地应当依法及时足额支付土地补偿费、安置补助费;根据《经济适用住房管理办法》第二条的规定,本办法所称经济适用住房,是指政府提供政策优惠,限定套型面积和销售价格,按照合理标准建设,面向城市低收入住房困难家庭供应，具有保障性质的政策性住房；根据《中华人民共和国职业病防治法》第五十六条第三款的规定，用人单位对不适宜继续从事原工作的职业病病人，应当调离原岗位，并妥善安置；根据《中华人民共和国老年人权益保障法》第四十六条的规定，有关部门应当为养老机构妥善安置老年人提供帮助；根据《中华人民共和国国家情报法》第二十四条第一款的规定，对为国家情报工作作出贡献并需要安置的人员，国家给予妥善安置。

130. 社会救助的对象主要有哪些？

答：救助是指国家和社会对因各种原因无法维持最低生活水平的公民给予救助的一项社会保障制度。根据《社会救助暂行办法》的规定，救助的对象主要有三类：一是无依无靠、没有劳动能力又没有生活来源的人，主要包括孤儿、残疾人以及没有参加社会保险且无子女的老人；二是有收入来源，但生活水平低于法定最低标准的家庭；三是有劳动能力、有收入来源，但由于意外的自然灾害、社会灾害或疾病，而使生活一时无法维持的人。社会救济是基础的、最低层次的社会保障，其目的是保障公民享有最基本的生活水平。

131. 社会救助主要包括哪几种形式？

答：根据《社会救助暂行办法》的规定，社会救助的形式主要包括：一是最低生活保障，对共同生活的家庭成员人均收入低于当地最低生活保障标准，且符合当地最低生活保障家庭财产状况规定的家庭，给予最低生活保障。二是特困人员供养，对无劳动能力、无生活来源且无法定赡养、抚养、扶养义务人，或者其法定赡养、抚养、扶养义务人无赡养、抚养、扶养能力的老年人、残疾人以及未满16周岁的未成年人，给予特困人员供养。三是受灾人员救助，对基本生活受到自然灾害严重影响的人员，提供生活救助。四是医疗救助，保障最低生活保障家庭成员、特困供养人员、县级以上人民政府规定的其他特殊困难人员获得基本医疗卫生服务。五是教育救助，对在义务教育阶段的低保家庭成员、特困供养人员，给予教育救助；对在高中教育的，根据实际情况给予适当教育救助。六是住房救助，国家对符合规定标准的住房困难的最低生活保障家庭、分散供养的特困人员，给予住房救助。七是就业救助，国家对最低生活保障家庭中有劳动能力并处于失业状态的成员，通过贷款贴息、社会保险补贴、岗位补贴、培训补贴、费用减免、公益性岗位安置等办法，给予就业救助。八是临时救助，国家对因火灾、交通事故等意外事件，家庭成员突发重大疾病等原因，导致基本生活暂时出现严重困难的家庭，或者因生活必需支出突然增加超出家庭承受能力，导致基本生活暂时出现严重困难的最低生活保障家庭，以及遭遇其他特殊困难的家庭，给予临时救助。

132. 优待主要包括哪几种形式？

答：根据《退役军人事务部等20部门关于加强军人军属、退役军人和其他优抚对象优待工作的意见》的规定，国家优待涵盖荣誉激励、生活、养老、医疗、住房、教育、文化交通、其他优待共八个方面。（1）荣誉激励：各级政府和有关部门应当为退役军人和其他优抚对象颁发优待证。（2）生活优待：退役军人和其他优抚对象享受国家和地方规定的生活补助、抚恤金等生活待遇。（3）养老优待：退役军人和其他优抚对象按照国家规定享受养老补贴、优待养老服务等养老待遇。（4）医疗优待：退役军人和其他优抚对象凭优待证在我国医疗机构享受优先挂号、就诊服务，医院还提供退役军人专用服务通道。（5）住房优待：退役军人和其他优抚对象享受国家和地方规定的住房优惠政策，如住房补贴、购房优惠等。（6）教育优待：退役军人和其他优抚对象的子女在义务教育阶段享受免试就近入学的待遇。同时，国家还为退役军人提供职业技能培训，帮助其就业创业。（7）文化交通优待：凭优待证，退役军人可以在我国的铁路、公路、航空港口、风景名胜区，以及博物馆、纪念馆等开放的文物保护单位享受优先服务。在文化活动方面，退役军人和其他优抚对象可以免费或优惠参观、游览部分文化场馆和旅游景点。

（8）其他优待：退役军人和其他优抚对象在就业、创业、税收、金融、保险等方面享受国家规定的优惠政策。

133. 社会福利的对象主要有哪些？

答：根据《国务院办公厅转发民政部等部门关于加快实现社会福利社会化意见的通知》第二条第三项的规定："（三）推进社会福利社会化的总体要求……二是服务对象公众化。社会福利机构除确保国家供养的'三无'对象（无劳动能力、无生活来源、无法定抚养人或赡养人）、孤儿等特困群体的需求外，还要面向全社会老年人、残疾人，拓展服务领域，扩大服务范围和覆盖面，并根据服务对象的不同情况，实行有偿、减免或无偿等多种服务。"因此，社会福利的主要对象有：无劳动能力、无生活来源、无法定抚养人或赡养人，孤儿等特困群体，老年人、残疾人等。

134. 社会福利主要包括哪几种形式？

答：根据《国务院办公厅转发民政部等部门关于加快实现社会福利社会化意见的通知》，从社会福利享受主体上进行分类，社会福利主要有以下几种形式：一是为全体社会成员提供的公共福利；二是为本单位、本行业从业人员及其家属提供的职业福利；三是专为老年人提供的老年福利；四是为婴幼儿、少年儿童提供的儿童福利；五是为妇女提供的妇女福利；六是为残疾人提供的残疾人福利。

135. 什么是行政检查？

答：《广东省行政检查办法》第三条规定："本办法所称行政检查，是指行政执法主体依照法定职权，对公民、法人和其他组织（以下称检查对象）遵守法律、法规、规章和执行行政命令、行政决定的情况进行了解、调查和监督的行为。"第四条规定："行政检查包括日常检查和专项检查。日常检查是指行政执法主体依照法定职权对不特定对象或者不特定事项进行检查。专项检查是指行政执法主体根据投诉举报、上级交办、其他机关移送等案件线索或者重点领域治理部署对特定对象或者特定事项进行检查。"

136. 实施行政检查有哪些程序？

答：根据《广东省行政检查办法》第十九条第一款"行政检查的方式包括现场检查和非现场检查"、第二十一条第一款"现场检查应当遵守下列规定：（一）实施前经本单位负责人批准；（二）由两名以上行政执法人员实施；（三）出示行政执法证件；（四）告知检查对象有关权利义务；（五）听取检查对象的意见；（六）记录询问、检查情况；（七）法律、法规、规章规定的其他程序"、第二十五条第一款"行政执法主体实施行政检查应当制作行政检查登记表、现场检查记录或者现场检查笔录等文书"、第二十六条"行政执法主体实施行政检查，应当根据本单位行政执法全过程音像记录清单范围……"、第三十条行政执法主体根据行政检查的不同情况，分别作出处理的规定。执法人员开展行政检查，主要应按以下基本程序实施：一是表明身份：不少于两名执法人员向当事人出示行政执法证件，表明身份。二是现场检查：对当事人进行检查或进行调查取证，收集证据材料，并根据现场情况制作现场检查笔录、询问笔录，并由当事人和执法人员签字。三是作出决定：发现不法问题的，下达责令（限期）改正通知书，责令当事人限期整改；发现违法行为的，依法进入行政处罚程序。四是复查。五是归档：将相关检查资料立卷归档。

137. 什么是行政确认？

答：根据《江苏省行政程序条例》第九十九条的规定，本条例所称行政确认，是指行政机关依法对公民、法人或者其他组织的法律地位、法律关系和法律事实进行甄别，给予确定、认定、证明等的行政行为。行政确认行为是具体行政行为的一种。如交通事故责任认定就是一种行政确认，划分了事故各方应负的责任大小，一经作出确认，就会对平等民事主体之间权利、义务带来直接关系。

行政确认行为具有以下的法律特征：一是职权性，即行政确认行为是由法律规定与认可的行政主体依职权的认定，是有权认定行为；二是法律适用性，即行政确认行为的判断与结论是在法律标准依据下作出的，它与行政处罚行为、行政强制行为是一样的，都属于执法行为；三是反映事实的客观性，行政确认行为反映事实本身的客观情况，是对客观发生的事实与现象的认识与判断；四是结果确认性，这是行政确认行为最主要的特点。

138. 实施行政确认有哪些程序？

答：一是受理：申请者提供的行政确认申请材料。对申请材料符合标准的，须及时受理，对申请材料不齐全的，暂不予受理，提请申请人补正相关内容。二是审核与核查：对受理人员移送的申请材料进行审核；对需要现场核实的，组织现场核查。三是复审与审定：对审核人员移送的申请材料进行复审，签署审定意见。四是作出行政确认决定书：根据审定意见，作出行政确认决定书或不予确认决定书。五是送达决定书。

139. 什么是行政裁决？

答：根据《江苏省行政程序条例》第一百四十一条的规定，本条例所称行政裁决，是指行政机关根据公民、法人或者其他组织申请，依据法律、法规授权，居中对与行政管理活动密切相关的民事纠纷进行裁处的行为。根据《湖南省行政程序规定》第一百零九条的规定，本规定所称行政裁决，是指行政机关根据法律、法规的授权，处理公民、法人或者其他组织相互之间发生的与其行政职权密切相关的民事纠纷的活动。根据《专利侵权纠纷行政裁决办案指南》中的定义，行政裁决是指行政机关根据当事人申请，根据法律法规授权，居中对与行政管理活动密切相关的民事纠纷进行裁处的行为。

行政裁决的主体是经法律法规授权的特定行政机关。但是并非任何一个行政机关都可以成为行政裁决的主体，只有那些对特定行政管理事项有管理职权的行政机关，经法律法规明确授权，才能对其管理职权有关的民事纠纷进行裁决，成为行政裁决的主体。如《中华人民共和国商标法》《中华人民共和国专利法》《中华人民共和国土地管理法》《中华人民共和国森林法》《中华人民共和国食品卫生法》《中华人民共和国药品管理法》等授权有关行政机关对相关争议予以裁决。

140. 哪些纠纷可以申请行政裁决？

答： 可以申请行政裁决的纠纷主要有：一是补偿纠纷，如《国有土地上房屋征收与补偿条例》第二十六条规定，房屋征收部门与被征收人在征收补偿方案确定的签约期限内达不成补偿协议，或者被征收房屋所有权人不明确的，由房屋征收部门报请作出房屋征收决定的市、县级人民政府依照本条例的规定，按照征收补偿方案作出补偿决定，并在房屋征收范围内予以公告。二是侵权纠纷，这是指在平等主体之间，一方当事人认为其行政法上的合法权益受到了另一方侵犯时，依法请求行政机关制止侵害，并责令侵权方对其侵害行为已造成的损失予以赔偿，如《中华人民共和国水污染防治法》第五十五条的规定。三是赔偿纠纷，损害赔偿纠纷是一方当事人的权益受到侵害后，要求侵害者给予损害赔偿所引起的纠纷。四是权属纠纷，是指双方当事人因某一财产的所有权或使用权的归属产生争议,包括土地、草原、水流、滩涂、矿产等自然资源的权属争议,双方当事人可依法向行政机关请求确认,并作出裁决,如《中华人民共和国土地管理法》第十三条的规定。五是专利强制许可,如《中华人民共和国专利法》第六十二条规定:"取得实施强制许可的单位或者个人应当付给专利权人合理的使用费……其数额由双方协商;双方不能达成协议的,由国务院专利行政部门裁决。"等等。

141. 行政裁决有哪些程序?

答:《湖南省行政程序规定》第一百一十条规定,"公民、法人或者其他组织申请行政裁决,可以书面申请,也可以口头申请。口头申请的,行政机关应当当场记录申请人的基本情况、行政裁决请求、申请行政裁决的主要事实、理由和时间。行政机关收到公民、法人或者其他组织申请后,应当在5日内审查完毕,并根据下列情况分别作出处理……"第一百一十一条第一款、第二款规定,"被申请人应当自收到申请书副本或者申请笔录复印件之日起10日内,向行政机关提交书面答复及相关证据材料。行政机关应当在收到被申请人提交的书面答复之日起5日内,将书面答复副本发送申请人"。第一百一十二条规定,行政机关审理行政裁决案件,应当由2名以上工作人员参加。双方当事人对主要事实没有争议的,行政机关可以采取书面审查的办法进行审理……行政机关应当先行调解,调解不成的,依法作出裁决。

因此,行政裁决程序如下:一是申请。是指民事争议的一方或双方当事人,向行政机关提出要求解决纠纷的请求。二是立案。行政裁决机构在收到当事人申请书后,应当对申请进行审查,对符合条件的应当受理;对不符合条件的,行政裁决机构不予受理并应通知申请人,告知其理由。三是通知。行政机关立案后应当通知民事争议的申请人及对方当事人,并要求对方当事人提交有关材料等有关情况。四是答辩。民事争议当事人在收到裁决申请后,应当在规定的期限内提交答辩书及有关证据材料。五是审查。行政裁决机关收到答辩书后，对争议的事实、证据材料进行审查，需补充调查或鉴定的。六是裁决。行政裁决机关在审理后，根据事实和法律、法规作出裁决。行政裁决机关制作并向双方当事人送达的裁决书应载明当事人双方的姓名、地址、争议的内容、对争议的裁定及其理由和法律根据，并注明是否为终局裁决。如不是终局裁决，应写明当事人提起行政复议或诉讼的期限和受理机关。

142. 行政裁决的救济途径有哪些？

答：行政裁决属于具体行政行为，对行政裁决不服的救济途径主要有行政复议、行政诉讼。根据《中华人民共和国行政复议法》第十一条及《中华人民共和国行政诉讼法》第十二条的规定，当事人对行政裁决不服的，可以提起行政复议或诉讼，法律另有规定的除外。

143. 什么是行政奖励？

答：《江苏省行政程序条例》第一百二十四条规定，本条例所称行政奖励，是指行政机关依照法定的条件和程序，对为国家和社会作出重大贡献或者模范遵纪守法的公民、法人或者其他组织，给予物质或者精神奖励的行政行为。

144. 实施行政奖励有哪些程序？

答：《浙江省行政奖励暂行办法》第七条规定，"行政奖励审批的权限：嘉奖、记三等功，由县级以上人民政府或设区市以上人民政府工作部门批准；记二等功，由设区市以上人民政府或省人民政府工作部门批准；记一等功、授予荣誉称号，由省人民政府批准"。第八条规定，"行政奖励审批的程序：（一）行政奖励申报单位（部门）拟制行政奖励实施方案，并报同级人力社保部门审核。（二）申报单位（部门）在征求群众意见的基础上，形成申报行政奖励的意见。（三）申报对象为机关事业单位的，申报单位（部门）应按管理权限，征求组织人事、纪检监察、社会管理综合治理、卫生计生等部门意见；申报对象为企业的，申报单位应征求工商、税务、审计、纪检监察、社会管理综合治理、环境保护、卫生计生、安全生产和行业主管等部门意见。（四）申报单位（部门）将行政奖励对象基本情况、主要事迹，在本单位（部门）或本地区范围内公示7个工作日。如涉及国家秘密不宜公开的，经审批机关同意可不进行公示。（五）申报单位（部门）向审批机关报送行政奖励申报材料。申报材料主要包括申报对象的事迹、征求相关部门意见和公示情况、奖励审批表。申请本级人民政府给予行政奖励的，应由政府相关工作部门会同人力社保部门提出；申请上一级人民政府给予行政奖励的，应由本级人民政府提出。（六）审批机关作出是否给予行政奖励的决定，并予以公布。由各级人民政府审批的行政奖励，原则上应提交政府常务会议研究决定。（七）授予'浙江省劳动模范''浙江省模范集体'荣誉称号的审批，由省劳动模范评选委员会办公室按有关规定程序办理"。

因此，实施行政奖励的程序主要有：一是行政奖励申报单位拟制行政奖励实施方案，并报同级人力社保部门审核。二是申报单位在征求群众意见的基础上，形成申报行政奖励的意见。三是申报对象为机关事业单位的，申报单位应按管理权限，征求组织人事、纪检监察、社会管理综合治理、卫生计生等部门意见；申报对象为企业的，申报单位应征求工商、税务、审计、纪检监察、社会管理综合治理、环境保护、卫生计生、安全生产和行业主管等部门意见。四是申报单位将行政奖励对象基本情况、主要事迹，在本单位或本地区范围内公示。五是申报单位向审批机关报送行政奖励申报材料。申报材料主要包括申报对象的事迹、征求相关部门意见和公示情况、奖励审批表。六是审批机关作出是否给予行政奖励的决定，并予以公布。

145. 什么是政府信息？

答：根据《中华人民共和国政府信息公开条例》第二条的规定，政府信息是指行政机关在履行行政管理职能过程中制作或者获取的，以一定形式记录、保存的信息。

146. 行政机关公开政府信息的原则是什么？

答：根据《中华人民共和国政府信息公开条例》第五条的规定，行政机关公开政府信息，应当坚持以公开为常态、不公开为例外，遵循公正、公平、合法、便民的原则。

147. 如何确定政府信息公开的主体？

答：根据《中华人民共和国政府信息公开条例》第十条的规定，行政机关制作的政府信息，由制作该政府信息的行政机关负责公开。行政机关从公民、法人和其他组织获取的政府信息，由保存该政府信息的行政机关负责公开；行政机关获取的其他行政机关的政府信息，由制作或者最初获取该政府信息的行政机关负责公开。法律、法规对政府信息公开的权限另有规定的，从其规定。行政机关设立的派出机构、内设机构依照法律、法规对外以自己名义履行行政管理职能的，可以由该派出机构、内设机构负责与所履行政管理职能有关的政府信息公开工作。两个以上行政机关共同制作的政府信息，由牵头制作的行政机关负责公开。

148. 哪些信息属于可以公开的政府信息？

答：根据《中华人民共和国政府信息公开条例》第十三条、第十四条、第十五条、第十六条的规定，依法确定为国家秘密的政府信息，法律、行政法规禁止公开的政府信息，以及公开后可能危及国家安全、公共安全、经济安全、社会稳定的政府信息，不予公开。涉及商业秘密、个人隐私等公开会对第三方合法权益造成损害的政府信息，行政机关不得公开。但是，第三方同意公开或者行政机关认为不公开会对公共利益造成重大影响的，予以公开。行政机关的内部事务信息，包括人事管理、后勤管理、内部工作流程等方面的信息，可以不予公开。行政机关在履行行政管理职能过程中形成的讨论记录、过程稿、磋商信函、请示报告等过程性信息以及行政执法案卷信息，可以不予公开。除上述信息外，政府信息应当公开。

149. 两个以上行政机关共同制作的政府信息，由哪个机关负责公开？

答：根据《中华人民共和国政府信息公开条例》第十条第三款的规定，两个以上行政机关共同制作的政府信息，由牵头制作的行政机关负责公开。

150. 政府信息公开指南包括哪些内容？

答：根据《中华人民共和国政府信息公开条例》第十二条第二款的规定，政府信息公开指南包括政府信息的分类、编排体系、获取方式和政府信息公开工作机构的名称、办公地址、办公时间、联系电话、传真号码、互联网联系方式等内容。

151. 政府信息公开目录包括哪些内容？

答：根据《中华人民共和国政府信息公开条例》第十二条第三款的规定，政府信息公开目录包括政府信息的索引、名称、内容概述、生成日期等内容。

152. 行政机关可以采取哪些方式公开政府信息？

答：根据《中华人民共和国政府信息公开条例》第十三条第二款的规定，行政机关公开政府信息，采取主动公开和依申请公开的方式。

153. 哪些政府信息行政机关可以不予公开？

答：根据《中华人民共和国政府信息公开条例》第十四条、第十六条的规定，政府信息行政机关可以不予公开的有：(1) 依法确定为国家秘密的政府信息，法律、行政法规禁止公开的政府信息，以及公开后可能危及国家安全、公共安全、经济安全、社会稳定的政府信息，不予公开。(2) 行政机关的内部事务信息，包括人事管理、后勤管理、内部工作流程等方面的信息，可以不予公开。行政机关在履行行政管理职能过程中形成的讨论记录、过程稿、磋商信函、请示报告等过程性信息以及行政执法案卷信息，可以不予公开。法律、法规、规章规定上述信息应当公开的，从其规定。

154. 哪些政府信息行政机关不得公开？

答：根据《中华人民共和国政府信息公开条例》第十五条的规定，涉及商业秘密、个人隐私等公开会对第三方合法权益造成损害的政府信息，行政机关不得公开。但是，第三方同意公开或者行政机关认为不公开会对公共利益造成重大影响的，予以公开。

155. 哪些政府信息行政机关应当主动公开？

答：根据《中华人民共和国政府信息公开条例》第十九条、第二十条的规定，对涉及公众利益调整、需要公众广泛知晓或者需要公众参与决策的政府信息，行政机关应当主动公开。包括：(1) 行政法规、规章和规范性文件；(2) 机关职能、机构设置、办公地址、办公时间、联系方式、负责人姓名；(3) 国民经济和社会发展规划、专项规划、区域规划及相关政策；(4) 国民经济和社会发展统计信息；(5) 办理行政许可和其他对外管理服务事项的依据、条件、程序以及办理结果；(6) 实施行政处罚、行政强制的依据、条件、程序以及本行政机关认为具有一定社会影响的行政处罚决定；(7) 财政预算、决算信息；(8) 行政事业性收费项目及其依据、标准；(9) 政府集中采购项目的目录、标准及实施情况；(10) 重大建设项目的批准和实施情况；(11) 扶贫、教育、医疗、社会保障、促进就业等方面的政策、措施及其实施情况；（12）突发公共事件的应急预案、预警信息及应对情况；（13）环境保护、公共卫生、安全生产、食品药品、产品质量的监督检查情况；（14）公务员招考的职位、名额、报考条件等事项以及录用结果；（15）法律、法规、规章和国家有关规定规定应当主动公开的其他政府信息。

设区的市级、县级人民政府及其部门还应当根据本地方的具体情况，主动公开涉及市政建设、公共服务、公益事业、土地征收、房屋征收、治安管理、社会救助等方面的政府信息；乡（镇）人民政府还应当根据本地方的具体情况，主动公开贯彻落实农业农村政策、农田水利工程建设运营、农村土地承包经营权流转、宅基地使用情况审核、土地征收、房屋征收、筹资筹劳、社会救助等方面的政府信息。

156. 属于主动公开范围的政府信息，应该在多长时限内进行公开？

答：根据《中华人民共和国政府信息公开条例》第二十六条的规定，属于主动公开范围的政府信息，应当自该政府信息形成或者变更之日起20个工作日内及时公开。法律、法规对政府信息公开的期限另有规定的，从其规定。

157. 政府信息公开申请应当包括哪些内容？

答：根据《中华人民共和国政府信息公开条例》第二十九条的规定，公民、法人或者其他组织申请获取政府信息的，应当向行政机关的政府信息公开工作机构提出，并采用包括信件、数据电文在内的书面形式；采用书面形式确有困难的，申请人可以口头提出，由受理该申请的政府信息公开工作机构代为填写政府信息公开申请。政府信息公开申请应当包括下列内容：申请人的姓名或者名称、身份证明、联系方式；申请公开的政府信息的名称、文号或者便于行政机关查询的其他特征性描述；申请公开的政府信息的形式要求，包括获取信息的方式、途径。

158. 政府信息公开申请内容不明确的，应当如何处理？

答： 根据《中华人民共和国政府信息公开条例》第三十条的规定，政府信息公开申请内容不明确的，行政机关应当给予指导和释明，并自收到申请之日起 7 个工作日内一次性告知申请人作出补正，说明需要补正的事项和合理的补正期限。答复期限自行政机关收到补正的申请之日起计算。申请人无正当理由逾期不补正的，视为放弃申请，行政机关不再处理该政府信息公开申请。

159. 行政机关收到政府信息公开申请的时间应当如何确定？

答： 根据《中华人民共和国政府信息公开条例》第三十一条的规定，行政机关收到政府信息公开申请的时间，按照下列规定确定：申请人当面提交政府信息公开申请的，以提交之日为收到申请之日；申请人以邮寄方式提交政府信息公开申请的，以行政机关签收之日为收到申请之日；以平常信函等无需签收的邮寄方式提交政府信息公开申请的，政府信息公开工作机构应当于收到申请的当日与申请人确认，确认之日为收到申请之日；申请人通过互联网渠道或者政府信息公开工作机构的传真提交政府信息公开申请的，以双方确认之日为收到申请之日。

160. 依申请公开的政府信息公开会损害第三方合法权益的，应当如何处理？

答： 根据《中华人民共和国政府信息公开条例》第三十二条的规定，依申请公开的政府信息公开会损害第三方合法权益的，行政机关应当书面征求第三方的意见。第三方应当自收到征求意见书之日起 15 个工作日内提出意见。第三方逾期未提出意见的，由行政机关依照本条例的规定决定是否公开。第三方不同意公开且有合理理由的，行政机关不予公开。行政机关认为不公开可能对公共利益造成重大影响的，可以决定予以公开，并将决定公开的政府信息内容和理由书面告知第三方。

161. 政府信息公开申请答复期限是多久？

答：根据《中华人民共和国政府信息公开条例》第三十三条的规定，行政机关收到政府信息公开申请，能够当场答复的，应当当场予以答复。行政机关不能当场答复的，应当自收到申请之日起 20 个工作日内予以答复；需要延长答复期限的，应当经政府信息公开工作机构负责人同意并告知申请人，延长的期限最长不得超过 20 个工作日。行政机关征求第三方和其他机关意见所需时间不计算在前款规定的期限内。

162. 申请人申请公开政府信息的数量、频次明显超过合理范围的，行政机关可以如何处理？

答：根据《中华人民共和国政府信息公开条例》第三十五条的规定，申请人申请公开政府信息的数量、频次明显超过合理范围，行政机关可以要求申请人说明理由。行政机关认为申请理由不合理的，告知申请人不予处理；行政机关认为申请理由合理，但是无法在本条例第三十三条规定的期限内答复申请人的，可以确定延迟答复的合理期限并告知申请人。

163. 对政府信息公开申请，行政机关应当如何答复？

答：根据《中华人民共和国政府信息公开条例》第三十六条的规定，对政府信息公开申请，行政机关根据下列情况分别作出答复：所申请公开信息已经主动公开的，告知申请人获取该政府信息的方式、途径；所申请公开信息可以公开的，向申请人提供该政府信息，或者告知申请人获取该政府信息的方式、途径和时间；行政机关依据本条例的规定决定不予公开的，告知申请人不予公开并说明理由；经检索没有所申请公开信息的，告知申请人该政府信息不存在；所申请公开信息不属于本行政机关负责公开的，告知申请人并说明理由；能够确定负责公开该政府信息的行政机关的，告知申请人该行政机关的名称、联系方式；行政机关已就申请人提出的政府信息公开申请作出答复、申请人重复申请公开相同政府信息的，告知申请人不予重复处理；所申请公开信息属于工商、不动产登记资料等信息，有关法律、行政法规对信息的获取有特别规定的，告知申请人依照有关法律、行政法规的规定办理。

164. 申请公开的信息中含有不应当公开或者不属于政府信息的内容，如何处理？

答：根据《中华人民共和国政府信息公开条例》第三十七条的规定，申请公开的信息中含有不应当公开或者不属于政府信息的内容，但是能够作区分处理的，行政机关应当向申请人提供可以公开的政府信息内容，并对不予公开的内容说明理由。

165. 申请人以政府信息公开申请的形式进行信访、投诉、举报等活动，如何处理？

答：根据《中华人民共和国政府信息公开条例》第三十九条的规定，申请人以政府信息公开申请的形式进行信访、投诉、举报等活动，行政机关应当告知申请人不作为政府信息公开申请处理并可以告知通过相应渠道提出。申请人提出的申请内容为要求行政机关提供政府公报、报刊、书籍等公开出版物的，行政机关可以告知获取的途径。

166. 行政机关提供政府信息的具体形式有哪些？

答：根据《中华人民共和国政府信息公开条例》第四十条的规定，行政机关依申请公开政府信息，应当根据申请人的要求及行政机关保存政府信息的实际情况，确定提供政府信息的具体形式；按照申请人要求的形式提供政府信息，可能危及政府信息载体安全或者公开成本过高的，可以通过电子数据以及其他适当形式提供，或者安排申请人查阅、抄录相关政府信息。

167. 当事人有证据证明行政机关提供的与其自身相关的政府信息记录不准确，要求行政机关更正的，如何处理？

答：根据《中华人民共和国政府信息公开条例》第四十一条的规定，公民、法人或者其他组织有证据证明行政机关提供的与其自身相关的政府信息记录不准确的，可以要求行政机关更正。有权更正的行政机关审核属实的，应当予以更正并告知申请人；不属于本行政机关职能范围，行政机关可以转送有权更正的行政机关处理并告知申请人，或者告知申请人向有权更正的行政机关提出。

168. 行政机关依申请提供政府信息是否收取费用？

答：根据《中华人民共和国政府信息公开条例》第四十二条的规定，行政机关依申请提供政府信息，不收取费用。但是，申请人申请公开政府信息的数量、频次明显超过合理范围的，行政机关可以收取信息处理费。行政机关收取信息处理费的具体办法由国务院价格主管部门会同国务院财政部门、全国政府信息公开工作主管部门制定。

169. 多个申请人就相同政府信息向同一行政机关提出公开申请，且该政府信息属于可以公开的，如何处理？

答：根据《中华人民共和国政府信息公开条例》第四十四条的规定，多个申请人就相同政府信息向同一行政机关提出公开申请，且该政府信息属于可以公开的，行政机关可以纳入主动公开的范围。对行政机关依申请公开的政府信息，申请人认为涉及公众利益调整、需要公众广泛知晓或者需要公众参与决策的，可以建议行政机关将该信息纳入主动公开的范围。行政机关经审核认为属于主动公开范围的，应当及时主动公开。

170. 政府信息公开工作年度报告应当包括哪些内容？

答：根据《中华人民共和国政府信息公开条例》第五十条第一款的

规定，政府信息公开工作年度报告应当包括下列内容：（1）行政机关主动公开政府信息的情况；（2）行政机关收到和处理政府信息公开申请的情况；（3）因政府信息公开工作被申请行政复议、提起行政诉讼的情况；（4）政府信息公开工作存在的主要问题及改进情况，各级人民政府的政府信息公开工作年度报告还应当包括工作考核、社会评议和责任追究结果情况；（5）其他需要报告的事项。

171. 教育、卫生健康、供水、供电、供气、供热、环境保护、公共交通等与人民群众利益密切相关的公共企事业单位，如何公开在提供社会公共服务过程中制作、获取的信息？

答：根据《中华人民共和国政府信息公开条例》第五十五条的规定，教育、卫生健康、供水、供电、供气、供热、环境保护、公共交通等与人民群众利益密切相关的公共企事业单位，公开在提供社会公共服务过程中制作、获取的信息，依照相关法律、法规和国务院有关主管部门或者机构的规定执行。全国政府信息公开工作主管部门根据实际需要可以制定专门的规定。前述公共企事业单位未依照相关法律、法规和国务院有关主管部门或者机构的规定公开在提供社会公共服务过程中制作、获取的信息，公民、法人或者其他组织可以向有关主管部门或者机构申诉，接受申诉的部门或者机构应当及时调查处理并将处理结果告知申诉人。

第十一章
乡镇（街道）行政执法事项

本章为"乡镇（街道）行政执法事项"，介绍涵盖自然资源、海洋渔业、林地草原、生态环境、道路运输、应急管理、文化市场等十二个领域的乡镇（街道）执法事项。

2021年修订的《中华人民共和国行政处罚法》第二十四条规定："省、自治区、直辖市根据当地实际情况，可以决定将基层管理迫切需要的县级人民政府部门的行政处罚权交由能够有效承接的乡镇人民政府、街道办事处行使，并定期组织评估。"同年，《中共中央 国务院关于加强基层治理体系和治理能力现代化建设的意见》提出，根据本地实际情况，依法赋予乡镇（街道）行政执法权，整合现有执法力量和资源。根据上述法律规定和当前行政执法实践，各地乡镇、街道按照本省、市出台的赋权文件及目录清单，以其自己的名义依法集中行使有关行政管理部门行政执法职权。鉴于各地赋权文件及目录清单并不统一，且处于动态调整中，本章以及后面的第12章至第14章仅选取部分省已生效的赋权文件及目录清单作为乡镇、街道行政执法的依据，以供参考。具体行政执法依据以各省颁布的赋权文件及目录清单为准。

一、自然资源

172. 乡镇（街道）执法人员在巡查时发现有人未经许可擅自取水，应如何处罚？

答：根据《安徽省人民政府关于赋予乡镇街道部分县级审批执法权限的决定》（皖政〔2022〕112号）中《安徽省赋予乡镇街道部分县级审批执法权限指导目录》第231项规定，赋权乡镇人民政府（街道）负责对未经批准擅自取水，或者未依照批准的取水许可规定条件取水的违法行为进行行政处罚，受赋权的乡镇人民政府（街道）可以依据《中华人民共和国水法》第六十九条"有下列行为之一的，由县级以上人民政府水行政主管部门或者流域管理机构依据职权，责令停止违法行为，限期采取补救措施，处二万元以上十万元以下的罚款；情节严重的，吊销其取水许可证：（一）未经批准擅自取水的；（二）未依照批准的取水许可规定条件取水的"及《取水许可和水资源费征收管理条例》第四十八条"未经批准擅自取水，或者未依照批准的取水许可规定条件取水的，依照《中华人民共和国水法》第六十九条规定处罚；给他人造成妨碍或者损失的，应当排除妨碍、赔偿损失"相关规定以自己的名义对违法行为人作出行政处罚。《湖北省街道行政执法事项目录》（鄂政发〔2021〕9号）第181项对此也有规定。

173. 村民发现有项目建设导致水土流失的情况，乡镇（街道）是否有权进行行政处罚？

答：根据《福建省赋予经济发达镇部分县级经济社会管理权限的指导目录（一）》（闽政办〔2020〕22号）中"二、行政执法类"第28项规定，赋权经济发达镇人民政府负责对开办生产建设项目或者从事其他生产建设活动造成水土流失，不进行治理的违法行为进行行政处罚，受赋权的经济发达镇人民政府可以依据《中华人民共和国水土保持法》

第五十六条"违反本法规定,开办生产建设项目或者从事其他生产建设活动造成水土流失,不进行治理的,由县级以上人民政府水行政主管部门责令限期治理;逾期仍不治理的,县级以上人民政府水行政主管部门可以指定有治理能力的单位代为治理,所需费用由违法行为人承担";《福建省水土保持条例》第十九条第一款"在山区、丘陵区、风沙区以及水土保持规划确定的容易发生水土流失的其他区域开办可能造成水土流失的生产建设项目,征占地面积在五公顷以上或者挖填土石方总量在五万立方米以上的,应当编制水土保持方案报告书;征占地面积在五千平方米以上、不满五公顷或者挖填土石方总量在一千立方米以上、不满五万立方米的,应当编制水土保持方案报告表;征占地面积不满五千平方米且挖填土石方总量不满一千立方米的,不再办理水土保持方案审批手续,生产建设单位和个人依法做好水土流失防治工作"、第四十三条"违反本条例第十九条第一款规定,开办可能造成水土流失的生产建设项目,未依法编制水土保持方案报告书、报告表的,由县级以上地方人民政府水行政主管部门责令停止违法行为,限期补办手续;逾期不编制水土保持方案报告书、报告表的,处十万元以上五十万元以下罚款;对生产建设单位直接负责的主管人员和其他直接责任人员依法给予处分"相关规定以自己的名义对违法行为人作出行政处罚。《甘肃省赋予乡镇和街道部分县级经济社会管理权限指导目录》(甘政办发〔2020〕88号)行政处罚类第85项、《吉林省赋予乡镇人民政府(街道办事处)县级行政权力事项指导目录》(吉政办发〔2023〕9号)第20项、《湖北省街道赋权事项指导清单》(鄂政发〔2021〕9号)第161项、《湖北省街道行政执法事项目录》(鄂政发〔2021〕9号)第176项也对此作出规定。

174. 发现有人擅自建设取水工程，乡镇（街道）是否有权进行行政处罚？

答： 根据《福建省赋予经济发达镇部分县级经济社会管理权限的指导目录（一）》（闽政办〔2020〕22号）中"二、行政执法类"第29项的规定，赋权经济发达镇人民政府负责对未取得取水申请批准文件擅自建设取水工程或者设施的违法行为进行行政处罚，受赋权的经济发达镇人民政府可以依据《取水许可和水资源费征收管理条例》第三条第一款"县级以上人民政府水行政主管部门按照分级管理权限，负责取水许可制度的组织实施和监督管理"、第三条第三款"县级以上人民政府水行政主管部门、财政部门和价格主管部门依照本条例规定和管理权限，负责水资源费的征收、管理和监督"、第四十九条"未取得取水申请批准文件擅自建设取水工程或者设施的，责令停止违法行为，限期补办有关手续；逾期不补办或者补办未被批准的，责令限期拆除或者封闭其取水工程或者设施；逾期不拆除或者不封闭其取水工程或者设施的，由县级以上地方人民政府水行政主管部门或者流域管理机构组织拆除或者封闭，所需费用由违法行为人承担，可以处5万元以下罚款"相关规定以自己的名义对违法行为人作出行政处罚。《甘肃省赋予乡镇和街道部分县级经济社会管理权限指导目录》（甘政办发〔2020〕88号）行政处罚类第96项、《江西省人民政府关于调整赋予乡镇（街道）县级审批服务执法权限和经济发达镇县级经济社会管理权限指导目录的通知》（赣府发〔2021〕23号）中《江西省赋予乡镇（街道）县级审批服务执法权限指导目录》行政处罚类第82项、《安徽省人民政府关于赋予乡镇街道部分县级审批执法权限的决定》（皖政〔2022〕112号）中《安徽省赋予乡镇街道部分县级审批执法权限指导目录》第232项对此也有规定。

175. 发现有人在滑坡地带从事采石活动，乡镇（街道）是否有权进行行政处罚？

答： 根据《福建省赋予经济发达镇部分县级经济社会管理权限的指导目录（一）》（闽政办〔2020〕22号）中"二、行政执法类"第31项规定，赋权经济发达镇人民政府负责对在崩塌、滑坡危险区或者泥石流易发区从事取土、挖砂、采石等可能造成水土流失的活动的违法行为进行行政处罚，受赋权的经济发达镇人民政府可以依据《中华人民共和国水土保持法》第四十八条"违反本法规定，在崩塌、滑坡危险区或者泥石流易发区从事取土、挖砂、采石等可能造成水土流失的活动的，由县级以上地方人民政府水行政主管部门责令停止违法行为，没收违法所得，对个人处一千元以上一万元以下的罚款，对单位处二万元以上二十万元以下的罚款"、《福建省水土保持条例》第四十一条"违反本条例第十五条规定，在禁止区域范围从事挖砂、取土、采石、挖土洗砂和其他可能造成水土流失的活动的，由县级以上地方人民政府水行政主管部门责令其停止违法行为，没收违法所得，对个人并处一千元以上一万元以下罚款，对单位并处二万元以上二十万元以下罚款"相关规定以自己的名义对违法行为人作出行政处罚。《甘肃省赋予乡镇和街道部分县级经济社会管理权限指导目录》（甘政办发〔2020〕88号）行政处罚类第87项、《四川省赋予乡镇（街道）县级行政权力事项指导目录（第二批）》（川府发〔2021〕42号）第39项、《安徽省人民政府关于赋予乡镇街道部分县级审批执法权限的决定》（皖政〔2022〕112号）中《安徽省赋予乡镇街道部分县级审批执法权限指导目录》第241项、《云南省人民政府关于公布乡镇（街道）行政职权基本目录和赋予乡镇（街道）部分县级行政职权指导目录的决定》（云政发〔2023〕9号）中《云南省赋予乡镇（街道）部分县级行政职权指导目录（2023年版）》第87项、《吉林省赋予乡镇人民政府（街道办事处）县级行政权力事项指导目录》（吉政办发〔2023〕9号）第18项、《湖北省街道赋权事项指导清单》（鄂政发〔2021〕9号）第161项也对此作出规定。

176. 发现有人随意倾倒砂石，乡镇（街道）是否有权进行行政处罚？

答：根据《福建省赋予经济发达镇部分县级经济社会管理权限的指导目录（一）》（闽政办〔2020〕22号）中"二、行政执法类"第32项规定，赋权经济发达镇人民政府负责对在水土保持方案确定的专门存放地以外的区域倾倒砂、石、土、矸石、尾矿、废渣等的违法行为进行行政处罚，受赋权的经济发达镇人民政府可以依据《中华人民共和国水土保持法》第五十五条"违反本法规定，在水土保持方案确定的专门存放地以外的区域倾倒砂、石、土、矸石、尾矿、废渣等的，由县级以上地方人民政府水行政主管部门责令停止违法行为，限期清理，按照倾倒数量处每立方米十元以上二十元以下的罚款；逾期仍不清理的，县级以上地方人民政府水行政主管部门可以指定有清理能力的单位代为清理，所需费用由违法行为人承担"相关规定以自己的名义对违法行为人作出行政处罚。《甘肃省赋予乡镇和街道部分县级经济社会管理权限指导目录》（甘政办发〔2020〕88号）行政处罚类第83项、《湖北省街道赋权事项指导清单》（鄂政发〔2021〕9号）第161项也对此作出规定。

177. 某街道执法人员在巡查过程中，发现有人擅自进河道采砂，如何进行行政处罚？

答：根据《福建省赋予经济发达镇部分县级经济社会管理权限的指导目录（一）》（闽政办〔2020〕22号）中"二、行政执法类"第33项的规定，赋权经济发达镇人民政府负责对未办理河道采砂许可证，擅自进行河道采砂的违法行为进行行政处罚，受赋权的经济发达镇人民政府可以依据《福建省防洪条例》第四十六条"违反本条例规定，未办理河道采砂许可证，擅自进行河道采砂的，由县级以上地方人民政府水行政主管部门责令停止违法行为，没收违法所得和非法采砂机具，并处一万元以上十万元以下的罚款；情节严重的，可暂扣非法采砂船舶"；《福建省河道采砂管理办法》第十八条"从事河道采砂活动的单位和个人应当按照河道采砂许可证规定的开采地点、开采期限、开采范围、年度采砂控制总量、作业方式、作业工具及其数量进行采砂，并及时清除砂石弃碴。从事河道采砂的单位或者个人应当在采砂作业场所设立公示牌，载明采砂范围、数量、期限、作业方式、作业时间以及许可证号等，并设置警示标志。从事河道采砂的单位或者个人应当按照规定的要求进行采砂作业，加强生产安全管理，服从防洪调度，保证行洪安全。河道采砂作业不得危害水工程安全和航运安全"、第十九条"禁止任何单位和个人在禁采期或者禁采区进行河道采砂活动。在禁采期间，采砂船舶应当在码头、泊位或者依法公布的锚地、停泊区、作业区停泊；遇有紧急情况需要在其他水域停泊的，应当向海事管理机构报告。采砂活动对河床及河道周边生态造成破坏的，造成生态破坏的单位和个人应当承担生态修复责任"、第二十六条"违反本办法第十八条、第十九条第一款规定，有下列行为之一的，由县级以上地方人民政府水行政主管部门依据《福建省河道保护管理条例》第四十四条、第四十五条规定予以处罚，涉及违反治安管理行为的，依照《中华人民共和国治安管理处罚法》有关规定予以处罚；构成犯罪的，依法追究刑事责任：（一）未办理河道采砂许可证，擅自在河道管理范围内采砂的；（二）未按照河道采砂许可证的要求采砂或者未及时清除砂石弃碴的；（三）从事河道采砂的单位或者个人未按照规定设立公示牌或者警示标志的；（四）未按照要求从事河道采砂作业危害水工程安全的；（五）在禁采区、禁采期采砂的"相关规定以自己的名义对违法行为人作出行政处罚。《甘肃省赋予乡镇和街道部分县级经济社会管理权限指导目录》（甘政办发〔2020〕88号）行政处罚类第101项、《山西省人民政府关于向乡镇人民政府和街道办事处下放部分行政执法职权的决定》（晋政发〔2022〕

22号)中《山西省人民政府下放乡镇人民政府和街道办事处行政执法职权指导目录》第23项、《安徽省人民政府关于赋予乡镇街道部分县级审批执法权限的决定》(皖政〔2022〕112号)中《安徽省赋予乡镇街道部分县级审批执法权限指导目录》第221项、《湖北省街道赋权事项指导清单》(鄂政发〔2021〕9号)第171项、《湖北省街道行政执法事项目录》(鄂政发〔2021〕9号)第186项也对此作出规定。

178. 某街道执法人员在巡查过程中,发现有人在水源保护区山坡地开垦种植农作物的,如何进行行政处罚?

答:根据《福建省赋予经济发达镇部分县级经济社会管理权限的指导目录(一)》(闽政办〔2020〕22号)中"二、行政执法类"第34.1项规定,赋权经济发达镇人民政府负责对在二十五度以上陡坡地和饮用水水源一级保护区的山坡地开垦种植农作物的违法行为进行行政处罚,受赋权的经济发达镇人民政府可以依据《中华人民共和国水土保持法》第四十九条"违反本法规定,在禁止开垦坡度以上陡坡地开垦种植农作物,或者在禁止开垦、开发的植物保护带内开垦、开发的,由县级以上地方人民政府水行政主管部门责令停止违法行为,采取退耕、恢复植被等补救措施;按照开垦或者开发面积,可以对个人处每平方米二元以下的罚款、对单位处每平方米十元以下的罚款"、第五十九条"县级以上地方人民政府根据当地实际情况确定的负责水土保持工作的机构,行使本法规定的水行政主管部门水土保持工作的职责";《福建省水土保持条例》第四十二条"违反本条例有关规定,有下列行为之一的,由县级以上地方人民政府水行政主管部门责令停止违法行为,采取退耕、恢复植被等补救措施;按照开垦或者开发面积,对个人并处每平方米二元以下罚款,对单位并处每平方米十元以下罚款:(一)违反本条例第十六条第一款规定,在二十五度以上陡坡地和饮用水水源一级保护区的山坡地开垦种植农作物的;(二)违反本条例第十七条第一款规定,进行全坡面开垦、顺坡开垦耕种等不合理开发生产活动的；（三）违反本条例第十八条第二款规定，开垦、开发、占用和破坏植物保护带的。违反本条例第十七条第二款规定，在水土流失重点治理区从事林业生产活动时进行皆伐和炼山整地的，由县级以上地方人民政府林业主管部门依法处罚"相关规定以自己的名义对违法行为人作出行政处罚。《云南省人民政府关于公布乡镇（街道）行政职权基本目录和赋予乡镇（街道）部分县级行政职权指导目录的决定》（云政发〔2023〕9号）中《云南省赋予乡镇（街道）部分县级行政职权指导目录（2023年版）》第88项、《浙江省乡镇（街道）综合行政执法事项指导目录（2021年）》（浙政办发〔2021〕51号）第141项对此也有规定。

179. 群众举报有人在禁止开垦的陡坡上开垦的，乡镇（街道）是否有权进行行政处罚？

答：根据《福建省赋予经济发达镇部分县级经济社会管理权限的指导目录（一）》（闽政办〔2020〕22号）中"二、行政执法类"第34.2项规定，赋权经济发达镇人民政府负责对进行全坡面开垦、顺坡开垦耕种等不合理开发生产活动的违法行为进行行政处罚，受赋权的经济发达镇人民政府可以依据《中华人民共和国水土保持法》第四十九条"违反本法规定，在禁止开垦坡度以上陡坡地开垦种植农作物，或者在禁止开垦、开发的植物保护带内开垦、开发的，由县级以上地方人民政府水行政主管部门责令停止违法行为，采取退耕、恢复植被等补救措施；按照开垦或者开发面积，可以对个人处每平方米二元以下的罚款、对单位处每平方米十元以下的罚款"、第五十九条"县级以上地方人民政府根据当地实际情况确定的负责水土保持工作的机构，行使本法规定的水行政主管部门水土保持工作的职责"；《福建省水土保持条例》第四十二条"违反本条例有关规定，有下列行为之一的，由县级以上地方人民政府水行政主管部门责令停止违法行为，采取退耕、恢复植被等补救措施；按照开垦或者开发面积，对个人并处每平方米二元以下罚款，对单位并处每平方米十元以下罚款：（一）违反本条例第十六条第一款规定，在二十五度以上陡坡地和饮用水水源一级保护区的山坡地开垦种植农作物的；（二）违反本条例第十七条第一款规定，进行全坡面开垦、顺坡开垦耕种等不合理开发生产活动的；（三）违反本条例第十八条第二款规定，开垦、开发、占用和破坏植物保护带的。违反本条例第十七条第二款规定，在水土流失重点治理区从事林业生产活动时进行皆伐和炼山整地的，由县级以上地方人民政府林业主管部门依法处罚"相关规定以自己的名义对违法行为人作出行政处罚。《甘肃省赋予乡镇和街道部分县级经济社会管理权限指导目录》（甘政办发〔2020〕88号）行政处罚类第84项、《安徽省人民政府关于赋予乡镇街道部分县级审批执法权限的决定》（皖政〔2022〕112号）中《安徽省赋予乡镇街道部分县级审批执法权限指导目录》第207项、《吉林省赋予乡镇人民政府（街道办事处）县级行政权力事项指导目录》（吉政办发〔2023〕9号）第19项对此也有规定。

180. 村民举报有人开发植物保护带的植物，乡镇（街道）是否有权进行行政处罚？

答：根据《福建省赋予经济发达镇部分县级经济社会管理权限的指导目录（一）》（闽政办〔2020〕22号）中"二、行政执法类"第34.3项规定，赋权经济发达镇人民政府负责对开垦、开发、占用和破坏植物保护带的违法行为进行行政处罚，受赋权的经济发达镇人民政府可以依据《中华人民共和国水土保持法》第四十九条"违反本法规定，在禁止开垦坡度以上陡坡地开垦种植农作物，或者在禁止开垦、开发的植物保护带内开垦、开发的，由县级以上地方人民政府水行政主管部门责令停止违法行为，采取退耕、恢复植被等补救措施；按照开垦或者开发面积，可以对个人处每平方米二元以下的罚款、对单位处每平方米十元以下的罚款"、第五十九条"县级以上地方人民政府根据当地实际情况确定的负责水土保持工作的机构，行使本法规定的水行政主管部门水土保持工作的职责"；《福建省水土保持条例》第四十二条"违反本条例有关规定，有下列行为之一的，由县级以上地方人民政府水行政主管部门责令停止违法行为，采取退耕、恢复植被等补救措施；按照开垦或者开发面积，对个人并处每平方米二元以下罚款，对单位并处每平方米十元以下罚款：（一）违反本条例第十六条第一款规定，在二十五度以上陡坡地和饮用水水源一级保护区的山坡地开垦种植农作物的；（二）违反本条例第十七条第一款规定，进行全坡面开垦、顺坡开垦耕种等不合理开发生产活动的；（三）违反本条例第十八条第二款规定，开垦、开发、占用和破坏植物保护带的。违反本条例第十七条第二款规定，在水土流失重点治理区从事林业生产活动时进行皆伐和炼山整地的，由县级以上地方人民政府林业主管部门依法处罚"相关规定以自己的名义对违法行为人作出行政处罚。

181. 发现有人未按照河道采砂许可证规定的要求采砂的，乡镇（街道）是否有权进行行政处罚？

答：根据《福建省赋予经济发达镇部分县级经济社会管理权限的指导目录（一）》（闽政办〔2020〕22号）中"二、行政执法类"第35.1项规定，赋权经济发达镇人民政府负责对未按照河道采砂许可证规定的要求采砂的违法行为进行行政处罚，受赋权的经济发达镇人民政府可以依据《福建省河道采砂管理办法》第十八条"从事河道采砂活动的单位和个人应当按照河道采砂许可证规定的开采地点、开采期限、开采范围、年度采砂控制总量、作业方式、作业工具及其数量进行采砂，并及时清除砂石弃碴。从事河道采砂的单位或者个人应当在采砂作业场所设立公示牌，载明采砂范围、数量、期限、作业方式、作业时间以及许可证号等，并设置警示标志。从事河道采砂的单位或者个人应当按照规定的要求进行采砂作业,加强生产安全管理,服从防洪调度,保证行洪安全。河道采砂作业不得危害水工程安全和航运安全"、第十九条"禁止任何单位和个人在禁采期或者禁采区进行河道采砂活动。在禁采期间,采砂船舶应当在码头、泊位或者依法公布的锚地、停泊区、作业区停泊;遇有紧急情况需要在其他水域停泊的,应当向海事管理机构报告。采砂活动对河床及河道周边生态造成破坏的,造成生态破坏的单位和个人应当承担生态修复责任"、第二十六条"违反本办法第十八条、第十九条第一款规定,有下列行为之一的,由县级以上地方人民政府水行政主管部门依据《福建省河道保护管理条例》第四十四条、第四十五条规定予以处罚,涉及违反治安管理行为的,依照《中华人民共和国治安管理处罚法》有关规定予以处罚;构成犯罪的,依法追究刑事责任:(一)未办理河道采砂许可证,擅自在河道管理范围内采砂的;(二)未按照河道采砂许可证的要求采砂或者未及时清除砂石弃碴的;(三)从事河道采砂的单位或者个人未按照规定设立公示牌或者警示标志的;(四)未按照要求从事河道采砂作业危害水工程安全的;(五)在禁采区、禁采期采砂的"相关规定以自己的名义对违法行为人作出行政处罚。《甘肃省赋予乡镇和街道部分县级经济社会管理权限指导目录》(甘政办发〔2020〕88号)行政处罚类第100项、《安徽省人民政府关于赋予乡镇街道部分县级审批执法权限的决定》(皖政〔2022〕112号)中《安徽省赋予乡镇街道部分县级审批执法权限指导目录》第223项、《云南省人民政府关于公布乡镇(街道)行政职权基本目录和赋予乡镇(街道)部分县级行政职权指导目录的决定》(云政发〔2023〕9号)中《云南省赋予乡镇(街道)部分县级行政职权指导目录(2023年版)》第104项对此也有规定。

182. 乡镇（街道）执法人员发现某采砂许可人未及时清理砂石，该如何处罚？

答：根据《福建省赋予经济发达镇部分县级经济社会管理权限的指导目录（一）》（闽政办〔2020〕22号）中"二、行政执法类"第35.2项规定，赋权经济发达镇人民政府负责对未及时清除砂石弃碴的违法行为进行行政处罚，受赋权的经济发达镇人民政府可以依据《福建省河道采砂管理办法》第十八条"从事河道采砂活动的单位和个人应当按照河道采砂许可证规定的开采地点、开采期限、开采范围、年度采砂控制总量、作业方式、作业工具及其数量进行采砂，并及时清除砂石弃碴。从事河道采砂的单位或者个人应当在采砂作业场所设立公示牌，载明采砂范围、数量、期限、作业方式、作业时间以及许可证号等，并设置警示标志。从事河道采砂的单位或者个人应当按照规定的要求进行采砂作业，加强生产安全管理，服从防洪调度，保证行洪安全。河道采砂作业不得危害水工程安全和航运安全"、第十九条"禁止任何单位和个人在禁采期或者禁采区进行河道采砂活动。在禁采期间，采砂船舶应当在码头、泊位或者依法公布的锚地、停泊区、作业区停泊；遇有紧急情况需要在其他水域停泊的，应当向海事管理机构报告。采砂活动对河床及河道周边生态造成破坏的，造成生态破坏的单位和个人应当承担生态修复责任"、第二十六条"违反本办法第十八条、第十九条第一款规定，有下列行为之一的，由县级以上地方人民政府水行政主管部门依据《福建省河道保护管理条例》第四十四条、第四十五条规定予以处罚，涉及违反治安管理行为的，依照《中华人民共和国治安管理处罚法》有关规定予以处罚；构成犯罪的，依法追究刑事责任：（一）未办理河道采砂许可证，擅自在河道管理范围内采砂的；（二）未按照河道采砂许可证的要求采砂或者未及时清除砂石弃碴的；（三）从事河道采砂的单位或者个人未按照规定设立公示牌或者警示标志的；（四）未按照要求从事河道采砂作业危害水工程安全的；（五）在禁采区、禁采期采砂的"相关规定以自己的名义对违法行为人作出行政处罚。《安徽省人民政府关于赋予乡镇街道部分县级审批执法权限的决定》（皖政〔2022〕112号）中《安徽省赋予乡镇街道部分县级审批执法权限指导目录》第224项对此也有规定。

183. 发现本辖区有人在禁采期内采砂，乡镇（街道）是否有权进行行政处罚？

答：根据《福建省赋予经济发达镇部分县级经济社会管理权限的指导目录（一）》（闽政办〔2020〕22号）中"二、行政执法类"第35.3项的规定，赋权经济发达镇人民政府负责对在禁采期采砂的违法行为进行行政处罚，受赋权的经济发达镇人民政府可以依据《福建省河道采砂管理办法》第十八条"从事河道采砂活动的单位和个人应当按照河道采砂许可证规定的开采地点、开采期限、开采范围、年度采砂控制总量、作业方式、作业工具及其数量进行采砂，并及时清除砂石弃碴。从事河道采砂的单位或者个人应当在采砂作业场所设立公示牌，载明采砂范围、数量、期限、作业方式、作业时间以及许可证号等，并设置警示标志。从事河道采砂的单位或者个人应当按照规定的要求进行采砂作业，加强生产安全管理，服从防洪调度，保证行洪安全。河道采砂作业不得危害水工程安全和航运安全"、第十九条"禁止任何单位和个人在禁采期或者禁采区进行河道采砂活动。在禁采期间，采砂船舶应当在码头、泊位或者依法公布的锚地、停泊区、作业区停泊；遇有紧急情况需要在其他水域停泊的，应当向海事管理机构报告。采砂活动对河床及河道周边生态造成破坏的，造成生态破坏的单位和个人应当承担生态修复责任"、第二十六条"违反本办法第十八条、第十九条第一款规定，有下列行为之一的，由县级以上地方人民政府水行政主管部门依据《福建省河道保护管理条例》第四十四条、第四十五条规定予以处罚，涉及违反治安管理行为的，依照《中华人民共和国治安管理处罚法》有关规定予以处罚；构成犯罪的，依法追究刑事责任：（一）未办理河道采砂许可证，擅自在河道管理范围内采砂的；（二）未按照河道采砂许可证的要求采砂或者未及时清除砂石弃碴的；（三）从事河道采砂的单位或者个人未按照规定设立公示牌或者警示标志的；（四）未按照要求从事河道采砂作业危害水工程安全的；（五）在禁采区、禁采期采砂的"相关规定以自己的名义对违法行为人作出行政处罚。

184. 巡查过程中，发现有人在堤防、护堤地建房的，乡镇（街道）是否有权进行行政处罚？

答：根据《福建省赋予经济发达镇部分县级经济社会管理权限的指导目录（一）》（闽政办〔2020〕22号）中"二、行政执法类"第36.1项规定，赋权经济发达镇人民政府负责对在堤防、护堤地建房、放牧、开渠、打井、挖窖、葬坟、晒粮、存放物料、开采地下资源、进行考古发掘以及开展集市贸易活动的违法行为进行行政处罚，受赋权的经济发达镇人民政府可以依据《中华人民共和国河道管理条例》第四十四条"违反本条例规定，有下列行为之一的，县级以上地方人民政府河道主管机关除责令其纠正违法行为、采取补救措施外，可以并处警告、罚款、没收非法所得；对有关责任人员，由其所在单位或者上级主管机关给予行政处分；构成犯罪的，依法追究刑事责任：（一）在河道管理范围内弃置、堆放阻碍行洪物体的；种植阻碍行洪的林木或者高秆植物的；修建围堤、阻水渠道、阻水道路的。（二）在堤防、护堤地建房、放牧、开渠、打井、挖窖、葬坟、晒粮、存放物料、开采地下资源、进行考古发掘以及开展集市贸易活动的。（三）未经批准或者不按照国家规定的防洪标准、工程安全标准整治河道或者修建水工程建筑物和其他设施的。（四）未经批准或者不按照河道主管机关的规定在河道管理范围内采砂、取土、淘金、弃置砂石或者淤泥、爆破、钻探、挖筑鱼塘的。（五）未经批准在河道滩地存放物料、修建厂房或者其他建筑设施，以及开采地下资源或者进行考古发掘的。（六）违反本条例第二十七条的规定，围垦湖泊、河流的。（七）擅自砍伐护堤护岸林木的。（八）汛期违反防汛指挥部的规定或者指令的"相关规定以自己的名义对违法行为人作出行政处罚。《甘肃省赋予乡镇和街道部分县级经济社会管理权限指导目录》（甘政办发〔2020〕88号）行政处罚类第103项、《湖北省街道赋权事项指导清单》（鄂政发〔2021〕9号）第169项、《湖北省街道行政执法事项目录》（鄂政发〔2021〕9号）第184项也对此作出规定。

185. 某村民未经批准擅自在河道挖筑鱼塘，乡镇（街道）是否有权进行行政处罚？

答：根据《福建省赋予经济发达镇部分县级经济社会管理权限的指导目录（一）》（闽政办〔2020〕22号）中"二、行政执法类"第36.2项规定，赋权经济发达镇人民政府负责对未经批准或者不按照河道主管机关的规定在河道管理范围内采砂、取土、淘金、弃置砂石或者淤泥、爆破、钻探、挖筑鱼塘的违法行为进行行政处罚，受赋权的经济发达镇人民政府可以依据《中华人民共和国河道管理条例》第四十四条"违反本条例规定，有下列行为之一的，县级以上地方人民政府河道主管机关除责令其纠正违法行为、采取补救措施外，可以并处警告、罚款、没收非法所得；对有关责任人员，由其所在单位或者上级主管机关给予行政处分；构成犯罪的，依法追究刑事责任：（一）在河道管理范围内弃置、堆放阻碍行洪物体的；种植阻碍行洪的林木或者高秆植物的；修建围堤、阻水渠道、阻水道路的。（二）在堤防、护堤地建房、放牧、开渠、打井、挖窖、葬坟、晒粮、存放物料、开采地下资源、进行考古发掘以及开展集市贸易活动的。（三）未经批准或者不按照国家规定的防洪标准、工程安全标准整治河道或者修建水工程建筑物和其他设施的。（四）未经批准或者不按照河道主管机关的规定在河道管理范围内采砂、取土、淘金、弃置砂石或者淤泥、爆破、钻探、挖筑鱼塘的。（五）未经批准在河道滩地存放物料、修建厂房或者其他建筑设施，以及开采地下资源或者进行考古发掘的。（六）违反本条例第二十七条的规定，围垦湖泊、河流的。（七）擅自砍伐护堤护岸林木的。（八）汛期违反防汛指挥部的规定或者指令的"相关规定以自己的名义对违法行为人作出行政处罚。

186. 群众举报，发现有人在河道滩地擅自开采地下资源，乡镇（街道）是否有权进行行政处罚？

答：根据《福建省赋予经济发达镇部分县级经济社会管理权限的指导目录（一）》（闽政办〔2020〕22号）中"二、行政执法类"第36.3项规定，赋权经济发达镇人民政府负责对未经批准在河道滩地存放物料、修建厂房或者其他建筑设施，以及开采地下资源或者进行考古发掘的违法行为进行行政处罚，受赋权的经济发达镇人民政府可以依据《中华人民共和国河道管理条例》第四十四条"违反本条例规定，有下列行为之一的，县级以上地方人民政府河道主管机关除责令其纠正违法行为、采取补救措施外，可以并处警告、罚款、没收非法所得；对有关责任人员，由其所在单位或者上级主管机关给予行政处分；构成犯罪的，依法追究刑事责任：（一）在河道管理范围内弃置、堆放阻碍行洪物体的；种植阻碍行洪的林木或者高秆植物的；修建围堤、阻水渠道、阻水道路的。（二）在堤防、护堤地建房、放牧、开渠、打井、挖窖、葬坟、晒粮、存放物料、开采地下资源、进行考古发掘以及开展集市贸易活动的。（三）未经批准或者不按照国家规定的防洪标准、工程安全标准整治河道或者修建水工程建筑物和其他设施的。（四）未经批准或者不按照河道主管机关的规定在河道管理范围内采砂、取土、淘金、弃置砂石或者淤泥、爆破、钻探、挖筑鱼塘的。（五）未经批准在河道滩地存放物料、修建厂房或者其他建筑设施，以及开采地下资源或者进行考古发掘的。（六）违反本条例第二十七条的规定，围垦湖泊、河流的。（七）擅自砍伐护堤护岸林木的。（八）汛期违反防汛指挥部的规定或者指令的"相关规定以自己的名义对违法行为人作出行政处罚。《安徽省人民政府关于赋予乡镇街道部分县级审批执法权限的决定》（皖政〔2022〕112号）中《安徽省赋予乡镇街道部分县级审批执法权限指导目录》第230项也对此作出规定。

187. 发现行为人在禁止开垦区进行开垦的，乡镇（街道）该如何进行行政处罚？

答：根据《甘肃省赋予乡镇和街道部分县级经济社会管理权限指导目录》（甘政办发〔2020〕88号）中"二、行政处罚类"第6项规定，赋权乡镇人民政府（街道）负责对在土地利用总体规划确定的禁止开垦区内进行开垦的违法行为进行行政处罚，受赋权的乡镇人民政府（街道）可以依据《中华人民共和国土地管理法实施条例》（2014修订）第三十四条[①]"违反本条例第十七条的规定，在土地利用总体规划确定的禁止开垦区内进行开垦的，由县级以上人民政府土地行政主管部门责令限期改正；逾期不改正的，依照《土地管理法》第七十六条的规定处罚"等相关规定以自己的名义对违法行为人作出行政处罚。

188. 行为人拒不履行土地复垦义务的，乡镇（街道）是否有权进行行政处罚？

答：根据《甘肃省赋予乡镇和街道部分县级经济社会管理权限指导目录》（甘政办发〔2020〕88号）中"二、行政处罚类"第7项的规定，赋权乡镇人民政府（街道）负责对拒不履行土地复垦务的违法行为进行行政处罚，受赋权的乡镇人民政府（街道）可以依据《中华人民

---

① 对应《中华人民共和国土地管理法实施条例》（2021修订）第五十七条。

共和国土地管理法》第七十六条①"违反本法规定，拒不履行土地复垦义务的，由县级以上人民政府自然资源主管部门责令限期改正；逾期不改正的，责令缴纳复垦费，专项用于土地复垦，可以处以罚款"的规定作出处罚。《江西省人民政府关于调整赋予乡镇（街道）县级审批服务执法权限和经济发达镇县级经济社会管理权限指导目录的通知》（赣府发〔2021〕23号）中《江西省赋予经济发达镇县级经济社会管理权限指导目录》行政处罚类第59项、《湖南省赋予乡镇（街道）经济社会管理权限指导目录》（湘政办发〔2019〕55号）第14项、《安徽省人民政府关于赋予乡镇街道部分县级审批执法权限的决定》（皖政〔2022〕112号）中《安徽省赋予乡镇街道部分县级审批执法权限指导目录》第67项、《浙江省乡镇（街道）综合行政执法事项指导目录（2021年）》（浙政办发〔2021〕51号）第123项对此也有规定。

189. 发现存在未按照规定将土地复垦费用列入生产成本的违法行为，乡镇（街道）是否有权进行行政处罚？

答：根据《甘肃省赋予乡镇和街道部分县级经济社会管理权限指导目录》（甘政办发〔2020〕88号）中"二、行政处罚类"第8项规定，赋权乡镇人民政府（街道）负责对未按照规定将土地复垦费用列入生产成本或者建设项目总投资的违法行为进行行政处罚，受赋权的乡镇人民政府（街道）可以依据《土地复垦条例》第三十八条"土地复垦义务人未按照规定将土地复垦费用列入生产成本或者建设项目总投资的，由县级以上地方人民政府国土资源主管部门责令限期改正；逾期不改正的，处10万元以上50万元以下的罚款"等相关规定以自己的名义对违

---

① 《中华人民共和国土地管理法实施条例》（2021修订）第五十六条规定："依照《土地管理法》第七十六条的规定处以罚款的，罚款额为土地复垦费的2倍以上5倍以下。违反本条例规定，临时用地期满之日起一年内未完成复垦或者未恢复种植条件的，由县级以上人民政府自然资源主管部门责令限期改正，依照《土地管理法》第七十六条的规定处罚，并由县级以上人民政府自然资源主管部门会同农业农村主管部门代为完成复垦或者恢复种植条件。"

法行为人作出行政处罚。《安徽省人民政府关于赋予乡镇街道部分县级审批执法权限的决定》(皖政〔2022〕112号)中《安徽省赋予乡镇街道部分县级审批执法权限指导目录》第62项、《浙江省乡镇(街道)综合行政执法事项指导目录(2021年)》(浙政办发〔2021〕51号)第127项对此也有规定。

190. 发现行为人未按照规定报告土地损毁情况、土地复垦费用使用情况,乡镇(街道)是否有权进行行政处罚?

答:根据《甘肃省赋予乡镇和街道部分县级经济社会管理权限指导目录》(甘政办发〔2020〕88号)中"二、行政处罚类"第9项规定,赋权乡镇人民政府(街道)负责对未按照规定报告土地损毁情况、土地复垦费用使用情况或者土地复垦工程实施情况的违法行为进行行政处罚,受赋权的乡镇人民政府(街道)可以依据《中华人民共和国土地管理法》、《土地复垦条例》第四十一条"土地复垦义务人未按照规定报告土地损毁情况、土地复垦费用使用情况或者土地复垦工程实施情况的,由县级以上地方人民政府国土资源主管部门责令限期改正;逾期不改正的,处2万元以上5万元以下的罚款"等相关规定以自己的名义对违法行为人作出行政处罚。《安徽省人民政府关于赋予乡镇街道部分县级审批执法权限的决定》(皖政〔2022〕112号)中《安徽省赋予乡镇街道部分县级审批执法权限指导目录》第64项、《浙江省乡镇(街道)综合行政执法事项指导目录(2021年)》(浙政办发〔2021〕51号)第128项对此也有规定。

191. 发现行为人不肯缴纳复垦费的,乡镇(街道)该如何进行行政处罚?

答:根据《甘肃省赋予乡镇和街道部分县级经济社会管理权限指导目录》(甘政办发〔2020〕88号)中"二、行政处罚类"第10项规定,赋权乡镇人民政府（街道）负责对依法应当缴纳土地复垦费而不缴纳的违法行为进行行政处罚，受赋权的乡镇人民政府（街道）可以依据《中华人民共和国土地管理法》、《土地复垦条例》第四十二条"土地复垦义务人依照本条例规定应当缴纳土地复垦费而不缴纳的，由县级以上地方人民政府国土资源主管部门责令限期缴纳；逾期不缴纳的，处应缴纳土地复垦费1倍以上2倍以下的罚款，土地复垦义务人为矿山企业的，由颁发采矿许可证的机关吊销采矿许可证"等相关规定以自己的名义对违法行为人作出行政处罚。《安徽省人民政府关于赋予乡镇街道部分县级审批执法权限的决定》（皖政〔2022〕112号）中《安徽省赋予乡镇街道部分县级审批执法权限指导目录》第65项、《浙江省乡镇（街道）综合行政执法事项指导目录（2021年）》（浙政办发〔2021〕51号）第125项对此也有规定。

192. 发现行为人不肯缴纳水土保持补偿费，乡镇（街道）该如何进行行政处罚？

答：根据《甘肃省赋予乡镇和街道部分县级经济社会管理权限指导目录》（甘政办发〔2020〕88号）中"二、行政处罚类"第86项规定，赋权乡镇人民政府（街道）负责对拒不缴纳水土保持补偿费的违法行为进行行政处罚，受赋权的乡镇人民政府（街道）可以依据《中华人民共和国水土保持法》第五十七条"违反本法规定，拒不缴纳水土保持补偿费的，由县级以上人民政府水行政主管部门责令限期缴纳；逾期不缴纳的，自滞纳之日起按日加收滞纳部分万分之五的滞纳金，可以处应缴水土保持补偿费三倍以下的罚款"等相关规定以自己的名义对违法行为人作出行政处罚。

193. 发现行为人存在隐瞒情况骗取取水申请批准文件的违法行为，乡镇（街道）该如何进行行政处罚？

答：根据《甘肃省赋予乡镇和街道部分县级经济社会管理权限指导目录》（甘政办发〔2020〕88号）中"二、行政处罚类"第94项规定，赋权乡镇人民政府（街道）负责对申请人隐瞒有关情况或者提供虚假材料骗取取水申请批准文件或者取水许可证的违法行为进行行政处罚，受赋权的乡镇人民政府（街道）可以依据《取水许可和水资源费征收管理条例》第二十二条"取水申请批准后3年内，取水工程或者设施未开工建设，或者需由国家审批、核准的建设项目未取得国家审批、核准的，取水申请批准文件自行失效。建设项目中取水事项有较大变更的，建设单位应当重新进行建设项目水资源论证，并重新申请取水"、第二十三条"取水工程或者设施竣工后，申请人应当按照国务院水行政主管部门的规定，向取水审批机关报送取水工程或者设施试运行情况等相关材料；经验收合格的，由审批机关核发取水许可证。直接利用已有的取水工程或者设施取水的，经审批机关审查合格，发给取水许可证。审批机关应当将发放取水许可证的情况及时通知取水口所在地县级人民政府水行政主管部门，并定期对取水许可证的发放情况予以公告"等相关规定以自己的名义对违法行为人作出行政处罚。《江西省人民政府关于调整赋予乡镇（街道）县级审批服务执法权限和经济发达镇县级经济社会管理权限指导目录的通知》（赣府发〔2021〕23号）中《江西省赋予经济发达镇县级经济社会管理权限指导目录》行政处罚类第84项、《安徽省人民政府关于赋予乡镇街道部分县级审批执法权限的决定》（皖政〔2022〕112号）中《安徽省赋予乡镇街道部分县级审批执法权限指导目录》第233项、《福建省赋予经济发达镇部分县级经济社会管理权限的指导目录（一）》（闽政办〔2020〕22号）行政许可第6项、《湖北省街道赋权事项指导清单》（鄂政发〔2021〕9号）第166项也对此作出规定。

194. 有人举报某行为人存在对年度取水情况作假的行为，乡镇（街道）是否有权进行行政处罚？

答：根据《甘肃省赋予乡镇和街道部分县级经济社会管理权限指导目录》（甘政办发〔2020〕88号）中"二、行政处罚类"第95项规定，赋权乡镇人民政府（街道）负责对不按照规定报送年度取水情况；拒绝接受监督检查或者弄虚作假；退水水质达不到规定要求的违法行为进行行政处罚，受赋权的乡镇人民政府（街道）可以依据《取水许可和水资源费征收管理条例》第五十二条"有下列行为之一的，责令停止违法行为，限期改正，处5000元以上2万元以下罚款；情节严重的，吊销取水许可证：（一）不按照规定报送年度取水情况的；（二）拒绝接受监督检查或者弄虚作假的；（三）退水水质达不到规定要求的"等相关规定以自己的名义对违法行为人作出行政处罚。《江西省人民政府关于调整赋予乡镇（街道）县级审批服务执法权限和经济发达镇县级经济社会管理权限指导目录的通知》（赣府发〔2021〕23号）中《江西省赋予经济发达镇县级经济社会管理权限指导目录》行政处罚类第83项对此也有规定。

195. 发现某行为人伪造取水许可证，乡镇（街道）该如何进行处罚？

答：根据《甘肃省赋予乡镇和街道部分县级经济社会管理权限指导目录》（甘政办发〔2020〕88号）中"二、行政处罚类"第98项规定，赋权乡镇人民政府（街道）负责对伪造、涂改、冒用取水申请批准文件、取水许可证的违法行为进行行政处罚，受赋权的乡镇人民政府（街道）可以依据《取水许可和水资源费征收管理条例》第五十六条"伪造、涂改、冒用取水申请批准文件、取水许可证的，责令改正，没收违法所得和非法财物，并处2万元以上10万元以下罚款；构成犯罪的，依法追究刑事责任"等相关规定以自己的名义对违法行为人作出行政处罚。《安徽省人民政府关于赋予乡镇街道部分县级审批执法权限的决定》（皖政〔2022〕112号）中《安徽省赋予乡镇街道部分县级审批执法权限指导目录》第235项对此也有规定。

196. 发现行为人对天然河道改建，乡镇（街道）该如何进行行政处罚？

答：根据《甘肃省赋予乡镇和街道部分县级经济社会管理权限指导目录》（甘政办发〔2020〕88号）中"二、行政处罚类"第99项规定，赋权乡镇人民政府（街道）负责对将天然河道改为暗河（渠）；擅自在边界河道修建取水、引水、排水、阻水、蓄水、排渣工程及河道整治工程的违法行为进行行政处罚，受赋权的乡镇人民政府（街道）可以依据《甘肃省河道管理条例》第十八条"江河的故道、旧堤、原有工程设施等，不得擅自填堵、占用或者拆毁。城乡建设不得降低河道水系功能，不得将天然河道改为暗河（渠），不得擅自填堵、缩减原有河道沟叉、贮水湖塘洼淀和废除原有防洪堤岸；确需填堵、缩减或者废除的，应当科学论证，经有管辖权的水行政主管部门同意，报同级人民政府批准"等相关规定以自己的名义对违法行为人作出行政处罚。

197. 群众举报有村民占用土地，乡镇（街道）是否有权进行行政处罚？

答：根据《江西省人民政府关于调整赋予乡镇（街道）县级审批服务执法权限和经济发达镇县级经济社会管理权限指导目录的通知》（赣府发〔2021〕23号）中《江西省赋予经济发达镇县级经济社会管理权限指导目录》行政处罚类第60项规定，赋权乡镇人民政府（街道）有权对超过批准的数量占用土地的违法行为进行行政处罚，乡镇人民政府（街道）有权依据《中华人民共和国土地管理法》第七十七条第二款"超过批准的数量占用土地，多占的土地以非法占用土地论处"相关法律法规，以自己的名义作出行政处罚。《湖北省街道赋权事项指导清单》（鄂政发〔2021〕9号）第8项、《湖北省街道行政执法事项目录》（鄂政发〔2021〕9号）第27项、《广西壮族自治区人民政府关于赋予乡镇人民政府和街道办事处农村村民非法占用土地建住宅行政执法权的通告》（桂政发〔2021〕12号）对此也有规定。

198. 村民举报某处非法用地村民被责令归还土地后仍然占有前述土地，乡镇（街道）是否有权进行行政处罚？

答：根据《江西省人民政府关于调整赋予乡镇（街道）县级审批服务执法权限和经济发达镇县级经济社会管理权限指导目录的通知》（赣府发〔2021〕23号）中《江西省赋予经济发达镇县级经济社会管理权限指导目录》行政处罚类第61项规定，赋权乡镇人民政府（街道）有权对有关当事人拒不归还依法收回非法批准、使用的土地的违法行为进行行政处罚，乡镇人民政府（街道）有权依据《中华人民共和国土地管理法》第八十一条"依法收回国有土地使用权当事人拒不交出土地的，临时使用土地期满拒不归还的，或者不按照批准的用途使用国有土地的，由县级以上人民政府自然资源主管部门责令交还土地，处以罚款"、《中华人民共和国土地管理法实施条例》第五十九条"依照《土地管理法》第八十一条的规定处以罚款的，罚款额为非法占用土地每平方米100元以上500元以下"相关法律法规，以自己的名义作出行政处罚。《安徽省人民政府关于赋予乡镇街道部分县级审批执法权限的决定》（皖政〔2022〕112号）中《安徽省赋予乡镇街道部分县级审批执法权限指导目录》第86项、《浙江省乡镇（街道）综合行政执法事项指导目录（2021年）》（浙政办发〔2021〕51号）第146项对此也有规定。

199. 发现有人超越批准范围采矿的，乡镇（街道）该如何处罚？

答：根据《江西省人民政府关于调整赋予乡镇（街道）县级审批

服务执法权限和经济发达镇县级经济社会管理权限指导目录的通知》（赣府发〔2021〕23号）中《江西省赋予经济发达镇县级经济社会管理权限指导目录》行政处罚类第64项规定，赋权乡镇人民政府（街道）有权对超越批准的矿区范围采矿的违法行为进行行政处罚，乡镇人民政府（街道）有权依据《中华人民共和国矿产资源法》第四十条"超越批准的矿区范围采矿的，责令退回本矿区范围内开采、赔偿损失，没收越界开采的矿产品和违法所得，可以并处罚款；拒不退回本矿区范围内开采，造成矿产资源破坏的，吊销采矿许可证，依照刑法有关规定对直接责任人员追究刑事责任"、《中华人民共和国矿产资源法实施细则》第四十二条"依照《矿产资源法》第三十九条、第四十条、第四十二条、第四十三条、第四十四条规定处以罚款的，分别按照下列规定执行：（一）未取得采矿许可证擅自采矿的，擅自进入国家规划矿区、对国民经济具有重要价值的矿区和他人矿区范围采矿的，擅自开采国家规定实行保护性开采的特定矿种的，处以违法所得百分之五十以下的罚款；（二）超越批准的矿区范围采矿的，处以违法所得百分之三十以下的罚款；（三）买卖、出租或者以其他形式转让矿产资源的，买卖、出租采矿权的，对卖方、出租方、出让方处以违法所得一倍以下的罚款；（四）非法用采矿权作抵押的，处以5000元以下的罚款；（五）违反规定收购和销售国家规定统一收购的矿产品的，处以违法所得一倍以下的罚款；（六）采取破坏性的开采方法开采矿产资源，造成矿产资源严重破坏的，处以相当于矿产资源损失价值百分之五十以下的罚款"相关法律法规，以自己的名义作出行政处罚。《湖南省赋予乡镇（街道）经济社会管理权限指导目录》（湘政办发〔2019〕55号）第25项、《安徽省人民政府关于赋予乡镇街道部分县级审批执法权限的决定》（皖政〔2022〕112号）中《安徽省赋予乡镇街道部分县级审批执法权限指导目录》第71项、《浙江省乡镇（街道）综合行政执法事项指导目录（2021年）》（浙政办发〔2021〕51号）第164项对此也有规定。

200. 发现村民在禁止采矿区采矿的，乡镇（街道）是否有权进行行政处罚？

答：根据《江西省人民政府关于调整赋予乡镇（街道）县级审批服务执法权限和经济发达镇县级经济社会管理权限指导目录的通知》（赣府发〔2021〕23号）中《江西省赋予经济发达镇县级经济社会管理权限指导目录》行政处罚类第66项规定，赋权乡镇人民政府（街道）有权对在禁采区采石取土的违法行为进行行政处罚，乡镇人民政府（街道）有权依据《江西省采石取土管理办法》第十六条"在禁采区内原有的采石取土企业，采矿许可证到期的，不得延续，必须立即关闭；采矿许可证未到期的，应当制定关闭计划，在本办法实施之日起两年内予以关闭。对严重危及人民生命财产安全的，必须立即关闭。采石取土企业在关闭前应当妥善处理好矿区内固体废弃物，恢复矿区的生态环境。对禁采区内采矿许可证未到期而关闭的采石取土企业，县级以上人民政府应当依法予以补偿。对异地开采或者转产的，各级人民政府应当给予扶持"相关法律法规，以自己的名义作出行政处罚。

201. 发现村民销售无证采矿开采的石料，乡镇（街道）是否有权进行行政处罚？

答：根据《江西省人民政府关于调整赋予乡镇（街道）县级审批服务执法权限和经济发达镇县级经济社会管理权限指导目录的通知》（赣府发〔2021〕23号）中《江西省赋予经济发达镇县级经济社会管理权限指导目录》行政处罚类第67项规定，赋权乡镇人民政府（街道）有权对销售无采矿许可证开采的石料、粘土的违法行为进行行政处罚，乡镇人民政府（街道）有权依据《江西省采石取土管理办法》第十三条"无采矿许可证的采石取土企业开采的石料、粘土不得销售，任何单位或者个人不得收购其开采的石料、粘土"、第二十条"违反本办法第十三条规定，销售无采矿许可证开采的石料、粘土的，由县级以上人民政府国土资源行政主管部门责令改正,没收矿产品和违法所得,可以并处违法所得百分之二十以上百分之五十以下罚款"相关法律法规,以自己的名义作出行政处罚。

202. 发现有人在地质灾害区内进行工程建设,乡镇(街道)该如何处罚?

答: 根据《四川省赋予乡镇(街道)县级行政权力事项指导目录(第二批)》(川府发〔2021〕42号)第3项规定,赋权乡镇人民政府(街道)有权对违反规定在地质灾害危险区内爆破、削坡、进行工程建设以及从事其他可能引发地质灾害活动的违法行为进行行政处罚,乡镇人民政府(街道)有权依据《地质灾害防治条例》第四十三条"违反本条例规定,在地质灾害危险区内爆破、削坡、进行工程建设以及从事其他可能引发地质灾害活动的,由县级以上地方人民政府国土资源主管部门责令停止违法行为,对单位处5万元以上20万元以下的罚款,对个人处1万元以上5万元以下的罚款;构成犯罪的,依法追究刑事责任;给他人造成损失的,依法承担赔偿责任"规定以自己的名义作出行政处罚。《浙江省乡镇(街道)综合行政执法事项指导目录(2021年)》(浙政办发〔2021〕51号)第182项对此也有规定。

203. 发现有人在生活供水区域开展养殖活动,乡镇(街道)该如何处罚?

答: 根据《四川省赋予乡镇(街道)县级行政权力事项指导目录(第二批)》(川府发〔2021〕42号)第43项规定,赋权乡镇人民政府(街道)有权对在供生活饮用水的重要水域,从事集约化养殖等危害饮用水水源水质的活动的违法行为进行行政处罚,乡镇人民政府(街道)有权依据《四川省〈中华人民共和国水法〉实施办法》第十五条第二款"供生活饮用水的重要水域,不得从事集约化养殖等危害饮用水水源水质的活动"、第三十九条"违反本办法第十五条第二款规定的,责令限期拆除、恢复原状;逾期不拆除、不恢复原状的,代为拆除、恢复原状,费用由违法单位或者个人承担,并处 1 万元以上 5 万元以下的罚款"规定,以自己的名义作出行政处罚。

204. 土地所有权发生争议的,乡镇(街道)是否有权处理?

答:根据《江苏省乡镇(街道)法定权力事项清单通用目录》(苏政办发〔2021〕71 号)第 35 项规定,赋权乡镇人民政府(街道)有权对个人之间、个人与单位之间发生的林木所有权和林地使用权争议处理的争议进行行政裁决,乡镇人民政府(街道)有权依据《中华人民共和国土地管理法》第十四条"土地所有权和使用权争议,由当事人协商解决;协商不成的,由人民政府处理。单位之间的争议,由县级以上人民政府处理;个人之间、个人与单位之间的争议,由乡级人民政府或者县级以上人民政府处理"规定,以自己的名义作出行政裁决。(新疆维吾尔自治区人民政府办公厅)《乡镇(街道)权力事项通用目录》(新政办发〔2023〕33 号)行政裁决类第 1 项、《湖北省街道通用权责清单》(鄂政发〔2021〕9 号)第 22 项也对此作出规定。

205. 乡镇(街道)执法人员发现有人不按批准用途使用国有土地,该如何处罚?

答:根据《湖南省赋予乡镇(街道)经济社会管理权限指导目录》(湘政办发〔2019〕55 号)第 17 项规定,赋权乡镇人民政府(街道)有权对拒不交还土地或不按批准用途使用国有土地的违法行为进行行政处罚,乡镇人民政府(街道)有权依据《中华人民共和国土地管理法》第六十六条第一款第二项"有下列情形之一的,农村集体经济组织报经原批准用地的人民政府批准,可以收回土地使用权……(二)不按照批准的用途使用土地的"规定,以自己的名义作出行政处罚。

206. 某村村民举报，有临时用地超期未进行复垦，乡镇（街道）是否有权进行行政处罚？

答：根据《安徽省人民政府关于赋予乡镇街道部分县级审批执法权限的决定》（皖政〔2022〕112号）中《安徽省赋予乡镇街道部分县级审批执法权限指导目录》第66项规定，赋权乡镇人民政府（街道）有权对临时用地期满之日起一年内未完成复垦或者未恢复种植条件的违法行为进行行政处罚，乡镇人民政府（街道）有权依据《中华人民共和国土地管理法》第七十六条"违反本法规定，拒不履行土地复垦义务的，由县级以上人民政府自然资源主管部门责令限期改正；逾期不改正的，责令缴纳复垦费，专项用于土地复垦，可以处以罚款"；《中华人民共和国土地管理法实施条例》第二十条"建设项目施工、地质勘查需要临时使用土地的，应当尽量不占或者少占耕地。临时用地由县级以上人民政府自然资源主管部门批准，期限一般不超过二年；建设周期较长的能源、交通、水利等基础设施建设使用的临时用地，期限不超过四年；法律、行政法规另有规定的除外。土地使用者应当自临时用地期满之日起一年内完成土地复垦，使其达到可供利用状态，其中占用耕地的应当恢复种植条件"、第五十六条"依照《土地管理法》第七十六条的规定处以罚款的，罚款额为土地复垦费的2倍以上5倍以下。违反本条例规定，临时用地期满之日起一年内未完成复垦或者未恢复种植条件的，由县级以上人民政府自然资源主管部门责令限期改正，依照《土地管理法》第七十六条的规定处罚，并由县级以上人民政府自然资源主管部门会同农业农村主管部门代为完成复垦或者恢复种植条件"规定，以自己的名义作出行政处罚。

207. 行为人不按规定编制土地复垦方案，乡镇（街道）是否有权进行行政处罚？

答：根据《安徽省人民政府关于赋予乡镇街道部分县级审批执法权

限的决定》（皖政〔2022〕112号）中《安徽省赋予乡镇街道部分县级审批执法权限指导目录》第60项规定，赋权乡镇人民政府（街道）有权对土地复垦义务人未按照规定补充编制土地复垦方案的违法行为进行行政处罚，乡镇人民政府（街道）有权依据《土地复垦条例》第三十七条"本条例施行前已经办理建设用地手续或者领取采矿许可证，本条例施行后继续从事生产建设活动造成土地损毁的土地复垦义务人未按照规定补充编制土地复垦方案的，由县级以上地方人民政府国土资源主管部门责令限期改正；逾期不改正的，处10万元以上20万元以下的罚款"规定，以自己的名义作出行政处罚。《浙江省乡镇（街道）综合行政执法事项指导目录（2021年）》（浙政办发〔2021〕51号）第126项、第129项对此也有规定。

208. 发现有人擅自开采实行保护性开采的特定矿种的，乡镇（街道）该如何进行处罚？

答：根据《安徽省人民政府关于赋予乡镇街道部分县级审批执法权限的决定》（皖政〔2022〕112号）中《安徽省赋予乡镇街道部分县级审批执法权限指导目录》第70项规定，赋权乡镇人民政府（街道）有权对未取得采矿许可证擅自采矿的，擅自进入国家规划矿区、对国民经济具有重要价值的矿区范围采矿的，擅自开采国家规定实行保护性开采的特定矿种的违法行为进行行政处罚，乡镇人民政府（街道）有权依据《中华人民共和国矿产资源法》第三十九条"违反本法规定，未取得采矿许可证擅自采矿的，擅自进入国家规划矿区、对国民经济具有重要价值的矿区范围采矿的，擅自开采国家规定实行保护性开采的特定矿种的，责令停止开采、赔偿损失，没收采出的矿产品和违法所得，可以并处罚款；拒不停止开采，造成矿产资源破坏的，依照刑法有关规定对直接责任人员追究刑事责任。单位和个人进入他人依法设立的国有矿山企业和其他矿山企业矿区范围内采矿的，依照前款规定处罚"、《中华人民共和国矿产资源法实施细则》第四十二条"依照《矿产资源法》第三十九条、第四十条、第四十二条、第四十三条、第四十四条规定处以罚款的，分别按照下列规定执行：（一）未取得采矿许可证擅自采矿的，擅自进入国家规划矿区、对国民经济具有重要价值的矿区和他人矿区范围采矿的，擅自开采国家规定实行保护性开采的特定矿种的，处以违法所得百分之五十以下的罚款；（二）超越批准的矿区范围采矿的，处以违法所得百分之三十以下的罚款；（三）买卖、出租或者以其他形式转让矿产资源的，买卖、出租采矿权的，对卖方、出租方、出让方处以违法所得一倍以下的罚款；（四）非法用采矿权作抵押的，处以5000元以下的罚款；（五）违反规定收购和销售国家规定统一收购的矿产品的，处以违法所得一倍以下的罚款；（六）采取破坏性的开采方法开采矿产资源，造成矿产资源严重破坏的，处以相当于矿产资源损失价值百分之五十以下的罚款"规定，以自己的名义作出行政处罚。

209. 群众举报，有人在湖泊管理范围内建设妨碍行洪的建筑物的，乡镇（街道）是否有权进行行政处罚？

答：根据《安徽省人民政府关于赋予乡镇街道部分县级审批执法权限的决定》（皖政〔2022〕112号）中《安徽省赋予乡镇街道部分县级审批执法权限指导目录》第208项规定，赋权乡镇人民政府（街道）有权对在河道、湖泊管理范围内建设妨碍行洪的建筑物、构筑物的违法行为进行行政处罚，乡镇人民政府（街道）有权依据《中华人民共和国防洪法》第五十五条"违反本法第二十二条第二款、第三款规定，有下列行为之一的，责令停止违法行为，排除阻碍或者采取其他补救措施，可以处五万元以下的罚款：（一）在河道、湖泊管理范围内建设妨碍行洪的建筑物、构筑物的；（二）在河道、湖泊管理范围内倾倒垃圾、渣土，从事影响河势稳定、危害河岸堤防安全和其他妨碍河道行洪的活动的；（三）在行洪河道内种植阻碍行洪的林木和高秆作物的"；《中华人民共和国水法》第三十七条"禁止在江河、湖泊、水库、运河、渠道内弃置、堆放阻碍行洪的物体和种植阻碍行洪的林木及高秆作物。禁止在河道管理范围内建设妨碍行洪的建筑物、构筑物以及从事影响河势稳定、危害河岸堤防安全和其他妨碍河道行洪的活动"、第六十五条"在河道管理范围内建设妨碍行洪的建筑物、构筑物,或者从事影响河势稳定、危害河岸堤防安全和其他妨碍河道行洪的活动的,由县级以上人民政府水行政主管部门或者流域管理机构依据职权,责令停止违法行为,限期拆除违法建筑物、构筑物,恢复原状;逾期不拆除、不恢复原状的,强行拆除,所需费用由违法单位或者个人负担,并处一万元以上十万元以下的罚款。未经水行政主管部门或者流域管理机构同意,擅自修建水工程,或者建设桥梁、码头和其他拦河、跨河、临河建筑物、构筑物,铺设跨河管道、电缆,且防洪法未作规定的,由县级以上人民政府水行政主管部门或者流域管理机构依据职权,责令停止违法行为,限期补办有关手续;逾期不补办或者补办未被批准的,责令限期拆除违法建筑物、构筑物;逾期不拆除的,强行拆除,所需费用由违法单位或者个人负担,并处一万元以上十万元以下的罚款。虽经水行政主管部门或者流域管理机构同意,但未按照要求修建前款所列工程设施的,由县级以上人民政府水行政主管部门或者流域管理机构依据职权,责令限期改正,按照情节轻重,处一万元以上十万元以下的罚款"、第六十六条"有下列行为之一,且防洪法未作规定的,由县级以上人民政府水行政主管部门或者流域管理机构依据职权,责令停止违法行为,限期清除障碍或者采取其他补救措施,处一万元以上五万元以下的罚款:(一)在江河、湖泊、水库、运河、渠道内弃置、堆放阻碍行洪的物体和种植阻碍行洪的林木及高秆作物的;(二)围湖造地或者未经批准围垦河道的";《安徽省实施〈中华人民共和国水法〉办法》第二十五条"在河道管理范围内,禁止从事下列活动:(一)修建围堤、围墙、阻水道路、房屋等妨碍行洪的建筑物和构筑物;(二)种植高秆农作物、芦苇、杞柳、荻柴和树木（堤防防护林除外）；（三）设置拦河渔具，擅自沉置船只、排筏；（四）弃置或者堆放矿渣、石渣、煤灰、泥土、垃圾等阻碍行洪的物体；（五）其他危害河势稳定、河岸堤防安全和妨碍河道行洪的活动。在堤身、护堤地和水闸管理范围内，禁止建房、放牧、开渠、打井、爆破、挖窖、挖塘、葬坟、晒粮、存放物料、开采地下资源、进行考古发掘以及开展集市贸易等，但为防汛和水工程管理需要的除外。在与人工堤防组成的封闭圈的高地上，禁止从事危害防洪安全的活动"、第四十六条"违反本办法第二十五条规定的，由县级以上人民政府水行政主管部门责令停止违法行为，限期拆除违法建设项目、清除障碍或者采取其他补救措施；逾期不拆除、不清障的，强行拆除、清障，所需费用由违法单位或者个人负担，并处一万元以上五万元以下的罚款；有违法所得的，没收违法所得。违反本办法第二十五条规定，在长江流域内非法侵占长江流域河湖水域，或者违法利用、占用河湖岸线的，按照《中华人民共和国长江保护法》的有关规定予以处罚"规定，以自己的名义作出行政处罚。《云南省人民政府关于公布乡镇（街道）行政职权基本目录和赋予乡镇（街道）部分县级行政职权指导目录的决定》（云政发〔2023〕9号）中《云南省赋予乡镇（街道）部分县级行政职权指导目录（2023年版）》第84项、《湖北省街道赋权事项指导清单》（鄂政发〔2021〕9号）第155项、第157项，《湖北省街道行政执法事项目录》（鄂政发〔2021〕9号）第170项、第180项对此也有规定。

210. 群众举报，有人在河道内倾倒垃圾，乡镇（街道）如何进行处罚？

答：根据《安徽省人民政府关于赋予乡镇街道部分县级审批执法权限的决定》（皖政〔2022〕112号）中《安徽省赋予乡镇街道部分县级审批执法权限指导目录》第209项规定，赋权乡镇人民政府（街道）有权对在河道、湖泊管理范围内倾倒垃圾、渣土，从事影响河势稳定、危害河岸堤防安全和其他妨碍河道行洪的活动的违法行为进行行政处罚，乡镇人民政府（街道）有权依据《中华人民共和国防洪法》第五十五条"违反本法第二十二条第二款、第三款规定，有下列行为之一的，责令停止违法行为，排除阻碍或者采取其他补救措施，可以处五万元以下的罚款：（一）在河道、湖泊管理范围内建设妨碍行洪的建筑物、构筑物的；（二）在河道、湖泊管理范围内倾倒垃圾、渣土，从事影响河势稳定、危害河岸堤防安全和其他妨碍河道行洪的活动的；（三）在行洪河道内种植阻碍行洪的林木和高秆作物的"；《中华人民共和国水法》第三十七条"禁止在江河、湖泊、水库、运河、渠道内弃置、堆放阻碍行洪的物体和种植阻碍行洪的林木及高秆作物。禁止在河道管理范围内建设妨碍行洪的建筑物、构筑物以及从事影响河势稳定、危害河岸堤防安全和其他妨碍河道行洪的活动"、第六十五条"在河道管理范围内建设妨碍行洪的建筑物、构筑物，或者从事影响河势稳定、危害河岸堤防安全和其他妨碍河道行洪的活动的，由县级以上人民政府水行政主管部门或者流域管理机构依据职权，责令停止违法行为，限期拆除违法建筑物、构筑物，恢复原状；逾期不拆除、不恢复原状的，强行拆除，所需费用由违法单位或者个人负担，并处一万元以上十万元以下的罚款。未经水行政主管部门或者流域管理机构同意，擅自修建水工程，或者建设桥梁、码头和其他拦河、跨河、临河建筑物、构筑物，铺设跨河管道、电缆，且防洪法未作规定的，由县级以上人民政府水行政主管部门或者流域管理机构依据职权，责令停止违法行为，限期补办有关手续；逾期不补办或者补办未被批准的，责令限期拆除违法建筑物、构筑物；逾期不拆除的，强行拆除，所需费用由违法单位或者个人负担，并处一万元以上十万元以下的罚款。虽经水行政主管部门或者流域管理机构同意，但未按照要求修建前款所列工程设施的，由县级以上人民政府水行政主管部门或者流域管理机构依据职权，责令限期改正，按照情节轻重，处一万元以上十万元以下的罚款"、第六十六条"有下列行为之一，且防洪法未作规定的，由县级以上人民政府水行政主管部门或者流域管理机构依据职权，责令停止违法行为，限期清除障碍或者采取其他补救措施，处一万元以上五万元以下的罚款：（一）在江河、湖泊、水库、运河、渠道内弃置、堆放阻碍行洪的物体和种植阻碍行洪的林木及高秆作物的；（二）围湖造地或者未经批准围垦河道的"；《安徽省实施〈中华人民共和国水法〉办法》第二十五条"在河道管理范围内，禁止从事下列活动：（一）修建围堤、围墙、阻水道路、房屋等妨碍行洪的建筑物和构筑物；（二）种植高秆农作物、芦苇、杞柳、荻柴和树木（堤防防护林除外）；（三）设置拦河渔具，擅自沉置船只、排筏；（四）弃置或者堆放矿渣、石渣、煤灰、泥土、垃圾等阻碍行洪的物体；（五）其他危害河势稳定、河岸堤防安全和妨碍河道行洪的活动。在堤身、护堤地和水闸管理范围内，禁止建房、放牧、开渠、打井、爆破、挖窖、挖塘、葬坟、晒粮、存放物料、开采地下资源、进行考古发掘以及开展集市贸易等，但为防汛和水工程管理需要的除外。在与人工堤防组成的封闭圈的高地上，禁止从事危害防洪安全的活动"、第四十六条"违反本办法第二十五条规定的，由县级以上人民政府水行政主管部门责令停止违法行为，限期拆除违法建设项目、清除障碍或者采取其他补救措施；逾期不拆除、不清障的，强行拆除、清障，所需费用由违法单位或者个人负担，并处一万元以上五万元以下的罚款；有违法所得的，没收违法所得。违反本办法第二十五条规定，在长江流域内非法侵占长江流域河湖水域，或者违法利用、占用河湖岸线的，按照《中华人民共和国长江保护法》的有关规定予以处罚"规定，以自己的名义作出行政处罚。《云南省人民政府关于公布乡镇（街道）行政职权基本目录和赋予乡镇（街道）部分县级行政职权指导目录的决定》（云政发〔2023〕9号）中《云南省赋予乡镇（街道）部分县级行政职权指导目录（2023年版）》第85项对此也有规定。

211. 群众举报，有人在大坝上取土，乡镇（街道）是否有权进行行政处罚？

答：根据《安徽省人民政府关于赋予乡镇街道部分县级审批执法权限的决定》（皖政〔2022〕112号）中《安徽省赋予乡镇街道部分县级审批执法权限指导目录》第215项规定，赋权乡镇人民政府（街道）有权对在大坝管理和保护范围内进行爆破、打井、采石、采矿、取土、挖沙、修坟等危害大坝安全活动的违法行为进行行政处罚，乡镇人民政府（街道）有权依据《水库大坝安全管理条例》第二十九条"违反本条例规定，有下列行为之一的，由大坝主管部门责令其停止违法行为，赔偿损失，采取补救措施，可以并处罚款；应当给予治安管理处罚的，由公安机关依照《中华人民共和国治安管理处罚法》的规定处罚；构成犯罪的，依法追究刑事责任：（一）毁坏大坝或者其观测、通信、动力、照明、交通、消防等管理设施的；（二）在大坝管理和保护范围内进行爆破、打井、采石、采矿、取土、挖沙、修坟等危害大坝安全活动的；（三）擅自操作大坝的泄洪闸门、输水闸门以及其他设施，破坏大坝正常运行的；（四）在库区内围垦的；（五）在坝体修建码头、渠道或者堆放杂物、晾晒粮草的；（六）擅自在大坝管理和保护范围内修建码头、鱼塘的"；《安徽省水工程管理和保护条例》第二十六条"在水工程管理范围内，禁止从事下列活动：（一）在行洪、排涝的河道和渠道内设置影响行洪和输水的建筑物、障碍物或者种植高秆作物或者在堤身种树；（二）倾倒、堆放、排放影响水工程安全运行或污染水体的废弃物；（三）在堤身、护堤地和水库大坝、渠道、水闸、电站管理范围内建房、放牧、开渠、打井、爆破、挖窖、挖塘、葬坟、采石、取土、扒口、开采地下资源以及开展集市贸易；（四）向水库倾倒垃圾或渣土，在水库内筑坝拦汊或者填占水库；（五）损毁、破坏水工程设施及其附属设施和设备；（六）擅自在江河、湖泊新建、改建或者扩大排污口；（七）其他影响水工程效益发挥、有碍水工程安全运行的行为。在水工程保护范围内，不得从事影响水工程运行和危害水工程安全的爆破、打井、采石、取土等活动"、第三十二条"违反本条例第二十六条第一款第一项至第四项规定的，责令停止违法行为，限期拆除违法建筑、清除障碍或者采取其他补救措施；逾期不拆除、不清障的，强行拆除、清障，所需费用由违法单位或者个人负担，并处以五万元以下的罚款；有违法所得的，没收违法所得。在长江流域内违法本条例第二十六条第一款第一项至第四项规定，在长江流域内非法侵占长江流域河湖水域，或者违法利用、占用河湖岸线的，按照《中华人民共和国长江保护法》的有关规定予以处罚。违反本条例第二十六条第一款第五项、第二款规定的，责令停止违法行为，采取其他补救措施，并处以一万元以上五万元以下的罚款；违反《中华人民共和国治安管理处罚法》的，由公安机关依法给予治安管理处罚；给他人造成损失的，依法承担赔偿责任。违反本条例第二十六条第一款第六项规定的，按照水污染防治法律法规的规定予以处罚"规定，以自己的名义作出行政处罚。

212. 村民举报，有人在水库区域内围垦，乡镇（街道）是否有权进行行政处罚？

答：根据《安徽省人民政府关于赋予乡镇街道部分县级审批执法权限的决定》（皖政〔2022〕112号）中《安徽省赋予乡镇街道部分县级审批执法权限指导目录》第217项规定，赋权乡镇人民政府（街道）有权对在水库库区内围垦的违法行为进行行政处罚，乡镇人民政府（街道）有权依据《水库大坝安全管理条例》第二十九条"违反本条例规定，有下列行为之一的，由大坝主管部门责令其停止违法行为，赔偿损失，采取补救措施，可以并处罚款；应当给予治安管理处罚的，由公安机关依照《中华人民共和国治安管理处罚法》的规定处罚；构成犯罪的，依法追究刑事责任：（一）毁坏大坝或者其观测、通信、动力、照明、交通、消防等管理设施的；（二）在大坝管理和保护范围内进行爆破、打井、采石、采矿、取土、挖沙、修坟等危害大坝安全活动的；（三）擅自操作大坝的泄洪闸门、输水闸门以及其他设施，破坏大坝正常运行的；（四）在库区内围垦的；（五）在坝体修建码头、渠道或者堆放杂物、晾晒粮草的；（六）擅自在大坝管理和保护范围内修建码头、鱼塘的"、《安徽省水工程管理和保护条例》第二十六条"在水工程管理范围内，禁止从事下列活动：（一）在行洪、排涝的河道和渠道内设置影响行洪和输水的建筑物、障碍物或者种植高秆作物或者在堤身种树；（二）倾倒、堆放、排放影响水工程安全运行或污染水体的废弃物；（三）在堤身、护堤地和水库大坝、渠道、水闸、电站管理范围内建房、放牧、开渠、打井、爆破、挖窖、挖塘、葬坟、采石、取土、扒口、开采地下资源以及开展集市贸易；（四）向水库倾倒垃圾或渣土，在水库内筑坝拦汊或者填占水库；（五）损毁、破坏水工程设施及其附属设施和设备；（六）擅自在江河、湖泊新建、改建或者扩大排污口；（七）其他影响水工程效益发挥、有碍水工程安全运行的行为。在水工程保护范围内，不得从事影响水工程运行和危害水工程安全的爆破、打井、采石、取土等活动"、第三十二条"违反本条例第二十六条第一款第一项至第四项规定的，责令停止违法行为，限期拆除违法建筑、清除障碍或者采取其他补救措施；逾期不拆除、不清障的，强行拆除、清障，所需费用由违法单位或者个人负担，并处以五万元以下的罚款；有违法所得的，没收违法所得。在长江流域内违法本条例第二十六条第一款第一项至第四项规定，在长江流域内非法侵占长江流域河湖水域，或者违法利用、占用河湖岸线的，按照《中华人民共和国长江保护法》的有关规定予以处罚。违反本条例第二十六条第一款第五项、第二款规定的，责令停止违法行为，采取其他补救措施，并处以一万元以上五万元以下的罚款；违反《中华人民共和国治安管理处罚法》的，由公安机关依法给予治安管理处罚；给他人造成损失的，依法承担赔偿责任。违反本条例第二十六条第一款第六项规定的，按照水污染防治法律法规的规定予以处罚"

规定，以自己的名义作出行政处罚。《湖北省街道赋权事项指导清单》（鄂政发〔2021〕9号）第165项也对此作出规定。

213. 在巡查时发现有人装运违法开采的砂石，乡镇（街道）该如何对违法行为人进行处罚？

答：根据《安徽省人民政府关于赋予乡镇街道部分县级审批执法权限的决定》（皖政〔2022〕112号）中《安徽省赋予乡镇街道部分县级审批执法权限指导目录》第225项规定，赋权乡镇人民政府（街道）有权对装运违法开采的砂石的违法行为进行行政处罚，乡镇人民政府（街道）有权依据《安徽省河道采砂管理办法》第三十条"违反本办法规定，有下列行为之一的，由市、县人民政府水行政主管部门或者省水工程管理单位责令停止违法行为，并按照下列规定处罚：（一）伪造、涂改、买卖、出租、出借或者以其他方式转让河道采砂许可证的，处以1万元以上3万元以下的罚款，收缴伪造、涂改、买卖、出租、出借或者以其他方式转让的河道采砂许可证；（二）未按照河道采砂许可证规定的要求采砂的，处以2000元以上1万元以下的罚款；情节严重的，处以1万元以上3万元以下的罚款；（三）未随采随运，未及时清除砂石和弃料堆体，或者采砂活动结束后，未及时对采砂现场进行清理、平整的，责令限期清除、清理、平整或者采取其他补救措施；逾期未清除、清理、平整，经催告仍不清除、清理、平整的，可以代为清除、清理、平整，所需费用由责任者承担，并处以5000元以上2万元以下的罚款；（四）装运违法开采的砂石的，处以5000元以上2万元以下的罚款"；《长江河道采砂管理条例》第十九条"违反本条例规定，采砂单位、个人未按照河道采砂许可证规定的要求采砂的，由县级以上地方人民政府水行政主管部门或者长江水利委员会依据职权，责令停止违法行为，没收违法开采的砂石和违法所得，并处违法开采的砂石货值金额1倍以上2倍以下的罚款；情节严重或者在禁采区、禁采期采砂的，没收违法开采的砂石和违法所得以及采砂船舶和挖掘机械等作业设备、工具，吊销河道采砂许可证，并处违法开采的砂石货值金额 2 倍以上 20 倍以下的罚款，货值金额不足 10 万元的，并处 20 万元以上 200 万元以下的罚款；构成犯罪的，依法追究刑事责任"、第二十一条"违反本条例规定，采砂船舶未在指定地点集中停放或者无正当理由擅自离开指定地点的，由县级以上地方人民政府水行政主管部门责令停靠在指定地点，处 3 万元以上 10 万元以下的罚款；拒不改正的，予以强行转移至指定地点"规定，以自己的名义作出行政处罚。

214. 发现有采砂船舶违法滞留禁采区，乡镇（街道）该如何进行处罚？

答：根据《安徽省人民政府关于赋予乡镇街道部分县级审批执法权限的决定》（皖政〔2022〕112 号）中《安徽省赋予乡镇街道部分县级审批执法权限指导目录》第 227 项规定，赋权乡镇人民政府（街道）有权对采砂船舶、机具违法滞留在禁采区，采砂船舶、机具在禁采期内或者未取得河道采砂许可证的采砂船舶、机具在可采期内未拆除采砂设备，或者未在指定地点停放的违法行为进行行政处罚，乡镇人民政府（街道）有权依据《长江河道采砂管理条例》第二十条"违反本条例规定，运输、收购、销售未取得河道采砂许可证的单位、个人开采的长江河道砂石的，由县级以上地方人民政府水行政主管部门、长江水利委员会、有关海事管理机构以及县级以上地方人民政府其他有关部门依据职权，责令停止违法行为，没收违法运输、收购、销售的砂石和违法所得，并处 2 万元以上 20 万元以下的罚款；情节严重的，并处 20 万元以上 200 万元以下的罚款；构成犯罪的，依法追究刑事责任"；《安徽省〈长江河道采砂管理条例〉实施办法》第十条"采砂船舶由省人民政府水行政主管部门统一编号。禁采期内所有的采砂船舶、可采期内未取得河道采砂许可证的采砂船舶，应当按照省人民政府水行政主管部门规定的拆除标准，自行拆除采砂设备，并统一停放在船籍所在地沿江市、县人民政府指定的地点；无正当理由，不得擅自离开指定地点。确需离开的，应当向船籍所在地沿江市、县人民政府水行政主管部门提出申请，经审查批准后，方可离开。禁采区内禁止滞留采砂船舶"、第十五条"违反本办法第十条第二款、第三款规定的，由县级以上地方人民政府水行政主管部门责令改正，处以 1 万元以上 3 万元以下的罚款"；《安徽省河道采砂管理办法》第三十一条"违反本办法规定，采砂船舶、机具违法滞留在禁采区的，由市、县人民政府水行政主管部门或者省水工程管理单位责令改正，处以 5000 元以上 2 万元以下的罚款。违反本办法规定，采砂船舶、机具在禁采期内或者未取得河道采砂许可证的采砂船舶、机具在可采期内未拆除采砂设备，或者未在指定地点停放的，由市、县人民政府水行政主管部门或者省水工程管理单位责令改正，处以 5000 元以上 2 万元以下的罚款"规定，以自己的名义作出行政处罚。

215. 发现有人擅自在河道滩地设置堆砂场，乡镇（街道）该如何进行处罚？

答：根据《安徽省人民政府关于赋予乡镇街道部分县级审批执法权限的决定》（皖政〔2022〕112 号）中《安徽省赋予乡镇街道部分县级审批执法权限指导目录》第 228 项规定，赋权乡镇人民政府（街道）有权对未经批准擅自在河道滩地设置堆砂场的违法行为进行行政处罚，乡镇人民政府（街道）有权依据《安徽省河道采砂管理办法》第三十二条"违反本办法规定，未经批准擅自在河道滩地设置堆砂场的，由市、县人民政府水行政主管部门或者省水工程管理单位责令停止违法行为，限期清除；逾期未清除，经催告仍不清除的，可以代为清除，所需费用由责任者承担，并处以 1 万元以上 5 万元以下的罚款；有违法所得的，没收违法所得"规定，以自己的名义作出行政处罚。

216. 乡镇工作人员巡查河道时发现，有人违反规定引水、截水，该如何进行处罚？

答：根据《安徽省人民政府关于赋予乡镇街道部分县级审批执法权限的决定》（皖政〔2022〕112号）中《安徽省赋予乡镇街道部分县级审批执法权限指导目录》第229项规定，赋权乡镇人民政府（街道）有权对抢水、非法引水、截水或者哄抢抗旱物资的违法行为进行行政处罚，乡镇人民政府（街道）有权依据《中华人民共和国抗旱条例》第六十二条"违反本条例规定，抢水、非法引水、截水或者哄抢抗旱物资的，由县级以上人民政府水行政主管部门或者流域管理机构责令停止违法行为，予以警告；构成违反治安管理行为的，依照《中华人民共和国治安管理处罚法》的规定处罚；构成犯罪的，依法追究刑事责任"规定，以自己的名义作出行政处罚。

217. 群众举报，有人填埋湿地，若举报属实，乡镇（街道）是否有权进行行政处罚？

答：根据《安徽省人民政府关于赋予乡镇街道部分县级审批执法权限的决定》（皖政〔2022〕112号）中《安徽省赋予乡镇街道部分县级审批执法权限指导目录》第327项规定，赋权乡镇人民政府（街道）有权对擅自开垦、围垦、填埋等改变湿地用途以及擅自开垦、围垦、填埋、采砂、取土等占用湿地的违法行为进行行政处罚，乡镇人民政府（街道）有权依据《中华人民共和国湿地保护法》第五十四条"违反本法规定，开（围）垦、填埋自然湿地的，由县级以上人民政府林业草原等有关主管部门按照职责分工责令停止违法行为，限期修复湿地或者采取其他补救措施，没收违法所得，并按照破坏湿地面积，处每平方米五百元以上五千元以下罚款；破坏国家重要湿地的，并按照破坏湿地面积，处每平方米一千元以上一万元以下罚款。违反本法规定，排干自然湿地或者永久性截断自然湿地水源的，由县级以上人民政府林业草原主管部门责令停止违法行为，限期修复湿地或者采取其他补救措施，没收违法所得，并处五万元以上五十万元以下罚款；造成严重后果的，并处五十万元以上一百万元以下罚款"、《安徽省湿地保护条例》第三十五条"违反本条例第二十一条第一项规定，擅自开垦、围垦、填埋等改变湿地用途的，由县级以上人民政府国土资源行政主管部门或者林业行政主管部门责令停止违法行为，没收违法所得；限期恢复，并处非法所得的百分之十以上百分之五十以下的罚款。违反本条例第二十一条第一项、第三项规定，擅自开垦、围垦、填埋、采砂、取土等占用湿地的，由县级以上人民政府国土资源行政主管部门或者林业行政主管部门责令停止违法行为，限期治理或者恢复，并处非法占用湿地每平方米十元以上三十元以下的罚款"、安徽省林业局《关于做好林业行政执法与生态环境保护综合行政执法衔接的通知》规定，以自己的名义作出行政处罚。

218. 在紧急防汛期，乡镇（街道）是否有权根据防汛抗洪需要，决定采取取土占地、砍伐林木、清除阻水障碍物和其他必要的紧急措施？

答：根据《江苏省乡镇（街道）法定权力事项清单通用目录》（苏政办发〔2021〕71号）第59项规定，赋予乡镇人民政府（街道）有权在紧急防汛期，根据防汛抗洪需要，决定取土占地、砍伐林木、清除阻水障碍物和其他必要的紧急措施，乡镇人民政府（街道）有权依据《中华人民共和国防洪法》第四十五条"在紧急防汛期，防汛指挥机构根据防汛抗洪的需要，有权在其管辖范围内调用物资、设备、交通运输工具和人力，决定采取取土占地、砍伐林木、清除阻水障碍物和其他必要的紧急措施；必要时，公安、交通等有关部门按照防汛指挥机构的决定，依法实施陆地和水面交通管制"、《中华人民共和国防汛条例》第三十四条"当洪水威胁群众安全时，当地人民政府应当及时组织群众撤离至安全地带，并做好生活安排"规定，以自己的名义作出前述行政行为。

219. 滩涂养殖人使滩涂荒芜满一年，且无正当理由的，乡镇（街道）是否有权进行行政处罚？

答：根据《云南省人民政府关于公布乡镇（街道）行政职权基本目录和赋予乡镇（街道）部分县级行政职权指导目录的决定》（云政发〔2023〕9号）中《云南省赋予乡镇（街道）部分县级行政职权指导目录（2023年版）》第75项规定，赋予乡镇人民政府（街道）有权对使用全民所有的水域、滩涂从事养殖生产，无正当理由使水域、滩涂荒芜满一年的，逾期未开发利用的违法行为作出行政处罚，乡镇人民政府（街道）有权依据《中华人民共和国渔业法》第四十条"使用全民所有的水域、滩涂从事养殖生产，无正当理由使水域、滩涂荒芜满一年的，由发放养殖证的机关责令限期开发利用；逾期未开发利用的，吊销养殖证，可以并处一万元以下的罚款。未依法取得养殖证擅自在全民所有的水域从事养殖生产的，责令改正，补办养殖证或者限期拆除养殖设施。未依法取得养殖证或者超越养殖证许可范围在全民所有的水域从事养殖生产，妨碍航运、行洪的，责令限期拆除养殖设施，可以并处一万元以下的罚款"规定，以自己的名义作出行政处罚。

220. 乡镇（街道）执法人员发现有人向水源保护区丢弃农药的，如何进行处罚？

答：根据《陕西省人民政府关于向乡镇政府和街道办事处下放部分县级行政执法权的决定》（陕政发〔2023〕9号）中《陕西省下放乡镇政府和街道办事处行政执法事项指导目录》第7项规定，赋予乡镇人民政府（街道）有权对在规定期限内对饮用水水源保护区使用农药，丢弃农药、农药包装物或者清洗施药器械，以及在饮用水水源一级保护区使用化肥的违法行为作出行政处罚，乡镇人民政府（街道）有权依据《陕西省饮用水水源保护条例》第五十一条"违反本条例规定，在饮用水水源保护区使用农药，丢弃农药、农药包装物或者清洗施药器械的，由县级以上生态环境行政主管部门责令改正，对个人处以一千元以上一万元以下的罚款，对单位处以五万元以上十万元以下的罚款。在饮用水水源一级保护区使用化肥的，由县级以上生态环境行政主管部门责令改正，对个人处以五百元以下的罚款，对单位处以五万元以上十万元以下的罚款"规定，以自己的名义作出行政处罚。

221. 乡镇（街道）是否有权审批临时用地申请？

答：根据《江西省人民政府关于调整赋予乡镇（街道）县级审批服务执法权限和经济发达镇县级经济社会管理权限指导目录的通知》（赣府发〔2021〕23号）中《江西省赋予经济发达镇县级经济社会管理权限指导目录》许可类第3项规定，赋予乡镇人民政府（街道）有权对临时用地审批（非耕地类）的申请作出行政许可（仅限南昌市范围内经济发达镇），乡镇人民政府（街道）有权依据《中华人民共和国土地管理法》第五十七条"建设项目施工和地质勘查需要临时使用国有土地或者农民集体所有的土地的，由县级以上人民政府自然资源主管部门批准。其中，在城市规划区内的临时用地，在报批前，应当先经有关城市规划行政主管部门同意。土地使用者应当根据土地权属，与有关自然资源主管部门或者农村集体经济组织、村民委员会签订临时使用土地合同，并按照合同的约定支付临时使用土地补偿费。临时使用土地的使用者应当按照临时使用土地合同约定的用途使用土地，并不得修建永久性建筑物。临时使用土地期限一般不超过二年"规定，以自己的名义作出行政许可。

222. 乡镇（街道）是否有权审批取水许可申请？

答：根据《江西省人民政府关于调整赋予乡镇（街道）县级审批服务执法权限和经济发达镇县级经济社会管理权限指导目录的通知》（赣府发〔2021〕23号）中《江西省赋予经济发达镇县级经济社会管理权限指导目录》第21项规定，赋予乡镇人民政府（街道）有权对权限内取水许可（跨乡镇行政区域范围除外）的申请作出行政许可（仅限南昌市范围内经济发达镇），乡镇人民政府（街道）有权依据《取水许可和水资源费征收管理条例》第二条"本条例所称取水，是指利用取水工程或者设施直接从江河、湖泊或者地下取用水资源。取用水资源的单位和个人，除本条例第四条规定的情形外，都应当申请领取取水许可证，并缴纳水资源费。本条例所称取水工程或者设施，是指闸、坝、渠道、人工河道、虹吸管、水泵、水井以及水电站等"、第三条"县级以上人民政府水行政主管部门按照分级管理权限，负责取水许可制度的组织实施和监督管理。国务院水行政主管部门在国家确定的重要江河、湖泊设立的流域管理机构（以下简称流域管理机构），依照本条例规定和国务院水行政主管部门授权，负责所管辖范围内取水许可制度的组织实施和监督管理。县级以上人民政府水行政主管部门、财政部门和价格主管部门依照本条例规定和管理权限，负责水资源费的征收、管理和监督"规定，以自己的名义作出行政许可。

223. 有群众举报有人在禁牧区放牧的，乡镇（街道）应当如何处罚？

答：根据《吉林省赋予乡镇人民政府（街道办事处）县级行政权力事项指导目录》（吉政办发〔2023〕9号）第56项规定，赋予乡镇人民政府（街道）有权对在封山禁牧区域内放牧的违法行为作出行政处罚，乡镇人民政府（街道）有权依据《吉林省封山禁牧管理办法》第十七条"违反本办法规定，在封山禁牧区域内放牧的，由相关监督管理部门责令改正，处100元以上500元以下罚款；损毁林草植被严重的，处 200 元以上 1000 元以下罚款"规定，以自己的名义作出行政处罚。

224. 有人扰乱矿山治理恢复工作的，乡镇（街道）是否有权进行行政处罚？

答：根据《浙江省乡镇（街道）综合行政执法事项指导目录（2021年）》（浙政办发〔2021〕51号）第122项规定，赋予乡镇人民政府（街道）有权对扰乱、阻碍矿山地质环境保护与治理恢复工作，侵占、损坏、损毁矿山地质环境监测设施或者矿山地质环境保护与治理恢复设施的违法行为作出行政处罚，乡镇人民政府（街道）有权依据《矿山地质环境保护规定》第三十条"违反本规定，扰乱、阻碍矿山地质环境保护与治理恢复工作，侵占、损坏、损毁矿山地质环境监测设施或者矿山地质环境保护与治理恢复设施的，由县级以上自然资源主管部门责令停止违法行为，限期恢复原状或者采取补救措施，并处3万元以下的罚款；构成犯罪的，依法追究刑事责任"规定，以自己的名义作出行政处罚。

225. 行为人应当编制矿山地质环境保护与土地复垦方案而未编制的，乡镇（街道）是否有权进行行政处罚？

答：根据《浙江省乡镇（街道）综合行政执法事项指导目录（2021年）》（浙政办发〔2021〕51号）第129项规定，赋予乡镇人民政府（街道）有权对应当编制矿山地质环境保护与土地复垦方案而未编制的，或者扩大开采规模、变更矿区范围或者开采方式，未重新编制矿山地质环境保护与治理恢复方案并经原审批机关批准的违法行为作出行政处罚，乡镇人民政府（街道）有权依据《矿山地质环境保护规定》第二十六条"违反本规定，应当编制矿山地质环境保护与土地复垦方案而未编制的，或者扩大开采规模、变更矿区范围或者开采方式，未重新编制矿山地质环境保护与土地复垦方案并经原审批机关批准的，责令限期改正，并列入矿业权人异常名录或严重违法名单；逾期不改正的，处3万元以下的罚款，不受理其申请新的采矿许可证或者申请采矿许可证延续、变更、注销"规定，以自己的名义作出行政处罚。

226. 行为人作为探矿权人，没有采取治理恢复措施的，乡镇（街道）是否有权进行行政处罚？

答：根据《浙江省乡镇（街道）综合行政执法事项指导目录（2021年）》（浙政办发〔2021〕51号）第131项规定，赋予乡镇人民政府（街道）有权对探矿权人未采取治理恢复措施的违法行为作出行政处罚，乡镇人民政府（街道）有权依据《矿山地质环境保护规定》第二十九条"违反本规定第二十一条规定，探矿权人未采取治理恢复措施的，由县级以上自然资源主管部门责令限期改正；逾期拒不改正的，处3万元以下的罚款，5年内不受理其新的探矿权、采矿权申请"规定，以自己的名义作出行政处罚。

227. 行为人未按经批准的矿山地质环境保护与土地复垦方案治理，乡镇（街道）是否有权进行行政处罚？

答：根据《浙江省乡镇（街道）综合行政执法事项指导目录（2021年）》（浙政办发〔2021〕51号）第132项规定，赋予乡镇人民政府（街道）有权对扰乱、阻碍矿山地质环境保护与治理恢复工作，侵占、损坏、损毁矿山地质环境监测设施或者矿山地质环境保护与治理恢复设施的违法行为作出行政处罚，乡镇人民政府（街道）有权依据《矿山地质环境保护规定》第二十六条"违反本规定，应当编制矿山地质环境保护与土地复垦方案而未编制的，或者扩大开采规模、变更矿区范围或者开采方式，未重新编制矿山地质环境保护与土地复垦方案并经原审批机关批准的，责令限期改正，并列入矿业权人异常名录或严重违法名单；逾期不改正的，处3万元以下的罚款，不受理其申请新的采矿许可证或者申请采矿许可证延续、变更、注销"规定，以自己的名义作出行政处罚。

228. 行为人未按规定期限和条件开发利用土地，乡镇（街道）是否有权进行行政处罚？

答：根据《浙江省乡镇（街道）综合行政执法事项指导目录（2021年）》（浙政办发〔2021〕51号）第154项规定，赋予乡镇人民政府（街道）有权对未按规定期限和条件开发利用土地的违法行为作出行政处罚，乡镇人民政府（街道）有权依据《中华人民共和国城镇国有土地使用权出让和转让暂行条例》第十七条"土地使用者应当按照土地使用权出让合同的规定和城市规划的要求，开发、利用、经营土地。未按合同规定的期限和条件开发、利用土地的，市、县人民政府土地管理部门应当予以纠正，并根据情节可以给予警告、罚款直至无偿收回土地使用权的处罚"规定，以自己的名义作出行政处罚。

229. 行为人超越批准的勘查区块范围进行勘查，乡镇（街道）是否有权进行行政处罚？

答：根据《浙江省乡镇（街道）综合行政执法事项指导目录（2021年）》（浙政办发〔2021〕51号）第157项规定，赋予乡镇人民政府（街道）有权对未取得勘查许可证擅自进行勘查或超越批准的勘查区块范围进行勘查的违法行为作出行政处罚，乡镇人民政府（街道）有权依据《矿产资源勘查区块登记管理办法》第二十六条"违反本办法规定，未取得勘查许可证擅自进行勘查工作的，超越批准的勘查区块范围进行勘查工作的，由县级以上人民政府负责地质矿产管理工作的部门按照国务院地质矿产主管部门规定的权限，责令停止违法行为，予以警告，可以并处10万元以下的罚款"规定，以自己的名义作出行政处罚。

230. 行为人擅自进行滚动勘探开发，乡镇（街道）是否有权进行行政处罚？

答：根据《浙江省乡镇（街道）综合行政执法事项指导目录（2021年）》（浙政办发〔2021〕51号）第158项规定，赋予乡镇人民政府（街道）有权对未经批准，擅自进行滚动勘探开发、边探边采或者试采的违法行为作出行政处罚，乡镇人民政府（街道）有权依据《矿产资源勘查区块登记管理办法》第二十七条"违反本办法规定，未经批准，擅自进行滚动勘探开发、边探边采或者试采的，由县级以上人民政府负责地质矿产管理工作的部门按照国务院地质矿产主管部门规定的权限，责令停止违法行为，予以警告，没收违法所得，可以并处10万元以下的罚款"规定，以自己的名义作出行政处罚。

231. 行为人冒用勘查许可证，乡镇（街道）是否有权进行行政处罚？

答：根据《浙江省乡镇（街道）综合行政执法事项指导目录（2021年）》（浙政办发〔2021〕51号）第159项规定，赋予乡镇人民政府（街道）有权对擅自印制或者伪造、冒用勘查许可证的违法行为作出行政处罚，乡镇人民政府（街道）有权依据《矿产资源勘查区块登记管理办法》第二十八条"违反本办法规定，擅自印制或者伪造、冒用勘查许可证的，由县级以上人民政府负责地质矿产管理工作的部门按照国务院地质矿产主管部门规定的权限，没收违法所得，可以并处10万元以下的罚款；构成犯罪的，依法追究刑事责任"规定，以自己的名义作出行政处罚。

232. 行为人未按规定备案、报告有关勘查情况，乡镇（街道）是否有权进行行政处罚？

答：根据《浙江省乡镇（街道）综合行政执法事项指导目录

(2021年)》（浙政办发〔2021〕51号）第160项规定，赋予乡镇人民政府（街道）有权对未按规定备案、报告有关勘查情况、拒绝接受监督检查或者弄虚作假，未按规定完成最低勘查投入，已经领取勘查许可证的勘查项目满6个月未开始施工或者施工后无故停止勘查工作满6个月的违法行为作出行政处罚，乡镇人民政府（街道）有权依据《矿产资源勘查区块登记管理办法》第二十九条"违反本办法规定，有下列行为之一的，由县级以上人民政府负责地质矿产管理工作的部门按照国务院地质矿产主管部门规定的权限，责令限期改正；逾期不改正的，处5万元以下的罚款；情节严重的，原发证机关可以吊销勘查许可证：（一）不按照本办法的规定备案、报告有关情况、拒绝接受监督检查或者弄虚作假的；（二）未完成最低勘查投入的；（三）已经领取勘查许可证的勘查项目，满6个月未开始施工，或者施工后无故停止勘查工作满6个月的"规定，以自己的名义作出行政处罚。

233. 行为人不办理勘查许可证变更登记，乡镇（街道）是否有权进行行政处罚？

答：根据《浙江省乡镇（街道）综合行政执法事项指导目录（2021年）》（浙政办发〔2021〕51号）第161项规定，赋予乡镇人民政府（街道）有权对不办理勘查许可证变更登记或者注销登记手续的违法行为作出行政处罚，乡镇人民政府（街道）有权依据《矿产资源勘查区块登记管理办法》第三十条"违反本办法规定，不办理勘查许可证变更登记或者注销登记手续的，由登记管理机关责令限期改正；逾期不改正的，由原发证机关吊销勘查许可证"规定，以自己的名义作出行政处罚。

234. 行为人不按期缴纳应当缴纳的探矿权使用费，乡镇（街道）是否有权进行行政处罚？

答：根据《浙江省乡镇（街道）综合行政执法事项指导目录

（2021年）》（浙政办发〔2021〕51号）第162项规定，赋予乡镇人民政府（街道）有权对不按期缴纳应当缴纳的探矿权使用费、探矿权价款的违法行为作出行政处罚，乡镇人民政府（街道）有权依据《矿产资源勘查区块登记管理办法》第三十一条"违反本办法规定，不按期缴纳本办法规定应当缴纳的费用的，由登记管理机关责令限期缴纳，并从滞纳之日起每日加收2‰的滞纳金；逾期仍不缴纳的，由原发证机关吊销勘查许可证"规定，以自己的名义作出行政处罚。

235. 群众举报有人无证采矿，乡镇（街道）是否有权进行行政处罚？

答：根据《浙江省乡镇（街道）综合行政执法事项指导目录（2021年）》（浙政办发〔2021〕51号）第163项规定，赋予乡镇人民政府（街道）有权对未取得采矿许可证擅自采矿，擅自进入国家规划矿区、对国民经济具有重要价值的矿区范围采矿，擅自开采国家规定实行保护性开采的特定矿种的违法行为作出行政处罚，乡镇人民政府（街道）有权依据《中华人民共和国矿产资源法》第三十九条"违反本法规定，未取得采矿许可证擅自采矿的，擅自进入国家规划矿区、对国民经济具有重要价值的矿区范围采矿的，擅自开采国家规定实行保护性开采的特定矿种的，责令停止开采、赔偿损失，没收采出的矿产品和违法所得，可以并处罚款；拒不停止开采，造成矿产资源破坏的，依照刑法有关规定对直接责任人员追究刑事责任。单位和个人进入他人依法设立的国有矿山企业和其他矿山企业矿区范围内采矿的，依照前款规定处罚"规定，以自己的名义作出行政处罚。

236. 乡镇（街道）执法人员在巡查中发现有人采取破坏性方式采矿的，应当如何处罚？

答：根据《浙江省乡镇（街道）综合行政执法事项指导目录

（2021年）》（浙政办发〔2021〕51号）第165项规定，赋予乡镇人民政府（街道）有权对破坏性采矿的违法行为作出行政处罚，乡镇人民政府（街道）有权依据《中华人民共和国矿产资源法》第四十四条"违反本法规定，采取破坏性的开采方法开采矿产资源的，处以罚款，可以吊销采矿许可证；造成矿产资源严重破坏的，依照刑法有关规定对直接责任人员追究刑事责任"规定，以自己的名义作出行政处罚。

237. 乡镇（街道）执法人员在巡查中发现有人冒用采矿许可证采矿的，应当如何处罚？

答：根据《浙江省乡镇（街道）综合行政执法事项指导目录（2021年）》（浙政办发〔2021〕51号）第167项规定，赋予乡镇人民政府（街道）有权对擅自印制或者伪造、冒用采矿许可证的违法行为作出行政处罚，乡镇人民政府（街道）有权依据《矿产资源开采登记管理办法》第二十条"擅自印制或者伪造、冒用采矿许可证的，由县级以上人民政府负责地质矿产管理工作的部门按照国务院地质矿产主管部门规定的权限，没收违法所得，可以并处10万元以下的罚款；构成犯罪的，依法追究刑事责任"规定，以自己的名义作出行政处罚。

238. 乡镇（街道）执法人员在巡查中发现有人不按期缴纳应当缴纳的采矿权使用费，应当如何处罚？

答：根据《浙江省乡镇（街道）综合行政执法事项指导目录（2021年）》（浙政办发〔2021〕51号）第168项规定，赋予乡镇人民政府（街道）有权对不按期缴纳应当缴纳的采矿权使用费、采矿权价款的违法行为作出行政处罚，乡镇人民政府（街道）有权依据《矿产资源开采登记管理办法》第二十一条"违反本办法规定，不按期缴纳本办法规定应当缴纳的费用的，由登记管理机关责令限期缴纳，并从滞纳之日起每日加收2‰的滞纳金；逾期仍不缴纳的，由原发证机关吊销采矿许可证"规定，以自己的名义作出行政处罚。

239. 乡镇（街道）执法人员在巡查中发现有人不办理采矿许可证变更登记，应当如何处罚？

答：根据《浙江省乡镇（街道）综合行政执法事项指导目录（2021年）》（浙政办发〔2021〕51号）第169项规定，赋予乡镇人民政府（街道）有权对不办理采矿许可证变更登记或者注销登记手续的违法行为作出行政处罚，乡镇人民政府（街道）有权依据《矿产资源开采登记管理办法》第二十二条"违反本办法规定，不办理采矿许可证变更登记或者注销登记手续的，由登记管理机关责令限期改正；逾期不改正的，由原发证机关吊销采矿许可证"规定，以自己的名义作出行政处罚。

240. 乡镇（街道）执法人员在巡查中发现有人非法买卖矿产资源，应当如何处罚？

答：根据《浙江省乡镇（街道）综合行政执法事项指导目录（2021年）》（浙政办发〔2021〕51号）第171项规定，赋予乡镇人民政府（街道）有权对买卖、出租或者以其他形式转让矿产资源的违法行为作出行政处罚，乡镇人民政府（街道）有权依据《中华人民共和国矿产资源法》第四十二条"买卖、出租或者以其他形式转让矿产资源的，没收违法所得，处以罚款。违反本法第六条的规定将探矿权、采矿权倒卖牟利的，吊销勘查许可证、采矿许可证，没收违法所得，处以罚款"规定，以自己的名义作出行政处罚。

241. 乡镇（街道）执法人员在巡查中发现有人非法用采矿权作抵押，应当如何处罚？

答：根据《浙江省乡镇（街道）综合行政执法事项指导目录（2021年）》（浙政办发〔2021〕51号）第172项规定，赋予乡镇人民政府（街道）有权对非法用采矿权作抵押的违法行为作出行政处罚，乡镇人民政府（街道）有权依据《中华人民共和国矿产资源法实施细则》第四十二条第四项"依照《矿产资源法》第三十九条、第四十条、第四十二条、第四十三条、第四十四条规定处以罚款的，分别按照下列规定执行……（四）非法用采矿权作抵押的，处以5000元以下的罚款"规定，以自己的名义作出行政处罚。

242. 乡镇（街道）执法人员在巡查中发现有人将探矿权、采矿权倒卖牟利，应当如何处罚？

答：根据《浙江省乡镇（街道）综合行政执法事项指导目录（2021年）》（浙政办发〔2021〕51号）第173项规定，赋予乡镇人民政府（街道）有权对将探矿权、采矿权倒卖牟利的违法行为作出行政处罚，乡镇人民政府（街道）有权依据《中华人民共和国矿产资源法》第六条"除按下列规定可以转让外，探矿权、采矿权不得转让：（一）探矿权人有权在划定的勘查作业区内进行规定的勘查作业，有权优先取得勘查作业区内矿产资源的采矿权。探矿权人在完成规定的最低勘查投入后，经依法批准，可以将探矿权转让他人。（二）已取得采矿权的矿山企业，因企业合并、分立，与他人合资、合作经营，或者因企业资产出售以及有其他变更企业资产产权的情形而需要变更采矿权主体的，经依法批准可以将采矿权转让他人采矿。前款规定的具体办法和实施步骤由国务院规定。禁止将探矿权、采矿权倒卖牟利"规定，以自己的名义作出行政处罚。

243. 乡镇（街道）执法人员在巡查中发现有人未经批准擅自转让探矿权，应当如何处罚？

答：根据《浙江省乡镇（街道）综合行政执法事项指导目录（2021年）》（浙政办发〔2021〕51号）第174项规定，赋予乡镇人民政府（街道）有权对未经批准擅自转让探矿权、采矿权的违法行为作出行政处罚，乡镇人民政府（街道）有权依据《探矿权采矿权转让管理办法》第十四条"未经审批管理机关批准，擅自转让探矿权、采矿权的，由登记管理机关责令改正，没收违法所得，处10万元以下的罚款；情节严重的，由原发证机关吊销勘查许可证、采矿许可证"规定，以自己的名义作出行政处罚。

244. 乡镇（街道）执法人员在巡查中发现有人以承包等方式擅自将采矿权转给他人，应当如何处罚？

答：根据《浙江省乡镇（街道）综合行政执法事项指导目录（2021年）》（浙政办发〔2021〕51号）第175项规定，赋予乡镇人民政府（街道）有权对以承包等方式擅自将采矿权转给他人进行采矿的违法行为作出行政处罚，乡镇人民政府（街道）有权依据《探矿权采矿权转让管理办法》第十五条"违反本办法第三条第（二）项的规定，以承包等方式擅自将采矿权转给他人进行采矿的，由县级以上人民政府负责地质矿产管理工作的部门按照国务院地质矿产主管部门规定的权限，责令改正，没收违法所得，处10万元以下的罚款；情节严重的，由原发证机关吊销采矿许可证"规定，以自己的名义作出行政处罚。

二、海洋渔业

245. 群众举报，行为人使用炸鱼、毒鱼、电鱼等破坏渔业资源方法进行捕捞，乡镇（街道）是否可以进行行政处罚？

答：根据《江西省人民政府关于调整赋予乡镇（街道）县级审批服务执法权限和经济发达镇县级经济社会管理权限指导目录的通知》（赣府发〔2021〕23号）中《江西省赋予乡镇（街道）县级审批服务执法权限指导目录》第53项规定，乡镇（街道）可以依法进行相应的处罚。

246. 对未依法取得捕捞许可证擅自进行捕捞的行为，乡镇（街道）是否可以进行行政处罚？

答：根据《江西省人民政府关于调整赋予乡镇（街道）县级审批服务执法权限和经济发达镇县级经济社会管理权限指导目录的通知》（赣府发〔2021〕23号）中《江西省赋予乡镇（街道）县级审批服务执法权限指导目录》第54项规定，该事项处罚权由原实施机关县级人民政府渔业行政主管部门赋予有关乡镇（街道）依法进行相应的处罚。

247. 对违反捕捞许可证关于作业类型、场所、时限和渔具数量的规定的，乡镇（街道）是否可以进行行政处罚？

答：根据《江西省人民政府关于调整赋予乡镇（街道）县级审批服务执法权限和经济发达镇县级经济社会管理权限指导目录的通知》（赣府发〔2021〕23号）中《江西省赋予乡镇（街道）县级审批服务执法权限指导目录》第55项规定，该事项处罚权由原实施机关县级人民政府渔业行政主管部门赋予有关乡镇（街道）依法进行相应的处罚。

248. 行为人销售禁渔区渔获物的，乡镇（街道）是否可以进行行政处罚？

答：根据《江西省人民政府关于调整赋予乡镇（街道）县级审批服务执法权限和经济发达镇县级经济社会管理权限指导目录的通知》（赣府发〔2021〕23号）中《江西省赋予乡镇（街道）县级审批服务执法权限指导目录》第56项规定，可由有关乡镇（街道）依法进行相应的处罚。

249. 行为人欲申请水产苗种生产许可（除水产原、良种场外）的，是否可以向乡镇（街道）申请？

答：根据《江西省人民政府关于调整赋予乡镇（街道）县级审批服务执法权限和经济发达镇县级经济社会管理权限指导目录的通知》（赣府发〔2021〕23号）中《江西省赋予经济发达镇县级经济社会管理权限指导目录》第23项规定，行为人可以向南昌市、九江市、景德镇市、新余市、赣州市、宜春市、吉安市、抚州市范围内经济发达镇认领。

250. 行为人欲申请水面养殖使用证，是否可以向乡镇（街道）申请？

答：根据《江西省人民政府关于调整赋予乡镇（街道）县级审批服务执法权限和经济发达镇县级经济社会管理权限指导目录的通知》（赣府发〔2021〕23号）中《江西省赋予经济发达镇县级经济社会管理权限指导目录》第24项规定，行为人可向有关乡镇（街道）申请。

251. 对集体经济组织以外的单位或者个人承包集体所有的水域和滩涂，乡镇（街道）是否可以进行行政审批？

答：根据《江苏省乡镇（街道）法定权力事项清单通用目录》（苏政办发〔2021〕71号）第6项规定，乡镇（街道）可以根据《江苏省渔业管理条例》第十四条"集体所有的水域和滩涂，可以由本集体经济组织内部的成员承包从事水产养殖，也可以由本集体经济组织以外的单位或者个人承包从事水产养殖。在同等条件下，本集体经济组织成员享有优先承包权。由本集体经济组织以外的单位或者个人承包从事养殖生产的，必须经村民会议三分之二以上成员或者三分之二以上村民代表同意，并报乡（镇）人民政府批准。取得集体水域和滩涂承包经营权的养殖单位和个人，可以向所在地的县级以上地方人民政府申请领取水产养殖证，有关人民政府应当予以注册登记，并发给水产养殖证"的规定进行审批。

252. 对在增殖和保护渔业资源、发展渔业生产、进行渔业科学技术研究等方面成绩显著的，乡镇（街道）是否有权进行行政奖励？

答：根据《江苏省乡镇（街道）法定权力事项清单通用目录》（苏政办发〔2021〕71号）第28项规定，乡镇（街道）可以根据《中华人民共和国渔业法》第五条"在增殖和保护渔业资源、发展渔业生产、进行渔业科学技术研究等方面成绩显著的单位和个人，由各级人民政府给予精神的或者物质的奖励"的规定进行行政奖励。

253. 乡镇（街道）能否核发水域滩涂养殖证？

答：根据《云南省人民政府关于公布乡镇（街道）行政职权基本目录和赋予乡镇（街道）部分县级行政职权指导目录的决定》（云政发〔2023〕9号）中《云南省赋予乡镇（街道）部分县级行政职权指导目录（2023年版）》第2项规定，云南省部分乡镇（街道）可以依据《中华人民共和国渔业法》第十一条"国家对水域利用进行统一规划，确定可以用于养殖业的水域和滩涂。单位和个人使用国家规划确定用于养殖业的全民所有的水域、滩涂的，使用者应当向县级以上地方人民政府渔业行政主管部门提出申请，由本级人民政府核发养殖证，许可其使用该水域、滩涂从事养殖生产。核发养殖证的具体办法由国务院规定。集体所有的或者全民所有由农业集体经济组织使用的水域、滩涂，可以由个人或者集体承包，从事养殖生产"及《云南省人民政府关于调整482项涉及省级行政权力事项的决定》（云政发〔2020〕16号）核发水域滩涂养殖证。

254. 对使用全民所有的水域、滩涂从事养殖生产，无正当理由使水域、滩涂荒芜满一年的，乡镇（街道）是否有权进行处罚？

答：根据《云南省人民政府关于公布乡镇（街道）行政职权基本目录和赋予乡镇（街道）部分县级行政职权指导目录的决定》（云政发

〔2023〕9号）中《云南省赋予乡镇（街道）部分县级行政职权指导目录（2023年版）》第75项规定，云南省部分乡镇（街道）可以根据《中华人民共和国渔业法》第四十条第一款"使用全民所有的水域、滩涂从事养殖生产，无正当理由使水域、滩涂荒芜满一年的，由发放养殖证的机关责令限期开发利用；逾期未开发利用的，吊销养殖证，可以并处一万元以下的罚款"规定，对此进行逾期未开发利用的行政处罚。

255. 对涂改、买卖、出租或者以其他形式转让捕捞许可证的行为，乡镇（街道）是否可以进行行政处罚？

答：根据《云南省人民政府关于公布乡镇（街道）行政职权基本目录和赋予乡镇（街道）部分县级行政职权指导目录的决定》（云政发〔2023〕9号）中《云南省赋予乡镇（街道）部分县级行政职权指导目录（2023年版）》第76项规定，云南省部分乡镇（街道）可以根据《中华人民共和国渔业法》第四十三条"涂改、买卖、出租或者以其他形式转让捕捞许可证的，没收违法所得，吊销捕捞许可证，可以并处一万元以下的罚款；伪造、变造、买卖捕捞许可证，构成犯罪的，依法追究刑事责任"规定，对此进行行政处罚。

256. 行为人在重要渔业水域设置网箱、围栏和排污口的，乡镇（街道）是否可以进行行政处罚？

答：根据《云南省人民政府关于公布乡镇（街道）行政职权基本目录和赋予乡镇（街道）部分县级行政职权指导目录的决定》（云政发〔2023〕9号）中《云南省赋予乡镇（街道）部分县级行政职权指导目录（2023年版）》第77项规定，云南省部分乡镇（街道）可以根据《云南省渔业条例》第四十九条"在重要渔业水域设置网箱、围栏和排污口的，责令限期拆除；拒不拆除的，强制拆除，拆除费用由违法者承担，并处1000元以上1万元以下罚款"的规定进行行政处罚。

三、林地草原

257. 海边村民发现有人侵占、毁坏沿海防护林地，乡镇（街道）是否可以进行行政处罚？

答：根据《福建省赋予经济发达镇部分县级经济社会管理权限的指导目录（一）》（闽政办〔2020〕22号）中"二、行政执法类"第9项规定，赋权经济发达镇人民政府负责对侵占、毁坏沿海防护林地的违法行为进行行政处罚，受赋权的经济发达镇人民政府可以依据《福建省沿海防护林条例》第二十五条"违反本条例第十六条第一款规定的，由沿海县级以上地方人民政府林业主管部门责令停止违法行为，造成林木毁坏的，限期在原地或者其他防护林地补种毁坏林木株数一倍以上三倍以下的树木，情节严重的，处毁坏林木价值两倍以上五倍以下的罚款；造成林地毁坏的，限期恢复植被和林业生产条件，情节严重的，处恢复植被和林业生产条件所需费用一倍以上三倍以下的罚款。违反本条例第十六条第二款规定，造成林木毁坏的，由沿海县级以上地方人民政府林业主管部门责令停止违法行为，限期在原地或者其他防护林地补种毁坏株数一倍以上三倍以下的树木"的规定，以自己的名义对违法行为人作出行政处罚。

258. 海边村民发现有人无证采伐沿海防护林，乡镇（街道）是否可以进行行政处罚？

答：根据《福建省赋予经济发达镇部分县级经济社会管理权限的指导目录（一）》（闽政办〔2020〕22号）中"二、行政执法类"第10项规定，赋权经济发达镇人民政府负责对违法采伐沿海防护林的违法行为进行行政处罚，受赋权的经济发达镇人民政府可以依据《福建省沿海防护林条例》第二十六条"违反本条例第十八条规定，盗伐防护林的，由沿海县级以上地方人民政府林业主管部门责令限期在原地或者其他防护林地补种盗伐株数一倍以上五倍以下的树木，并处盗伐林木价值五倍以上十倍以下的罚款。盗伐特殊保护林带的，并处盗伐林木价值十倍的罚款。滥伐防护林的，由沿海县级以上地方人民政府林业主管部门责令限期在原地或者其他防护林地补种滥伐株数一倍以上三倍以下的树木，可以处滥伐林木价值三倍以上五倍以下的罚款。滥伐特殊保护林带的，可以处滥伐林木价值五倍的罚款"的规定以自己的名义对违法行为人作出行政处罚。

259. 因自然灾害严重毁损承包地，村民的承包土地无法正常耕种，申请适当调整的，乡镇（街道）是否有权审批？

答：根据《江苏省乡镇（街道）法定权力事项清单通用目录》（苏政办发〔2021〕71号）第3项规定，确认乡镇（街道）人民政府（办事处）有权对农村承包地调整事项进行审批，乡镇（街道）人民政府（办事处）有权依据《中华人民共和国农村土地承包法》第二十八条"承包期内，发包方不得调整承包地。承包期内，因自然灾害严重毁损承包地等特殊情形对个别农户之间承包的耕地和草地需要适当调整的，必须经本集体经济组织成员的村民会议三分之二以上成员或者三分之二以上村民代表的同意，并报乡（镇）人民政府和县级人民政府农业农村、林业和草原等主管部门批准。承包合同中约定不得调整的，按照其约定"的规定，以自己的名义受理承包方的审批。

260. 某林业大省村民承包的林地中病虫害侵害严重，申请森林病虫害防治费的适当扶持或补助，乡镇（街道）是否有权发放？

答：根据《江苏省乡镇（街道）法定权力事项清单通用目录》（苏政办发〔2021〕71号）第22项规定，确认乡镇（街道）人民政府（办事处）有权对森林病虫害防治费给予适当扶持或补助，乡镇（街道）人民政府（办事处）有权依据《森林病虫害防治条例》第十九条"森林病虫害防治费用,全民所有的森林和林木,依照国家有关规定,分别从育林基金、木竹销售收入、多种经营收入和事业费中解决;集体和个人所有的森林和林木,由经营者负担,地方各级人民政府可以给予适当扶持。对暂时没有经济收入的森林、林木和长期没有经济收入的防护林、水源林、特种用途林的森林经营单位和个人,其所需的森林病虫害防治费用由地方各级人民政府给予适当扶持。发生大面积暴发性或者危险性病虫害,森林经营单位或者个人确实无力负担全部防治费用的,各级人民政府应当给予补助"的规定,以自己的名义发放适当扶持或补助。《云南省人民政府关于公布乡镇(街道)行政职权基本目录和赋予乡镇(街道)部分县级行政职权指导目录的决定》(云政发〔2023〕9号)中《云南省乡镇(街道)行政职权基本目录(2023年版)》第40项、《四川省乡镇(街道)法定行政权力事项指导目录》(川办发〔2020〕85号)第27项也对此作出相应规定。

261. 某村村民个人之间发生了林木所有权和林地使用权争议,乡镇(街道)是否有权处理?

答:根据《江苏省乡镇(街道)法定权力事项清单通用目录》(苏政办发〔2021〕71号)第35项规定,确认乡镇(街道)人民政府(办事处)有权对个人之间、个人与单位之间发生的林木所有权和林地使用权争议进行裁决,乡镇(街道)人民政府(办事处)有权依据《中华人民共和国森林法》第二十二条"单位之间发生的林木、林地所有权和使用权争议,由县级以上人民政府依法处理。个人之间、个人与单位之间发生的林木所有权和林地使用权争议,由乡镇人民政府或者县级以上人民政府依法处理。当事人对有关人民政府的处理决定不服的,可以自接到处理决定通知之日起三十日内,向人民法院起诉。在林木、林地权属争议解决前,除因森林防火、林业有害生物防治、国家重大基础设施建设等需要外,当事人任何一方不得砍伐有争议的林木或者改变林地现状"、《林木林地权属争议处理办法》第五条"林权争议发生后，当事人所在地林权争议处理机构应当及时向所在地人民政府报告，并采取有效措施防止事态扩大。在林权争议解决以前，任何单位和个人不得采伐有争议的林木，不得在有争议的林地上从事基本建设或者其他生产活动"的规定，以自己的名义作出行政裁决。《云南省人民政府关于公布乡镇（街道）行政职权基本目录和赋予乡镇（街道）部分县级行政职权指导目录的决定》（云政发〔2023〕9号）中《云南省乡镇（街道）行政职权基本目录（2023年版）》第32项、《四川省乡镇（街道）法定行政权力事项指导目录》（川办发〔2020〕85号）第26项、（新疆维吾尔自治区人民政府办公厅）《乡镇（街道）权力事项通用目录》（新政办发〔2023〕33号）中"八、行政裁决"第3项也对此作出规定。

262. 乡镇（街道）执法人员在巡查过程中，发现某店铺对销售种子应当包装而没有包装，是否有权进行行政处罚？

答：根据《山西省人民政府关于向乡镇人民政府和街道办事处下放部分行政执法职权的决定》（晋政发〔2022〕22号）中《山西省人民政府下放乡镇人民政府和街道办事处行政执法职权指导目录》第30项规定，赋权乡镇人民政府有权对销售种子应当包装而没有包装的违法行为进行行政处罚，乡镇人民政府有权依据《中华人民共和国种子法》第七十九条第一项"违反本法第三十六条、第三十八条、第三十九条、第四十条规定，有下列行为之一的，由县级以上人民政府农业农村、林业草原主管部门责令改正，处二千元以上二万元以下罚款：（一）销售的种子应当包装而没有包装的"的规定，以自己的名义作出行政处罚。《云南省人民政府关于公布乡镇（街道）行政职权基本目录和赋予乡镇（街道）部分县级行政职权指导目录的决定》（云政发〔2023〕9号）中《云南省赋予乡镇（街道）部分县级行政职权指导目录（2023年版）》第80项规定也对此作出赋权。

263. 乡镇（街道）执法人员在巡查过程中，发现某村民未经批准私自采集、销售国家重点保护的天然种质资源，该如何行政处罚？

答：根据《山西省人民政府关于向乡镇人民政府和街道办事处下放部分行政执法职权的决定》（晋政发〔2022〕22号）中《山西省人民政府下放乡镇人民政府和街道办事处行政执法职权指导目录》第31项规定，下放职权确认乡镇人民政府有权对未经批准私自采集或者采伐国家重点保护的天然种质资源的违法行为进行行政处罚，乡镇人民政府有权依据《中华人民共和国种子法》第八十条"违反本法第八条规定，侵占、破坏种质资源，私自采集或者采伐国家重点保护的天然种质资源的，由县级以上人民政府农业农村、林业草原主管部门责令停止违法行为，没收种质资源和违法所得，并处五千元以上五万元以下罚款；造成损失的，依法承担赔偿责任"的规定，以自己的名义作出行政处罚。

264. 群众举报某工程队在采石、采砂、采土过程中，造成林木、林地毁坏，乡镇（街道）是否有权行政处罚？

答：根据《云南省人民政府关于公布乡镇（街道）行政职权基本目录和赋予乡镇（街道）部分县级行政职权指导目录的决定》（云政发〔2023〕9号）中《云南省赋予乡镇（街道）部分县级行政职权指导目录（2023年版）》第104项规定，赋权乡镇人民政府有权对进行开垦、采石、采砂、采土或者其他活动，造成林木毁坏等的违法行为进行行政处罚，乡镇人民政府有权依据《中华人民共和国森林法》第七十四条第一款"违反本法规定，进行开垦、采石、采砂、采土或者其他活动，造成林木毁坏的，由县级以上人民政府林业主管部门责令停止违法行为，限期在原地或者异地补种毁坏株数一倍以上三倍以下的树木，可以处毁坏林木价值五倍以下的罚款；造成林地毁坏的，由县级以上人民政府林业主管部门责令停止违法行为，限期恢复植被和林业生产条件，可以处恢复植被和林业生产条件所需费用三倍以下的罚款"、《中华人民共和国森林法实施条例》第四十一条第二款"违反森林法和本条例规定,擅自开垦林地,致使森林、林木受到毁坏的,依照森林法第四十四条的规定予以处罚;对森林、林木未造成毁坏或者被开垦的林地上没有森林、林木的,由县级以上人民政府林业主管部门责令停止违法行为,限期恢复原状,可以处非法开垦林地每平方米10元以下的罚款"、《云南省林地管理办法》第二十条第三项"违反本办法有下列行为之一的,由县级以上林业行政主管部门按下列规定处理;构成犯罪的,依法追究刑事责任……(三)因毁林开垦或者其他违法行为造成林地破坏、水土流失的,责令改正违法行为、赔偿损失,可处以1000元以上1万元以下罚款"的规定,以自己的名义作出行政处罚。《山西省人民政府关于向乡镇人民政府和街道办事处下放部分行政执法职权的决定》(晋政发〔2022〕22号)中《山西省人民政府下放乡镇人民政府和街道办事处行政执法职权指导目录》第42项、《陕西省人民政府关于向乡镇政府和街道办事处下放部分县级行政执法权的决定》(陕政发〔2023〕9号)中《陕西省下放乡镇政府和街道办事处行政执法事项指导目录》第72项、《江西省人民政府关于调整赋予乡镇(街道)县级审批服务执法权限和经济发达镇县级经济社会管理权限指导目录的通知》(赣府发〔2021〕23号)中《江西省赋予乡镇(街道)县级审批服务执法权限指导目录》第71项、《甘肃省赋予乡镇和街道部分县级经济社会管理权限指导目录》(甘政办发〔2020〕88号)中"二、行政处罚类"第189项、《安徽省人民政府关于赋予乡镇街道部分县级审批执法权限的决定》(皖政〔2022〕112号)中《安徽省赋予乡镇街道部分县级审批执法权限指导目录》第323项也对此作出赋权。

265. 村民举报存在盗伐、滥伐林木的违法行为,乡镇(街道)是否有权进行行政处罚?

答:根据《山西省人民政府关于向乡镇人民政府和街道办事处下放

部分行政执法职权的决定》(晋政发〔2022〕22号)中《山西省人民政府下放乡镇人民政府和街道办事处行政执法职权指导目录》第43项规定,下放职权确认乡镇人民政府有权对盗伐、滥伐林木的违法行为进行行政处罚,乡镇人民政府有权依据《中华人民共和国森林法》第七十六条"盗伐林木的,由县级以上人民政府林业主管部门责令限期在原地或者异地补种盗伐株数一倍以上五倍以下的树木,并处盗伐林木价值五倍以上十倍以下的罚款。滥伐林木的,由县级以上人民政府林业主管部门责令限期在原地或者异地补种滥伐株数一倍以上三倍以下的树木,可以处滥伐林木价值三倍以上五倍以下的罚款";《中华人民共和国森林法实施条例》第三十八条"盗伐森林或者其他林木,以立木材积计算不足0.5立方米或者幼树不足20株的,由县级以上人民政府林业主管部门责令补种盗伐株数10倍的树木,没收盗伐的林木或者变卖所得,并处盗伐林木价值3倍至5倍的罚款。盗伐森林或者其他林木,以立木材积计算0.5立方米以上或者幼树20株以上的,由县级以上人民政府林业主管部门责令补种盗伐株数10倍的树木,没收盗伐的林木或者变卖所得,并处盗伐林木价值5倍至10倍的罚款"、第三十九条"滥伐森林或者其他林木,以立木材积计算不足2立方米或者幼树不足50株的,由县级以上人民政府林业主管部门责令补种滥伐株数5倍的树木,并处滥伐林木价值2倍至3倍的罚款。滥伐森林或者其他林木,以立木材积计算2立方米以上或者幼树50株以上的,由县级以上人民政府林业主管部门责令补种滥伐株数5倍的树木,并处滥伐林木价值3倍至5倍的罚款。超过木材生产计划采伐森林或者其他林木的,依照前两款规定处罚"的规定,以自己的名义作出行政处罚。《云南省人民政府关于公布乡镇(街道)行政职权基本目录和赋予乡镇(街道)部分县级行政职权指导目录的决定》(云政发〔2023〕9号)中《云南省赋予乡镇(街道)部分县级行政职权指导目录(2023年版)》第105项及第106项、《江西省人民政府关于调整赋予乡镇（街道）县级审批服务执法权限和经济发达镇县级经济社会管理权限指导目录的通知》（赣府发〔2021〕23号）中《江西省赋予乡镇（街道）县级审批服务执法权限指导目录》第67项及第68项、《甘肃省赋予乡镇和街道部分县级经济社会管理权限指导目录》（甘政办发〔2020〕88号）"二、行政处罚类"第201项、《安徽省人民政府关于赋予乡镇街道部分县级审批执法权限的决定》（皖政〔2022〕112号）中《安徽省赋予乡镇街道部分县级审批执法权限指导目录》第324项规定也对此作出赋权。

266. 乡镇（街道）执法人员发现有人违反规定收购、加工、运输明知是盗伐、滥伐等非法来源木材，行为人该承担哪些法律责任？

答：根据《山西省人民政府关于向乡镇人民政府和街道办事处下放部分行政执法职权的决定》（晋政发〔2022〕22号）中《山西省人民政府下放乡镇人民政府和街道办事处行政执法职权指导目录》第44项规定，下放职权确认乡镇人民政府有权对违反规定收购、加工、运输明知是盗伐、滥伐等非法来源木材的违法行为进行行政处罚，乡镇人民政府有权依据《中华人民共和国森林法》第七十八条"违反本法规定，收购、加工、运输明知是盗伐、滥伐等非法来源的林木的，由县级以上人民政府林业主管部门责令停止违法行为，没收违法收购、加工、运输的林木或者变卖所得，可以处违法收购、加工、运输林木价款三倍以下的罚款"的规定，以自己的名义作出行政处罚。《云南省人民政府关于公布乡镇（街道）行政职权基本目录和赋予乡镇（街道）部分县级行政职权指导目录的决定》（云政发〔2023〕9号）中《云南省赋予乡镇（街道）部分县级行政职权指导目录（2023年版）》第108项、《甘肃省赋予乡镇和街道部分县级经济社会管理权限指导目录》（甘政办发〔2020〕88号）中"二、行政处罚类"第202项、《安徽省人民政府关于赋予乡镇街道部分县级审批执法权限的决定》（皖政〔2022〕112号）

中《安徽省赋予乡镇街道部分县级审批执法权限指导目录》第325项规定也对此作出赋权。

267. 乡镇（街道）执法人员发现某农家乐开展经营性旅游活动破坏草原等，该如何处罚？

答：根据《山西省人民政府关于向乡镇人民政府和街道办事处下放部分行政执法职权的决定》（晋政发〔2022〕22号）中《山西省人民政府下放乡镇人民政府和街道办事处行政执法职权指导目录》第45项规定，下放职权确认乡镇人民政府有权对违反规定采挖植物，采土、采砂、采石，开展经营性旅游活动破坏草原等的违法行为进行行政处罚，乡镇人民政府有权依据《中华人民共和国草原法》第六十七条"在荒漠、半荒漠和严重退化、沙化、盐碱化、石漠化、水土流失的草原，以及生态脆弱区的草原上采挖植物或者从事破坏草原植被的其他活动的，由县级以上地方人民政府草原行政主管部门依据职权责令停止违法行为，没收非法财物和违法所得，可以并处违法所得一倍以上五倍以下的罚款；没有违法所得的，可以并处五万元以下的罚款；给草原所有者或者使用者造成损失的，依法承担赔偿责任"、第六十八条"未经批准或者未按照规定的时间、区域和采挖方式在草原上进行采土、采砂、采石等活动的，由县级人民政府草原行政主管部门责令停止违法行为，限期恢复植被，没收非法财物和违法所得，可以并处违法所得一倍以上二倍以下的罚款；没有违法所得的，可以并处二万元以下的罚款；给草原所有者或者使用者造成损失的，依法承担赔偿责任"、第六十九条"违反本法第五十二条规定，在草原上开展经营性旅游活动，破坏草原植被的，由县级以上地方人民政府草原行政主管部门依据职权责令停止违法行为，限期恢复植被，没收违法所得，可以并处违法所得一倍以上二倍以下的罚款；没有违法所得的，可以并处草原被破坏前三年平均产值六倍以上十二倍以下的罚款；给草原所有者或者使用者造成损失的，依法承担赔偿责任"的规定，以自己的名义作出行政处罚。《云南省人民政府关于公布乡镇（街道）行政职权基本目录和赋予乡镇（街道）部分县级行政职权指导目录的决定》（云政发〔2023〕9号）中《云南省赋予乡镇（街道）部分县级行政职权指导目录（2023年版）》第129项、第130项、第131项，《甘肃省赋予乡镇和街道部分县级经济社会管理权限指导目录》（甘政办发〔2020〕88号）中"二、行政处罚类"第192项，《四川省赋予乡镇（街道）县级行政权力事项指导目录（第二批）》（川府发〔2021〕42号）第107项、第108项、第109项也对此作出赋权。

268. 发现存在违反规定野外用火的违法行为，乡镇（街道）是否有权进行行政处罚？

答：根据《山西省人民政府关于向乡镇人民政府和街道办事处下放部分行政执法职权的决定》（晋政发〔2022〕22号）中《山西省人民政府下放乡镇人民政府和街道办事处行政执法职权指导目录》第48项规定，下放职权确认乡镇人民政府有权对本辖区违反规定野外用火的违法行为进行行政处罚，乡镇人民政府有权依据《山西省人民代表大会常务委员会关于禁止野外用火的决定》第十四条"违反本决定规定，在森林、草原、林地及其边缘吸烟、燃放烟花爆竹，有烧纸、焚香、点蜡等祭祀殡葬用火行为或者在森林、林地及其边缘向车外丢弃火种的，由县级以上人民政府林业和草原主管部门责令改正，给予警告，对个人并处二百元以上三千元以下罚款，对单位并处二万元以上五万元以下罚款；在森林、草原、林地及其边缘烤火、野炊、烧烤、火把照明、点放孔明灯、烧灰积肥、烧荒燎堰的，由县级以上人民政府林业和草原主管部门责令改正，给予警告，对个人并处五百元以上三千元以下罚款，对单位并处三万元以上五万元以下罚款；构成犯罪的，依法追究刑事责任。违反本决定规定，在草原上向车外丢弃火种，或者在森林、草原、林地及其边缘焚烧秸秆、垃圾的，按照有关法律、法规的规定予以处罚"的规定，以自己的名义作出行政处罚。

269. 乡镇（街道）审批人员在核查材料的过程中，发现存在提交的材料弄虚作假、虚报冒领补助资金的违法行为，该如何处罚？

答：根据《山西省人民政府关于向乡镇人民政府和街道办事处下放部分行政执法职权的决定》（晋政发〔2022〕22号）中《山西省人民政府下放乡镇人民政府和街道办事处行政执法职权指导目录》第49项规定，山西省人民政府下放职权确认乡镇人民政府有权对弄虚作假、虚报冒领补助资金的违法行为进行行政处罚，乡镇人民政府有权依据《退耕还林条例》第五十七条"国家工作人员在退耕还林活动中违反本条例的规定，有下列行为之一的，依照刑法关于贪污罪、受贿罪、挪用公款罪或者其他罪的规定，依法追究刑事责任；尚不够刑事处罚的，依法给予行政处分：（一）挤占、截留、挪用退耕还林资金或者克扣补助粮食的；（二）弄虚作假、虚报冒领补助资金和粮食的；（三）利用职务上的便利收受他人财物或者其他好处的。国家工作人员以外的其他人员有前款第（二）项行为的，依照刑法关于诈骗罪或者其他罪的规定，依法追究刑事责任；尚不够刑事处罚的，由县级以上人民政府林业行政主管部门责令退回所冒领的补助资金和粮食，处以冒领资金额2倍以上5倍以下的罚款"的规定，以自己的名义作出行政处罚。

270. 某林地承包方拒绝接受森林防火检查，阻碍执法，乡镇（街道）是否有权进行行政处罚？

答：根据《山西省人民政府关于向乡镇人民政府和街道办事处下放部分行政执法职权的决定》（晋政发〔2022〕22号）中《山西省人民政府下放乡镇人民政府和街道办事处行政执法职权指导目录》第50项规定，下放职权确认乡镇人民政府有权对违反规定拒绝接受森林防火检查或者接到森林火灾隐患整改通知书逾期不消除火灾隐患的违法行为进行行政处罚，乡镇人民政府有权依据《森林防火条例》第四十九条"违反本条例规定，森林防火区内的有关单位或者个人拒绝接受森林防火检查或者接到森林火灾隐患整改通知书逾期不消除火灾隐患的，由县级以上地方人民政府林业主管部门责令改正，给予警告，对个人并处200元以上2000元以下罚款，对单位并处5000元以上1万元以下罚款"的规定，以自己的名义作出行政处罚。《云南省人民政府关于公布乡镇（街道）行政职权基本目录和赋予乡镇（街道）部分县级行政职权指导目录的决定》（云政发〔2023〕9号）中《云南省赋予乡镇（街道）部分县级行政职权指导目录（2023年版）》第113项、《甘肃省赋予乡镇和街道部分县级经济社会管理权限指导目录》（甘政办发〔2020〕88号）"二、行政处罚类"第195项、《安徽省人民政府关于赋予乡镇街道部分县级审批执法权限的决定》（皖政〔2022〕112号）中《安徽省赋予乡镇街道部分县级审批执法权限指导目录》第332项也对此作出赋权。

271. 群众举报，发现有人擅自在森林防火区内用明火烧烤，乡镇（街道）是否有权进行行政处罚？

答： 根据《陕西省人民政府关于向乡镇政府和街道办事处下放部分县级行政执法权的决定》（陕政发〔2023〕9号）中《陕西省下放乡镇政府和街道办事处行政执法事项指导目录》第74项规定，下放职权确认乡镇人民政府有权对森林防火期内未经批准擅自在森林防火区内野外用火的违法行为进行行政处罚，乡镇人民政府有权依据《森林防火条例》第五十条"违反本条例规定，森林防火期内未经批准擅自在森林防火区内野外用火的，由县级以上地方人民政府林业主管部门责令停止违法行为，给予警告，对个人并处200元以上3000元以下罚款，对单位并处1万元以上5万元以下罚款"的规定，以自己的名义作出行政处罚。《山西省人民政府关于向乡镇人民政府和街道办事处下放部分行政执法职权的决定》(晋政发〔2022〕22 号)中《山西省人民政府下放乡镇人民政府和街道办事处行政执法职权指导目录》第 51 项、《云南省人民政府关于公布乡镇(街道)行政职权基本目录和赋予乡镇(街道)部分县级行政职权指导目录的决定》(云政发〔2023〕9 号)中《云南省赋予乡镇(街道)部分县级行政职权指导目录(2023 年版)》第 114 项、《甘肃省赋予乡镇和街道部分县级经济社会管理权限指导目录》(甘政办发〔2020〕88 号)"二、行政处罚类"第 196 项、《安徽省人民政府关于赋予乡镇街道部分县级审批执法权限的决定》(皖政〔2022〕112 号)中《安徽省赋予乡镇街道部分县级审批执法权限指导目录》第 333 项也对此作出赋权。

272. 乡镇(街道)执法人员发现行为人存在擅自改变林地用途、在临时使用的林地上修建永久性建筑物,或者临时使用林地期满后一年内未恢复植被或者林业生产条件的违法行为,如何进行行政处罚?

答:根据《云南省人民政府关于公布乡镇(街道)行政职权基本目录和赋予乡镇(街道)部分县级行政职权指导目录的决定》(云政发〔2023〕9 号)中《云南省赋予乡镇(街道)部分县级行政职权指导目录(2023 年版)》第 100 项规定,赋权乡镇人民政府有权对擅自改变林地用途的违法行为进行行政处罚,乡镇人民政府有权依据《中华人民共和国森林法》第七十三条第一款"违反本法规定,未经县级以上人民政府林业主管部门审核同意,擅自改变林地用途的,由县级以上人民政府林业主管部门责令限期恢复植被和林业生产条件,可以处恢复植被和林业生产条件所需费用三倍以下的罚款"、《中华人民共和国森林法实施条例》第四十三条第一款"未经县级以上人民政府林业主管部门审核同意,擅自改变林地用途的,由县级以上人民政府林业主管部门责令限期恢复原状,并处非法改变用途林地每平方米 10 元至 30 元的罚款"、《云南省林地管理办法》第二十条第五项"违反本办法有下列行为之一的，由县级以上林业行政主管部门按下列规定处理；构成犯罪的，依法追究刑事责任……（五）擅自改变林业用地为非林业用地的，责令限期恢复原状，可处以每平方米 10 元以上 20 元以下罚款"的规定，以自己的名义作出行政处罚。根据《云南省人民政府关于公布乡镇（街道）行政职权基本目录和赋予乡镇（街道）部分县级行政职权指导目录的决定》（云政发〔2023〕9 号）中《云南省赋予乡镇（街道）部分县级行政职权指导目录（2023 年版）》第 102 项规定，云南省人民政府赋权乡镇人民政府有权对在临时使用的林地上修建永久性建筑物，或者临时使用林地期满后一年内未恢复植被或者林业生产条件的违法行为进行行政处罚，乡镇人民政府有权依据《中华人民共和国森林法》第七十三条第三款"在临时使用的林地上修建永久性建筑物，或者临时使用林地期满后一年内未恢复植被或者林业生产条件的，依照本条第一款规定处罚"的规定，以自己的名义作出行政处罚。《陕西省人民政府关于向乡镇政府和街道办事处下放部分县级行政执法权的决定》（陕政发〔2023〕9 号）中《陕西省下放乡镇政府和街道办事处行政执法事项指导目录》第 70 项、《安徽省人民政府关于赋予乡镇街道部分县级审批执法权限的决定》（皖政〔2022〕112 号）中《安徽省赋予乡镇街道部分县级审批执法权限指导目录》第 326 项也对此作出赋权。

273. 村民举报有人擅自开垦林地，乡镇（街道）如何进行行政处罚？

答：根据《陕西省人民政府关于向乡镇政府和街道办事处下放部分县级行政执法权的决定》（陕政发〔2023〕9 号）中《陕西省下放乡镇政府和街道办事处行政执法事项指导目录》第 71 项规定，下放职权确认乡镇人民政府有权对擅自开垦林地的违法行为进行行政处罚，乡镇人民政府有权依据《中华人民共和国森林法实施条例》第四十一条第二款"违反森林法和本条例规定，擅自开垦林地，致使森林、林木受到毁坏的，依照森林法第四十四条的规定予以处罚；对森林、林木未造成毁坏或者被开垦的林地上没有森林、林木的，由县级以上人民政府林业主管部门责令停止违法行为，限期恢复原状，可以处非法开垦林地每平方米10元以下的罚款"的规定，以自己的名义作出行政处罚。

274. 发现森林、林木、林地的经营单位或者个人未履行森林防火责任，乡镇（街道）是否有权进行行政处罚？

答：根据《陕西省人民政府关于向乡镇政府和街道办事处下放部分县级行政执法权的决定》（陕政发〔2023〕9号）中《陕西省下放乡镇政府和街道办事处行政执法事项指导目录》第73项规定，下放职权确认乡镇人民政府有权对森林、林木、林地的经营单位或者个人未履行森林防火责任的违法行为进行行政处罚，乡镇人民政府有权依据《森林防火条例》第四十八条"违反本条例规定，森林、林木、林地的经营单位或者个人未履行森林防火责任的，由县级以上地方人民政府林业主管部门责令改正，对个人处500元以上5000元以下罚款，对单位处1万元以上5万元以下罚款"的规定，以自己的名义作出行政处罚。《云南省人民政府关于公布乡镇（街道）行政职权基本目录和赋予乡镇（街道）部分县级行政职权指导目录的决定》（云政发〔2023〕9号）中《云南省赋予乡镇（街道）部分县级行政职权指导目录（2023年版）》第112项、《甘肃省赋予乡镇和街道部分县级经济社会管理权限指导目录》（甘政办发〔2020〕88号）中"二、行政处罚类"第194项也对此作出赋权。

275. 发现在森林防火期内，森林、林木、林地的经营单位未设置森林防火警示宣传标志，乡镇（街道）是否有权进行行政处罚？

答：根据《陕西省人民政府关于向乡镇政府和街道办事处下放部分县级行政执法权的决定》（陕政发〔2023〕9号）中《陕西省下放乡镇政府和街道办事处行政执法事项指导目录》第75项规定，下放职权确认乡镇人民政府有权对森林防火期内，森林、林木、林地的经营单位未设置森林防火警示宣传标志的违法行为进行行政处罚，乡镇人民政府有权依据《森林防火条例》第五十二条第一项"违反本条例规定，有下列行为之一的，由县级以上地方人民政府林业主管部门责令改正，给予警告，对个人并处200元以上2000元以下罚款，对单位并处2000元以上5000元以下罚款：（一）森林防火期内，森林、林木、林地的经营单位未设置森林防火警示宣传标志的"的规定，以自己的名义作出行政处罚。《云南省人民政府关于公布乡镇（街道）行政职权基本目录和赋予乡镇（街道）部分县级行政职权指导目录的决定》（云政发〔2023〕9号）中《云南省赋予乡镇（街道）部分县级行政职权指导目录（2023年版）》第115项也对此作出赋权。

276. 乡镇（街道）执法人员发现部分商家对销售的种子没有使用说明或者标签内容不符合规定，该如何进行行政处罚？

答：根据《云南省人民政府关于公布乡镇（街道）行政职权基本目录和赋予乡镇（街道）部分县级行政职权指导目录的决定》（云政发〔2023〕9号）中《云南省赋予乡镇（街道）部分县级行政职权指导目录（2023年版）》第81项规定，赋权乡镇人民政府有权对销售的种子没有使用说明或者标签内容不符合规定的违法行为进行行政处罚，乡镇人民政府有权依据《中华人民共和国种子法》第七十九条第二项"违反本法第三十六条、第三十八条、第三十九条、第四十条规定，有下列行为之一的，由县级以上人民政府农业农村、林业草原主管部门责令改正，处二千元以上二万元以下罚款……（二）销售的种子没有使用说明或者标签内容不符合规定的"的规定，以自己的名义作出行政处罚。

277. 乡镇（街道）执法人员发现部分商家对种子的标签擅自进行涂改，该如何进行行政处罚？

答：根据《云南省人民政府关于公布乡镇（街道）行政职权基本目录和赋予乡镇（街道）部分县级行政职权指导目录的决定》（云政发〔2023〕9号）中《云南省赋予乡镇（街道）部分县级行政职权指导目录（2023年版）》第82项规定，赋权乡镇人民政府有权对涂改标签的违法行为进行行政处罚，乡镇人民政府有权依据《中华人民共和国种子法》第七十九条第三项"违反本法第三十六条、第三十八条、第三十九条、第四十条规定，有下列行为之一的，由县级以上人民政府农业农村、林业草原主管部门责令改正，处二千元以上二万元以下罚款……（三）涂改标签的"的规定，以自己的名义作出行政处罚。

278. 乡镇（街道）执法人员发现种子生产经营者在异地设立分支机构、专门经营不再分装的包装种子或者受委托生产、代销种子，未按规定备案，该如何进行行政处罚？

答：根据《云南省人民政府关于公布乡镇（街道）行政职权基本目录和赋予乡镇（街道）部分县级行政职权指导目录的决定》（云政发〔2023〕9号）中《云南省赋予乡镇（街道）部分县级行政职权指导目录（2023年版）》第83项规定，赋权乡镇人民政府有权对种子生产经营者在异地设立分支机构、专门经营不再分装的包装种子或者受委托生产、代销种子，未按规定备案的违法行为进行行政处罚，乡镇人民政府有权依据《中华人民共和国种子法》第七十九条第五项"违反本法第三十六条、第三十八条、第三十九条、第四十条规定，有下列行为之一的，由县级以上人民政府农业农村、林业草原主管部门责令改正，处二千元以上二万元以下罚款……（五）种子生产经营者在异地设立分支机构、专门经营不再分装的包装种子或者受委托生产、代销种子，未按规定备案的"的规定，以自己的名义作出行政处罚。

279. 有人举报某村村民擅自调换承包林地，乡镇（街道）应如何处罚？

答：根据《云南省人民政府关于公布乡镇（街道）行政职权基本目录和赋予乡镇（街道）部分县级行政职权指导目录的决定》（云政发〔2023〕9号）中《云南省赋予乡镇（街道）部分县级行政职权指导目录（2023年版）》第99项规定，赋权乡镇人民政府有权对擅自调换林地行为的违法行为进行行政处罚，乡镇人民政府有权依据《云南省林地管理办法》第二十条第二项"违反本办法有下列行为之一的，由县级以上林业行政主管部门按下列规定处理；构成犯罪的，依法追究刑事责任……（二）擅自调换林地的，责令改正，处以1000元以上1万元以下罚款；造成森林资源损失、破坏的，按有关规定予以赔偿"的规定，以自己的名义作出行政处罚。

280. 乡镇（街道）工作人员巡山，发现有村民临时占用林地，逾期一年仍不归还，该如何进行处罚？

答：根据《云南省人民政府关于公布乡镇（街道）行政职权基本目录和赋予乡镇（街道）部分县级行政职权指导目录的决定》（云政发〔2023〕9号）中《云南省赋予乡镇（街道）部分县级行政职权指导目录（2023年版）》第101项规定，赋权乡镇人民政府有权对临时占用林地逾期不归还行为的违法行为进行行政处罚，乡镇人民政府有权依据《中华人民共和国森林法》第七十三条第三款"在临时使用的林地上修建永久性建筑物，或者临时使用林地期满后一年内未恢复植被或者林业生产条件的，依照本条第一款规定处罚"、《中华人民共和国森林法实施条例》第四十三条第二款"临时占用林地，逾期不归还的，依照前款规定处罚"的规定，以自己的名义作出行政处罚。《甘肃省赋予乡镇和街道部分县级经济社会管理权限指导目录》（甘政办发〔2020〕88号）中"二、行政处罚类"第190项也对此作出赋权。

281. 乡镇（街道）执法人员发现某采伐队擅自在幼林地内砍柴，致使幼林木受到毁坏，该如何进行处罚？

答：根据《云南省人民政府关于公布乡镇（街道）行政职权基本目录和赋予乡镇（街道）部分县级行政职权指导目录的决定》（云政发〔2023〕9号）中《云南省赋予乡镇（街道）部分县级行政职权指导目录（2023年版）》第103项规定，赋权乡镇人民政府有权对在幼林地和特种用途林内砍柴、放牧致使森林、林木受到毁坏的违法行为进行行政处罚，乡镇人民政府有权依据《中华人民共和国森林法》第七十四条第二款"违反本法规定，在幼林地砍柴、毁苗、放牧造成林木毁坏的，由县级以上人民政府林业主管部门责令停止违法行为，限期在原地或者异地补种毁坏株数一倍以上三倍以下的树木"的规定，以自己的名义作出行政处罚。《甘肃省赋予乡镇和街道部分县级经济社会管理权限指导目录》（甘政办发〔2020〕88号）中"二、行政处罚类"第189项、《安徽省人民政府关于赋予乡镇街道部分县级审批执法权限的决定》（皖政〔2022〕112号）中《安徽省赋予乡镇街道部分县级审批执法权限指导目录》第323项也对此作出赋权。

282. 乡镇（街道）执法人员发现某采伐队租借采伐许可证，该如何进行行政处罚？

答：根据《云南省人民政府关于公布乡镇（街道）行政职权基本目录和赋予乡镇（街道）部分县级行政职权指导目录的决定》（云政发〔2023〕9号）中《云南省赋予乡镇（街道）部分县级行政职权指导目录

（2023年版）》第107项规定，赋权乡镇人民政府有权对伪造、变造、买卖、租借采伐许可证的违法行为进行行政处罚，乡镇人民政府有权依据《中华人民共和国森林法》第七十七条"违反本法规定，伪造、变造、买卖、租借采伐许可证的，由县级以上人民政府林业主管部门没收证件和违法所得，并处违法所得一倍以上三倍以下的罚款；没有违法所得的，可以处二万元以下的罚款"的规定，以自己的名义作出行政处罚。《甘肃省赋予乡镇和街道部分县级经济社会管理权限指导目录》（甘政办发〔2020〕88号）中"二、行政处罚类"第203项也对此作出赋权。

283. 群众举报有村民聚众哄抢林木，乡镇（街道）是否有权进行行政处罚？

答：根据《云南省人民政府关于公布乡镇（街道）行政职权基本目录和赋予乡镇（街道）部分县级行政职权指导目录的决定》（云政发〔2023〕9号）中《云南省赋予乡镇（街道）部分县级行政职权指导目录（2023年版）》第109项规定，赋权乡镇人民政府有权对聚众哄抢林木的违法行为进行行政处罚，乡镇人民政府有权依据《云南省森林条例》第四十条第一款"违反本条例第二十三条第一款规定的，由县级以上林业行政主管部门责令将所哄抢的林木返还原主，没收违法所得和工具；对主要责任人处所哄抢的林木价值三倍以上五倍以下罚款；造成损害的，依法承担赔偿责任；构成犯罪的，依法追究刑事责任"的规定，以自己的名义作出行政处罚。

284. 村民举报某人深夜向林地倾倒垃圾及有毒有害物质，乡镇（街道）应如何进行行政处罚？

答：根据《云南省人民政府关于公布乡镇（街道）行政职权基本目录和赋予乡镇（街道）部分县级行政职权指导目录的决定》（云政发

〔2023〕9号）中《云南省赋予乡镇（街道）部分县级行政职权指导目录（2023年版）》第110项规定，赋权乡镇人民政府有权对向森林、林地倾倒垃圾及有毒有害物质的违法行为进行行政处罚，乡镇人民政府有权依据《云南省森林条例》第四十条第二款"违反本条例第二十三条第二款规定的，由县级以上林业行政主管部门责令限期清除，并处五百元以上五千元以下罚款；造成林木损害的，依法承担赔偿责任"的规定，以自己的名义作出行政处罚。

285. 乡镇（街道）执法人员发现有人毁坏新造林苗木，该如何处罚？

答：根据《云南省人民政府关于公布乡镇（街道）行政职权基本目录和赋予乡镇（街道）部分县级行政职权指导目录的决定》（云政发〔2023〕9号）中《云南省赋予乡镇（街道）部分县级行政职权指导目录（2023年版）》第111项规定，赋权乡镇人民政府有权对毁坏新造林苗木的违法行为进行行政处罚，乡镇人民政府有权依据《云南省绿化造林条例》第二十五条第一项"违反本条例有下列行为之一的，由县以上林业行政主管部门按照下列规定处理；造成损失的，依法赔偿损失；构成犯罪的，依法追究刑事责任：（一）毁坏新造林苗木的，应责令停止违法行为，补种同等数目的苗木，可以并处损失价值一倍以上三倍以下的罚款。拒不补种树木或者补种不符合国家有关规定的，由林业主管部门代为补种，所需费用由违法者支付"的规定，以自己的名义作出行政处罚。

286. 发现村民在森林高火险期内，未经批准擅自进入森林高火险区活动，经多次劝阻拒不离开的，乡镇（街道）是否有权进行行政处罚？

答：根据《云南省人民政府关于公布乡镇（街道）行政职权基本目录和赋予乡镇（街道）部分县级行政职权指导目录的决定》（云政发

〔2023〕9号）中《云南省赋予乡镇（街道）部分县级行政职权指导目录（2023年版）》第116项规定，赋权乡镇人民政府有权对森林高火险期内，未经批准擅自进入森林高火险区活动的违法行为进行行政处罚，乡镇人民政府有权依据《森林防火条例》第五十二条第三项"违反本条例规定，有下列行为之一的，由县级以上地方人民政府林业主管部门责令改正，给予警告，对个人并处200元以上2000元以下罚款，对单位并处2000元以上5000元以下罚款……（三）森林高火险期内，未经批准擅自进入森林高火险区活动的"的规定，以自己的名义作出行政处罚。

287. 发现在森林防火期内，有村民在森林防火区内未经批准进行烧灰积肥，烧地（田）埂、秸秆、烧荒烧炭，经多次劝阻不改正，乡镇（街道）是否有权进行行政处罚？

答：根据《云南省人民政府关于公布乡镇（街道）行政职权基本目录和赋予乡镇（街道）部分县级行政职权指导目录的决定》（云政发〔2023〕9号）中《云南省赋予乡镇（街道）部分县级行政职权指导目录（2023年版）》第117项规定，赋权乡镇人民政府有权对森林防火期内，在森林防火区内未经批准进行烧灰积肥，烧地（田）埂、甘蔗地、牧草地、秸秆，烧荒烧炭等野外用火的违法行为进行行政处罚，乡镇人民政府有权依据《云南省森林防火条例》第四十七条第二项"违反本条例规定，森林防火期，在森林防火区内有下列行为之一，未引起森林火灾的，由县级以上人民政府林业行政主管部门责令停止违法行为，给予警告，对个人并处200元以上1000元以下罚款，对单位并处1万元以上2万元以下罚款；引起森林火灾的，责令限期更新造林，对个人并处1000元以上3000元以下罚款，对单位并处2万元以上5万元以下罚款，并应当依法承担民事赔偿责任；构成犯罪的，依法追究刑事责任……（二）未经批准进行烧灰积肥，烧地（田）埂、甘蔗地、牧草地、秸秆，烧荒烧炭等野外农事用火的"的规定，以自己的名义作出行政处罚。

288. 乡镇（街道）执法人员发现在森林防火期内，有村民不听劝阻，在森林防火区内不符合相关要求用火，该如何处罚？

答：根据《云南省人民政府关于公布乡镇（街道）行政职权基本目录和赋予乡镇（街道）部分县级行政职权指导目录的决定》（云政发〔2023〕9号）中《云南省赋予乡镇（街道）部分县级行政职权指导目录（2023年版）》第118项规定，赋权乡镇人民政府有权对森林防火期内，在森林防火区内经批准野外农事用火，但不符合相关要求的违法行为进行行政处罚，乡镇人民政府有权依据《云南省森林防火条例》第四十七条第三项"违反本条例规定，森林防火期，在森林防火区内有下列行为之一，未引起森林火灾的，由县级以上人民政府林业行政主管部门责令停止违法行为，给予警告，对个人并处200元以上1000元以下罚款，对单位并处1万元以上2万元以下罚款；引起森林火灾的，责令限期更新造林，对个人并处1000元以上3000元以下罚款，对单位并处2万元以上5万元以下罚款，并应当依法承担民事赔偿责任；构成犯罪的，依法追究刑事责任……（三）经批准野外农事用火，但不符合相关要求的"的规定，以自己的名义作出行政处罚。

289. 乡镇（街道）执法人员发现在森林防火期内，有村民不听劝阻，在森林防火区内未经批准实施计划烧除、炼山造林、勘察、开采矿藏和各项建设工程等野外用火，该如何处罚？

答：根据《云南省人民政府关于公布乡镇（街道）行政职权基本目录和赋予乡镇（街道）部分县级行政职权指导目录的决定》（云政发〔2023〕9号）中《云南省赋予乡镇（街道）部分县级行政职权指导目录（2023年版）》第119项规定，赋权乡镇人民政府有权对森林防火期内,在森林防火区内未经批准实施计划烧除、炼山造林、勘察、开采矿藏和各项建设工程等野外用火的违法行为进行行政处罚,乡镇人民政府有权依据《云南省森林防火条例》第四十七条第四项"违反本条例规定,森林防火期,在森林防火区内有下列行为之一,未引起森林火灾的,由县级以上人民政府林业行政主管部门责令停止违法行为,给予警告,对个人并处 200 元以上 1000 元以下罚款,对单位并处 1 万元以上 2 万元以下罚款;引起森林火灾的,责令限期更新造林,对个人并处 1000 元以上 3000 元以下罚款,对单位并处 2 万元以上 5 万元以下罚款,并应当依法承担民事赔偿责任;构成犯罪的,依法追究刑事责任……(四)未经批准实施计划烧除、炼山造林、勘察、开采矿藏和各项建设工程等野外用火的"的规定,以自己的名义作出行政处罚。《江西省人民政府关于调整赋予乡镇(街道)县级审批服务执法权限和经济发达镇县级经济社会管理权限指导目录的通知》(赣府发〔2021〕23 号)中《江西省赋予乡镇(街道)县级审批服务执法权限指导目录》第 72 项也对此作出赋权。

290. 乡镇(街道)执法人员发现在森林防火期内,有村民不听劝阻,在森林防火区内烧纸、烧香,该如何处罚?

答:根据《云南省人民政府关于公布乡镇(街道)行政职权基本目录和赋予乡镇(街道)部分县级行政职权指导目录的决定》(云政发〔2023〕9 号)中《云南省赋予乡镇(街道)部分县级行政职权指导目录(2023 年版)》第 120 项规定,赋权乡镇人民政府有权对森林防火期内,在森林防火区内吸烟、烧纸、烧香的违法行为进行行政处罚,乡镇人民政府有权依据《云南省森林防火条例》第四十七条第五项"违反本条例规定,森林防火期,在森林防火区内有下列行为之一,未引起森林火灾的,由县级以上人民政府林业行政主管部门责令停止违法行为,给予警告,对个人并处 200 元以上 1000 元以下罚款,对单位并处 1 万元以上2万元以下罚款；引起森林火灾的，责令限期更新造林，对个人并处1000元以上3000元以下罚款，对单位并处2万元以上5万元以下罚款，并应当依法承担民事赔偿责任；构成犯罪的，依法追究刑事责任……（五）吸烟、烧纸、烧香的"的规定，以自己的名义作出行政处罚。

291. 乡镇（街道）执法人员发现在森林防火期内，有村民不听劝阻，在森林防火区内烧蜂、烧山狩猎，该如何处罚？

答： 根据《云南省人民政府关于公布乡镇（街道）行政职权基本目录和赋予乡镇（街道）部分县级行政职权指导目录的决定》（云政发〔2023〕9号）中《云南省赋予乡镇（街道）部分县级行政职权指导目录（2023年版）》第121项规定，赋权乡镇人民政府有权对森林防火期内，在森林防火区内烧蜂、烧山狩猎的违法行为进行行政处罚，乡镇人民政府有权依据《云南省森林防火条例》第四十七条第六项"违反本条例规定，森林防火期，在森林防火区内有下列行为之一，未引起森林火灾的，由县级以上人民政府林业行政主管部门责令停止违法行为，给予警告，对个人并处200元以上1000元以下罚款，对单位并处1万元以上2万元以下罚款；引起森林火灾的，责令限期更新造林，对个人并处1000元以上3000元以下罚款，对单位并处2万元以上5万元以下罚款，并应当依法承担民事赔偿责任；构成犯罪的，依法追究刑事责任……（六）烧蜂、烧山狩猎的"的规定，以自己的名义作出行政处罚。

292. 乡镇（街道）执法人员发现在森林防火期内，有村民不听劝阻，在森林防火区内烧火、野炊、使用火把照明，该如何处罚？

答： 根据《云南省人民政府关于公布乡镇（街道）行政职权基本目录和赋予乡镇（街道）部分县级行政职权指导目录的决定》（云政发

〔2023〕9号）中《云南省赋予乡镇（街道）部分县级行政职权指导目录（2023年版）》第122项规定，赋权乡镇人民政府有权对森林防火期内，在森林防火区内烧火、野炊、使用火把照明的违法行为进行行政处罚，乡镇人民政府有权依据《云南省森林防火条例》第四十七条第七项"违反本条例规定，森林防火期，在森林防火区内有下列行为之一，未引起森林火灾的，由县级以上人民政府林业行政主管部门责令停止违法行为，给予警告，对个人并处200元以上1000元以下罚款，对单位并处1万元以上2万元以下罚款；引起森林火灾的，责令限期更新造林，对个人并处1000元以上3000元以下罚款，对单位并处2万元以上5万元以下罚款，并应当依法承担民事赔偿责任；构成犯罪的，依法追究刑事责任……（七）烤火、野炊、使用火把照明的"的规定，以自己的名义作出行政处罚。

293. 乡镇（街道）执法人员发现在森林防火期内，有游客不听劝阻，在森林防火区内燃放烟花爆竹和孔明灯，该如何处罚？

答：根据《云南省人民政府关于公布乡镇（街道）行政职权基本目录和赋予乡镇（街道）部分县级行政职权指导目录的决定》（云政发〔2023〕9号）中《云南省赋予乡镇（街道）部分县级行政职权指导目录（2023年版）》第123项规定，赋权乡镇人民政府有权对森林防火期内，在森林防火区内燃放烟花爆竹和孔明灯的违法行为进行行政处罚，乡镇人民政府有权依据《云南省森林防火条例》第四十七条第八项"违反本条例规定，森林防火期，在森林防火区内有下列行为之一，未引起森林火灾的，由县级以上人民政府林业行政主管部门责令停止违法行为，给予警告，对个人并处200元以上1000元以下罚款，对单位并处1万元以上2万元以下罚款；引起森林火灾的，责令限期更新造林，对个人并处1000元以上3000元以下罚款，对单位并处2万元以上5万元以下罚款，并应当依法承担民事赔偿责任；构成犯罪的，依法追究刑事责任……（八）燃放烟花爆竹和孔明灯的"的规定，以自己的名义作出行政处罚。

294. 乡镇（街道）执法人员发现在森林防火期内，有村民不听劝阻，在森林防火区内焚烧垃圾，该如何处罚？

答：根据《云南省人民政府关于公布乡镇（街道）行政职权基本目录和赋予乡镇（街道）部分县级行政职权指导目录的决定》（云政发〔2023〕9号）中《云南省赋予乡镇（街道）部分县级行政职权指导目录（2023年版）》第124项规定，赋权乡镇人民政府有权对森林防火期内，在森林防火区内焚烧垃圾的违法行为进行行政处罚，乡镇人民政府有权依据《云南省森林防火条例》第四十七条第九项"违反本条例规定，森林防火期，在森林防火区内有下列行为之一，未引起森林火灾的，由县级以上人民政府林业行政主管部门责令停止违法行为，给予警告，对个人并处200元以上1000元以下罚款，对单位并处1万元以上2万元以下罚款；引起森林火灾的，责令限期更新造林，对个人并处1000元以上3000元以下罚款，对单位并处2万元以上5万元以下罚款，并应当依法承担民事赔偿责任；构成犯罪的，依法追究刑事责任……（九）焚烧垃圾的"的规定，以自己的名义作出行政处罚。

295. 乡镇（街道）执法人员发现在森林防火期内，有村民携带火种和易燃易爆物品进入森林防火区，该如何处罚？

答：根据《云南省人民政府关于公布乡镇（街道）行政职权基本目录和赋予乡镇（街道）部分县级行政职权指导目录的决定》（云政发〔2023〕9号）中《云南省赋予乡镇（街道）部分县级行政职权指导目录（2023年版）》第125项规定，赋权乡镇人民政府有权对森林防火期内，在森林防火区携带火种和易燃易爆物品进入森林防火区的违法行为进行行政处罚，乡镇人民政府有权依据《云南省森林防火条例》第四十七条第十项"违反本条例规定，森林防火期，在森林防火区内有下列行为之一，未引起森林火灾的，由县级以上人民政府林业行政主管部门责令停止违法行为，给予警告，对个人并处 200 元以上 1000 元以下罚款，对单位并处 1 万元以上 2 万元以下罚款；引起森林火灾的，责令限期更新造林，对个人并处 1000 元以上 3000 元以下罚款，对单位并处 2 万元以上 5 万元以下罚款，并应当依法承担民事赔偿责任；构成犯罪的，依法追究刑事责任……（十）携带火种和易燃易爆物品进入森林防火区的"的规定，以自己的名义作出行政处罚。

296. 某村村民举报，发现有人侵占森林防火通道、隔离带，用来开发旅游项目，乡镇（街道）是否有权进行行政处罚？

答：根据《云南省人民政府关于公布乡镇（街道）行政职权基本目录和赋予乡镇（街道）部分县级行政职权指导目录的决定》（云政发〔2023〕9 号）中《云南省赋予乡镇（街道）部分县级行政职权指导目录（2023 年版）》第 126 项规定，赋权乡镇人民政府有权对破坏和侵占森林防火通道、标志、宣传碑（牌）、瞭望台（塔）、隔离带、设施设备的违法行为进行行政处罚，乡镇人民政府有权依据《云南省森林防火条例》第四十八条"违反本条例规定，破坏和侵占森林防火通道、标志、宣传碑（牌）、瞭望台（塔）、隔离带、设施设备的，由县级以上人民政府林业行政主管部门责令停止违法行为，赔偿损失，对个人可以处 500 元以上 2000 元以下罚款，对单位并处 1 万元以上 2 万元以下罚款；构成犯罪的，依法追究刑事责任"的规定，以自己的名义作出行政处罚。

297. 村民发现有人非法开垦草原，乡镇（街道）是否有权进行行政处罚？

答：根据《云南省人民政府关于公布乡镇（街道）行政职权基本目录和赋予乡镇（街道）部分县级行政职权指导目录的决定》（云政发〔2023〕9号）中《云南省赋予乡镇（街道）部分县级行政职权指导目录（2023年版）》第128项规定，赋权乡镇人民政府有权对非法开垦草原的违法行为进行行政处罚，乡镇人民政府有权依据《中华人民共和国草原法》第六十六条"非法开垦草原，构成犯罪的，依法追究刑事责任；尚不够刑事处罚的，由县级以上人民政府草原行政主管部门依据职权责令停止违法行为，限期恢复植被，没收非法财物和违法所得，并处违法所得一倍以上五倍以下的罚款；没有违法所得的，并处五万元以下的罚款；给草原所有者或者使用者造成损失的，依法承担赔偿责任"的规定，以自己的名义作出行政处罚。《甘肃省赋予乡镇和街道部分县级经济社会管理权限指导目录》（甘政办发〔2020〕88号）中"二、行政处罚类"第184项也对此作出赋权。

298. 乡镇（街道）执法人员发现有人采取欺骗手段骗取批准、非法使用草原，用以开发旅游项目，该如何进行处罚？

答：根据《云南省人民政府关于公布乡镇（街道）行政职权基本目录和赋予乡镇（街道）部分县级行政职权指导目录的决定》（云政发〔2023〕9号）中《云南省赋予乡镇（街道）部分县级行政职权指导目录（2023年版）》第127项规定，赋权乡镇人民政府有权对未经批准或者采取欺骗手段骗取批准、非法使用草原的违法行为进行行政处罚，乡镇人民政府有权依据《中华人民共和国草原法》第六十五条"未经批准或者采取欺骗手段骗取批准，非法使用草原，构成犯罪的，依法追究刑事责任；尚不够刑事处罚的，由县级以上人民政府草原行政主管部门依据职权责令退还非法使用的草原，对违反草原保护、建设、利用规划擅自将草原改为建设用地的，限期拆除在非法使用的草原上新建的建筑物和其他设施，恢复草原植被，并处草原被非法使用前三年平均产值六倍以上十二倍以下的罚款"的规定，以自己的名义作出行政处罚。

299. 群众举报，某花店在销售授权的植物品种时未使用其注册登记的名称，乡镇（街道）如何进行处罚？

答：根据《海南省乡镇和街道行政处罚事项清单》（琼编办〔2021〕5号）第1项规定，赋权乡镇人民政府有权对销售授权品种未使用其注册登记的名称的违法行为进行行政处罚，乡镇人民政府有权依据《中华人民共和国植物新品种保护条例》第四十二条"销售授权品种未使用其注册登记的名称的，由县级以上人民政府农业、林业行政部门依据各自的职权责令限期改正，可以处1000元以下的罚款"的规定，以自己的名义作出行政处罚。

300. 群众举报，公园里的古树保护牌及保护设施被人破坏，乡镇（街道）如何进行处罚？

答：根据《海南省乡镇和街道行政处罚事项清单》（琼编办〔2021〕5号）第81项规定，赋权乡镇人民政府有权对擅自移动和损毁古树名木保护牌和保护设施的违法行为进行行政处罚，乡镇人民政府有权依据《海南省古树名木保护管理规定》第三十条"违反本规定第十三条第三款，擅自移动或者损毁古树名木保护牌及保护设施的，由县级以上古树名木主管部门责令停止侵害、恢复原状，处500元以上1000元以下的罚款；造成损失的，依法承担赔偿责任"的规定，以自己的名义作出行政处罚。《江西省人民政府关于调整赋予乡镇（街道）县级审批服务执法权限和经济发达镇县级经济社会管理权限指导目录的通知》（赣府发〔2021〕23号）中《江西省赋予乡镇（街道）县级审批服务执法权限指导目录》第70项、《四川省赋予乡镇（街道）县级行政权力事项指导目录（第二批）》（川府发〔2021〕42号）第105项也对此作出赋权。

301. 群众举报，公园里的古树长时间未被养护，存在枝干、树叶损伤的情况，乡镇（街道）是否有权进行处罚？

答：根据《海南省乡镇和街道行政处罚事项清单》（琼编办〔2021〕5号）第82项规定，赋权乡镇人民政府有权对名树名木责任人未按规定进行养护，致使古树名木损伤的违法行为进行行政处罚，乡镇人民政府有权依据《海南省古树名木保护管理规定》第三十二条"违反本规定第十八条第一款，日常养护责任人无故未及时报告，致使古树名木损伤的，由县级以上古树名木主管部门给予警告，并根据古树名木受损程度追缴其所得的部分或者全部养护补助"的规定，以自己的名义作出行政处罚。

302. 村民发现，村里的古树名木被人剥树皮、掘根，乡镇（街道）是否有权进行处罚？

答：根据《海南省乡镇和街道行政处罚事项清单》（琼编办〔2021〕5号）第83项规定，赋权乡镇人民政府有权对剥损树皮、掘根的违法行为进行行政处罚，乡镇人民政府有权依据《海南省古树名木保护管理规定》第三十四条第一项"违反本规定第二十一条第（三）项至第（五）项的，由县级以上古树名木主管部门给予警告，责令停止侵害、限期恢复原状，根据情节按照下列规定处以罚款；造成损失的，依法承担赔偿责任：（一）剥损树皮、掘根的，处5000元以上5万元以下的罚款"的规定，以自己的名义作出行政处罚。《安徽省人民政府关于赋予乡镇街道部分县级审批执法权限的决定》（皖政〔2022〕112号）中《安徽省赋予乡镇街道部分县级审批执法权限指导目录》第331项规定也对此作出赋权。

303. 某农家乐门口有一古树名木，农家乐主人以此为噱头招揽顾客，在树下铺设电线、管线，筑土坑供游客明火烧烤使用，在古树枝干上缠绕绳索、铁丝，用于悬挂电影幕布、电灯。后被人举报，乡镇（街道）是否有权进行处罚？

答：根据《海南省乡镇和街道行政处罚事项清单》（琼编办〔2021〕5号）第84项、第85项、第86项规定，赋权乡镇人民政府有权对上述违法行为进行行政处罚，乡镇人民政府有权依据《海南省古树名木保护管理规定》第三十四条第二项、第三项、第四项"违反本规定第二十一条第（三）项至第（五）项的，由县级以上古树名木主管部门给予警告，责令停止侵害、限期恢复原状，根据情节按照下列规定处以罚款；造成损失的，依法承担赔偿责任：（二）在古树名木树冠垂直投影向外五米范围内修建建筑物或者构筑物的，处2000元以上2万元以下的罚款；（三）在古树名木树冠垂直投影向外五米范围内敷设管线、架设电线、硬化地面、挖坑取土、淹渍或者封死地面、使用明火、倾倒废渣废水等有害物质的，处500元以上5000元以下的罚款；（四）刻画钉钉、缠绕绳索铁丝、攀树折枝，使用树干作支撑物或者悬挂物体的，处500元以上1000元以下的罚款"的规定，以自己的名义作出行政处罚。《安徽省人民政府关于赋予乡镇街道部分县级审批执法权限的决定》（皖政〔2022〕112号）中《安徽省赋予乡镇街道部分县级审批执法权限指导目录》第329项及第330项、《四川省赋予乡镇（街道）县级行政权力事项指导目录（第二批）》（川府发〔2021〕42号）第106项也对此作出赋权。

304. 乡镇执法人员巡视林地时发现，有人擅自破坏林地界桩，该如何进行处罚？

答：根据《海南省乡镇和街道行政处罚事项清单》（琼编办〔2021〕5号）第87项规定，赋权乡镇人民政府有权对擅自移动、破坏林地界桩、界标的违法行为进行行政处罚，乡镇人民政府有权依据《海南经济特区林地管理条例》第二十九条"擅自移动或者破坏林地界桩、界标的，由县级以上人民政府林业主管部门责令限期恢复原状。逾期不恢复原状的，由林业主管部门代为恢复，所需费用由违法者支付，可以处五百元以上二千元以下的罚款；情节严重的，处二千元以上五千元以下的罚款；造成损失的，依法赔偿损失"的规定，以自己的名义作出行政处罚。

305. 乡镇执法人员巡视林地时发现，有人违反规定调运林木种苗或者木材，该如何进行处罚？

答：根据《甘肃省赋予乡镇和街道部分县级经济社会管理权限指导目录》（甘政办发〔2020〕88号）中"二、行政处罚类"第204项规定，赋权乡镇人民政府有权对违反植物检疫法规调运林木种苗或者木材的违法行为进行行政处罚，乡镇人民政府有权依据《森林病虫害防治条例》第二十三条"违反植物检疫法规调运林木种苗或者木材的，除依照植物检疫法规处罚外，并可处五十元至二千元的罚款"的规定，以自己的名义作出行政处罚。

306. 群众举报，有人可能伪造林木良种合格证进行销售，若举报属实，乡镇（街道）应如何进行处罚？

答：根据《甘肃省赋予乡镇和街道部分县级经济社会管理权限指导目录》（甘政办发〔2020〕88号）中"二、行政处罚类"第205项规定，赋权乡镇人民政府有权对伪造林木良种合格证、良种壮苗合格证的违法行为进行行政处罚，乡镇人民政府有权依据《林木良种推广使用管理办法》第十七条"伪造林木良种证书的，由林业行政主管部门或者其委托林木种子管理机构予以没收，并可处1000元以下的罚款；有违法所得的，可处违法所得3倍以内的罚款，但最多不得超过30000元"的规定，以自己的名义作出行政处罚。

307. 农村居民打算采伐承包林地的树木，乡镇（街道）是否有权核发采伐许可证？

答：根据《安徽省人民政府关于赋予乡镇街道部分县级审批执法权限的决定》（皖政〔2022〕112号）中《安徽省赋予乡镇街道部分县级审批执法权限指导目录》第317项规定，赋予乡镇人民政府有权对林木采伐许可证核发（限蓄积10立方米以下）的行政许可作出决定，乡镇人民政府亦有权依据《中华人民共和国森林法》第五十六条"采伐林地上的林木应当申请采伐许可证，并按照采伐许可证的规定进行采伐；采伐自然保护区以外的竹林，不需要申请采伐许可证，但应当符合林木采伐技术规程。农村居民采伐自留地和房前屋后个人所有的零星林木，不需要申请采伐许可证。非林地上的农田防护林、防风固沙林、护路林、护岸护堤林和城镇林木等的更新采伐，由有关主管部门按照有关规定管理。采挖移植林木按照采伐林木管理。具体办法由国务院林业主管部门制定。禁止伪造、变造、买卖、租借采伐许可证"、第五十七条"采伐许可证由县级以上人民政府林业主管部门核发。县级以上人民政府林业主管部门应当采取措施，方便申请人办理采伐许可证。农村居民采伐自留山和个人承包集体林地上的林木，由县级人民政府林业主管部门或者其委托的乡镇人民政府核发采伐许可证"、《中华人民共和国森林法实施条例》第三十二条规定"除森林法已有明确规定的外，林木采伐许可证按照下列规定权限核发：（一）县属国有林场，由所在地的县级人民政府林业主管部门核发；（二）省、自治区、直辖市和设区的市、自治州所属的国有林业企业事业单位、其他国有企业事业单位，由所在地的省、自治区、直辖市人民政府林业主管部门核发；（三）重点林区的国有林业企业事业单位，由国务院林业主管部门核发"的规定以自己的名义作出行政许可。

308. 采伐林木的单位或者个人没有按照规定完成更新造林任务的，乡镇（街道）是否有权进行行政处罚？

答：根据《安徽省人民政府关于赋予乡镇街道部分县级审批执法权限的决定》（皖政〔2022〕112号）中《安徽省赋予乡镇街道部分县级审批执法权限指导目录》第335项规定，赋予乡镇人民政府有权对采伐林木的单位或者个人没有按照规定完成更新造林任务的违法行为作出行政处罚，乡镇人民政府有权依据《中华人民共和国森林法》第七十九条"违反本法规定，未完成更新造林任务的，由县级以上人民政府林业主管部门责令限期完成；逾期未完成的，可以处未完成造林任务所需费用二倍以下的罚款；对直接负责的主管人员和其他直接责任人员，依法给予处分"、《中华人民共和国森林法实施条例》第四十二条"有下列情形之一的，由县级以上人民政府林业主管部门责令限期完成造林任务；逾期未完成的，可以处应完成而未完成造林任务所需费用2倍以下的罚款；对直接负责的主管人员和其他直接责任人员，依法给予行政处分：（一）连续两年未完成更新造林任务的；（二）当年更新造林面积未达到应更新造林面积50%的；（三）除国家特别规定的干旱、半干旱地区外，更新造林当年成活率未达到85%的；（四）植树造林责任单位未按照所在地县级人民政府的要求按时完成造林任务的"的规定，以自己的名义作出行政处罚。

309. 农村村民就林地承包经营权发生纠纷，乡镇（街道）是否有权进行行政仲裁？

答：根据《福建省赋予经济发达镇部分县级经济社会管理权限的指导目录（一）》（闽政办〔2020〕22号）中"一、行政审批与公共服务类"第1项规定，确认经济发达镇人民政府有权受委托实施农村土地承包经营权纠纷仲裁，受委托的经济发达镇人民政府可以依据《中华人民共和国农村土地承包法》第十二条"国务院农业农村、林业和草原主管部门分别依照国务院规定的职责负责全国农村土地承包经营及承包经营合同管理的指导。县级以上地方人民政府农业农村、林业和草原等主管部门分别依照各自职责，负责本行政区域内农村土地承包经营及承包经营合同管理。乡（镇）人民政府负责本行政区域内农村土地承包经营及承包经营合同管理"、第五十五条"因土地承包经营发生纠纷的，双方当事人可以通过协商解决，也可以请求村民委员会、乡（镇）人民政府等调解解决。当事人不愿协商、调解或者协商、调解不成的，可以向农村土地承包仲裁机构申请仲裁，也可以直接向人民法院起诉"及《中华人民共和国农村土地承包经营纠纷调解仲裁法》相关规定进行行政仲裁。

310. 对当事人申请扑救森林火灾、防洪抢险等紧急情况林木采伐的备案，乡镇（街道）是否有权处理？

答：根据《福建省赋予经济发达镇部分县级经济社会管理权限的指导目录（一）》（闽政办〔2020〕22号）中"一、行政审批与公共服务类"第2项规定，确认经济发达镇人民政府有权受委托对扑救森林火灾、防洪抢险等紧急情况林木采伐的备案工作，受委托的经济发达镇人民政府可以依据《中华人民共和国森林法实施条例》第三十条"申请林木采伐许可证，除应当提交申请采伐林木的所有权证书或者使用权证书外，还应当按照下列规定提交其他有关证明文件：（一）国有林业企业事业单位还应当提交采伐区调查设计文件和上年度采伐更新验收证明；（二）其他单位还应当提交包括采伐林木的目的、地点、林种、林况、面积、蓄积量、方式和更新措施等内容的文件；（三）个人还应当提交包括采伐林木的地点、面积、树种、株数、蓄积量、更新时间等内容的文件。因扑救森林火灾、防洪抢险等紧急情况需要采伐林木的，组织抢险的单位或者部门应当自紧急情况结束之日起30日内，将采伐林木的情况报告当地县级以上人民政府林业主管部门"的规定，处理备案工作。

311. 建设方的建设项目需要临时使用林地施工建设，乡镇（街道）是否有权进行行政审批？

答：根据《安徽省人民政府关于赋予乡镇街道部分县级审批执法权限的决定》（皖政〔2022〕112号）中《安徽省赋予乡镇街道部分县级审批执法权限指导目录》第316项规定，赋予乡镇（街道）有权对建设项目使用林地及在森林和野生动物类型国家级自然保护区建设审批（仅限临时使用林地审批）作出行政许可决定，乡镇（街道）有权依据《中华人民共和国森林法》第三十七条"矿藏勘查、开采以及其他各类工程建设，应当不占或者少占林地；确需占用林地的，应当经县级以上人民政府林业主管部门审核同意，依法办理建设用地审批手续。占用林地的单位应当缴纳森林植被恢复费。森林植被恢复费征收使用管理办法由国务院财政部门会同林业主管部门制定。县级以上人民政府林业主管部门应当按照规定安排植树造林，恢复森林植被，植树造林面积不得少于因占用林地而减少的森林植被面积。上级林业主管部门应当定期督促下级林业主管部门组织植树造林、恢复森林植被，并进行检查"、第三十八条"需要临时使用林地的，应当经县级以上人民政府林业主管部门批准；临时使用林地的期限一般不超过二年，并不得在临时使用的林地上修建永久性建筑物。临时使用林地期满后一年内，用地单位或者个人应当恢复植被和林业生产条件"、第五十二条"在林地上修筑下列直接为林业生产经营服务的工程设施，符合国家有关部门规定的标准的，由县级以上人民政府林业主管部门批准，不需要办理建设用地审批手续；超出标准需要占用林地的，应当依法办理建设用地审批手续：（一）培育、生产种子、苗木的设施；（二）贮存种子、苗木、木材的设施；（三）集材道、运材道、防火巡护道、森林步道；（四）林业科研、科普教育设施；（五）野生动植物保护、护林、林业有害生物防治、森林防火、木材检疫的设施；（六）供水、供电、供热、供气、通讯基础设施；（七）其他直接为林业生产服务的工程设施"；《中华人民共和国森林法实施条例》第十六条"勘查、开采矿藏和修建道路、水利、电力、通讯等工程，需要占用或者征收、征用林地的，必须遵守下列规定：（一）用地单位应当向县级以上人民政府林业主管部门提出用地申请，经审核同意后，按照国家规定的标准预交森林植被恢复费，领取使用林地审核同意书。用地单位凭使用林地审核同意书依法办理建设用地审批手续。占用或者征收、征用林地未经林业主管部门审核同意的，土地行政主管部门不得受理建设用地申请。（二）占用或者征收、征用防护林林地或者特种用途林林地面积 10 公顷以上的，用材林、经济林、薪炭林林地及其采伐迹地面积 35 公顷以上的，其他林地面积 70 公顷以上的，由国务院林业主管部门审核；占用或者征收、征用林地面积低于上述规定数量的，由省、自治区、直辖市人民政府林业主管部门审核。占用或者征收、征用重点林区的林地的，由国务院林业主管部门审核。（三）用地单位需要采伐已经批准占用或者征收、征用的林地上的林木时，应当向林地所在地的县级以上地方人民政府林业主管部门或者国务院林业主管部门申请林木采伐许可证。（四）占用或者征收、征用林地未被批准的，有关林业主管部门应当自接到不予批准通知之日起 7 日内将收取的森林植被恢复费如数退还"、第十七条"需要临时占用林地的，应当经县级以上人民政府林业主管部门批准。临时占用林地的期限不得超过两年，并不得在临时占用的林地上修筑永久性建筑物；占用期满后，用地单位必须恢复林业生产条件"；《森林和野生动物类型自然保护区管理办法》第十一条"自然保护区的自然环境和自然资源，由自然保护区管理机构统一管理。未经林业部或省、自治区、直辖市林业主管部门批准，任何单位和个人不得进入自然保护区建立机构和修筑设施"；国家林业和草原局公告（2021 年第 2 号）的规定，以自己的名义作出行政许可。

312. 承包人已完成森林更新的验收，乡镇（街道）是否有权核发合格证？

答：根据《安徽省人民政府关于赋予乡镇街道部分县级审批执法权限的决定》（皖政〔2022〕112号）中《安徽省赋予乡镇街道部分县级审批执法权限指导目录》第318项规定，赋予乡镇（街道）有权对森林更新验收合格证核发（县属国有林场除外）作出行政确认，乡镇（街道）有权依据《中华人民共和国森林法实施条例》第三十二条"除森林法已有明确规定的外，林木采伐许可证按照下列规定权限核发：（一）县属国有林场，由所在地的县级人民政府林业主管部门核发；（二）省、自治区、直辖市和设区的市、自治州所属的国有林业企业事业单位、其他国有企业事业单位，由所在地的省、自治区、直辖市人民政府林业主管部门核发；（三）重点林区的国有林业企业事业单位，由国务院林业主管部门核发"、《森林采伐更新管理办法》第十八条"森林更新后，核发林木采伐许可证的部门应当组织更新单位对更新面积和质量进行检查验收，核发更新验收合格证"的规定，以自己的名义作出行政确认。

313. 乡镇（街道）执法人员发现有村民擅自移植古树名木，该如何处罚？

答：根据《安徽省人民政府关于赋予乡镇街道部分县级审批执法权限的决定》（皖政〔2022〕112号）中《安徽省赋予乡镇街道部分县级审批执法权限指导目录》第328项规定，赋予乡镇（街道）有权对砍伐或者擅自移植古树名木（黄山、九华山等风景名胜区除外）的违法行为作出行政处罚，乡镇（街道）有权依据《安徽省古树名木保护条例》第二十七条"违反本条例第十八条第一项、第二项规定，砍伐或者擅自移植古树名木，未构成犯罪的，由县级以上人民政府林业、城市绿化行政主管部门责令停止违法行为，没收古树名木，并处以古树名木价值1倍以上5倍以下的罚款；造成损失的，依法承担赔偿责任"的规定，以自己的名义作出行政处罚。

314. 乡镇（街道）是否有权对森林防火、草原防火、草原法律、法规执行情况进行行政检查？

答： 根据《四川省赋予乡镇（街道）县级行政权力事项指导目录》（川办发〔2020〕85号）第34项、第35项、第36项规定，赋予乡镇（街道）有权对森林防火、草原防火、草原法律、法规执行情况进行行政检查，乡镇（街道）有权依据《森林防火条例》第二十四条"县级以上人民政府森林防火指挥机构，应当组织有关部门对森林防火区内有关单位的森林防火组织建设、森林防火责任制落实、森林防火设施建设等情况进行检查；对检查中发现的森林火灾隐患，县级以上地方人民政府林业主管部门应当及时向有关单位下达森林火灾隐患整改通知书，责令限期整改，消除隐患。被检查单位应当积极配合，不得阻挠、妨碍检查活动"、《草原防火条例》第二十一条"在草原防火期内，经本级人民政府批准，草原防火主管部门应当对进入草原、存在火灾隐患的车辆以及可能引发草原火灾的野外作业活动进行草原防火安全检查。发现存在火灾隐患的，应当告知有关责任人员采取措施消除火灾隐患；拒不采取措施消除火灾隐患的，禁止进入草原或者在草原上从事野外作业活动"、《中华人民共和国草原法》第五十六条"国务院草原行政主管部门和草原面积较大的省、自治区的县级以上地方人民政府草原行政主管部门设立草原监督管理机构，负责草原法律、法规执行情况的监督检查，对违反草原法律、法规的行为进行查处。草原行政主管部门和草原监督管理机构应当加强执法队伍建设，提高草原监督检查人员的政治、业务素质。草原监督检查人员应当忠于职守，秉公执法"的规定，以自己的名义进行行政检查。

315. 乡镇（街道）是否有权对森林防火、森林病虫害防治、森林资源保护管理工作中作出重大贡献的人予以奖励？

答：根据《四川省赋予乡镇（街道）县级行政权力事项指导目录》（川办发〔2020〕85号）第42项、第43项、第44项规定，赋予乡镇（街道）对森林防火、森林病虫害防治、森林资源保护管理工作中作出重大贡献的人，乡镇（街道）有权依据《中华人民共和国森林法》第十三条"对在造林绿化、森林保护、森林经营管理以及林业科学研究等方面成绩显著的组织或者个人，按照国家有关规定给予表彰、奖励"、《森林防火条例》第十二条"对在森林防火工作中作出突出成绩的单位和个人，按照国家有关规定，给予表彰和奖励。对在扑救重大、特别重大森林火灾中表现突出的单位和个人，可以由森林防火指挥机构当场给予表彰和奖励"、《森林病虫害防治条例》第二十一条"有下列成绩之一的单位和个人，由人民政府或者林业主管部门给予奖励：（一）严格执行森林病虫害防治法规，预防和除治措施得力，在本地区或者经营区域内，连续五年没有发生森林病虫害的；（二）预报病情、虫情及时准确，并提出防治森林病虫害的合理化建议，被有关部门采纳，获得显著效益的；（三）在森林病虫害防治科学研究中取得成果或者在应用推广科研成果中获得重大效益的；（四）在林业基层单位连续从事森林病虫害防治工作满十年，工作成绩较好的；（五）在森林病虫害防治工作中有其他显著成绩的"的规定，以自己的名义进行行政奖励。

316. 发现森林火灾隐患，乡镇（街道）是否有权下达整改通知书？

答：根据《四川省赋予乡镇（街道）县级行政权力事项指导目录》（川办发〔2020〕85号）第55项规定，赋予乡镇（街道）有权对森林火灾隐患下达整改通知书，乡镇（街道）有权依据《森林防火条例》第二十四条"县级以上人民政府森林防火指挥机构，应当组织有关部门对森林防火区内有关单位的森林防火组织建设、森林防火责任制落实、森林防火设施建设等情况进行检查；对检查中发现的森林火灾隐患，县级以上地方人民政府林业主管部门应当及时向有关单位下达森林火灾隐患整改通知书，责令限期整改，消除隐患。被检查单位应当积极配合，不得阻挠、妨碍检查活动"的规定，以自己的名义作出具体行政行为。

317. 乡镇（街道）执法人员发现未按照确认的行驶区域在草原上行驶，碾轧草原植被的，该如何处罚？

答：根据《四川省赋予乡镇（街道）县级行政权力事项指导目录（第二批）》（川府发〔2021〕42号）第110项规定，赋予乡镇（街道）有权对未按照确认的行驶区域和行驶路线在草原上行驶，破坏草原植被的违法行为进行行政处罚，乡镇（街道）有权依据《中华人民共和国草原法》第七十条"非抢险救灾和牧民搬迁的机动车辆离开道路在草原上行驶，或者从事地质勘探、科学考察等活动，未事先向所在地县级人民政府草原行政主管部门报告或者未按照报告的行驶区域和行驶路线在草原上行驶，破坏草原植被的，由县级人民政府草原行政主管部门责令停止违法行为，限期恢复植被，可以并处草原被破坏前三年平均产值三倍以上九倍以下的罚款；给草原所有者或者使用者造成损失的，依法承担赔偿责任"的规定，以自己的名义作出行政处罚。

318. 群众举报有人在草原上经营性采挖天然草皮，乡镇（街道）是否有权进行行政处罚？

答：根据《四川省赋予乡镇（街道）县级行政权力事项指导目录（第二批）》（川府发〔2021〕42号）第111项规定，赋予乡镇（街道）有权对经营性采挖天然草皮的违法行为进行行政处罚，乡镇（街道）有权依据《四川省〈中华人民共和国草原法〉实施办法》第二十八条"违反本实施办法第二十一条第一款规定的，由县级人民政府草原行政主管部门责令停止违法行为，限期恢复植被，没收非法财物和违法所得，可并处违法所得1倍以上2倍以下的罚款；没有违法所得的，可处以2万元以下的罚款；给草原承包方或者使用方造成损失的，依法承担赔偿责任"的规定，以自己的名义作出行政处罚。

319. 发现未经批准在草原上野外用火及未取得草原防火通行证进入草原防火管制区的，乡镇（街道）是否有权进行处罚？

答：根据《四川省赋予乡镇（街道）县级行政权力事项指导目录（第二批）》（川府发〔2021〕42号）第112项规定，赋予乡镇（街道）有权对未经批准在草原上野外用火或者进行爆破、勘察和施工等活动，未取得草原防火通行证进入草原防火管制区的违法行为进行行政处罚，乡镇（街道）有权依据《草原防火条例》第四十四条第二项"违反本条例规定，有下列行为之一的，由县级以上地方人民政府草原防火主管部门责令停止违法行为，采取防火措施，并限期补办有关手续，对有关责任人员处2000元以上5000元以下罚款，对有关责任单位处5000元以上2万元以下罚款……（二）未取得草原防火通行证进入草原防火管制区的"的规定，以自己的名义作出行政处罚。

320. 在草原防火期或草原防火管制区发现存在未安装防火装置、丢弃火种、不遵守防火安全操作规程和未按照规定用火等违法行为的，乡镇（街道）是否有权进行处罚？

答：根据《四川省赋予乡镇（街道）县级行政权力事项指导目录（第二批）》（川府发〔2021〕42号）第113项规定，赋予乡镇（街道）有权对未安装防火装置、丢弃火种、不遵守防火安全操作规程和未按照规定用火的违法行为进行行政处罚，乡镇（街道）有权依据《草原防火条例》第四十五条"违反本条例规定，有下列行为之一的，由县级以上地方人民政府草原防火主管部门责令停止违法行为，采取防火措施，消除火灾隐患，并对有关责任人员处200元以上2000元以下罚款，对有关责任单位处 2000 元以上 2 万元以下罚款；拒不采取防火措施、消除火灾隐患的，由县级以上地方人民政府草原防火主管部门代为采取防火措施、消除火灾隐患，所需费用由违法单位或者个人承担：（一）在草原防火期内，经批准的野外用火未采取防火措施的；（二）在草原上作业和行驶的机动车辆未安装防火装置或者存在火灾隐患的；（三）在草原上行驶的公共交通工具上的司机、乘务人员或者旅客丢弃火种的；（四）在草原上从事野外作业的机械设备作业人员不遵守防火安全操作规程或者对野外作业的机械设备未采取防火措施的；（五）在草原防火管制区内未按照规定用火的"的规定，以自己的名义作出行政处罚。

321. 乡镇（街道）执法人员在行政检查时，草原上的一家旅馆未建立草原防火责任制，该如何进行处罚？

答：根据《四川省赋予乡镇（街道）县级行政权力事项指导目录（第二批）》（川府发〔2021〕42 号）第 114 项规定，赋予乡镇（街道）有权对未建立或者未落实草原防火责任制的违法行为进行行政处罚，乡镇（街道）有权依据《草原防火条例》第四十六条"违反本条例规定，草原上的生产经营等单位未建立或者未落实草原防火责任制的，由县级以上地方人民政府草原防火主管部门责令改正，对有关责任单位处 5000 元以上 2 万元以下罚款"的规定，以自己的名义作出行政处罚。

322. 集体所有的草原调整或对外承包的，乡镇（街道）是否有权审批？

答：根据（新疆维吾尔自治区人民政府办公厅）《乡镇（街道）权力事项通用目录》（新政办发〔2023〕33 号）中"一、行政许可"第 5 项规定，确定乡镇（街道）有权对集体所有的草原或者依法确定给集体经济组织使用的国家所有的草原承包调整或对外承包审批作出行政许可决定，乡镇（街道）有权依据《中华人民共和国草原法》第十三条"集体所有的草原或者依法确定给集体经济组织使用的国家所有的草原，可以由本集体经济组织内的家庭或者联户承包经营。在草原承包经营期内，不得对承包经营者使用的草原进行调整；个别确需适当调整的，必须经本集体经济组织成员的村（牧）民会议三分之二以上成员或者三分之二以上村（牧）民代表的同意，并报乡（镇）人民政府和县级人民政府草原行政主管部门批准。集体所有的草原或者依法确定给集体经济组织使用的国家所有的草原由本集体经济组织以外的单位或者个人承包经营的，必须经本集体经济组织成员的村（牧）民会议三分之二以上成员或者三分之二以上村（牧）民代表的同意，并报乡（镇）人民政府批准"的规定，以自己的名义作出行政许可。

323. 乡镇（街道）是否有权对草原保护、建设和利用情况进行行政检查？

答：根据（新疆维吾尔自治区人民政府办公厅）《乡镇（街道）权力事项通用目录》（新政办发〔2023〕33号）中"五、行政检查"第5项规定，赋予乡镇（街道）有权对草原保护、建设和利用情况进行行政检查，乡镇（街道）有权依据《中华人民共和国草原法》第八条"国务院草原行政主管部门主管全国草原监督管理工作。县级以上地方人民政府草原行政主管部门主管本行政区域内草原监督管理工作。乡（镇）人民政府应当加强对本行政区域内草原保护、建设和利用情况的监督检查，根据需要可以设专职或者兼职人员负责具体监督检查工作"的规定，以自己的名义进行行政检查。

324. 村民个人之间发生了草原所有权、使用权争议，乡镇（街道）是否有权处理？

答：根据（新疆维吾尔自治区人民政府办公厅）《乡镇（街道）权

力事项通用目录》（新政办发〔2023〕33号）中"八、行政裁决"第2项规定，确认乡镇（街道）有权对个人之间、个人与单位之间发生了草原所有权、使用权争议进行裁决，乡镇（街道）有权依据《中华人民共和国草原法》第十六条"草原所有权、使用权的争议，由当事人协商解决；协商不成的，由有关人民政府处理。单位之间的争议，由县级以上人民政府处理；个人之间、个人与单位之间的争议，由乡（镇）人民政府或者县级以上人民政府处理。当事人对有关人民政府的处理决定不服的，可以依法向人民法院起诉。在草原权属争议解决前，任何一方不得改变草原利用现状，不得破坏草原和草原上的设施"的规定，以自己的名义作出行政裁决。

四、生态环境

325. 有人向水体排放或者施用未经无害化处理的人畜粪便逾期不整改，乡镇（街道）如何履行自身职责？

答：根据《湖北省街道通用权责清单》（鄂政发〔2021〕9号）第42项、《湖北省街道行政执法事项目录》（鄂政发〔2021〕9号）第19项规定，赋予乡镇（街道）负责对单位或者个人向水体排放或者施用未经无害化处理的人畜粪便逾期不整改的违法行为作出代履行，乡镇（街道）有权依据《湖北省血吸虫病防治条例》第三十二条"单位或者个人向水体排放或者施用未经无害化处理的人畜粪便的，由所在地乡（镇）人民政府责令限期整改；逾期拒不整改的，由所在地乡（镇）人民政府组织整改，所需费用由单位或者个人承担"的规定，以自己的名义作出代履行行为。

326. 乡镇（街道）执法人员发现有人在饮用水一级保护区使用化肥，该如何处罚？

答：根据《四川省赋予乡镇（街道）县级行政权力事项指导目录

（第二批）》（川府发〔2021〕42号）第60项规定，赋权乡镇（街道）有权对在地表水饮用水水源保护一级保护区内使用化肥的违法行为进行行政处罚，乡镇（街道）有权依据《四川省饮用水水源保护管理条例》第十九条第二项"地表水饮用水水源一级保护区内，除遵守本条例第十七条和第十八条规定外，还应当遵守下列规定……（二）禁止使用化肥"、第四十条第三款"违反本条例第十八条第四项，使用化肥的，由县级以上地方人民政府农业农村主管部门责令改正；情节严重的，处五千元以上二万元以下的罚款。违反本条例第十九条第二项规定，使用化肥的，由县级以上地方人民政府农业农村主管部门责令改正，处一万元以上五万元以下的罚款"规定，以自己的名义作出行政处罚。

327. 出现未按照规定设置大气污染物排放口等违法行为，乡镇（街道）应如何处罚？

答：根据《山西省人民政府关于向乡镇人民政府和街道办事处下放部分行政执法职权的决定》（晋政发〔2022〕22号）中《山西省人民政府下放乡镇人民政府和街道办事处行政执法职权指导目录》第3项规定，乡镇（街道）可以根据《中华人民共和国大气污染防治法》第一百条第五项"违反本法规定，有下列行为之一的，由县级以上人民政府生态环境主管部门责令改正，处二万元以上二十万元以下的罚款；拒不改正的，责令停产整治……（五）未按照规定设置大气污染物排放口的"等规定进行处罚。

328. 出现露天仓库产生扬尘，污染环境等违法行为，乡镇（街道）应如何处罚？

答：根据《上海市街道办事处乡镇人民政府首批行政执法事项目录清单》（沪府规〔2021〕10号）第236项规定，乡镇（街道）可以根据《中华人民共和国大气污染防治法》第一百一十七条第一项、第二项

"违反本法规定，有下列行为之一的，由县级以上人民政府生态环境等主管部门按照职责责令改正，处一万元以上十万元以下的罚款；拒不改正的，责令停工整治或者停业整治：（一）未密闭煤炭、煤矸石、煤渣、煤灰、水泥、石灰、石膏、砂土等易产生扬尘的物料的；（二）对不能密闭的易产生扬尘的物料，未设置不低于堆放物高度的严密围挡，或者未采取有效覆盖措施防治扬尘污染的"等规定进行处罚。

329. 从事服装干洗和机动车维修等服务活动，存在未设置异味和废气处理装置等污染防治设施并保持正常使用，影响周边环境等违法行为，乡镇（街道）应如何处罚？

答：根据《安徽省人民政府关于赋予乡镇街道部分县级审批执法权限的决定》（皖政〔2022〕112号）中《安徽省赋予乡镇街道部分县级审批执法权限指导目录》第99项规定，乡镇（街道）可以根据《中华人民共和国大气污染防治法》第一百二十条"违反本法规定，从事服装干洗和机动车维修等服务活动，未设置异味和废气处理装置等污染防治设施并保持正常使用，影响周边环境的，由县级以上地方人民政府生态环境主管部门责令改正，处二千元以上二万元以下的罚款；拒不改正的，责令停业整治"等规定进行处罚。

330. 出现在饮用水水源一级保护区内从事网箱养殖、旅游、游泳、垂钓或者其他可能污染饮用水水体的活动等违法行为，乡镇（街道）应如何处罚？

答：根据《安徽省人民政府关于赋予乡镇街道部分县级审批执法权限的决定》（皖政〔2022〕112号）中《安徽省赋予乡镇街道部分县级审批执法权限指导目录》第97项规定，乡镇（街道）可以根据《中华人民共和国水污染防治法》第六十五条"禁止在饮用水水源一级保护区内新建、改建、扩建与供水设施和保护水源无关的建设项目；已建成的与供水设施和保护水源无关的建设项目，由县级以上人民政府责令拆除或者关闭。禁止在饮用水水源一级保护区内从事网箱养殖、旅游、游泳、垂钓或者其他可能污染饮用水水体的活动"、第九十一条"有下列行为之一的，由县级以上地方人民政府环境保护主管部门责令停止违法行为，处十万元以上五十万元以下的罚款；并报经有批准权的人民政府批准，责令拆除或者关闭：（一）在饮用水水源一级保护区内新建、改建、扩建与供水设施和保护水源无关的建设项目的；（二）在饮用水水源二级保护区内新建、改建、扩建排放污染物的建设项目的；（三）在饮用水水源准保护区内新建、扩建对水体污染严重的建设项目，或者改建建设项目增加排污量的。在饮用水水源一级保护区内从事网箱养殖或者组织进行旅游、垂钓或者其他可能污染饮用水水体的活动的，由县级以上地方人民政府环境保护主管部门责令停止违法行为，处二万元以上十万元以下的罚款。个人在饮用水水源一级保护区内游泳、垂钓或者从事其他可能污染饮用水水体的活动的，由县级以上地方人民政府环境保护主管部门责令停止违法行为，可以处五百元以下的罚款"等规定进行处罚。

331. 出现在饮用水水源保护区内设置排污口等违法行为，乡镇（街道）应如何处罚？

答：根据《山西省人民政府关于向乡镇人民政府和街道办事处下放部分行政执法职权的决定》（晋政发〔2022〕22号）中《山西省人民政府下放乡镇人民政府和街道办事处行政执法职权指导目录》第7项规定，乡镇（街道）可以根据《中华人民共和国水污染防治法》第八十四条"在饮用水水源保护区内设置排污口的，由县级以上地方人民政府责令限期拆除，处十万元以上五十万元以下的罚款；逾期不拆除的，强制拆除，所需费用由违法者承担，处五十万元以上一百万元以下的罚款，并可以责令停产整治。除前款规定外，违反法律、行政法规和国务院环境保护主管部门的规定设置排污口的，由县级以上地方人民政府环境保护主管部门责令限期拆除，处二万元以上十万元以下的罚款；逾期不拆除的，强制拆除，所需费用由违法者承担，处十万元以上五十万元以下的罚款；情节严重的，可以责令停产整治。未经水行政主管部门或者流域管理机构同意，在江河、湖泊新建、改建、扩建排污口的，由县级以上人民政府水行政主管部门或者流域管理机构依据职权，依照前款规定采取措施、给予处罚"等规定进行处罚。

332. 出现畜禽养殖废弃物未进行综合利用和无害化处理等违法行为，乡镇（街道）应如何处罚？

答：根据《山西省人民政府关于向乡镇人民政府和街道办事处下放部分行政执法职权的决定》（晋政发〔2022〕22号）中《山西省人民政府下放乡镇人民政府和街道办事处行政执法职权指导目录》第4项规定，乡镇（街道）可以根据《畜禽规模养殖污染防治条例》第三十九条"违反本条例规定，未建设污染防治配套设施或者自行建设的配套设施不合格，也未委托他人对畜禽养殖废弃物进行综合利用和无害化处理，畜禽养殖场、养殖小区即投入生产、使用，或者建设的污染防治配套设施未正常运行的，由县级以上人民政府环境保护主管部门责令停止生产或者使用，可以处10万元以下的罚款"等规定进行处罚。

333. 出现将畜禽养殖废弃物用作肥料造成环境污染等违法行为，乡镇（街道）应如何处罚？

答：根据《安徽省人民政府关于赋予乡镇街道部分县级审批执法权限的决定》（皖政〔2022〕112号）中《安徽省赋予乡镇街道部分县级审批执法权限指导目录》第93项规定，乡镇（街道）可以根据《中华人民共和国固体废物污染环境防治法》第一百零七条"从事畜禽规模养殖未及时收集、贮存、利用或者处置养殖过程中产生的畜禽粪污等固体废物的，由生态环境主管部门责令改正，可以处十万元以下的罚款；情节严重的，报经有批准权的人民政府批准，责令停业或者关闭"、《畜禽规模养殖污染防治条例》第四十条"违反本条例规定，有下列行为之一的，由县级以上地方人民政府环境保护主管部门责令停止违法行为，限期采取治理措施消除污染，依照《中华人民共和国水污染防治法》、《中华人民共和国固体废物污染环境防治法》的有关规定予以处罚：（一）将畜禽养殖废弃物用作肥料，超出土地消纳能力，造成环境污染的；（二）从事畜禽养殖活动或者畜禽养殖废弃物处理活动，未采取有效措施，导致畜禽养殖废弃物渗出、泄漏的"等规定进行处罚。

334. 出现排放畜禽养殖废弃物超标、超总量或未经无害化处理直接向环境排放畜禽养殖废弃物等违法行为，乡镇（街道）应如何处罚？

答：根据《安徽省人民政府关于赋予乡镇街道部分县级审批执法权限的决定》（皖政〔2022〕112号）中《安徽省赋予乡镇街道部分县级审批执法权限指导目录》第94项规定，乡镇（街道）可以根据《畜禽规模养殖污染防治条例》第四十一条"排放畜禽养殖废弃物不符合国家或者地方规定的污染物排放标准或者总量控制指标，或者未经无害化处理直接向环境排放畜禽养殖废弃物的，由县级以上地方人民政府环境保护主管部门责令限期治理，可以处5万元以下的罚款。县级以上地方人民政府环境保护主管部门作出限期治理决定后，应当会同同级人民政府农牧等有关部门对整改措施的落实情况及时进行核查，并向社会公布核查结果"等规定进行处罚。

335. 出现擅自开垦、围垦、填埋等改变湿地用途以及擅自开垦、围垦、填埋、采砂、取土等占用湿地等违法行为，乡镇（街道）应如何处罚？

答：根据《安徽省人民政府关于赋予乡镇街道部分县级审批执法权限的决定》（皖政〔2022〕112号）中《安徽省赋予乡镇街道部分县级审批执法权限指导目录》第327项规定，乡镇（街道）可以根据《中华人民共和国湿地保护法》第五十四条"违反本法规定，开（围）垦、填埋自然湿地的，由县级以上人民政府林业草原等有关主管部门按照职责分工责令停止违法行为，限期修复湿地或者采取其他补救措施，没收违法所得，并按照破坏湿地面积，处每平方米五百元以上五千元以下罚款；破坏国家重要湿地的，并按照破坏湿地面积，处每平方米一千元以上一万元以下罚款。违反本法规定，排干自然湿地或者永久性截断自然湿地水源的，由县级以上人民政府林业草原主管部门责令停止违法行为，限期修复湿地或者采取其他补救措施，没收违法所得，并处五万元以上五十万元以下罚款；造成严重后果的，并处五十万元以上一百万元以下罚款"、《安徽省湿地保护条例》第三十五条"违反本条例第二十一条第一项规定，擅自开垦、围垦、填埋等改变湿地用途的，由县级以上人民政府国土资源行政主管部门或者林业行政主管部门责令停止违法行为，没收违法所得；限期恢复，并处非法所得的百分之十以上百分之五十以下的罚款。违反本条例第二十一条第一项、第三项规定，擅自开垦、围垦、填埋、采砂、取土等占用湿地的，由县级以上人民政府国土资源行政主管部门或者林业行政主管部门责令停止违法行为，限期治理或者恢复，并处非法占用湿地每平方米十元以上三十元以下的罚款"、安徽省林业局《关于做好林业行政执法与生态环境保护综合行政执法衔接的通知》（办秘函〔2020〕16号）等规定进行处罚。

336. 出现向公园水体排放不符合排放标准的污水或者向公园水体倾倒杂物、垃圾等违法行为，乡镇（街道）应如何处罚？

答：根据《上海市街道办事处乡镇人民政府首批行政执法事项目录清单》（沪府规〔2021〕10号）第10项规定，乡镇（街道）可以根据《上海市公园管理条例》第二十六条第一项"有下列行为之一的，由市或者区绿化行政管理部门责令其停止侵害；造成损失的，应当赔偿，并按环境保护和环境卫生有关规定给予处罚：（一）向公园水体排放不符合排放标准的污水或者向公园水体内倾倒杂物、垃圾的"等规定进行处罚。

337. 出现乱倒垃圾、污水、粪便、乱扔动物尸体等废弃物等违法行为，乡镇（街道）应如何处罚？

答：根据《上海市街道办事处乡镇人民政府首批行政执法事项目录清单》（沪府规〔2021〕10号）第52项规定，乡镇（街道）可以根据《上海市市容环境卫生管理条例》（2018修正）第二十八条第二款①"违反前款规定的，由城管执法部门责令改正，并处罚款，其中，违反前款第（一）项规定的，处二百元以下罚款；违反前款第（二）、（三）项规定的，处一百元以下罚款；违反前款第（四）项规定的，对个人处二百元以下罚款，对单位处五千元以上五万元以下罚款，违反前款第（五）项规定的，对个人处二百元以下罚款，对单位处三百元以上三千元以下罚款，对装运垃圾乱倒的，可以暂扣运输工具，并要求违法行为人到指定地点接受处理，处理后，发还运输工具；违反前款第（六）项规定的，处三百元以上三千元以下罚款"等规定进行处罚。

---

① 《上海市市容环境卫生管理条例》（2022修订）第五十二条规定："禁止下列影响环境卫生的行为：（一）随地吐痰、便溺；（二）乱扔果皮、纸屑、烟蒂、饮料罐、口香糖、口罩等废弃物；（三）乱倒污水、粪便，乱扔家禽家畜、宠物等动物尸体；（四）法律、法规规定的有损环境卫生的其他禁止行为。违反前款规定的，由城市管理综合执法部门责令改正，可以处警告、罚款。其中，违反前款第一项、第二项规定的，可以处五十元以上二百元以下罚款；违反前款第三项规定的，对个人可以处五十元以上二百元以下罚款，对单位可以处五千元以上五万元以下罚款。"

338. 本市集镇、村庄范围内存在随意堆积、堆放秸秆、柴草、杂物造成环境污染或者腐烂的秸秆、柴草、杂物不及时处理造成环境污染等违法行为，乡镇（街道）应如何处罚？

答：根据《上海市街道办事处乡镇人民政府首批行政执法事项目录清单》（沪府规〔2021〕10号）第116项规定，乡镇（街道）可以根据《上海市集镇和村庄环境卫生管理暂行规定》第二十七条第一款第六项、第二款"对违反本规定的单位和个人，由市和区、县市容环境卫生管理部门及其设立的监察队伍或者乡（镇）人民政府责令改正，并按照下列规定给予处罚……（六）随意堆积、堆放秸秆、柴草、杂物，造成环境污染，且逾期不改正的，处以10元罚款。腐烂的秸秆、柴草、杂物不及时处理，造成环境污染的，处以50元以下罚款……违反前款第（一）项、第（二）项、第（三）项、第（四）项、第（六）项、第（七）项、第（十）项、第（十一）项或者第（十二）项规定，经责令改正但逾期不改正的，可代为采取改正措施，所需费用由责任者承担"等规定进行处罚。

339. 单位存在未按照规定对裸露土地进行绿化或者铺装等违法行为，乡镇（街道）应如何处罚？

答：根据《上海市街道办事处乡镇人民政府首批行政执法事项目录清单》（沪府规〔2021〕10号）第237项规定，乡镇（街道）可以根据《上海市大气污染防治条例》第九十八条第六款、第八款"违反本条例第六十条第一项规定，单位未按照规定进行绿化或者铺装的，由生态环境部门责令改正，处一千元以上一万元以下罚款……有本条第五款、第六款规定的情形，致使大气环境受到污染，情节严重的，由有关行政管理部门处一万元以上五万元以下罚款"等规定进行处罚。

340. 作业单位和个人存在在道路或者公共场所无组织排放粉尘或者废气等违法行为，乡镇（街道）应如何处罚？

答：根据《上海市街道办事处乡镇人民政府首批行政执法事项目录清单》（沪府规〔2021〕10号）第238项规定，乡镇（街道）可以根据《上海市大气污染防治条例》第一百条"违反本条例第六十三条规定，作业单位和个人无组织排放粉尘或者废气的，由市或者区生态环境部门责令改正；拒不改正的，处五千元以上五万元以下罚款"等规定进行处罚。

341. 出现经营性炉灶排放明显可见黑烟等违法行为，乡镇（街道）应如何处罚？

答：根据《上海市街道办事处乡镇人民政府首批行政执法事项目录清单》（沪府规〔2021〕10号）第239项规定，乡镇（街道）可以根据《上海市大气污染防治条例》第八十五条"违反本条例第三十七条第二款规定，锅炉、窑炉以及单位使用的或者经营性的炉灶等设施排放明显可见黑烟的，由市或者区生态环境部门责令改正，可以处五千元以上五万元以下罚款"等规定进行处罚。

342. 出现在噪声敏感建筑物集中区域内从事金属切割、石材和木材加工等易产生噪声污染的商业经营活动等违法行为，乡镇（街道）应如何处罚？

答：根据《上海市街道办事处乡镇人民政府首批行政执法事项目录清单》（沪府规〔2021〕10号）第240项规定，乡镇（街道）可以根据《上海市社会生活噪声污染防治办法》第十八条第一项"违反本办法，有下列行为之一的，由环保部门责令限期改正，按照下列规定进行处罚：（一）违反本办法第五条第一款规定，在噪声敏感建筑物集中区域内从事金属切割、石材和木材加工等商业经营活动的，处以1万元以上5万元以下的罚款"等规定进行处罚。

343. 饮食服务业的经营者存在未按照规定安装油烟净化和异味处理设施或在线监控设施、未保持设施正常运行等违法行为，乡镇（街道）应如何处罚？

答：根据《上海市街道办事处、乡镇人民政府第二批行政执法事项目录清单》（沪府规〔2022〕7号）第8项规定，乡镇（街道）可以根据《上海市大气污染防治条例》第九十九条第二款"违反本条例第六十二条第一款、第二款规定，饮食服务业的经营者未按照规定安装油烟净化和异味处理设施或在线监控设施、未保持设施正常运行……由市或者区生态环境部门责令改正，处五千元以上五万元以下罚款；拒不改正的，责令停业整治"等规定进行处罚。

344. 出现在当地人民政府禁止的时段和区域内露天烧烤食品或者为露天烧烤食品提供场地等违法行为，乡镇（街道）应如何处罚？

答：根据《上海市街道办事处、乡镇人民政府第二批行政执法事项目录清单》（沪府规〔2022〕7号）第9项规定，乡镇（街道）可以根据《中华人民共和国大气污染防治法》第一百一十八条第三款"违反本法规定，在当地人民政府禁止的时段和区域内露天烧烤食品或者为露天烧烤食品提供场地的，由县级以上地方人民政府确定的监督管理部门责令改正，没收烧烤工具和违法所得，并处五百元以上二万元以下的罚款"等规定进行处罚。

345. 出现运输煤炭、水泥、石灰、石膏、砂土、垃圾等易产生扬尘的作业，未采取防抛洒、防扬尘措施等违法行为，乡镇（街道）应如何处罚？

答：根据《陕西省人民政府关于向乡镇政府和街道办事处下放部分县级行政执法权的决定》（陕政发〔2023〕9号）中《陕西省下放乡镇政府和街道办事处行政执法事项指导目录》第11项规定，乡镇（街道）

可以根据《陕西省大气污染防治条例》第五十八条"运输煤炭、水泥、石灰、石膏、垃圾、渣土、砂石、土方、灰浆等散装、流体物料的车辆应当采取密闭或者其他措施防止物料遗撒造成扬尘污染,并按照规定路线行驶。装卸物料应当采取密闭或者喷淋等方式防治扬尘污染",第七十条第二款、第三款"违反本条例第五十八条第一款规定,运输煤炭、水泥、石灰、石膏、垃圾、渣土、砂石、土方、灰浆等散装、流体物料的车辆,未采取密闭或者其他措施防止物料遗撒的,由县级以上人民政府确定的监督管理部门责令改正,处二千元以上二万元以下的罚款;拒不改正的,车辆不得上道路行驶。违反本条例第五十八条第二款规定,装卸物料未采取密闭或者喷淋等方式防治扬尘污染,违反本条例第六十一条规定,由县级以上人民政府生态环境等行政主管部门按照职责责令改正,处一万元以上十万元以下的罚款;拒不改正的,责令停工整治"等规定进行处罚。

346. 从事车辆清洗维修、废品收购等行业的经营者存在未保持经营场所周边的环境卫生整洁,污水外流或者废弃物向外散落等违法行为,乡镇(街道)应如何处罚?

答:根据《陕西省人民政府关于向乡镇政府和街道办事处下放部分县级行政执法权的决定》(陕政发〔2023〕9号)中《陕西省下放乡镇政府和街道办事处行政执法事项指导目录》第20项规定,乡镇(街道)可以根据《陕西省城市市容环境卫生条例》第四十四条"从事车辆清洗维修、废品收购等行业的经营者,应当保持经营场所周边的环境卫生整洁,防止污水外流或者废弃物向外散落。违反规定的,处以二百元以上五百元以下罚款。在城市运行的机动车辆应当保持外形完好、整洁,及时清洗车身的泥土、污物"等规定进行处罚。

347. 农业投入品生产者、销售者、使用者存在未按照规定及时回收肥料等农业投入品的包装废弃物或者农用薄膜，或者未按照规定及时回收农药包装废弃物交由专门的机构或者组织进行无害化处理等违法行为，乡镇（街道）应如何处罚？

答：根据《四川省赋予乡镇（街道）县级行政权力事项指导目录（第二批）》（川府发〔2021〕42号）第56项规定，乡镇（街道）可以根据《中华人民共和国土壤污染防治法》第八十八条"违反本法规定，农业投入品生产者、销售者、使用者未按照规定及时回收肥料等农业投入品的包装废弃物或者农用薄膜，或者未按照规定及时回收农药包装废弃物交由专门的机构或者组织进行无害化处理的，由地方人民政府农业农村主管部门责令改正，处一万元以上十万元以下的罚款；农业投入品使用者为个人的，可以处二百元以上二千元以下的罚款"、《农药包装废弃物回收处理管理办法》第十九条"农药生产者、经营者、使用者未按规定履行农药包装废弃物回收处理义务的，由地方人民政府农业农村主管部门按照《中华人民共和国土壤污染防治法》第八十八条规定予以处罚"、《农用薄膜管理办法》第二十四条"农用薄膜生产者、销售者、使用者未按照规定回收农用薄膜的，依照《中华人民共和国土壤污染防治法》第八十八条规定处罚"等规定进行处罚。

348. 出现拒不配合生态环境检查，或者在接受检查时弄虚作假等违法行为，乡镇（街道）应如何处罚？

答：根据《安徽省人民政府关于赋予乡镇街道部分县级审批执法权限的决定》（皖政〔2022〕112号）中《安徽省赋予乡镇街道部分县级审批执法权限指导目录》第89项规定，乡镇（街道）可以根据《中华人民共和国土壤污染防治法》第九十三条"违反本法规定，被检查者拒不配合检查，或者在接受检查时弄虚作假的，由地方人民政府生态环境主管部门或者其他负有土壤污染防治监督管理职责的部门责令改正，处二万元以上二十万元以下的罚款；对直接负责的主管人员和其他直接责任人员处五千元以上二万元以下的罚款"、《中华人民共和国水污染防治法》第八十一条"以拖延、围堵、滞留执法人员等方式拒绝、阻挠环境保护主管部门或者其他依照本法规定行使监督管理权的部门的监督检查，或者在接受监督检查时弄虚作假的，由县级以上人民政府环境保护主管部门或者其他依照本法规定行使监督管理权的部门责令改正，处二万元以上二十万元以下的罚款"、《中华人民共和国大气污染防治法》第九十八条"违反本法规定，以拒绝进入现场等方式拒不接受生态环境主管部门及其环境执法机构或者其他负有大气环境保护监督管理职责的部门的监督检查，或者在接受监督检查时弄虚作假的，由县级以上人民政府生态环境主管部门或者其他负有大气环境保护监督管理职责的部门责令改正，处二万元以上二十万元以下的罚款；构成违反治安管理行为的，由公安机关依法予以处罚"、《中华人民共和国固体废物污染环境防治法》第一百零三条"违反本法规定，以拖延、围堵、滞留执法人员等方式拒绝、阻挠监督检查，或者在接受监督检查时弄虚作假的，由生态环境主管部门或者其他负有固体废物污染环境防治监督管理职责的部门责令改正，处五万元以上二十万元以下的罚款；对直接负责的主管人员和其他直接责任人员，处二万元以上十万元以下的罚款"、《中华人民共和国噪声污染防治法》第七十一条"违反本法规定，拒绝、阻挠监督检查，或者在接受监督检查时弄虚作假的，由生态环境主管部门或者其他负有噪声污染防治监督管理职责的部门责令改正，处二万元以上二十万元以下的罚款"、《排污许可管理条例》第三十九条"排污单位拒不配合生态环境主管部门监督检查，或者在接受监督检查时弄虚作假的，由生态环境主管部门责令改正，处 2 万元以上 20 万元以下的罚款"等规定进行处罚。

349. 出现在机关、学校、医院、居民住宅区等人口集中地区和其他依法需要特殊保护的区域内，从事橡胶制品生产等产生恶臭、有毒有害气体的生产经营活动等违法行为，乡镇（街道）应如何处罚？

答：根据《安徽省人民政府关于赋予乡镇街道部分县级审批执法权限的决定》（皖政〔2022〕112号）中《安徽省赋予乡镇街道部分县级审批执法权限指导目录》第96项规定，乡镇（街道）可以根据《安徽省大气污染防治条例》第七十五条"在机关、学校、医院、居民住宅区等人口集中地区和其他依法需要特殊保护的区域内，禁止从事下列生产活动：（一）橡胶制品生产、经营性喷漆、制骨胶、制骨粉、屠宰、畜禽养殖、生物发酵等产生恶臭、有毒有害气体的生产经营活动；（二）露天焚烧油毡、沥青、橡胶、塑料、皮革、垃圾或者其他可能产生恶臭、有毒有害气体的活动。垃圾填埋场、垃圾发电厂、污水处理厂、规模化畜禽养殖场等应当采取措施处理恶臭气体"、第九十六条"违反本条例第七十五条第一款规定的，由县级以上人民政府确定的监督管理部门责令改正，对企业事业单位处二万元以上十万元以下罚款，对个人处五百元以上二千元以下罚款"等规定进行处罚。

350. 从事屠宰加工的单位存在未及时收集、贮存、利用或者处置加工过程中产生的固体废物等违法行为，乡镇（街道）应如何处罚？

答：根据《安徽省人民政府关于赋予乡镇街道部分县级审批执法权限的决定》（皖政〔2022〕112号）中《安徽省赋予乡镇街道部分县级审批执法权限指导目录》第101项规定，乡镇（街道）可以根据《安徽省实施〈中华人民共和国固体废物污染环境防治法〉办法》第三十九条"从事畜禽饲养、屠宰加工的单位，应当配置利用、处置固体废物设施或者委托具备利用、处置能力的单位，及时收集、贮存、利用或者处置生产、加工过程中产生的固体废物。屠宰家禽家畜的个体经营户应当在指定地点作业，所产生的固体废物应当集中处置"、第五十七条"违反本办法第三十九条第一款规定,从事屠宰加工的单位未及时收集、贮存、利用或者处置加工过程中产生的固体废物的,由生态环境主管部门责令改正,可以处十万元以下的罚款;情节严重的,报经有批准权的人民政府批准,责令停业或者关闭"等规定进行处罚。

351. 在不具备集中处置医疗废物条件的农村,医疗机构存在未按要求处置医疗废物等违法行为,乡镇(街道)应如何处罚?

答:根据《安徽省人民政府关于赋予乡镇街道部分县级审批执法权限的决定》(皖政〔2022〕112号)中《安徽省赋予乡镇街道部分县级审批执法权限指导目录》第102项规定,乡镇(街道)可以根据《医疗废物管理条例》第五十一条"不具备集中处置医疗废物条件的农村,医疗卫生机构未按照本条例的要求处置医疗废物的,由县级人民政府卫生行政主管部门或者环境保护行政主管部门按照各自的职责责令限期改正,给予警告;逾期不改正的,处1000元以上5000元以下的罚款;造成传染病传播或者环境污染事故的,由原发证部门暂扣或者吊销执业许可证件;构成犯罪的,依法追究刑事责任"、《医疗废物管理行政处罚办法》第十三条"有《条例》第五十一条规定的情形,不具备集中处置医疗废物条件的农村,医疗卫生机构未按照卫生行政主管部门有关疾病防治的要求处置医疗废物的,由县级人民政府卫生行政主管部门责令限期改正,给予警告;逾期不改正的,处1000元以上5000元以下的罚款;未按照环境保护行政主管部门有关环境污染防治的要求处置医疗废物的,由县级人民政府环境保护行政主管部门责令限期改正,给予警告;逾期不改正的,处1000元以上5000元以下的罚款"等规定进行处罚。

352. 出现违反摊点卫生管理规定等违法行为,乡镇(街道)应如何处罚?

答:根据《四川省赋予乡镇(街道)县级行政权力事项指导目录

（第二批）》（川府发〔2021〕42号）第12项规定，乡镇（街道）可以根据《四川省城乡环境综合治理条例》第三十七条第二款"集贸市场内的经营者应当保持摊位和经营场所的整洁。餐饮、农产品等易产生垃圾的摊位应当配置垃圾收集容器，保持摊点干净和卫生"、第三十八条"早市、夜市、摊区、临时农副产品市场应当定时定点经营，保持摊位整洁，收市时应当将垃圾、污渍清理干净。临时饮食摊点应当采取有效措施防止油污、污水和垃圾污染环境"、第六十五条第四项"单位或者个人有下列情形之一的，责令改正或者限期清除；拒不改正或者清除的，依法代为清除，其费用由违法行为人承担。可以并处五十元以上二百元以下罚款……（四）违反本条例第三十七条第二款、第三十八条摊点卫生管理规定的"等规定进行处罚。

353. 施工单位存在未及时清运工程施工过程中产生的建筑垃圾，造成环境污染等违法行为，乡镇（街道）应如何处罚？

答：根据《四川省赋予乡镇（街道）县级行政权力事项指导目录（第二批）》（川府发〔2021〕42号）第15项规定，乡镇（街道）可以根据《城市建筑垃圾管理规定》第二十二条第一款"施工单位未及时清运工程施工过程中产生的建筑垃圾，造成环境污染的，由城市人民政府市容环境卫生主管部门责令限期改正，给予警告，处5000元以上5万元以下罚款"等规定进行处罚。

354. 出现随意倾倒、抛洒、堆放城市生活垃圾等违法行为，乡镇（街道）应如何处罚？

答：根据《四川省赋予乡镇（街道）县级行政权力事项指导目录（第二批）》（川府发〔2021〕42号）第17项规定，乡镇（街道）可以根据《城市生活垃圾管理办法》第十六条"单位和个人应当按照规定的地点、时间等要求，将生活垃圾投放到指定的垃圾容器或者收集场所。废旧家具等大件垃圾应当按规定时间投放在指定的收集场所。城市生活垃圾实行分类收集的地区，单位和个人应当按照规定的分类要求，将生活垃圾装入相应的垃圾袋内，投入指定的垃圾容器或者收集场所。宾馆、饭店、餐馆以及机关、院校等单位应当按照规定单独收集、存放本单位产生的餐厨垃圾，并交符合本办法要求的城市生活垃圾收集、运输企业运至规定的城市生活垃圾处理场所。禁止随意倾倒、抛洒或者堆放城市生活垃圾"、第四十二条"违反本办法第十六条规定，随意倾倒、抛洒、堆放城市生活垃圾的，由直辖市、市、县人民政府建设（环境卫生）主管部门责令停止违法行为，限期改正，对单位处以5000元以上5万元以下的罚款。个人有以上行为的，处以200元以下的罚款"等规定进行处罚。

355. 出现随地吐痰、吐口香糖，乱扔烟蒂、纸屑、果皮及食品包装等废弃物，随地便溺；从车辆内或者建（构）筑物上向外抛掷杂物、废弃物；在非指定地点倾倒垃圾、污水、粪便等废弃物或者将废弃物扫入、排入城市排水沟、地下管道；在非指定区域、指定时间燃放烟花爆竹；在露天场所或者垃圾收集容器内焚烧秸秆、树叶、垃圾或者其他废弃物；在住宅区内从事产生废气、废水、废渣的经营活动，影响居民正常生活；占用道路、桥梁、人行天桥、地下通道、广场等公共场所摆摊设点、堆放物料及从事经营性活动等违法行为，乡镇（街道）应如何处罚？

答：根据《四川省赋予乡镇（街道）县级行政权力事项指导目录（第二批）》（川府发〔2021〕42号）第19项规定，乡镇（街道）可以根据《四川省城乡环境综合治理条例》第四十五条"禁止影响城镇环境卫生的下列行为：（一）随地吐痰、吐口香糖，乱扔烟蒂、纸屑、果皮及食品包装等废弃物，随地便溺；（二）从车辆内或者建（构）筑物上向外抛掷杂物、废弃物；（三）在非指定地点倾倒垃圾、污水、粪便等废弃物或者将废弃物扫入、排入城市排水沟、地下管道；（四）在非指定区域、指定时间燃放烟花爆竹；（五）在露天场所或者垃圾收集容器内焚烧秸秆、树叶、垃圾或者其他废弃物；（六）在住宅区内从事产生废气、废水、废渣的经营活动，影响居民正常生活；（七）占用道路、桥梁、人行天桥、地下通道、广场等公共场地摆摊设点、堆放物料及从事经营性活动"、第七十一条"单位或者个人有本条例第四十五条规定影响城镇环境卫生行为之一的，责令改正或者清除；拒不改正或者清除的，代为清除，其费用由违法行为人承担；情节严重或者造成严重后果的，并处个人五十元以上二百元以下罚款，单位五百元以上二千元以下罚款"等规定进行处罚。

356. 出现堆放、吊挂影响市容市貌物品等违法行为，乡镇（街道）应如何处罚？

答：根据《四川省赋予乡镇（街道）县级行政权力事项指导目录（第二批）》（川府发〔2021〕42号）第20项规定，乡镇（街道）可以根据《四川省城乡环境综合治理条例》第二十条第一款"城镇临街建（构）筑物立面应当保持整洁、完好，其造型、色调和风格应当与周围环境景观相协调。屋顶、阳台、平台、外走廊及窗外不得堆放、吊挂影响市容市貌的物品；各类附属设施应当规范设置"、第六十五条第一项"单位或者个人有下列情形之一的，责令改正或者限期清除；拒不改正或者清除的，依法代为清除，其费用由违法行为人承担。可以并处五十元以上二百元以下罚款：（一）违反本条例第二十条第一款规定，堆放、吊挂影响市容市貌物品的"等规定进行处罚。

357. 出现在城镇住宅区内饲养家畜家禽，饲养宠物和信鸽影响环境卫生和周围居民正常生活等违法行为，乡镇（街道）应如何处罚？

答：根据《四川省赋予乡镇（街道）县级行政权力事项指导目录（第二批）》（川府发〔2021〕42号）第21项规定，乡镇（街道）可以根据《四川省城乡环境综合治理条例》第三十六条第二款"禁止在城镇住宅区内饲养家禽家畜。城镇居民经批准饲养宠物和信鸽的，不得影响环境卫生和周围居民正常生活。携带宠物出户，应当携带清洁用具，及时清除宠物排泄物，维护公共环境卫生"、第六十五条第三项"单位或者个人有下列情形之一的，责令改正或者限期清除；拒不改正或者清除的，依法代为清除，其费用由违法行为人承担。可以并处五十元以上二百元以下罚款……（三）违反本条例第三十六条第二款规定，在城镇住宅区内饲养家禽家畜的，饲养宠物和信鸽影响环境卫生和周围居民正常生活的"等规定进行处罚。

358. 出现对车辆未采取覆盖或者密闭措施，造成泄漏遗撒的或者违规倾倒等违法行为，乡镇（街道）应如何处罚？

答：根据《四川省赋予乡镇（街道）县级行政权力事项指导目录（第二批）》（川府发〔2021〕42号）第27项规定，乡镇（街道）可以根据《四川省城乡环境综合治理条例》第二十六条第二款"城乡道路上行驶的各种机动车辆应当保持车容整洁。运载垃圾、泥土、砂石、水泥、混凝土、灰浆、煤炭等易飘洒物和液体的机动车辆，应当采取外层覆盖或者密闭措施，不得泄漏遗撒和违规倾倒"、第六十七条"违反本条例第二十六条第二款规定，车辆未采取覆盖或者密闭措施，造成泄漏遗撒的或者违规倾倒的，责令清除改正；代为清除的，其费用由违法行为人承担；并处两千元以上二万元以下罚款；拒不改正的，车辆不得上道路行驶"等规定进行处罚。

359. 出现在水利工程管理和保护范围内从事相关违法行为，乡镇（街道）应如何处罚？

答：根据《四川省赋予乡镇（街道）县级行政权力事项指导目录（第二批）》（川府发〔2021〕42号）第45项规定，乡镇（街道）可以根据《四川省〈中华人民共和国水法〉实施办法》第二十条第二款及第三款"在水工程管理范围内（包括水利工程用地、护渠地、护堤地），禁止从事下列活动：（一）损害水工程建筑物及其附属设施；（二）擅自砍伐水工程防护林木；（三）在堤坝上垦植、铲草、放牧；（四）未经批准修建建筑物；（五）进行爆破、采矿、打井、筑坟、采石（砂）、取土；（六）向水库、渠道水域、滩地倾倒固体废弃物和液体污染物；（七）其他危害水工程安全的活动。在水工程保护范围内，禁止从事影响水工程运行、危害水工程安全和防洪设施以及污染水源的爆破、打井、取土、采石（砂）、陡坡开垦、伐木、开矿、建筑等活动"、第四十三条"违反本办法第二十条第二款、第三款规定的，责令停止违法行为，采取补救措施，处1万元以上5万元以下的罚款"等规定进行处罚。

五、道路运输

360. 对擅自在桥梁或者路灯设施上设置广告牌或者其他挂浮物的行为，乡镇（街道）应如何处罚？

答：根据《甘肃省赋予乡镇和街道部分县级经济社会管理权限指导目录》（甘政办发〔2020〕88号）第38项规定，乡镇（街道）可以根据《城市道路管理条例》第二十七条第六项"城市道路范围内禁止下列行为……（六）擅自在桥梁或者路灯设施上设置广告牌或者其他挂浮物"以及第四十二条"违反本条例第二十七条规定，或者有下列行为之一的，由市政工程行政主管部门或者其他有关部门责令限期改正，可以处以2万元以下的罚款；造成损失的，应当依法承担赔偿责任"等规定进行处罚。

361. 对依附于城市道路建设各种管线、杆线等设施，不按照规定办理批准手续的违法行为，乡镇（街道）应如何处罚？

答：根据《甘肃省赋予乡镇和街道部分县级经济社会管理权限指导

目录》（甘政办发〔2020〕88号）第40项规定，乡镇（街道）可以根据《城市道路管理条例》第四十二条第四项"依附于城市道路建设各种管线、杆线等设施，不按照规定办理批准手续的"，乡镇（街道）可以根据该条责令违法行为人限期改正，可以处以2万元以下的罚款；造成损失的，可以要求违法行为人依法承担赔偿责任作出处罚。

362. 对紧急抢修埋设在城市道路下的管线，不按照规定补办批准手续的违法行为，乡镇（街道）应如何处罚？

答：根据《甘肃省赋予乡镇和街道部分县级经济社会管理权限指导目录》（甘政办发〔2020〕88号）第40项规定，乡镇（街道）可以根据《城市道路管理条例》第四十二条第五项"紧急抢修埋设在城市道路下的管线，不按照规定补办批准手续的"，乡镇（街道）可以根据该条责令违法行为人限期改正，可以处以2万元以下的罚款；造成损失的，可以要求违法行为人依法承担赔偿责任作出处罚。

363. 对未按照批准的位置、面积、期限占用或者挖掘城市道路，或者需要移动位置、扩大面积、延长时间，未提前办理变更审批手续的违法行为，乡镇（街道）应如何处罚？

答：根据《甘肃省赋予乡镇和街道部分县级经济社会管理权限指导目录》（甘政办发〔2020〕88号）第40项规定，乡镇（街道）可以根据《城市道路管理条例》第四十二条第六项"未按照批准的位置、面积、期限占用或者挖掘城市道路，或者需要移动位置、扩大面积、延长时间，未提前办理变更审批手续的"，乡镇（街道）可以根据该条责令违法行为人限期改正，可以处以2万元以下的罚款；造成损失的，可以要求违法行为人依法承担赔偿责任作出处罚。

364. 对架设临时架空线未备案的，乡镇（街道）应如何处罚？

答：根据《上海市街道办事处乡镇人民政府首批行政执法事项目录

清单》（沪府规〔2021〕10号）第197项规定，对架设临时架空线未备案的，乡镇（街道）可以根据《上海市城市道路管理条例》第四十一条第二款"违反本条例第十三条第三款规定，架设临时架空线未报备案的……责令限期改正；逾期不改正的，可以处二百元以上二千元以下的罚款"作出处罚。

365. 对未在规定期限内拆除临时架空线的，乡镇（街道）应如何处罚？

答：根据《上海市街道办事处乡镇人民政府首批行政执法事项目录清单》（沪府规〔2021〕10号）第198项规定，对未在规定期限内拆除临时架空线的，乡镇（街道）可以根据《上海市城市道路管理条例》第四十一条第三款"违反本条例第十三条第三款规定，未在规定期限内拆除临时架空线的……责令限期改正，并可以处五百元以上五千元以下的罚款"作出处罚。

366. 对在城市道路范围内车辆载物拖刮路面的，乡镇（街道）应如何处罚？

答：根据《上海市街道办事处乡镇人民政府首批行政执法事项目录清单》（沪府规〔2021〕10号）第199项规定，对在城市道路范围内车辆载物拖刮路面的，乡镇（街道）可以根据《上海市城市道路管理条例》第四十二条第一款"违反本条例第二十条规定，在城市道路范围内从事禁止行为的……责令限期改正，并可以处二千元以上二万元以下的罚款"作出处罚。

367. 对在城市道路范围内建设永久性的建筑物或者构筑物的，乡镇（街道）应如何处罚？

答：根据《上海市街道办事处乡镇人民政府首批行政执法事项目录清单》（沪府规〔2021〕10号）第200项规定，对在城市道路范围内建设永久性的建筑物或者构筑物的,乡镇(街道)可以根据《上海市城市道路管理条例》第四十二条第一款"违反本条例第二十条规定,在城市道路范围内从事禁止行为的……责令限期改正,并可以处二千元以上二万元以下的罚款"作出处罚。

368. 对在城市道路范围内沿路建筑物底层向外开门、窗占用道路的,乡镇(街道)应如何处罚?

答:根据《上海市街道办事处乡镇人民政府首批行政执法事项目录清单》(沪府规〔2021〕10号)第201项规定,对在城市道路范围内沿路建筑物底层向外开门、窗占用道路的,乡镇(街道)可以根据《上海市城市道路管理条例》第四十二条第一款"违反本条例第二十条规定,在城市道路范围内从事禁止行为的……责令限期改正,并可以处二千元以上二万元以下的罚款"作出处罚。

369. 对在城市道路范围内占用桥面、隧道堆物、设摊,占用道路堆物超过道路限载重物的,乡镇(街道)应如何处罚?

答:根据《上海市街道办事处乡镇人民政府首批行政执法事项目录清单》(沪府规〔2021〕10号)第202项规定,对在城市道路范围内占用桥面、隧道堆物、设摊,占用道路堆物超过道路限载重物的,乡镇(街道)可以根据《上海市城市道路管理条例》第四十二条第一款"违反本条例第二十条规定,在城市道路范围内从事禁止行为的……责令限期改正,并可以处二千元以上二万元以下的罚款"作出处罚。

370. 对在城市道路范围内直接在路面拌和混凝土等有损道路的各种作业的,乡镇(街道)应如何处罚?

答:根据《上海市街道办事处乡镇人民政府首批行政执法事项目录清单》(沪府规〔2021〕10号)第203项规定,对在城市道路范围内直接在路面拌和混凝土等有损道路的,乡镇(街道)可以根据《上海市城市道路管理条例》第四十二条第一款"违反本条例第二十条规定，在城市道路范围内从事禁止行为的……责令限期改正，并可以处二千元以上二万元以下的罚款"作出处罚。

371. 对在城市道路范围内利用桥梁、隧道进行牵拉、吊装等施工作业的，乡镇（街道）应如何处罚？

答：根据《上海市街道办事处乡镇人民政府首批行政执法事项目录清单》（沪府规〔2021〕10号）第204项规定，对在城市道路范围内利用桥梁、隧道进行牵拉、吊装等施工作业的，乡镇（街道）可以根据《上海市城市道路管理条例》第四十二条第一款"违反本条例第二十条规定，在城市道路范围内从事禁止行为的……责令限期改正，并可以处二千元以上二万元以下的罚款"作出处罚。

372. 对在城市道路范围内挪动、毁损窨井盖等城市道路附属设施的，乡镇（街道）应如何处罚？

答：根据《上海市街道办事处乡镇人民政府首批行政执法事项目录清单》（沪府规〔2021〕10号）第205项规定，对在城市道路范围内挪动、毁损窨井盖等城市道路附属设施的，乡镇（街道）可以根据《上海市城市道路管理条例》第四十二条第一款"违反本条例第二十条规定，在城市道路范围内从事禁止行为的……责令限期改正，并可以处二千元以上二万元以下的罚款"作出处罚。

373. 对挖掘城市道路未按照技术规范和规程施工的，乡镇（街道）应如何处罚？

答：根据《上海市街道办事处乡镇人民政府首批行政执法事项目录清单》（沪府规〔2021〕10号）第206项规定，对挖掘城市道路未按照技术规范和规程施工的，乡镇（街道）可以根据《上海市城市道路管理条例》第四十三条第一项"违反本条例规定，有下列行为之一的……

（一）违反本条例第二十六条第一款规定，未按照技术规范和规程施工的"，责令限期改正；逾期不改正，未造成城市道路损坏的，处五百元以上五千元以下的罚款；造成城市道路损坏的，处五千元以上二万元以下或者修复费三至五倍的罚款作出处罚。

374. 对擅自占用城市道路人行道设置各类设施的，乡镇（街道）应如何处罚？

答：根据《上海市街道办事处乡镇人民政府首批行政执法事项目录清单》（沪府规〔2021〕10号）第207项规定，对擅自占用城市道路人行道设置各类设施的，乡镇（街道）可以根据《上海市城市道路管理条例》第四十三条第二项"违反本条例规定，有下列行为之一的……（二）违反本条例第二十七条第一款、第三款规定，擅自占用人行道设置设施的"；责令限期改正；逾期不改正，未造成城市道路损坏的，处五百元以上五千元以下的罚款；造成城市道路损坏的，处五千元以上二万元以下或者修复费三至五倍的罚款作出处罚。

375. 对未及时拆除、迁移设施或者未及时恢复城市道路原状的，乡镇（街道）应如何处罚？

答：根据《上海市街道办事处乡镇人民政府首批行政执法事项目录清单》（沪府规〔2021〕10号）第208项规定，对未及时拆除、迁移设施或者未及时恢复城市道路原状的，乡镇（街道）可以根据《上海市城市道路管理条例》第四十三条第三项"违反本条例规定，有下列行为之一的……（三）违反本条例第二十八条第二款、第三款规定，未及时拆除、迁移设施或者未及时恢复城市道路原状的"，责令限期改正；逾期不改正，未造成城市道路损坏的，处五百元以上五千元以下的罚款；造成城市道路损坏的，处五千元以上二万元以下或者修复费三至五倍的罚款作出处罚。

376. 对新增迁移客运车辆站点未加固城市道路的，乡镇（街道）应如何处罚？

答：根据《上海市街道办事处乡镇人民政府首批行政执法事项目录清单》（沪府规〔2021〕10号）第209项规定，对新增迁移客运车辆站点未加固城市道路的，乡镇（街道）可以根据《上海市城市道路管理条例》第四十三条第四项"违反本条例规定，有下列行为之一的……（四）违反本条例第二十九条规定，未加固城市道路的"，责令限期改正；逾期不改正，未造成城市道路损坏的，处五百元以上五千元以下的罚款；造成城市道路损坏的，处五千元以上二万元以下或者修复费三至五倍的罚款作出处罚。

377. 对擅自依附桥梁、隧道架设管线的，乡镇（街道）应如何处罚？

答：根据《上海市街道办事处乡镇人民政府首批行政执法事项目录清单》（沪府规〔2021〕10号）第210项规定，对擅自依附桥梁、隧道架设管线的，乡镇（街道）可以根据《上海市城市道路管理条例》第四十三条第五项"违反本条例规定，有下列行为之一的……（五）违反本条例第三十二条第一款规定，擅自依附桥梁、隧道架设管线的"，责令限期改正；逾期不改正，未造成城市道路损坏的，处五百元以上五千元以下的罚款；造成城市道路损坏的，处五千元以上二万元以下或者修复费三至五倍的罚款作出处罚。

378. 对擅自在桥梁、隧道安全保护区域内作业的，乡镇（街道）应如何处罚？

答：根据《上海市街道办事处乡镇人民政府首批行政执法事项目录清单》（沪府规〔2021〕10号）第211项规定，对擅自在桥梁、隧道安全保护区域内作业的，乡镇（街道）可以根据《上海市城市道路管理条例》第四十三条第六项"违反本条例规定，有下列行为之一的……（六）违反本条例第三十四条第二款规定，擅自在桥梁、隧道安全保护区域内作业的"，责令限期改正；逾期不改正，未造成城市道路损坏的，处五百元以上五千元以下的罚款；造成城市道路损坏的，处五千元以上二万元以下或者修复费三至五倍的罚款作出处罚。

379. 对擅自占用交通干道或者规定路段，未造成损坏的，乡镇（街道）应如何处罚？

答：根据《上海市街道办事处乡镇人民政府首批行政执法事项目录清单》（沪府规〔2021〕10号）第212项规定，对擅自占用交通干道或者规定路段，未造成损坏的，乡镇（街道）可以根据《上海市临时占用城市道路管理办法》第十六条第一款第一项、第二款"对违反本办法规定，擅自占用城市道路，尚未造成城市道路及其设施损坏的……责令其限期改正，并可按以下规定处以罚款：（一）擅自占用城市交通干道或者本办法第六条第二款所列路段的，处以5000元以上2万元以下的罚款……对逾期仍不改正的……代为清除占路物资，并收取代为清除费用"作出处罚。

380. 对擅自占用非城市交通干道或者规定路段以外的城市道路的，乡镇（街道）应如何处罚？

答：根据《上海市街道办事处乡镇人民政府首批行政执法事项目录清单》（沪府规〔2021〕10号）第213项规定，对擅自占用非城市交通干道或者规定路段以外的城市道路，未造成损坏的，乡镇（街道）可以根据《上海市临时占用城市道路管理办法》第十六条第一款第二项、第二款"对违反本办法规定，擅自占用城市道路，尚未造成城市道路及其设施损坏的……责令其限期改正，并可按以下规定处以罚款……（二）擅自占用非城市交通干道或者本办法第六条第二款所列路段以外的城市道路的，处以 500 元以上 5000 元以下的罚款；其中情节轻微的，可处以 50 元以上 500 元以下的罚款。对逾期仍不改正的……代为清除占路物资，并收取代为清除费用"作出处罚。

381. 对超过批准的临时占路面积或者期限占用城市交通干道或者规定路段，未造成城市道路及其设施损坏的，乡镇（街道）应如何处罚？

答：根据《上海市街道办事处乡镇人民政府首批行政执法事项目录清单》（沪府规〔2021〕10 号）第 214 项规定，对超过批准的临时占路面积或者期限占用城市交通干道或者规定路段，未造成城市道路及其设施损坏的，乡镇（街道）可以根据《上海市临时占用城市道路管理办法》第十七条第一款第一项、第二款"对违反本办法规定，超过批准的临时占路面积或者期限占用城市道路，尚未造成城市道路及其设施损坏的……责令其限期改正，并可按以下规定处以罚款：（一）超过批准的临时占路面积或者期限占用城市交通干道或者本办法第六条第二款所列路段的，对超过部分处以每平方米每天 100 元以上 200 元以下的罚款，但最高不超过 2 万元……对逾期仍不改正的……代为清除占路物资，并收取代为清除费用"作出处罚。

382. 对超过批准的临时占用面积或者限期占用非城市交通干道或者规定路段以外的城市道路，未造成损坏的，乡镇（街道）应如何处罚？

答：根据《上海市街道办事处乡镇人民政府首批行政执法事项目录清单》（沪府规〔2021〕10 号）第 215 项规定，对超过批准的临时占用面积或者限期占用非城市交通干道或者规定路段以外的城市道路，未造成损坏的，乡镇（街道）可以根据《上海市临时占用城市道路管理办法》第十七条第一款第二项、第二款"对违反本办法规定，超过批准的临时占路面积或者期限占用城市道路，尚未造成城市道路及其设施损坏的……责令其限期改正，并可按以下规定处以罚款……（二）超过批准的临时占路面积或者期限占用非城市交通干道或者本办法第六条第二款所列路段以外的城市道路的，对超过部分处以每平方米每天 20 元以上 100 元以下的罚款，但最高不超过 2 万元。对逾期仍不改正的……代为清除占路物资，并收取代为清除费用"作出处罚。

383. 对擅自占用城市道路或者超过批准的临时占路面积或者期限占用城市道路，并且造成城市道路及其设施损坏的，乡镇（街道）应如何处罚？

答：根据《上海市街道办事处乡镇人民政府首批行政执法事项目录清单》（沪府规〔2021〕10 号）第 216 项规定，对擅自占用城市道路或者超过批准的临时占路面积或者期限占用城市道路，并且造成城市道路及其设施损坏的，乡镇（街道）可以根据《上海市临时占用城市道路管理办法》第十八条"对违反本办法规定，擅自占用城市道路，或者超过批准的临时占路面积或者期限占用城市道路，并且造成城市道路及其设施损坏的……责令其限期改正，赔偿修复费，并可按修复费的 3 倍至 5 倍处以罚款，但最高不超过 2 万元。对逾期仍不改正的……代为清除占路物资，并收取代为清除费用"作出处罚。

384. 对未对设在城市道路上的各种管线的检查井、箱盖或者城市道路附属设施的缺损及时补缺或者修复的，乡镇（街道）应如何处罚？

答：根据《上海市街道办事处乡镇人民政府首批行政执法事项目录清单》（沪府规〔2021〕10 号）第 217 项规定，对未对设在城市道路上的各种管线的检查井、箱盖或者城市道路附属设施的缺损及时补缺或者修复的，乡镇（街道）可以根据《城市道路管理条例》第四十二条第一项"违反本条例第二十七条规定，或者有下列行为之一的……责令限期改正，可以处以2万元以下的罚款；造成损失的，应当依法承担赔偿责任：（一）未对设在城市道路上的各种管线的检查井、箱盖或者城市道路附属设施的缺损及时补缺或者修复的"作出处罚。

385. 对未在城市道路施工现场设置明显标志和安全防围设施的，乡镇（街道）应如何处罚？

答：根据《上海市街道办事处乡镇人民政府首批行政执法事项目录清单》（沪府规〔2021〕10号）第218项规定，对未在城市道路施工现场设置明显标志和安全防围设施的，乡镇（街道）可以根据《城市道路管理条例》第四十二条第二项"违反本条例第二十七条规定，或者有下列行为之一的……责令限期改正，可以处以2万元以下的罚款；造成损失的，应当依法承担赔偿责任……（二）未在城市道路施工现场设置明显标志和安全防围设施的"作出处罚。

386. 对占用城市道路期满后不及时清理现场的，乡镇（街道）应如何处罚？

答：根据《上海市街道办事处乡镇人民政府首批行政执法事项目录清单》（沪府规〔2021〕10号）第219项规定，对占用城市道路期满后不及时清理现场的，乡镇（街道）可以根据《城市道路管理条例》第四十二条第三项"违反本条例第二十七条规定，或者有下列行为之一的……责令限期改正，可以处以2万元以下的罚款；造成损失的，应当依法承担赔偿责任……（三）占用城市道路期满或者挖掘城市道路后，不及时清理现场的"作出处罚。

387. 对挖掘城市道路后不及时清理现场的，乡镇（街道）应如何处罚？

答：根据《上海市街道办事处乡镇人民政府首批行政执法事项目录清单》（沪府规〔2021〕10号）第220项规定，对挖掘城市道路后不及时清理现场的，乡镇（街道）可以根据《城市道路管理条例》第四十二条第三项"违反本条例第二十七条规定,或者有下列行为之一的……责令限期改正,可以处以 2 万元以下的罚款;造成损失的,应当依法承担赔偿责任……(三)占用城市道路期满或者挖掘城市道路后,不及时清理现场的"作出处罚。

388. 对依附于城市道路建设各种管线、杆线等设施,不按照规定办理批准手续的,乡镇(街道)应如何处罚?

答:根据《上海市街道办事处乡镇人民政府首批行政执法事项目录清单》(沪府规〔2021〕10 号)第 221 项规定,对依附于城市道路建设各种管线、杆线等设施,不按照规定办理批准手续的,乡镇(街道)可以根据《城市道路管理条例》第四十二条第四项"违反本条例第二十七条规定,或者有下列行为之一的……责令限期改正,可以处以 2 万元以下的罚款;造成损失的,应当依法承担赔偿责任……(四)依附于城市道路建设各种管线、杆线等设施,不按照规定办理批准手续的"作出处罚。

389. 对紧急抢修埋设在城市道路下的管线,不按照规定补办批准手续的,乡镇(街道)应如何处罚?

答:根据《上海市街道办事处乡镇人民政府首批行政执法事项目录清单》(沪府规〔2021〕10 号)第 222 项规定,对紧急抢修埋设在城市道路下的管线,不按照规定补办批准手续的,乡镇(街道)可以根据《城市道路管理条例》第四十二条第五项"违反本条例第二十七条规定,或者有下列行为之一的……责令限期改正,可以处以 2 万元以下的罚款;造成损失的,应当依法承担赔偿责任……(五)紧急抢修埋设在城市道路下的管线,不按照规定补办批准手续的"作出处罚。

390. 对未按照批准的位置、面积、期限占用或者挖掘城市道路，或者需要移动位置、扩大面积、延长时间，未提前办理变更审批手续的，乡镇（街道）应如何处罚？

答：根据《上海市街道办事处乡镇人民政府首批行政执法事项目录清单》（沪府规〔2021〕10号）第223项规定，对未按照批准的位置、面积、期限占用或者挖掘城市道路，或者需要移动位置、扩大面积、延长时间，未提前办理变更审批手续的，乡镇（街道）可以根据《城市道路管理条例》第四十二条第六项"违反本条例第二十七条规定，或者有下列行为之一的……责令限期改正，可以处以2万元以下的罚款；造成损失的，应当依法承担赔偿责任……（六）未按照批准的位置、面积、期限占用或者挖掘城市道路，或者需要移动位置、扩大面积、延长时间，未提前办理变更审批手续的"作出处罚。

391. 发现存在在公路建筑控制区内修建、扩建建筑物、地面构筑物或者未经许可埋设管道、电缆等设施，或者在公路建筑控制区外修建的建筑物、地面构筑物以及其他设施遮挡公路标志或者妨碍安全视距的违法行为，乡镇（街道）应当如何处理？

答：根据《山西省人民政府关于向乡镇人民政府和街道办事处下放部分行政执法职权的决定》（晋政发〔2022〕22号）中《山西省人民政府下放乡镇人民政府和街道办事处行政执法职权指导目录》第20项的规定，乡镇（街道）可以依照《公路安全保护条例》第五十六条"违反本条例的规定，有下列情形之一的，由公路管理机构责令限期拆除，可以处5万元以下的罚款。逾期不拆除的，由公路管理机构拆除，有关费用由违法行为人承担：（一）在公路建筑控制区内修建、扩建建筑物、地面构筑物或者未经许可埋设管道、电缆等设施的；（二）在公路建筑控制区外修建的建筑物、地面构筑物以及其他设施遮挡公路标志或者妨碍安全视距的"的规定，对前述违法行为进行处理。

392. 发现存在车辆装载物触地拖行、掉落、遗洒或者飘散，造成公路路面损坏、污染的违法行为，乡镇（街道）应当如何处理？

答：根据《山西省人民政府关于向乡镇人民政府和街道办事处下放部分行政执法职权的决定》（晋政发〔2022〕22号）中《山西省人民政府下放乡镇人民政府和街道办事处行政执法职权指导目录》第21项的规定，乡镇（街道）可以依照《公路安全保护条例》第六十九条"车辆装载物触地拖行、掉落、遗洒或者飘散，造成公路路面损坏、污染的，由公路管理机构责令改正，处5000元以下的罚款"的规定，对前述违法行为进行处理。

393. 发现存在造成公路路面损坏、污染或者影响公路畅通的违法行为，乡镇（街道）应当如何处理？

答：根据《山西省人民政府关于向乡镇人民政府和街道办事处下放部分行政执法职权的决定》（晋政发〔2022〕22号）中《山西省人民政府下放乡镇人民政府和街道办事处行政执法职权指导目录》第22项的规定，乡镇（街道）可以依照《中华人民共和国公路法》第四十六条"任何单位和个人不得在公路上及公路用地范围内摆摊设点、堆放物品、倾倒垃圾、设置障碍、挖沟引水、利用公路边沟排放污物或者进行其他损坏、污染公路和影响公路畅通的活动"、第七十七条"违反本法第四十六条的规定，造成公路路面损坏、污染或者影响公路畅通的，或者违反本法第五十一条规定，将公路作为试车场地的，由交通主管部门责令停止违法行为，可以处五千元以下的罚款"的规定，对前述违法行为进行处理。根据《四川省赋予乡镇（街道）县级行政权力事项指导目录（第二批）》（川府发〔2021〕42号）第37项规定，乡镇（街道）可以根据《中华人民共和国公路法》第四十六条"任何单位和个人不得在公路上及公路用地范围内摆摊设点、堆放物品、倾倒垃圾、设置障碍、挖沟引水、利用公路边沟排放污物或者进行其他损坏、污染公路和影响公路畅通的活动"、第七十七条"违反本法第四十六条的规定,造成公路路面损坏、污染或者影响公路畅通的,或者违反本法第五十一条规定,将公路作为试车场地的,由交通主管部门责令停止违法行为,可以处五千元以下的罚款";《公路安全保护条例》第六十九条"车辆装载物触地拖行、掉落、遗洒或者飘散,造成公路路面损坏、污染的,由公路管理机构责令改正,处 5000 元以下的罚款"等规定进行处罚。

394. 发现从业人员安全培训的时间少于《生产经营单位安全培训规定》或者有关标准规定,相关人员未按规定重新参加安全培训,乡镇(街道)应当如何处理?

答:根据《山西省人民政府关于向乡镇人民政府和街道办事处下放部分行政执法职权的决定》(晋政发〔2022〕22 号)中《山西省人民政府下放乡镇人民政府和街道办事处行政执法职权指导目录》第 37 项的规定,乡镇(街道)可以依照《安全生产培训管理办法》第三十六条"生产经营单位有下列情形之一的,责令改正,处 3 万元以下的罚款:(一)从业人员安全培训的时间少于《生产经营单位安全培训规定》或者有关标准规定的;(二)矿山新招的井下作业人员和危险物品生产经营单位新招的危险工艺操作岗位人员,未经实习期满独立上岗作业的;(三)相关人员未按照本办法第十二条规定重新参加安全培训的"的规定,对前述违法行为进行处理。

395. 发现存在知道或者应当知道生产经营单位未取得安全生产许可证或者其他批准文件擅自从事生产经营活动,仍为其提供生产经营场所、运输、保管、仓储等条件的违法行为,乡镇(街道)应当如何处理?

答:根据《山西省人民政府关于向乡镇人民政府和街道办事处下放

部分行政执法职权的决定》(晋政发〔2022〕22号)中《山西省人民政府下放乡镇人民政府和街道办事处行政执法职权指导目录》第38项的规定,乡镇(街道)可以依照《安全生产违法行为行政处罚办法》第五十条"知道或者应当知道生产经营单位未取得安全生产许可证或者其他批准文件擅自从事生产经营活动,仍为其提供生产经营场所、运输、保管、仓储等条件的,责令立即停止违法行为,有违法所得的,没收违法所得,并处违法所得1倍以上3倍以下的罚款,但是最高不得超过3万元;没有违法所得的,并处5000元以上1万元以下的罚款"的规定,对前述违法行为进行处理。

396. 发现存在生产、经营、储存、使用危险物品的车间商店、仓库与员工宿舍在同一座建筑内,或者与员工宿舍的距离不符合安全要求的违法行为,乡镇(街道)应当如何处理?

答:根据《山西省人民政府关于向乡镇人民政府和街道办事处下放部分行政执法职权的决定》(晋政发〔2022〕22号)中《山西省人民政府下放乡镇人民政府和街道办事处行政执法职权指导目录》第39项的规定,乡镇(街道)可以依照《中华人民共和国安全生产法》第一百零五条"生产经营单位有下列行为之一的,责令限期改正,处五万元以下的罚款,对其直接负责的主管人员和其他直接责任人员处一万元以下的罚款;逾期未改正的,责令停产停业整顿;构成犯罪的,依照刑法有关规定追究刑事责任:(一)生产、经营、储存、使用危险物品的车间、商店、仓库与员工宿舍在同一座建筑内,或者与员工宿舍的距离不符合安全要求的;(二)生产经营场所和员工宿舍未设有符合紧急疏散需要、标志明显、保持畅通的出口、疏散通道,或者占用、锁闭、封堵生产经营场所或者员工宿舍出口、疏散通道的"的规定,对前述违法行为进行处理。

397. 发现生产经营场所和员工宿舍未设有符合紧急疏散需要、标志明显、保持畅通的出口、疏散通道，或者占用、锁闭、封堵生产经营场所或者员工宿舍出口、疏散通道，乡镇（街道）应当如何处理？

答：根据《山西省人民政府关于向乡镇人民政府和街道办事处下放部分行政执法职权的决定》（晋政发〔2022〕22号）中《山西省人民政府下放乡镇人民政府和街道办事处行政执法职权指导目录》第40项的规定，乡镇（街道）可以依照《中华人民共和国安全生产法》第一百零五条"生产经营单位有下列行为之一的，责令限期改正，处五万元以下的罚款，对其直接负责的主管人员和其他直接责任人员处一万元以下的罚款；逾期未改正的，责令停产停业整顿；构成犯罪的，依照刑法有关规定追究刑事责任：（一）生产、经营、储存、使用危险物品的车间、商店、仓库与员工宿舍在同一座建筑内，或者与员工宿舍的距离不符合安全要求的；（二）生产经营场所和员工宿舍未设有符合紧急疏散需要、标志明显、保持畅通的出口、疏散通道，或者占用、锁闭、封堵生产经营场所或者员工宿舍出口、疏散通道的"的规定，对前述违法行为进行处理。

398. 发现工贸企业未在有限空间作业场所设置明显的安全警示标志，乡镇（街道）应当如何处理？

答：根据《山西省人民政府关于向乡镇人民政府和街道办事处下放部分行政执法职权的决定》（晋政发〔2022〕22号）中《山西省人民政府下放乡镇人民政府和街道办事处行政执法职权指导目录》第41项的规定，乡镇（街道）可以依照《中华人民共和国安全生产法》第九十九条第一项"生产经营单位有下列行为之一的，责令限期改正，处五万元以下的罚款；逾期未改正的，处五万元以上二十万元以下的罚款，对其直接负责的主管人员和其他直接责任人员处一万元以上二万元以下的罚款；情节严重的，责令停产停业整顿；构成犯罪的，依照刑法有关规定追究刑事责任：(一) 未在有较大危险因素的生产经营场所和有关设施、设备上设置明显的安全警示标志的"等规定，对前述违法行为进行处理。

399. 发现存在擅自在农村公路上设卡、收费的违法行为，乡镇（街道）应当如何处理？

答：根据《陕西省人民政府关于向乡镇政府和街道办事处下放部分县级行政执法权的决定》（陕政发〔2023〕9号）中《陕西省下放乡镇政府和街道办事处行政执法事项指导目录》第41项规定，乡镇（街道）可以依照《中华人民共和国公路法》第七十四条"违反法律或者国务院有关规定，擅自在公路上设卡、收费的，由交通主管部门责令停止违法行为，没收违法所得，可以处违法所得三倍以下的罚款，没有违法所得的，可以处二万元以下的罚款；对负有直接责任的主管人员和其他直接责任人员，依法给予行政处分"等规定进行处罚。

400. 发现存在未经批准在农村公路用地范围内设置公路标志以外的其他标志的违法行为，乡镇（街道）应当如何处理？

答：根据《陕西省人民政府关于向乡镇政府和街道办事处下放部分县级行政执法权的决定》（陕政发〔2023〕9号）中《陕西省下放乡镇政府和街道办事处行政执法事项指导目录》第43项规定，乡镇（街道）可以依照《中华人民共和国公路法》第五十四条"任何单位和个人未经县级以上地方人民政府交通主管部门批准，不得在公路用地范围内设置公路标志以外的其他标志"、第七十九条"违反本法第五十四条规定，在公路用地范围内设置公路标志以外的其他标志的，由交通主管部门责令限期拆除，可以处二万元以下的罚款；逾期不拆除的，由交通主管部门拆除，有关费用由设置者负担"等规定进行处罚。

401. 发现存在未经批准更新采伐农村公路护路林的违法行为，乡镇（街道）应当如何处理？

答：根据《陕西省人民政府关于向乡镇政府和街道办事处下放部分县级行政执法权的决定》（陕政发〔2023〕9号）中《陕西省下放乡镇政府和街道办事处行政执法事项指导目录》第44项规定，乡镇（街道）可以依照《公路安全保护条例》第六十一条"违反本条例的规定，未经批准更新采伐护路林的，由公路管理机构责令补种，没收违法所得，并处采伐林木价值3倍以上5倍以下的罚款"等规定进行处罚。

402. 发现存在渡船混载乘客与大型牲畜的违法行为，乡镇（街道）应当如何处理？

答：根据《陕西省人民政府关于向乡镇政府和街道办事处下放部分县级行政执法权的决定》（陕政发〔2023〕9号）中《陕西省下放乡镇政府和街道办事处行政执法事项指导目录》第45项规定，乡镇（街道）可以依照《内河渡口渡船安全管理规定》第二十九条"渡船载客应当设置载客处所，实行车客分离。按照上船时先车后人、下船时先人后车的顺序上下船舶。车辆渡运时除驾驶员外车内禁止留有人员。乘客与大型牲畜不得混载"和第四十五条"违反第二十九条规定，渡船混载乘客与大型牲畜的，由海事管理机构对渡船所有人或者经营人予以警告，情节严重的，处1000元以下罚款"等规定进行处罚。

403. 发现存在烟花爆竹零售经营者销售非法生产、经营的烟花爆竹的违法行为，乡镇（街道）应当如何处理？

答：根据《陕西省人民政府关于向乡镇政府和街道办事处下放部分县级行政执法权的决定》（陕政发〔2023〕9号）中《陕西省下放乡镇政府和街道办事处行政执法事项指导目录》第69项规定，乡镇（街道）可以依照《烟花爆竹经营许可实施办法》第三十四条"零售经营者有下列行为之一的，责令其停止违法行为，处 1000 元以上 5000 元以下的罚款，并没收非法经营的物品及违法所得；情节严重的，依法吊销零售许可证：（一）销售非法生产、经营的烟花爆竹的；（二）销售礼花弹等按照国家标准规定应当由专业人员燃放的烟花爆竹的"、第三十五条"零售经营者有下列行为之一的，责令其限期改正，处 1000 元以上 5000 元以下的罚款；情节严重的，处 5000 元以上 30000 元以下的罚款：（一）变更零售点名称、主要负责人或者经营场所，未重新办理零售许可证的；（二）存放的烟花爆竹数量超过零售许可证载明范围的"等规定进行处罚。

404. 发现农村公路上存在从事挖砂、爆破及其他危及公路、公路桥梁等安全作业的违法行为，乡镇（街道）应当如何处理？

答：根据《四川省赋予乡镇（街道）县级行政权力事项指导目录（第二批）》（川府发〔2021〕42 号）第 33 项规定，乡镇（街道）可以依照《中华人民共和国公路法》第四十七条"在大中型公路桥梁和渡口周围二百米、公路隧道上方和洞口外一百米范围内，以及在公路两侧一定距离内，不得挖砂、采石、取土、倾倒废弃物，不得进行爆破作业及其他危及公路、公路桥梁、公路隧道、公路渡口安全的活动。在前款范围内因抢险、防汛需要修筑堤坝、压缩或者拓宽河床的，应当事先报经省、自治区、直辖市人民政府交通主管部门会同水行政主管部门批准，并采取有效的保护有关的公路、公路桥梁、公路隧道、公路渡口安全的措施"、第七十六条第三项"有下列违法行为之一的，由交通主管部门责令停止违法行为，可以处三万元以下的罚款……（三）违反本法第四十七条规定，从事危及公路安全的作业的"；《四川省农村公路条例》第三十一条"禁止在村道的公路用地外缘起向外五十米、大中型桥梁和渡口周围二百米、隧道上方和洞口外一百米范围内从事采矿、爆破等危及村道安全的活动"、第五十七条"违反本条例第三十一条规定，实施危及村道安全活动的，由县（市、区）人民政府交通运输主管部门公路管理机构责令改正,可以处二千元以上一万元以下的罚款;情节严重的,可以处一万元以上三万元以下的罚款"等规定进行处罚。

405. 发现农村公路上存在利用公路桥梁进行牵拉、吊装等危及公路桥梁安全的施工作业的违法行为,乡镇(街道)应当如何处理?

答:根据《四川省赋予乡镇(街道)县级行政权力事项指导目录(第二批)》(川府发〔2021〕42号)第34项规定,乡镇(街道)可以依照《公路安全保护条例》第二十二条第一款"禁止利用公路桥梁进行牵拉、吊装等危及公路桥梁安全的施工作业"、第五十九条"违反本条例第二十二条规定的,由公路管理机构责令改正,处2万元以上10万元以下的罚款"等规定进行处罚。

406. 发现农村公路上存在铁轮车、履带车和其他可能损害路面的机具擅自在公路上行驶的违法行为,乡镇(街道)应当如何处理?

答:根据《四川省赋予乡镇(街道)县级行政权力事项指导目录(第二批)》(川府发〔2021〕42号)第35项规定,乡镇(街道)可以依照《中华人民共和国公路法》第四十八条"铁轮车、履带车和其他可能损害公路路面的机具,不得在公路上行驶。农业机械因当地田间作业需要在公路上短距离行驶或者军用车辆执行任务需要在公路上行驶的,可以不受前款限制,但是应当采取安全保护措施。对公路造成损坏的,应当按照损坏程度给予补偿"、第七十六条第四项"有下列违法行为之一的,由交通主管部门责令停止违法行为,可以处三万元以下的罚款……(四)违反本法第四十八条规定,铁轮车、履带车和其他可能损害路面的机具擅自在公路上行驶的"等规定进行处罚。

六、应急管理

407. 发现存在未经许可生产、经营烟花爆竹制品的违法行为，乡镇（街道）应当如何处理？

答：根据《四川省赋予乡镇（街道）县级行政权力事项指导目录（第二批）》（川府发〔2021〕42号）第101项规定，乡镇（街道）可以依照《烟花爆竹安全管理条例》第三十六条第一款"对未经许可生产、经营烟花爆竹制品，或者向未取得烟花爆竹安全生产许可的单位或者个人销售黑火药、烟火药、引火线的，由安全生产监督管理部门责令停止非法生产、经营活动，处2万元以上10万元以下的罚款，并没收非法生产、经营的物品及违法所得"等规定进行处罚。

408. 发现存在未经许可经营、超许可范围经营、许可证过期继续经营烟花爆竹的违法行为，乡镇（街道）应当如何处理？

答：根据《四川省赋予乡镇（街道）县级行政权力事项指导目录（第二批）》（川府发〔2021〕42号）第102项规定，乡镇（街道）可以依照《烟花爆竹经营许可实施办法》第三十一条"对未经许可经营、超许可范围经营、许可证过期继续经营烟花爆竹的，责令其停止非法经营活动，处2万元以上10万元以下的罚款，并没收非法经营的物品及违法所得"、第三十九条"本办法规定的行政处罚，由安全生产监督管理部门决定，暂扣、吊销经营许可证的行政处罚由发证机关决定"等规定进行处罚。

409. 发现烟花爆竹零售经营者存放的烟花爆竹数量超过零售许可证载明范围，乡镇（街道）应当如何处理？

答：根据《四川省赋予乡镇（街道）县级行政权力事项指导目录（第二批）》（川府发〔2021〕42号）第103项规定，乡镇（街道）可以依照《烟花爆竹经营许可实施办法》第三十五条第二项"零售经营者有下列行为之一的，责令其限期改正，处1000元以上5000元以下的罚款；情节严重的，处5000元以上30000元以下的罚款……（二）存放的烟花爆竹数量超过零售许可证载明范围的"、第三十九条"本办法规定的行政处罚，由安全生产监督管理部门决定，暂扣、吊销经营许可证的行政处罚由发证机关决定"等规定进行处罚。

410. 发现生产经营单位未落实应急预案规定的应急物资及装备，乡镇（街道）应当如何处理？

答：根据《四川省赋予乡镇（街道）县级行政权力事项指导目录（第二批）》（川府发〔2021〕42号）第104项规定，乡镇（街道）可以依照《生产安全事故应急预案管理办法》第四十五条第一款第六项"生产经营单位有下列情形之一的，由县级以上人民政府应急管理部门责令限期改正，可以处1万元以上3万元以下的罚款……（六）未落实应急预案规定的应急物资及装备的"等规定进行处罚。

411. 对车辆装载物触地拖行、掉落、遗洒或者飘散，造成公路路面损坏、污染，影响公路畅通，将公路作为试车场地的，乡镇（街道）应如何处罚？

答：根据《甘肃省赋予乡镇和街道部分县级经济社会管理权限指导目录》（甘政办发〔2020〕88号）第63项的规定，乡镇（街道）可以根据《中华人民共和国公路法》第七十七条"违反本法第四十六条的规定，造成公路路面损坏、污染或者影响公路畅通的，或者违反本法第五十一条规定，将公路作为试车场地的……责令停止违法行为，可以处五千元以下的罚款"、《公路安全保护条例》第六十九条"车辆装载物触地拖行、掉落、遗洒或者飘散，造成公路路面损坏、污染的……责令改正，处5000元以下的罚款"等规定作出处罚。

412. 对在公路建筑控制区内修建建筑物、地面构筑物或者擅自埋设管线、电缆等设施的，乡镇（街道）应如何处罚？

答：根据《甘肃省赋予乡镇和街道部分县级经济社会管理权限指导目录》（甘政办发〔2020〕88号）第64项的规定，乡镇（街道）可以根据《中华人民共和国公路法》第八十一条"违反本法第五十六条规定，在公路建筑控制区内修建建筑物、地面构筑物或者擅自埋设管线、电缆等设施的……责令限期拆除，并可以处五万元以下的罚款。逾期不拆除的……拆除，有关费用由建筑者、构筑者承担"、《公路安全保护条例》第五十六条第一项"违反本条例的规定，有下列情形之一的……责令限期拆除，可以处5万元以下的罚款。逾期不拆除的，由公路管理机构拆除，有关费用由违法行为人承担：（一）在公路建筑控制区内修建、扩建建筑物、地面构筑物或者未经许可埋设管道、电缆等设施的"等规定作出处罚。

413. 对未经批准，在公路上增设平面交叉道口的，乡镇（街道）应如何处罚？

答：根据《甘肃省赋予乡镇和街道部分县级经济社会管理权限指导目录》（甘政办发〔2020〕88号）第65项的规定，乡镇（街道）可以根据《中华人民共和国公路法》第八十条"违反本法第五十五条规定，未经批准在公路上增设平面交叉道口的……责令恢复原状，处五万元以下的罚款"、《公路安全保护条例》第六十二条"违反本条例的规定，未经许可进行本条例第二十七条第一项至第五项规定的涉路施工活动的……责令改正，可以处3万元以下的罚款；未经许可进行本条例第二十七条第六项规定的涉路施工活动的……责令改正，处5万元以下的罚款"等规定作出处罚。

414. 对擅自占用、利用、挖掘公路或者使公路改线的；未经同意修建桥梁、隧道、渡槽、牌楼等设施的；未经批准或者未按照国家规定的公路技术标准增设交叉道口的；铁轮车、履带车和其他损害路面的机具擅自在公路上行驶的；在公路两侧建筑控制区内开山炸石、采矿、取土，填埋公路路基、边坡，危及公路安全的，乡镇（街道）应如何处罚？

答：根据《甘肃省赋予乡镇和街道部分县级经济社会管理权限指导目录》（甘政办发〔2020〕88号）第69项的规定，乡镇（街道）可以根据《中华人民共和国公路法》第四十四条第二款"因修建铁路、机场、电站、通信设施、水利工程和进行其他建设工程需要占用、挖掘公路或者使公路改线的，建设单位应当事先征得有关交通主管部门的同意；影响交通安全的，还须征得有关公安机关的同意。占用、挖掘公路或者使公路改线的，建设单位应当按照不低于该段公路原有的技术标准予以修复、改建或者给予相应的经济补偿"、《公路安全保护条例》第六十二条"违反本条例的规定，未经许可进行本条例第二十七条第一项至第五项规定的涉路施工活动的……责令改正，可以处3万元以下的罚款；未经许可进行本条例第二十七条第六项规定的涉路施工活动的……责令改正，处5万元以下的罚款"等规定作出处罚。

415. 对在公路建筑控制区外修建的建筑物、地面构筑物以及其他设施遮挡公路标志或者妨碍安全视距的，乡镇（街道）应如何处罚？

答：根据《甘肃省赋予乡镇和街道部分县级经济社会管理权限指导目录》（甘政办发〔2020〕88号）第70项的规定，乡镇（街道）可以根据《公路安全保护条例》第五十六条第二项"违反本条例的规定，有下列情形之一的……责令限期拆除，可以处5万元以下的罚款。逾期不拆除的……拆除，有关费用由违法行为人承担……（二）在公路建筑控制区外修建的建筑物、地面构筑物以及其他设施遮挡公路标志或者妨碍安全视距的"等规定作出处罚。

416. 对利用公路桥梁进行牵拉、吊装等危及公路桥梁安全的施工作业，利用公路桥梁（含桥下空间）、公路隧道、涵洞堆放物品，搭建设施以及铺设高压电线和输送易燃、易爆或者其他有毒有害气体、液体的管道的，乡镇（街道）应如何处罚？

答：根据《甘肃省赋予乡镇和街道部分县级经济社会管理权限指导目录》（甘政办发〔2020〕88号）第72项的规定，乡镇（街道）可以根据《公路安全保护条例》第五十九条"违反本条例第二十二条规定的……责令改正，处2万元以上10万元以下的罚款"等规定作出处罚。

417. 对生产经营单位主要负责人未履行《中华人民共和国安全生产法》规定的安全生产管理职责的，乡镇（街道）应如何处罚？

答：根据《甘肃省赋予乡镇和街道部分县级经济社会管理权限指导目录》（甘政办发〔2020〕88号）第178项的规定，乡镇（街道）可以根据《中华人民共和国安全生产法》第九十四条"生产经营单位的主要负责人未履行本法规定的安全生产管理职责的，责令限期改正，处二万元以上五万元以下的罚款；逾期未改正的，处五万元以上十万元以下的罚款，责令生产经营单位停产停业整顿。生产经营单位的主要负责人有前款违法行为，导致发生生产安全事故的，给予撤职处分；构成犯罪的，依照刑法有关规定追究刑事责任。生产经营单位的主要负责人依照前款规定受刑事处罚或者撤职处分的，自刑罚执行完毕或者受处分之日起，五年内不得担任任何生产经营单位的主要负责人；对重大、特别重大生产安全事故负有责任的，终身不得担任本行业生产经营单位的主要负责人"等规定作出处罚。

418. 对生产经营单位未为从业人员提供符合国家标准或者行业标准的劳动防护用品的，乡镇（街道）应如何处罚？

答：根据《甘肃省赋予乡镇和街道部分县级经济社会管理权限指导

目录》（甘政办发〔2020〕88号）第179项的规定，乡镇（街道）可以根据《中华人民共和国安全生产法》第九十九条第五项"生产经营单位有下列行为之一的，责令限期改正，处五万元以下的罚款；逾期未改正的，处五万元以上二十万元以下的罚款，对其直接负责的主管人员和其他直接责任人员处一万元以上二万元以下的罚款；情节严重的，责令停产停业整顿；构成犯罪的，依照刑法有关规定追究刑事责任……（五）未为从业人员提供符合国家标准或者行业标准的劳动防护用品的"等规定作出处罚。

419. 对生产经营单位未按照规定对从业人员、被派遣劳动者、实习学生进行安全生产教育和培训的，乡镇（街道）应如何处罚？

答：根据《甘肃省赋予乡镇和街道部分县级经济社会管理权限指导目录》（甘政办发〔2020〕88号）第180项的规定，乡镇（街道）可以根据《中华人民共和国安全生产法》第九十七条第三项"生产经营单位有下列行为之一的，责令限期改正，处十万元以下的罚款；逾期未改正的，责令停产停业整顿，并处十万元以上二十万元以下的罚款，对其直接负责的主管人员和其他直接责任人员处二万元以上五万元以下的罚款……（三）未按照规定对从业人员、被派遣劳动者、实习学生进行安全生产教育和培训，或者未按照规定如实告知有关的安全生产事项的"、《生产经营单位安全培训规定》第三十条第一款第二项"生产经营单位有下列行为之一的……责令其限期改正，可以处5万元以下的罚款；逾期未改正的，责令停产停业整顿，并处5万元以上10万元以下的罚款，对其直接负责的主管人员和其他直接责任人员处1万元以上2万元以下的罚款……（二）未按照规定对从业人员、被派遣劳动者、实习学生进行安全生产教育和培训或者未如实告知其有关安全生产事项的"等规定作出处罚。

420. 对生产经营单位未按照规定设置安全生产管理机构或者配备安全生产管理人员的，乡镇（街道）应如何处罚？

答：根据《甘肃省赋予乡镇和街道部分县级经济社会管理权限指导目录》（甘政办发〔2020〕88号）第181项规定，乡镇（街道）可以根据《中华人民共和国安全生产法》第九十七条第一项"生产经营单位有下列行为之一的，责令限期改正，处十万元以下的罚款；逾期未改正的，责令停产停业整顿，并处十万元以上二十万元以下的罚款，对其直接负责的主管人员和其他直接责任人员处二万元以上五万元以下的罚款：（一）未按照规定设置安全生产管理机构或者配备安全生产管理人员、注册安全工程师的"等规定作出处罚。

七、农业农村

421. 村民之间因农村土地承包经营权产生纠纷，是否可以向乡镇申请仲裁？

答：根据《福建省赋予经济发达镇部分县级经济社会管理权限的指导目录（一）》（闽政办〔2020〕22号）中"一、行政审批与公共服务类"第1项的规定，赋权经济发达镇人民政府负责对农村土地承包经营权纠纷仲裁，受赋权的经济发达镇人民政府可以依据《中华人民共和国农村土地承包法》第十二条、第五十五条以及《中华人民共和国农村土地承包经营纠纷调解仲裁法》相关规定以自己的名义处理行政仲裁。

422. 发现伪造、冒用、转让、买卖无公害农产品产地认定证书、产品认证证书和标志的，乡镇（街道）是否有权进行行政处罚？

答：根据《福建省赋予经济发达镇部分县级经济社会管理权限的指导目录（一）》（闽政办〔2020〕22号）中"二、行政执法类"第1项的规定，赋权经济发达镇人民政府负责对伪造、冒用、转让、买卖无公害农产品产地认定证书、产品认证证书和标志的处罚的违法行为进行行政处罚，受赋权的经济发达镇人民政府可以依据《无公害农产品管理办法》第三十五条"任何单位和个人不得伪造、冒用、转让、买卖无公害农产品产地认定证书、产品认证证书和标志"、第三十七条"违反本办法第三十五条规定的，由县级以上农业行政主管部门和各地质量监督检验检疫部门根据各自的职责分工责令其停止，并可处以违法所得 1 倍以上 3 倍以下的罚款，但最高罚款不得超过 3 万元；没有违法所得的，可以处 1 万元以下的罚款。法律、法规对处罚另有规定的，从其规定"的规定以自己的名义对违法行为人作出行政处罚。

423. 发现冒用农产品质量标志的，乡镇是否有权进行行政处罚？

答：根据《福建省赋予经济发达镇部分县级经济社会管理权限的指导目录（一）》（闽政办〔2020〕22 号）中"二、行政执法类"第 2 项的规定，赋权经济发达镇人民政府负责对冒用农产品质量标志的违法行为进行行政处罚，受赋权的经济发达镇人民政府可以依据《中华人民共和国农产品质量安全法》第四十二条"农产品质量符合国家规定的有关优质农产品标准的，农产品生产经营者可以申请使用农产品质量标志。禁止冒用农产品质量标志。国家加强地理标志农产品保护和管理"、第七十四条"农产品生产经营者冒用农产品质量标志，或者销售冒用农产品质量标志的农产品的，由县级以上地方人民政府农业农村主管部门按照职责责令改正，没收违法所得；违法生产经营的农产品货值金额不足五千元的，并处五千元以上五万元以下罚款，货值金额五千元以上的，并处货值金额十倍以上二十倍以下罚款"的规定以自己的名义对违法行为人作出行政处罚。

424. 发现属地企业生产对养殖动物、人体健康有害或者存在其他安全隐患饲料、饲料添加剂的，乡镇（街道）是否有权进行行政处罚？

答：根据《福建省赋予经济发达镇部分县级经济社会管理权限的指导目录（一）》（闽政办〔2020〕22号）中"二、行政执法类"第3项的规定，赋权经济发达镇人民政府负责对养殖动物、人体健康有害或者存在其他安全隐患的饲料、饲料添加剂，生产企业不主动召回等的违法行为进行行政处罚，受赋权的经济发达镇人民政府可以依据《饲料和饲料添加剂管理条例》第二十八条"饲料、饲料添加剂生产企业发现其生产的饲料、饲料添加剂对养殖动物、人体健康有害或者存在其他安全隐患的，应当立即停止生产，通知经营者、使用者，向饲料管理部门报告，主动召回产品，并记录召回和通知情况。召回的产品应当在饲料管理部门监督下予以无害化处理或者销毁。饲料、饲料添加剂经营者发现其销售的饲料、饲料添加剂具有前款规定情形的，应当立即停止销售，通知生产企业、供货者和使用者，向饲料管理部门报告，并记录通知情况。养殖者发现其使用的饲料、饲料添加剂具有本条第一款规定情形的，应当立即停止使用，通知供货者，并向饲料管理部门报告"、第四十五条"对本条例第二十八条规定的饲料、饲料添加剂，生产企业不主动召回的，由县级以上地方人民政府饲料管理部门责令召回，并监督生产企业对召回的产品予以无害化处理或者销毁；情节严重的，没收违法所得，并处应召回的产品货值金额1倍以上3倍以下罚款，可以由发证机关吊销、撤销相关许可证明文件；生产企业对召回的产品不予以无害化处理或者销毁的，由县级人民政府饲料管理部门代为销毁，所需费用由生产企业承担。对本条例第二十八条规定的饲料、饲料添加剂，经营者不停止销售的，由县级以上地方人民政府饲料管理部门责令停止销售；拒不停止销售的，没收违法所得，处1000元以上5万元以下罚款；情节严重的，责令停止经营，并通知工商行政管理部门，由工商行政管理部门吊销营业执照"的相关规定以自己的名义对违法行为人作出行政处罚。

425. 发现存在无兽药生产许可证、兽药经营许可证生产、经营兽药等违法行为，乡镇（街道）应当如何处理？

答：根据《福建省赋予经济发达镇部分县级经济社会管理权限的指导目录（一）》（闽政办〔2020〕22号）中"二、行政执法类"第4项的规定，赋权经济发达镇人民政府负责对无兽药生产许可证、兽药经营许可证生产、经营兽药等的违法行为进行行政处罚，受赋权的经济发达镇人民政府可以依据《兽药管理条例》第三条第二款"县级以上地方人民政府兽医行政管理部门负责本行政区域内的兽药监督管理工作"、第五十六条"违反本条例规定，无兽药生产许可证、兽药经营许可证生产、经营兽药的，或者虽有兽药生产许可证、兽药经营许可证，生产、经营假、劣兽药的，或者兽药经营企业经营人用药品的，责令其停止生产、经营，没收用于违法生产的原料、辅料、包装材料及生产、经营的兽药和违法所得，并处违法生产、经营的兽药（包括已出售的和未出售的兽药，下同）货值金额2倍以上5倍以下罚款，货值金额无法查证核实的，处10万元以上20万元以下罚款；无兽药生产许可证生产兽药，情节严重的，没收其生产设备；生产、经营假、劣兽药，情节严重的，吊销兽药生产许可证、兽药经营许可证；构成犯罪的，依法追究刑事责任；给他人造成损失的，依法承担赔偿责任。生产、经营企业的主要负责人和直接负责的主管人员终身不得从事兽药的生产、经营活动。擅自生产强制免疫所需兽用生物制品的，按照无兽药生产许可证生产兽药处罚"的规定以自己的名义对违法行为人作出行政处罚。

426. 发现存在未按照国家有关兽药安全使用规定使用兽药等违法行为的，乡镇（街道）应当如何处理？

答：根据《福建省赋予经济发达镇部分县级经济社会管理权限的指导目录（一）》（闽政办〔2020〕22号）中"二、行政执法类"第5项的规定，赋权经济发达镇人民政府负责对未按照国家有关兽药安全使用规定使用兽药等的违法行为进行行政处罚，受赋权的经济发达镇人民政府可以依据《兽药管理条例》第六十二条"违反本条例规定，未按照国家有关兽药安全使用规定使用兽药的、未建立用药记录或者记录不完整真实的，或者使用禁止使用的药品和其他化合物的，或者将人用药品用于动物的，责令其立即改正，并对饲喂了违禁药物及其他化合物的动物及其产品进行无害化处理；对违法单位处 1 万元以上 5 万元以下罚款；给他人造成损失的，依法承担赔偿责任"的相关规定以自己的名义对违法行为人作出行政处罚。

427. 发现存在生产、销售未取得登记证或者有效成分或含量与登记批准的内容不符的肥料产品，假冒、伪造肥料登记证、登记证号等违法行为的，乡镇（街道）应当如何处理？

答：根据《福建省赋予经济发达镇部分县级经济社会管理权限的指导目录（一）》（闽政办〔2020〕22 号）中"二、行政执法类"第 6 项的规定，赋权经济发达镇人民政府负责对生产、销售未取得登记证或者有效成分或含量与登记批准的内容不符的肥料产品，假冒、伪造肥料登记证、登记证号等违法行为进行行政处罚，受赋权的经济发达镇人民政府可以依据《肥料登记管理办法》第二十六条"有下列情形之一的，由县级以上农业农村主管部门给予警告，并处违法所得 3 倍以下罚款，但最高不得超过 30000 元；没有违法所得的，处 10000 元以下罚款：（一）生产、销售未取得登记证的肥料产品；（二）假冒、伪造肥料登记证、登记证号的；（三）生产、销售的肥料产品有效成分或含量与登记批准的内容不符的"的规定以自己的名义对违法行为人作出行政处罚。

428. 发现存在直接向农田排放不符合农田灌溉水质标准污废水的违法行为的，乡镇（街道）应当如何处理？

答：根据《福建省赋予经济发达镇部分县级经济社会管理权限的指

导目录（一）》（闽政办〔2020〕22号）中"二、行政执法类"第7项的规定，赋权经济发达镇人民政府负责对直接向农田排放不符合农田灌溉水质标准污废水的违法行为进行行政处罚，受赋权的经济发达镇人民政府可以依据《福建省农业生态环境保护条例》第三十三条第一款"违反本条例第十六条第二款规定，直接向农田排放不符合农田灌溉水质标准污废水的，由县级以上地方人民政府农业行政主管部门责令停止排放，没收违法所得；拒不改正的，可处以一万元以下的罚款"的规定以自己的名义对违法行为人作出行政处罚。

429. 发现存在非法占用耕地等破坏种植条件，或者因开发土地造成土地荒漠化、盐渍化等违法行为的，乡镇（街道）应当如何处理？

答：根据《福鼎市交由乡镇（街道）行使的行政处罚权目录》（鼎政综〔2022〕91号）第198项的规定，乡镇（街道）可以依据《中华人民共和国土地管理法》第七十五条"违反本法规定，占用耕地建窑、建坟或者擅自在耕地上建房、挖砂、采石、采矿、取土等，破坏种植条件的，或者因开发土地造成土地荒漠化、盐渍化的，由县级以上人民政府自然资源主管部门、农业农村主管部门等按照职责责令限期改正或者治理，可以并处罚款；构成犯罪的，依法追究刑事责任"的相关规定以自己的名义对违法行为人作出行政处罚。

430. 发现存在农村村民未经批准或者采取欺骗手段骗取批准或者非法占用土地建住宅的违法行为，乡镇（街道）应当如何处理？

答：根据《福鼎市交由乡镇（街道）行使的行政处罚权目录》（鼎政综〔2022〕91号）第199项的规定，乡镇（街道）可以依据《中华人民共和国土地管理法》第七十八条"农村村民未经批准或者采取欺骗手段骗取批准，非法占用土地建住宅的，由县级以上人民政府农业农村主管部门责令退还非法占用的土地，限期拆除在非法占用的土地上新建的房屋。超过省、自治区、直辖市规定的标准，多占的土地以非法占用土地论处"的规定以自己的名义对违法行为人作出行政处罚。

431. 发现存在农药经营者未取得农药经营许可证经营农药等违法行为的，乡镇（街道）应当如何处理？

答：根据《福鼎市交由乡镇（街道）行使的行政处罚权目录》（鼎政综〔2022〕91号）第200项的规定，乡镇（街道）可以依据《农药管理条例》第五十五条"农药经营者有下列行为之一的，由县级以上地方人民政府农业主管部门责令停止经营，没收违法所得、违法经营的农药和用于违法经营的工具、设备等，违法经营的农药货值金额不足1万元的，并处5000元以上5万元以下罚款，货值金额1万元以上的，并处货值金额5倍以上10倍以下罚款；构成犯罪的，依法追究刑事责任：（一）违反本条例规定，未取得农药经营许可证经营农药；（二）经营假农药；（三）在农药中添加物质。有前款第二项、第三项规定的行为，情节严重的，还应当由发证机关吊销农药经营许可证。取得农药经营许可证的农药经营者不再符合规定条件继续经营农药的，由县级以上地方人民政府农业主管部门责令限期整改；逾期拒不整改或者整改后仍不符合规定条件的，由发证机关吊销农药经营许可证"的规定以自己的名义对违法行为人作出行政处罚。同时，《山西省人民政府关于向乡镇人民政府和街道办事处下放部分行政执法职权的决定》（晋政发〔2022〕22号）中《山西省人民政府下放乡镇人民政府和街道办事处行政执法职权指导目录》第28项亦有相关规定。

432. 发现存在无兽药经营许可证经营兽药等违法行为的，乡镇（街道）应当如何处理？

答：根据《福鼎市交由乡镇（街道）行使的行政处罚权目录》（鼎政综〔2022〕91号）第201项的规定，乡镇（街道）可以依据《兽药管理条例》第五十六条"违反本条例规定，无兽药生产许可证、兽药经营许可证生产、经营兽药的，或者虽有兽药生产许可证、兽药经营许可证，生产、经营假、劣兽药的，或者兽药经营企业经营人用药品的，责令其停止生产、经营，没收用于违法生产的原料、辅料、包装材料及生产、经营的兽药和违法所得，并处违法生产、经营的兽药（包括已出售的和未出售的兽药，下同）货值金额 2 倍以上 5 倍以下罚款，货值金额无法查证核实的，处 10 万元以上 20 万元以下罚款；无兽药生产许可证生产兽药，情节严重的，没收其生产设备；生产、经营假、劣兽药，情节严重的，吊销兽药生产许可证、兽药经营许可证；构成犯罪的，依法追究刑事责任；给他人造成损失的，依法承担赔偿责任。生产、经营企业的主要负责人和直接负责的主管人员终身不得从事兽药的生产、经营活动。擅自生产强制免疫所需兽用生物制品的，按照无兽药生产许可证生产兽药处罚"的规定以自己的名义对违法行为人作出行政处罚。

433. 发现存在开办动物饲养场和隔离场所、动物屠宰加工场所以及动物和动物产品无害化处理场所，未取得动物防疫条件合格证等违法行为的，乡镇（街道）应当如何处理？

答：根据《福鼎市交由乡镇（街道）行使的行政处罚权目录》（鼎政综〔2022〕91号）第202项的规定，乡镇（街道）可以依据《中华人民共和国动物防疫法》第九十八条"违反本法规定，有下列行为之一的，由县级以上地方人民政府农业农村主管部门责令改正，处三千元以上三万元以下罚款；情节严重的，责令停业整顿，并处三万元以上十万元以下罚款：（一）开办动物饲养场和隔离场所、动物屠宰加工场所以及动物和动物产品无害化处理场所，未取得动物防疫条件合格证的；（二）经营动物、动物产品的集贸市场不具备国务院农业农村主管部门规定的防疫条件的；（三）未经备案从事动物运输的；（四）未按照规定保存行程路线和托运人提供的动物名称、检疫证明编号、数量等信息的；（五）未经检疫合格，向无规定动物疫病区输入动物、动物产品的；（六）跨省、自治区、直辖市引进种用、乳用动物到达输入地后未按照规定进行隔离观察的；（七）未按照规定处理或者随意弃置病死动物、病害动物产品的"的规定以自己的名义对违法行为人作出行政处罚。同时，根据《山西省人民政府关于向乡镇人民政府和街道办事处下放部分行政执法职权的决定》（晋政发〔2022〕22号）中《山西省人民政府下放乡镇人民政府和街道办事处行政执法职权指导目录》第28项的规定，乡镇人民政府亦依法应当以自己的名义，对前述违法行为进行处罚。

434. 发现存在未取得动物诊疗许可证从事动物诊疗活动的违法行为，乡镇（街道）应当如何处理？

答：根据《福鼎市交由乡镇（街道）行使的行政处罚权目录》（鼎政综〔2022〕91号）第203项的规定，乡镇（街道）可以依据《中华人民共和国动物防疫法》第一百零五条"违反本法规定，未取得动物诊疗许可证从事动物诊疗活动的，由县级以上地方人民政府农业农村主管部门责令停止诊疗活动，没收违法所得，并处违法所得一倍以上三倍以下罚款；违法所得不足三万元的，并处三千元以上三万元以下罚款。动物诊疗机构违反本法规定，未按照规定实施卫生安全防护、消毒、隔离和处置诊疗废弃物的，由县级以上地方人民政府农业农村主管部门责令改正，处一千元以上一万元以下罚款；造成动物疫病扩散的，处一万元以上五万元以下罚款；情节严重的，吊销动物诊疗许可证"的规定以自己的名义对违法行为人作出行政处罚。

435. 发现存在未经定点从事生猪屠宰活动的违法行为的，乡镇（街道）应当如何处理？

答：根据《福鼎市交由乡镇（街道）行使的行政处罚权目录》（鼎政综〔2022〕91号）第204项的规定，乡镇（街道）可以依据《生猪屠宰管理条例》第三十一条"违反本条例规定，未经定点从事生猪屠宰活动的，由农业农村主管部门责令关闭，没收生猪、生猪产品、屠宰工具和设备以及违法所得；货值金额不足1万元的，并处5万元以上10万元以下的罚款；货值金额1万元以上的，并处货值金额10倍以上20倍以下的罚款。冒用或者使用伪造的生猪定点屠宰证书或者生猪定点屠宰标志牌的，依照前款的规定处罚。生猪定点屠宰厂（场）出借、转让生猪定点屠宰证书或者生猪定点屠宰标志牌的，由设区的市级人民政府吊销生猪定点屠宰证书，收回生猪定点屠宰标志牌；有违法所得的，由农业农村主管部门没收违法所得，并处5万元以上10万元以下的罚款"的规定以自己的名义对违法行为人作出行政处罚。

436. 对茶叶种植使用剧毒、高毒、高残留农药的，乡镇（街道）应当如何处理？

答：根据《福鼎市交由乡镇（街道）行使的行政处罚权目录》（鼎政综〔2022〕91号）第205项的规定，乡镇（街道）可以依据《福建省促进茶产业发展条例》第二十七条第二款"茶叶种植禁止使用剧毒、高毒、高残留农药。县级以上地方人民政府农业农村行政管理部门应当根据国家公布的可供茶树上使用的农药目录，指导茶农科学使用农药"、第三十三条"违反本条例第二十七条第二款规定，使用剧毒、高毒、高残留农药的，由县级地方人民政府农业农村行政管理部门责令改正，农药使用者为茶叶生产企业、茶叶仓储企业、专业化病虫害防治服务组织和从事茶叶生产的农民专业合作经济组织等单位的，处五万元以上十万元以下罚款，农药使用者为个人的，处一千元以上一万元以下罚款；对使用剧毒、高毒、高残留农药的茶叶产品予以没收；构成犯罪的，依法追究刑事责任"的规定以自己的名义对违法行为人作出行政处罚。

437. 对未取得拖拉机、联合收割机操作证件而操作拖拉机、联合收割机的，乡镇（街道）应当如何处理？

答：根据《福鼎市交由乡镇（街道）行使的行政处罚权目录》（鼎政综〔2022〕91号）第206项的规定，乡镇（街道）可以依据《农业机械安全监督管理条例》第五十二条"未取得拖拉机、联合收割机操作证件而操作拖拉机、联合收割机的，由县级以上地方人民政府农业机械化主管部门责令改正，处100元以上500元以下罚款"的规定以自己的名义对违法行为人作出行政处罚。

438. 发现存在操作与本人操作证件规定不相符的拖拉机、联合收割机，或者操作未按照规定登记、检验或者检验不合格、安全设施不全、机件失效的拖拉机、联合收割机等违法行为，乡镇（街道）应当如何处理？

答：根据《福鼎市交由乡镇（街道）行使的行政处罚权目录》（鼎政综〔2022〕91号）第207项的规定，乡镇（街道）可以依据《农业机械安全监督管理条例》第五十三条"拖拉机、联合收割机操作人员操作与本人操作证件规定不相符的拖拉机、联合收割机，或者操作未按照规定登记、检验或者检验不合格、安全设施不全、机件失效的拖拉机、联合收割机，或者使用国家管制的精神药品、麻醉品后操作拖拉机、联合收割机，或者患有妨碍安全操作的疾病操作拖拉机、联合收割机的，由县级以上地方人民政府农业机械化主管部门对违法行为人予以批评教育，责令改正；拒不改正的，处100元以上500元以下罚款；情节严重的，吊销有关人员的操作证件"的相关规定以自己的名义对违法行为人作出行政处罚。

439. 对农业机械操作（驾驶）人员使用自走式农业机械违章载人、酒后驾驶的，乡镇（街道）应当如何处理？

答：根据《福鼎市交由乡镇（街道）行使的行政处罚权目录》（鼎政综〔2022〕91号）第208项的规定，乡镇（街道）可以依据《福建省农业机械管理条例》第十七条第一款"农业机械操作（驾驶）人员应当接受安全教育，遵守农业机械安全操作规程，不得违章作业。自走式农业机械不得违章载人，驾驶人员不得酒后驾驶"、第三十一条第一款"违反本条例第十七条第一款规定，发生在道路以外的乡（镇）、村道和田间、场院的违法行为，由农业机械管理部门对违章载人的，责令改正，拒不改正的，处五十元以上二百元以下罚款；对饮酒后驾驶的，给予警告，并可处一百元以上三百元以下罚款；对醉酒后驾驶的，约束醉酒人员不得驾驶至酒醒，暂扣三十日以上六十日以下驾驶证，并处三百元以上五百元以下罚款"的规定以自己的名义对违法行为人作出行政处罚。

440. 村民申请农村村民住宅用地（不涉及占用农用地），乡镇（街道）应当如何处理？

答：根据《江苏省乡镇（街道）法定权力事项清单通用目录》（苏政办发〔2021〕71号）第1项的规定，乡镇（街道）可以依据《中华人民共和国土地管理法》第四十四条"建设占用土地，涉及农用地转为建设用地的，应当办理农用地转用审批手续。永久基本农田转为建设用地的，由国务院批准。在土地利用总体规划确定的城市和村庄、集镇建设用地规模范围内，为实施该规划而将永久基本农田以外的农用地转为建设用地的，按土地利用年度计划分批次按照国务院规定由原批准土地利用总体规划的机关或者其授权的机关批准。在已批准的农用地转用范围内，具体建设项目用地可以由市、县人民政府批准。在土地利用总体规划确定的城市和村庄、集镇建设用地规模范围外，将永久基本农田以外的农用地转为建设用地的，由国务院或者国务院授权的省、自治区、直辖市人民政府批准"、第六十二条"农村村民一户只能拥有一处宅基地,其宅基地的面积不得超过省、自治区、直辖市规定的标准。人均土地少、不能保障一户拥有一处宅基地的地区,县级人民政府在充分尊重农村村民意愿的基础上,可以采取措施,按照省、自治区、直辖市规定的标准保障农村村民实现户有所居。农村村民建住宅,应当符合乡(镇)土地利用总体规划、村庄规划,不得占用永久基本农田,并尽量使用原有的宅基地和村内空闲地。编制乡(镇)土地利用总体规划、村庄规划应当统筹并合理安排宅基地用地,改善农村村民居住环境和条件。农村村民住宅用地,由乡(镇)人民政府审核批准;其中,涉及占用农用地的,依照本法第四十四条的规定办理审批手续。农村村民出卖、出租、赠与住宅后,再申请宅基地的,不予批准。国家允许进城落户的农村村民依法自愿有偿退出宅基地,鼓励农村集体经济组织及其成员盘活利用闲置宅基地和闲置住宅。国务院农业农村主管部门负责全国农村宅基地改革和管理有关工作"的规定作出是否同意申请的行政许可,故行政相对人应当向乡镇(街道)人民政府申请行政许可。

441. 本集体经济组织以外的单位或个人需要承包经营农民集体所有的土地,乡镇(街道)应当如何处理?

答:根据《江苏省乡镇(街道)法定权力事项清单通用目录》(苏政办发〔2021〕71号)第2项的规定,乡镇(街道)依法有权对本集体经济组织以外的单位或个人承包经营农民集体所有的土地进行审批,乡镇(街道)可以依据《中华人民共和国农村土地承包法》第五十二条"发包方将农村土地发包给本集体经济组织以外的单位或者个人承包,应当事先经本集体经济组织成员的村民会议三分之二以上成员或者三分之二以上村民代表的同意,并报乡(镇)人民政府批准。由本集体经济组织以外的单位或者个人承包的,应当对承包方的资信情况和经营能力进行审查后,再签订承包合同"的规定作出是否同意申请的行政许可，故行政相对人应当向乡镇（街道）人民政府申请行政许可。

442. 农村土地承包人需要对农村承包地调整的，乡镇（街道）是否有权作出审批？

答：根据《江苏省乡镇（街道）法定权力事项清单通用目录》（苏政办发〔2021〕71号）第3项的规定，乡镇（街道）依法有权对农村承包地调整进行审批，乡镇（街道）可以依据《中华人民共和国农村土地承包法》第二十八条"承包期内，发包方不得调整承包地。承包期内，因自然灾害严重毁损承包地等特殊情形对个别农户之间承包的耕地和草地需要适当调整的，必须经本集体经济组织成员的村民会议三分之二以上成员或者三分之二以上村民代表的同意，并报乡（镇）人民政府和县级人民政府农业农村、林业和草原等主管部门批准。承包合同中约定不得调整的，按照其约定"的规定作出是否同意申请的行政许可，故行政相对人应当向乡镇（街道）人民政府申请行政许可。

443. 发现存在农村集体经济组织人员以及村民委员会成员损害村集体利益的行为，乡镇（街道）应当如何处理？

答：根据《江苏省乡镇（街道）法定权力事项清单通用目录》（苏政办发〔2021〕71号）第41项的规定，乡镇（街道）依法有权对农村集体经济组织人员以及村民委员会成员损害村集体利益的行为进行处理，乡镇（街道）可以依据《江苏省农村集体资产管理条例》第五十九条"农村集体经济组织的理事、监事、管理人员以及代行农村集体资产管理职能的村民委员会成员违反本条例规定，有下列情形之一的，由县级以上农村集体资产主管部门或者乡镇人民政府责令限期改正；造成损失的，由负有责任的人员依法承担赔偿责任；构成犯罪的，依法追究刑事责任：（一）非法改变农村集体资产所有权的；（二）低价处置、侵占、损害农村集体资产的；（三）不按照规定进行资产登记、资产评估、建立财务会计及其档案管理制度的;(四)行使经营管理职责时不依照章程或者未履行民主决策程序的;(五)向有关部门提供的财务报告等材料中,作虚假记载或者隐瞒重要事实的;(六)财务人员离任时,未按照规定移交财务会计资料、财务印章的;(七)多头开户的;(八)其他损害村集体利益的行为。农村集体经济组织的理事、监事、管理人员有前款情形的,县级以上农村集体资产主管部门或者乡镇人民政府还可以向农村集体经济组织提出对直接责任人员暂停职务或者予以罢免的建议"的规定依法作出处理。

444. 农村集体经济组织章程修改后应当向哪一级政府备案?

答:根据《江苏省乡镇(街道)法定权力事项清单通用目录》(苏政办发〔2021〕71号)第42项及《江苏省农村集体资产管理条例》第八条"农村集体经济组织章程应当符合宪法、法律、法规和国家政策,不得有侵犯农村集体经济组织成员的人身权利、民主权利和合法财产权利的内容。制定以及修改通过的章程应当报乡镇人民政府备案。章程应当载明下列事项:(一)名称和住所;(二)职责范围;(三)资产情况;(四)成员身份取得、保留、丧失的条件和程序;(五)成员权利与义务;(六)组织机构及其议事规则;(七)成员大会的组成以及成员代表大会代表的产生、更换的方式;(八)财务管理制度;(九)收益分配制度;(十)合并、分立、解散事宜;(十一)章程修改程序;(十二)公开制度;(十三)其他有关事项"的规定,农村集体经济组织的章程制定或者修改后应当报乡镇人民政府备案。

445. 农村集体经济组织的成员名册应当向哪一级政府备案?

答:根据《江苏省乡镇(街道)法定权力事项清单通用目录》(苏政办发〔2021〕71号)第43项及《江苏省农村集体资产管理条例》第十九条"农村集体经济组织应当以农户家庭为单位编制成员名册,经公示无异议或者异议不成立的,报乡镇人民政府和县级农村集体资产主管部门备案。农村集体经济组织应当根据农户家庭以及成员变动情况,定期对成员名册进行变更并上报备案"的规定,农村集体经济组织应当根据农户家庭以及成员变动情况,定期对成员名册进行变更并上报乡镇人民政府和县级农村集体资产主管部门备案。

446. 农村集体经济组织的农村集体经济组织股份合作制改革实施方案审查、备案,应当由哪一级政府负责实施?

答:根据《江苏省乡镇(街道)法定权力事项清单通用目录》(苏政办发〔2021〕71号)第44项及《江苏省农村集体资产管理条例》第四十二条"农村集体经济组织开展股份合作制改革,应当制定实施方案。实施方案应当在本集体经济组织范围内进行公示,征求本集体经济组织成员意见,征求意见时间不少于十五日。股份合作实施方案征求意见后,应当报乡镇人民政府进行合法性审查。乡镇人民政府应当在十五个工作日内完成审查工作,对不符合法律、法规规定的实施方案,应当告知农村集体经济组织进行修改,农村集体经济组织应当修改。经审查符合规定的实施方案,交由成员(代表)大会表决。表决通过后的实施方案应当报乡镇人民政府、县级农村集体资产主管部门备案"的规定,乡镇人民政府对农村集体经济组织股份合作制改革实施方案进行合法性审查,审查通过后,方案经成员(代表)大会表决,表决后,报乡镇人民政府、县级农村集体资产主管部门备案。

447. 发现农村集体经济组织、村民委员会侵害承包方土地承包经营权行为,乡镇(街道)应当如何处理?

答:根据《江苏省乡镇(街道)法定权力事项清单通用目录》(苏政办发〔2021〕71号)第71项及《江苏省农村土地承包经营权保护条例》第三十六条"任何组织和个人有下列侵害承包方的土地承包经营权

行为之一的，应当依法承担停止侵害、返还财产、恢复原状、排除妨碍、消除危险、赔偿损失等民事责任：（一）干涉承包方依法享有的生产经营自主权的；（二）剥夺、侵害妇女依法享有的土地承包经营权的；（三）违法收回或者调整承包地的；（四）强迫或者阻碍承包方进行土地承包经营权的互换、转让或者土地经营权流转的；（五）以少数服从多数为由强迫承包方放弃或者变更土地承包经营权的；（六）将承包地收回抵顶欠款的；（七）侵害土地承包经营权的其他行为。农村集体经济组织、村民委员会有前款所列行为之一的，由县级农村土地承包主管部门或者乡（镇）人民政府责令改正；村民有权向地方人民政府、农村土地承包主管部门投诉、举报，也可以根据《中华人民共和国村民委员会组织法》的有关规定罢免村民委员会成员。国家机关及其工作人员有本条第一款所列行为之一的，由县级以上农村土地承包主管部门责令改正；对直接负责的主管人员和其他直接责任人员，由所在单位或者监察机关依法给予处分"的规定，农村集体经济组织、村民委员会侵害承包方土地承包经营权的，由县级农村土地承包主管部门或者乡（镇）人民政府责令改正；村民有权向地方人民政府、农村土地承包主管部门投诉、举报，也可以根据《中华人民共和国村民委员会组织法》的有关规定罢免村民委员会成员。

448. 发现村民委员会或者农村五保供养服务机构对农村五保供养对象提供的供养服务不符合要求，乡镇（街道）应当如何处理？

答：根据《江苏省乡镇（街道）法定权力事项清单通用目录》（苏政办发〔2021〕71号）第70项及《农村五保供养工作条例》第二十四条"违反本条例规定，村民委员会或者农村五保供养服务机构对农村五保供养对象提供的供养服务不符合要求的，由乡、民族乡、镇人民政府责令限期改正；逾期不改正的，乡、民族乡、镇人民政府有权终止供养服务协议；造成损失的，依法承担赔偿责任"的规定，村民委员会或者农村五保供养服务机构对农村五保供养对象提供的供养服务不符合要求的，由乡、民族乡、镇人民政府责令限期改正；逾期不改正的，乡、民族乡、镇人民政府有权终止供养服务协议；造成损失的，依法承担赔偿责任。

449. 某企业拟通过流转取得土地经营权，应当向哪一级政府申请行政许可？

答：根据《云南省人民政府关于公布乡镇（街道）行政职权基本目录和赋予乡镇（街道）部分县级行政职权指导目录的决定》（云政发〔2023〕9号）中《云南省乡镇（街道）行政职权基本目录（2023年版）》第5项的规定，乡镇人民政府有权依照《中华人民共和国农村土地承包法》第四十五条第一款"县级以上地方人民政府应当建立工商企业等社会资本通过流转取得土地经营权的资格审查、项目审核和风险防范制度"、《农村土地经营权流转管理办法》第二十九条"县级以上地方人民政府对工商企业等社会资本流转土地经营权，依法建立分级资格审查和项目审核制度。审查审核的一般程序如下：（一）受让主体与承包方就流转面积、期限、价款等进行协商并签订流转意向协议书。涉及未承包到户集体土地等集体资源的，应当按照法定程序经本集体经济组织成员的村民会议三分之二以上成员或者三分之二以上村民代表的同意，并与集体经济组织签订流转意向协议书。（二）受让主体按照分级审查审核规定，分别向乡（镇）人民政府农村土地承包管理部门或者县级以上地方人民政府农业农村主管（农村经营管理）部门提出申请，并提交流转意向协议书、农业经营能力或者资质证明、流转项目规划等相关材料。（三）县级以上地方人民政府或者乡（镇）人民政府应当依法组织相关职能部门、农村集体经济组织代表、农民代表、专家等就土地用途、受让主体农业经营能力，以及经营项目是否符合粮食生产等产业规划等进行审查审核，并于受理之日起20个工作日内作出审查审核意见。（四）审查审核通过的，受让主体与承包方签订土地经营权流转合同。未按规定提交审查审核申请或者审查审核未通过的，不得开展土地经营权流转活动"的规定负责对工商企业等社会资本通过流转取得土地经营权的行政许可，故当事人可以向乡镇人民政府申请行政许可。

450. 村民委员会成员的任期和离任经济责任审，需要由哪一机关实施？

答：根据《云南省人民政府关于公布乡镇（街道）行政职权基本目录和赋予乡镇（街道）部分县级行政职权指导目录的决定》（云政发〔2023〕9号）中《云南省乡镇（街道）行政职权基本目录（2023年版）》第50项以及《中华人民共和国村民委员会组织法》第三十五条"村民委员会成员实行任期和离任经济责任审计，审计包括下列事项：（一）本村财务收支情况；（二）本村债权债务情况；（三）政府拨付和接受社会捐赠的资金、物资管理使用情况；（四）本村生产经营和建设项目的发包管理以及公益事业建设项目招标投标情况；（五）本村资金管理使用以及本村集体资产、资源的承包、租赁、担保、出让情况，征地补偿费的使用、分配情况；（六）本村五分之一以上的村民要求审计的其他事项。村民委员会成员的任期和离任经济责任审计，由县级人民政府农业部门、财政部门或者乡、民族乡、镇的人民政府负责组织，审计结果应当公布，其中离任经济责任审计结果应当在下一届村民委员会选举之前公布"的规定，乡镇（街道）负责对村民委员会成员的任期和离任经济责任审计。

451. 因特殊原因需要对个别农户之间承包的耕地和草地适当调整，乡镇（街道）应当如何处理？

答：根据《云南省人民政府关于公布乡镇（街道）行政职权基本目录和赋予乡镇（街道）部分县级行政职权指导目录的决定》（云政发〔2023〕9号）中《云南省乡镇（街道）行政职权基本目录（2023年版）》第71项以及《中华人民共和国农村土地承包法》第二十八条第

二款"承包期内，因自然灾害严重毁损承包地等特殊情形对个别农户之间承包的耕地和草地需要适当调整的，必须经本集体经济组织成员的村民会议三分之二以上成员或者三分之二以上村民代表的同意，并报乡（镇）人民政府和县级人民政府农业农村、林业和草原等主管部门批准。承包合同中约定不得调整的，按照其约定"的规定，乡镇（街道）依法有权对土地承包期内，因特殊情形需要对个别农户之间承包的耕地和草地适当调整进行审核。

452. 发现某村一未取得动物诊疗许可的游医从事动物诊疗活动，乡镇（街道）应当如何处理？

答：根据《云南省人民政府关于公布乡镇（街道）行政职权基本目录和赋予乡镇（街道）部分县级行政职权指导目录的决定》（云政发〔2023〕9号）中《云南省赋予乡镇（街道）部分县级行政职权指导目录（2023年版）》第60项的规定，乡镇（街道）可以依照《中华人民共和国动物防疫法》第一百零五条第一款"违反本法规定，未取得动物诊疗许可证从事动物诊疗活动的，由县级以上地方人民政府农业农村主管部门责令停止诊疗活动，没收违法所得，并处违法所得一倍以上三倍以下罚款；违法所得不足三万元的，并处三千元以上三万元以下罚款"的规定，对前述违法行为进行行政处罚。

453. 某村一诊所未取得执业兽医备案从事经营性动物诊疗活动，乡镇（街道）应当如何处理？

答：根据《云南省人民政府关于公布乡镇（街道）行政职权基本目录和赋予乡镇（街道）部分县级行政职权指导目录的决定》（云政发〔2023〕9号）中《云南省赋予乡镇（街道）部分县级行政职权指导目录（2023年版）》第61项的规定，乡镇（街道）可以依照《中华人民共和国动物防疫法》第一百零六条第一款"违反本法规定，未经执业兽医备案从事经营性动物诊疗活动的，由县级以上地方人民政府农业农村主管部门责令停止动物诊疗活动，没收违法所得，并处三千元以上三万元以下罚款；对其所在的动物诊疗机构处一万元以上五万元以下罚款"的规定，对前述违法行为进行行政处罚。

454. 发现某单位有动物染疫、疑似染疫未报告，或者未采取隔离等控制措施，乡镇（街道）应当如何处理？

答：根据《云南省人民政府关于公布乡镇（街道）行政职权基本目录和赋予乡镇（街道）部分县级行政职权指导目录的决定》（云政发〔2023〕9号）中《云南省赋予乡镇（街道）部分县级行政职权指导目录（2023年版）》第62项的规定，乡镇（街道）可以依照《中华人民共和国动物防疫法》第一百零八条"违反本法规定，从事动物疫病研究、诊疗和动物饲养、屠宰、经营、隔离、运输，以及动物产品生产、经营、加工、贮藏、无害化处理等活动的单位和个人，有下列行为之一的，由县级以上地方人民政府农业农村主管部门责令改正，可以处一万元以下罚款；拒不改正的，处一万元以上五万元以下罚款，并可以责令停业整顿：（一）发现动物染疫、疑似染疫未报告，或者未采取隔离等控制措施的；（二）不如实提供与动物防疫有关的资料的；（三）拒绝或者阻碍农业农村主管部门进行监督检查的；（四）拒绝或者阻碍动物疫病预防控制机构进行动物疫病监测、检测、评估的；（五）拒绝或者阻碍官方兽医依法履行职责的"的规定，对前述违法行为进行行政处罚。

455. 发现当事人不如实提供与动物防疫活动有关资料，乡镇（街道）应当如何处理？

答：根据《云南省人民政府关于公布乡镇（街道）行政职权基本目录和赋予乡镇（街道）部分县级行政职权指导目录的决定》（云政发〔2023〕9号）中《云南省赋予乡镇（街道）部分县级行政职权指导目

录（2023年版）》第63项的规定，乡镇（街道）可以依照《中华人民共和国动物防疫法》第一百零八条"违反本法规定，从事动物疫病研究、诊疗和动物饲养、屠宰、经营、隔离、运输，以及动物产品生产、经营、加工、贮藏、无害化处理等活动的单位和个人，有下列行为之一的，由县级以上地方人民政府农业农村主管部门责令改正，可以处一万元以下罚款；拒不改正的，处一万元以上五万元以下罚款，并可以责令停业整顿：（一）发现动物染疫、疑似染疫未报告，或者未采取隔离等控制措施的；（二）不如实提供与动物防疫有关的资料的；（三）拒绝或者阻碍农业农村主管部门进行监督检查的；（四）拒绝或者阻碍动物疫病预防控制机构进行动物疫病监测、检测、评估的；（五）拒绝或者阻碍官方兽医依法履行职责的"的规定，对前述违法行为进行行政处罚。

456. 发现经营依法应当检疫而未经检疫或者检疫不合格的动物、动物产品，乡镇（街道）应当如何处理？

答：根据《云南省人民政府关于公布乡镇（街道）行政职权基本目录和赋予乡镇（街道）部分县级行政职权指导目录的决定》（云政发〔2023〕9号）中《云南省赋予乡镇（街道）部分县级行政职权指导目录（2023年版）》第64项的规定，乡镇（街道）可以依照《云南省动物防疫条例》第二十二条"任何单位和个人不得经营依法应当检疫而未经检疫或者检疫不合格的动物、动物产品。超市、宾馆、饭店及其他单位出售动物、动物产品时，应当出示动物、动物产品检疫证明，并接受动物防疫监督机构的监督检查"及第三十五条"违反本条例第二十二条第一款规定的，由动物防疫监督机构给予警告，没收违法所得；情节严重的，并处违法所得五倍以下罚款；没有违法所得，情节严重的，并处三万元以下罚款"的规定，对前述违法行为进行行政处罚。

457. 发现存在转让、涂改、伪造《动物防疫合格证》、《动物诊疗许可证》、动物检疫验讫印章和标识的违法行为，乡镇（街道）应当如何处理？

答：根据《云南省人民政府关于公布乡镇（街道）行政职权基本目录和赋予乡镇（街道）部分县级行政职权指导目录的决定》（云政发〔2023〕9号）中《云南省赋予乡镇（街道）部分县级行政职权指导目录（2023年版）》第65项的规定，乡镇（街道）可以依照《云南省动物防疫条例》第三十八条"转让、涂改、伪造《动物防疫合格证》、《动物诊疗许可证》、动物检疫验讫印章和标识的，由畜牧兽医行政管理部门或者动物防疫监督机构给予警告，没收违法所得，收缴证件、印章和标识；对涂改、转让证件、印章和标识的，可以并处二千元以上五千元以下罚款；对伪造证件、印章和标识的，可以并处一万元以上三万元以下罚款；违法所得超过三万元的，并处违法所得一倍以上三倍以下罚款；构成犯罪的，依法追究刑事责任"的规定，对前述违法行为进行行政处罚。

458. 发现存在无种畜禽生产经营许可证或者违反种畜禽生产经营许可证的规定生产经营种畜禽、转让租借种畜禽生产经营许可证的违法行为，乡镇（街道）应当如何处理？

答：根据《云南省人民政府关于公布乡镇（街道）行政职权基本目录和赋予乡镇（街道）部分县级行政职权指导目录的决定》（云政发〔2023〕9号）中《云南省赋予乡镇（街道）部分县级行政职权指导目录（2023年版）》第66项的规定，乡镇（街道）可以依照《中华人民共和国畜牧法》第八十二条"违反本法规定，无种畜禽生产经营许可证或者违反种畜禽生产经营许可证规定生产经营，或者伪造、变造、转让、租借种畜禽生产经营许可证的，由县级以上地方人民政府农业农村主管部门责令停止违法行为，收缴伪造、变造的种畜禽生产经营许可

证，没收种畜禽、商品代仔畜、雏禽和违法所得；违法所得在三万元以上的，并处违法所得一倍以上三倍以下罚款；没有违法所得或者违法所得不足三万元的，并处三千元以上三万元以下罚款。违反种畜禽生产经营许可证的规定生产经营或者转让、租借种畜禽生产经营许可证，情节严重的，并处吊销种畜禽生产经营许可证"的规定，对前述违法行为进行行政处罚。

459. 发现存在畜禽养殖未建立养殖档案或者未按照规定保存养殖档案的违法行为，乡镇（街道）应当如何处理？

答：根据《云南省人民政府关于公布乡镇（街道）行政职权基本目录和赋予乡镇（街道）部分县级行政职权指导目录的决定》（云政发〔2023〕9号）中《云南省赋予乡镇（街道）部分县级行政职权指导目录（2023年版）》第67项的规定，乡镇（街道）可以依照《中华人民共和国畜牧法》第八十六条"违反本法规定，兴办畜禽养殖场未备案，畜禽养殖场未建立养殖档案或者未按照规定保存养殖档案的，由县级以上地方人民政府农业农村主管部门责令限期改正，可以处一万元以下罚款"的规定，对前述违法行为进行行政处罚。

460. 发现存在经营无产品标签、无生产许可证、无产品质量检验合格证的饲料、饲料添加剂的违法行为，乡镇（街道）应当如何处理？

答：根据《云南省人民政府关于公布乡镇（街道）行政职权基本目录和赋予乡镇（街道）部分县级行政职权指导目录的决定》（云政发〔2023〕9号）中《云南省赋予乡镇（街道）部分县级行政职权指导目录（2023年版）》第68项的规定，乡镇（街道）可以依照《饲料和饲料添加剂管理条例》第二十九条"禁止生产、经营、使用未取得新饲料、新饲料添加剂证书的新饲料、新饲料添加剂以及禁用的饲料、饲料添加剂。禁止经营、使用无产品标签、无生产许可证、无产品质量标准、无产品质量检验合格证的饲料、饲料添加剂。禁止经营、使用无产品批准文号的饲料添加剂、添加剂预混合饲料。禁止经营、使用未取得饲料、饲料添加剂进口登记证的进口饲料、进口饲料添加剂"及第四十三条"饲料、饲料添加剂经营者有下列行为之一的，由县级人民政府饲料管理部门责令改正，没收违法所得和违法经营的产品，违法经营的产品货值金额不足1万元的，并处2000元以上2万元以下罚款，货值金额1万元以上的，并处货值金额2倍以上5倍以下罚款；情节严重的，责令停止经营，并通知工商行政管理部门，由工商行政管理部门吊销营业执照；构成犯罪的，依法追究刑事责任：（一）对饲料、饲料添加剂进行再加工或者添加物质的；（二）经营无产品标签、无生产许可证、无产品质量检验合格证的饲料、饲料添加剂的；（三）经营无产品批准文号的饲料添加剂、添加剂预混合饲料的；（四）经营用国务院农业行政主管部门公布的饲料原料目录、饲料添加剂品种目录和药物饲料添加剂品种目录以外的物质生产的饲料的；（五）经营未取得新饲料、新饲料添加剂证书的新饲料、新饲料添加剂或者未取得饲料、饲料添加剂进口登记证的进口饲料、进口饲料添加剂以及禁用的饲料、饲料添加剂的"的规定，对前述违法行为进行行政处罚。

461. 发现存在经营无产品批准文号的饲料添加剂、添加剂预混合饲料的违法行为，乡镇（街道）应当如何处理？

答：根据《云南省人民政府关于公布乡镇（街道）行政职权基本目录和赋予乡镇（街道）部分县级行政职权指导目录的决定》（云政发〔2023〕9号）中《云南省赋予乡镇（街道）部分县级行政职权指导目录（2023年版）》第69项的规定，乡镇（街道）可以依照《饲料和饲料添加剂管理条例》第二十九条"禁止生产、经营、使用未取得新饲料、新饲料添加剂证书的新饲料、新饲料添加剂以及禁用的饲料、饲料添加剂。禁止经营、使用无产品标签、无生产许可证、无产品质量标准、无产品质量检验合格证的饲料、饲料添加剂。禁止经营、使用无产品批准文号的饲料添加剂、添加剂预混合饲料。禁止经营、使用未取得饲料、饲料添加剂进口登记证的进口饲料、进口饲料添加剂"及第四十三条"饲料、饲料添加剂经营者有下列行为之一的,由县级人民政府饲料管理部门责令改正,没收违法所得和违法经营的产品,违法经营的产品货值金额不足 1 万元的,并处 2000 元以上 2 万元以下罚款,货值金额 1 万元以上的,并处货值金额 2 倍以上 5 倍以下罚款;情节严重的,责令停止经营,并通知工商行政管理部门,由工商行政管理部门吊销营业执照;构成犯罪的,依法追究刑事责任:(一)对饲料、饲料添加剂进行再加工或者添加物质的;(二)经营无产品标签、无生产许可证、无产品质量检验合格证的饲料、饲料添加剂的;(三)经营无产品批准文号的饲料添加剂、添加剂预混合饲料的;(四)经营用国务院农业行政主管部门公布的饲料原料目录、饲料添加剂品种目录和药物饲料添加剂品种目录以外的物质生产的饲料的;(五)经营未取得新饲料、新饲料添加剂证书的新饲料、新饲料添加剂或者未取得饲料、饲料添加剂进口登记证的进口饲料、进口饲料添加剂以及禁用的饲料、饲料添加剂的"的规定,对前述违法行为进行行政处罚。

462. 对饲料、饲料添加剂进行拆包、分装的,乡镇(街道)应当如何处理?

答:根据《云南省人民政府关于公布乡镇(街道)行政职权基本目录和赋予乡镇(街道)部分县级行政职权指导目录的决定》(云政发〔2023〕9号)中《云南省赋予乡镇(街道)部分县级行政职权指导目录(2023年版)》第70项的规定,乡镇(街道)可以依照《饲料和饲料添加剂管理条例》第四十四条"饲料、饲料添加剂经营者有下列行为之一的,由县级人民政府饲料管理部门责令改正,没收违法所得和违法经营的产品,并处 2000 元以上 1 万元以下罚款:(一)对饲料、饲料添加剂进行拆包、分装的；（二）不依照本条例规定实行产品购销台账制度的；（三）经营的饲料、饲料添加剂失效、霉变或者超过保质期的"的规定，对前述违法行为进行行政处罚。

463. 发现存在未按规定实行饲料、饲料添加剂产品购销台账制度的违法行为，乡镇（街道）应当如何处理？

答： 根据《云南省人民政府关于公布乡镇（街道）行政职权基本目录和赋予乡镇（街道）部分县级行政职权指导目录的决定》（云政发〔2023〕9号）中《云南省赋予乡镇（街道）部分县级行政职权指导目录（2023年版）》第71项的规定，乡镇（街道）可以依照《饲料和饲料添加剂管理条例》第四十四条"饲料、饲料添加剂经营者有下列行为之一的，由县级人民政府饲料管理部门责令改正，没收违法所得和违法经营的产品，并处2000元以上1万元以下罚款：（一）对饲料、饲料添加剂进行拆包、分装的；（二）不依照本条例规定实行产品购销台账制度的；（三）经营的饲料、饲料添加剂失效、霉变或者超过保质期的"的规定，对前述违法行为进行行政处罚。

464. 对经营的饲料、饲料添加剂失效、霉变或者超过保质期的，乡镇（街道）应当如何处理？

答： 根据《云南省人民政府关于公布乡镇（街道）行政职权基本目录和赋予乡镇（街道）部分县级行政职权指导目录的决定》（云政发〔2023〕9号）中《云南省赋予乡镇（街道）部分县级行政职权指导目录（2023年版）》第72项的规定，乡镇（街道）可以依照《饲料和饲料添加剂管理条例》第四十四条"饲料、饲料添加剂经营者有下列行为之一的，由县级人民政府饲料管理部门责令改正，没收违法所得和违法经营的产品，并处2000元以上1万元以下罚款：（一）对饲料、饲料添加剂进行拆包、分装的；（二）不依照本条例规定实行产品购销台账制度的；(三)经营的饲料、饲料添加剂失效、霉变或者超过保质期的"的规定，对前述违法行为进行行政处罚。

465. 对养殖者使用无产品标签、无生产许可证、无产品质量标准、无产品质量检验合格证的饲料、饲料添加剂的，乡镇（街道）应当如何处理？

答：根据《云南省人民政府关于公布乡镇（街道）行政职权基本目录和赋予乡镇（街道）部分县级行政职权指导目录的决定》（云政发〔2023〕9号）中《云南省赋予乡镇（街道）部分县级行政职权指导目录（2023年版）》第73项的规定，乡镇（街道）可以依照《饲料和饲料添加剂管理条例》第四十七条"养殖者有下列行为之一的，由县级人民政府饲料管理部门没收违法使用的产品和非法添加物质，对单位处1万元以上5万元以下罚款，对个人处5000元以下罚款；构成犯罪的，依法追究刑事责任：(一)使用未取得新饲料、新饲料添加剂证书的新饲料、新饲料添加剂或者未取得饲料、饲料添加剂进口登记证的进口饲料、进口饲料添加剂的；(二)使用无产品标签、无生产许可证、无产品质量标准、无产品质量检验合格证的饲料、饲料添加剂的；(三)使用无产品批准文号的饲料添加剂、添加剂预混合饲料的；(四)在饲料或者动物饮用水中添加饲料添加剂，不遵守国务院农业行政主管部门制定的饲料添加剂安全使用规范的；(五)使用自行配制的饲料，不遵守国务院农业行政主管部门制定的自行配制饲料使用规范的；(六)使用限制使用的物质养殖动物，不遵守国务院农业行政主管部门的限制性规定的；(七)在反刍动物饲料中添加乳和乳制品以外的动物源性成分的。在饲料或者动物饮用水中添加国务院农业行政主管部门公布禁用的物质以及对人体具有直接或者潜在危害的其他物质，或者直接使用上述物质养殖动物的，由县级以上地方人民政府饲料管理部门责令其对饲喂了违禁物质的动物进行无害化处理，处3万元以上10万元以下罚款；构成犯罪的，依法追究刑事责任"的规定，对前述违法行为进行行政处罚。

466. 对养殖者使用无产品批准文号的饲料添加剂、添加剂预混合饲料的，乡镇（街道）应当如何处理？

答：根据《云南省人民政府关于公布乡镇（街道）行政职权基本目录和赋予乡镇（街道）部分县级行政职权指导目录的决定》（云政发〔2023〕9号）中《云南省赋予乡镇（街道）部分县级行政职权指导目录（2023年版）》第74项的规定，乡镇（街道）可以依照《饲料和饲料添加剂管理条例》第四十七条"养殖者有下列行为之一的，由县级人民政府饲料管理部门没收违法使用的产品和非法添加物质，对单位处1万元以上5万元以下罚款，对个人处5000元以下罚款；构成犯罪的，依法追究刑事责任：（一）使用未取得新饲料、新饲料添加剂证书的新饲料、新饲料添加剂或者未取得饲料、饲料添加剂进口登记证的进口饲料、进口饲料添加剂的；（二）使用无产品标签、无生产许可证、无产品质量标准、无产品质量检验合格证的饲料、饲料添加剂的；（三）使用无产品批准文号的饲料添加剂、添加剂预混合饲料的；（四）在饲料或者动物饮用水中添加饲料添加剂，不遵守国务院农业行政主管部门制定的饲料添加剂安全使用规范的；（五）使用自行配制的饲料，不遵守国务院农业行政主管部门制定的自行配制饲料使用规范的；（六）使用限制使用的物质养殖动物，不遵守国务院农业行政主管部门的限制性规定的；（七）在反刍动物饲料中添加乳和乳制品以外的动物源性成分的。在饲料或者动物饮用水中添加国务院农业行政主管部门公布禁用的物质以及对人体具有直接或者潜在危害的其他物质，或者直接使用上述物质养殖动物的，由县级以上地方人民政府饲料管理部门责令其对饲喂了违禁物质的动物进行无害化处理，处3万元以上10万元以下罚款；构成犯罪的，依法追究刑事责任"的规定，对前述违法行为进行行政处罚。

467. 对使用全民所有的水域、滩涂从事养殖生产，无正当理由使水域、滩涂荒芜满一年，逾期未开发利用的，乡镇（街道）应当如何处理？

答：根据《云南省人民政府关于公布乡镇（街道）行政职权基本目录和赋予乡镇（街道）部分县级行政职权指导目录的决定》（云政发〔2023〕9号）中《云南省赋予乡镇（街道）部分县级行政职权指导目录（2023年版）》第75项的规定，乡镇（街道）可以依照《中华人民共和国渔业法》第四十条第一款"使用全民所有的水域、滩涂从事养殖生产，无正当理由使水域、滩涂荒芜满一年的，由发放养殖证的机关责令限期开发利用；逾期未开发利用的，吊销养殖证，可以并处一万元以下的罚款"的规定，对前述违法行为进行行政处罚。

468. 发现存在涂改、买卖、出租或者以其他形式转让捕捞许可证的违法行为，乡镇（街道）应当如何处理？

答：根据《云南省人民政府关于公布乡镇（街道）行政职权基本目录和赋予乡镇（街道）部分县级行政职权指导目录的决定》（云政发〔2023〕9号）中《云南省赋予乡镇（街道）部分县级行政职权指导目录（2023年版）》第76项的规定，乡镇（街道）可以依照《中华人民共和国渔业法》第四十三条"涂改、买卖、出租或者以其他形式转让捕捞许可证的，没收违法所得，吊销捕捞许可证，可以并处一万元以下的罚款；伪造、变造、买卖捕捞许可证，构成犯罪的，依法追究刑事责任"的规定，对前述违法行为进行行政处罚。

469. 发现存在在重要渔业水域设置网箱、围栏和排污口的违法行为，乡镇（街道）应当如何处理？

答：根据《云南省人民政府关于公布乡镇（街道）行政职权基本目录和赋予乡镇（街道）部分县级行政职权指导目录的决定》（云政发

〔2023〕9号）中《云南省赋予乡镇（街道）部分县级行政职权指导目录（2023年版）》第77项的规定，乡镇（街道）可以依照《云南省渔业条例》第四十九条"在重要渔业水域设置网箱、围栏和排污口的，责令限期拆除；拒不拆除的，强制拆除，拆除费用由违法者承担，并处1000元以上1万元以下罚款"的规定，对前述违法行为进行行政处罚。

470. 对生产、经营种子未按照规定进行备案的，乡镇（街道）应当如何处理？

答：根据《云南省人民政府关于公布乡镇（街道）行政职权基本目录和赋予乡镇（街道）部分县级行政职权指导目录的决定》（云政发〔2023〕9号）中《云南省赋予乡镇（街道）部分县级行政职权指导目录（2023年版）》第78项的规定，乡镇（街道）可以依照《云南省农作物种子条例》第四十八条"违反本条例规定，有下列行为之一的，由县级以上种子管理机构责令改正，没收种子和违法所得，可以并处违法所得1倍以上3倍以下罚款；没有违法所得的，处1000元以上1万元以下罚款：（一）生产、经营种子未按照规定进行备案的；（二）未按规定取得种子经营备案书或者伪造、变造、买卖、租借备案书的；（三）种子代销者超范围经营种子或者再次委托他人代销种子的；（四）专门经营不再分装的包装种子者将包装种子拆包销售的；（五）未向种子使用者提供种子的简要性状、主要栽培措施、使用条件的说明与有关咨询服务的"的规定，对前述违法行为进行行政处罚。

471. 对未按规定取得种子经营备案书或者伪造、变造、买卖、租借备案书的，乡镇（街道）应当如何处理？

答：根据《云南省人民政府关于公布乡镇（街道）行政职权基本目录和赋予乡镇（街道）部分县级行政职权指导目录的决定》（云政发〔2023〕9号）中《云南省赋予乡镇（街道）部分县级行政职权指导目

录（2023年版）》第79项的规定，乡镇（街道）可以依照《云南省农作物种子条例》第四十八条"违反本条例规定，有下列行为之一的，由县级以上种子管理机构责令改正，没收种子和违法所得，可以并处违法所得1倍以上3倍以下罚款；没有违法所得的，处1000元以上1万元以下罚款：（一）生产、经营种子未按照规定进行备案的；（二）未按规定取得种子经营备案书或者伪造、变造、买卖、租借备案书的；（三）种子代销者超范围经营种子或者再次委托他人代销种子的；（四）专门经营不再分装的包装种子者将包装种子拆包销售的；（五）未向种子使用者提供种子的简要性状、主要栽培措施、使用条件的说明与有关咨询服务的"的规定，对前述违法行为进行行政处罚。

472. 对销售的种子应当包装而没有包装的，乡镇（街道）应当如何处理？

答：根据《云南省人民政府关于公布乡镇（街道）行政职权基本目录和赋予乡镇（街道）部分县级行政职权指导目录的决定》（云政发〔2023〕9号）中《云南省赋予乡镇（街道）部分县级行政职权指导目录（2023年版）》第80项的规定，乡镇（街道）可以依照《中华人民共和国种子法》第七十九条第一项"违反本法第三十六条、第三十八条、第三十九条、第四十条规定，有下列行为之一的，由县级以上人民政府农业农村、林业草原主管部门责令改正，处二千元以上二万元以下罚款：（一）销售的种子应当包装而没有包装的"的规定进行处罚。

473. 对销售的种子没有使用说明或者标签内容不符合规定的，乡镇（街道）应当如何处理？

答：根据《云南省人民政府关于公布乡镇（街道）行政职权基本目录和赋予乡镇（街道）部分县级行政职权指导目录的决定》（云政发

〔2023〕9号）中《云南省赋予乡镇（街道）部分县级行政职权指导目录（2023年版）》第81项的规定，乡镇（街道）可以依照《中华人民共和国种子法》第四十条"销售的种子应当符合国家或者行业标准，附有标签和使用说明。标签和使用说明标注的内容应当与销售的种子相符。种子生产经营者对标注内容的真实性和种子质量负责。标签应当标注种子类别、品种名称、品种审定或者登记编号、品种适宜种植区域及季节、生产经营者及注册地、质量指标、检疫证明编号、种子生产经营许可证编号和信息代码，以及国务院农业农村、林业草原主管部门规定的其他事项。销售授权品种种子的，应当标注品种权号。销售进口种子的，应当附有进口审批文号和中文标签。销售转基因植物品种种子的，必须用明显的文字标注，并应当提示使用时的安全控制措施。种子生产经营者应当遵守有关法律、法规的规定，诚实守信，向种子使用者提供种子生产者信息、种子的主要性状、主要栽培措施、适应性等使用条件的说明、风险提示与有关咨询服务，不得作虚假或者引人误解的宣传。任何单位和个人不得非法干预种子生产经营者的生产经营自主权"以及第七十九条"违反本法第三十六条、第三十八条、第三十九条、第四十条规定，有下列行为之一的，由县级以上人民政府农业农村、林业草原主管部门责令改正，处二千元以上二万元以下罚款：（一）销售的种子应当包装而没有包装的；（二）销售的种子没有使用说明或者标签内容不符合规定的；（三）涂改标签的；（四）未按规定建立、保存种子生产经营档案的；（五）种子生产经营者在异地设立分支机构、专门经营不再分装的包装种子或者受委托生产、代销种子，未按规定备案的"的规定，对前述违法行为进行行政处罚。

474. 对种子包装涂改标签的，乡镇（街道）应当如何处理？

答：根据《云南省人民政府关于公布乡镇（街道）行政职权基本目录和赋予乡镇（街道）部分县级行政职权指导目录的决定》（云政发

〔2023〕9号）中《云南省赋予乡镇（街道）部分县级行政职权指导目录（2023年版）》第82项的规定，乡镇（街道）可以依照《中华人民共和国种子法》第七十九条"违反本法第三十六条、第三十八条、第三十九条、第四十条规定，有下列行为之一的，由县级以上人民政府农业农村、林业草原主管部门责令改正，处二千元以上二万元以下罚款：（一）销售的种子应当包装而没有包装的；（二）销售的种子没有使用说明或者标签内容不符合规定的；（三）涂改标签的；（四）未按规定建立、保存种子生产经营档案的；（五）种子生产经营者在异地设立分支机构、专门经营不再分装的包装种子或者受委托生产、代销种子，未按规定备案的"的规定，对前述违法行为进行行政处罚。

475. 发现存在农村村民未经批准或者采取欺骗手段骗取批准，非法占用土地建住宅的违法行为，乡镇（街道）应当如何处理？

答：根据《山西省人民政府关于向乡镇人民政府和街道办事处下放部分行政执法职权的决定》（晋政发〔2022〕22号）中《山西省人民政府下放乡镇人民政府和街道办事处行政执法职权指导目录》第24项的规定，乡镇（街道）可以依照《中华人民共和国土地管理法》第七十八条"农村村民未经批准或者采取欺骗手段骗取批准，非法占用土地建住宅的，由县级以上人民政府农业农村主管部门责令退还非法占用的土地，限期拆除在非法占用的土地上新建的房屋。超过省、自治区、直辖市规定的标准，多占的土地以非法占用土地论处"的规定，对前述违法行为进行处理。

476. 发现存在农产品生产企业、农民专业合作经济组织未建立或者未按照规定保存农产品生产记录，或者伪造农产品生产记录的违法行为，乡镇（街道）应当如何处理？

答：根据《山西省人民政府关于向乡镇人民政府和街道办事处下放

部分行政执法职权的决定》（晋政发〔2022〕22号）中《山西省人民政府下放乡镇人民政府和街道办事处行政执法职权指导目录》第25项的规定，乡镇（街道）可以依照《中华人民共和国农产品质量安全法》第二十七条"农产品生产企业、农民专业合作社、农业社会化服务组织应当建立农产品生产记录，如实记载下列事项：（一）使用农业投入品的名称、来源、用法、用量和使用、停用的日期；（二）动物疫病、农作物病虫害的发生和防治情况；（三）收获、屠宰或者捕捞的日期。农产品生产记录应当至少保存二年。禁止伪造、变造农产品生产记录。国家鼓励其他农产品生产者建立农产品生产记录"、第六十九条"农产品生产企业、农民专业合作社、农业社会化服务组织未依照本法规定建立、保存农产品生产记录，或者伪造、变造农产品生产记录的，由县级以上地方人民政府农业农村主管部门责令限期改正；逾期不改正的，处二千元以上二万元以下罚款"的规定，对前述违法行为进行行政处罚。

477. 发现存在某单位或个人对销售的农产品未按照规定进行包装的违法行为，乡镇（街道）应当如何处理？

答：根据《山西省人民政府关于向乡镇人民政府和街道办事处下放部分行政执法职权的决定》（晋政发〔2022〕22号）中《山西省人民政府下放乡镇人民政府和街道办事处行政执法职权指导目录》第26项的规定，乡镇（街道）可以依照《中华人民共和国农产品质量安全法》第三十八条"农产品生产企业、农民专业合作社以及从事农产品收购的单位或者个人销售的农产品，按照规定应当包装或者附加承诺达标合格证等标识的，须经包装或者附加标识后方可销售。包装物或者标识上应当按照规定标明产品的品名、产地、生产者、生产日期、保质期、产品质量等级等内容；使用添加剂的，还应当按照规定标明添加剂的名称。具体办法由国务院农业农村主管部门制定"、第七十二条"违反本法规定，农产品生产经营者有下列行为之一的，由县级以上地方人民政府农业农村主管部门责令停止生产经营、追回已经销售的农产品，对违法生产经营的农产品进行无害化处理或者予以监督销毁，没收违法所得，并可以没收用于违法生产经营的工具、设备、原料等物品；违法生产经营的农产品货值金额不足一万元的，并处五千元以上五万元以下罚款，货值金额一万元以上的，并处货值金额五倍以上十倍以下罚款；对农户，并处三百元以上三千元以下罚款：（一）在农产品生产场所以及生产活动中使用的设施、设备、消毒剂、洗涤剂等不符合国家有关质量安全规定；（二）未按照国家有关强制性标准或者其他农产品质量安全规定使用保鲜剂、防腐剂、添加剂、包装材料等，或者使用的保鲜剂、防腐剂、添加剂、包装材料等不符合国家有关强制性标准或者其他质量安全规定；（三）将农产品与有毒有害物质一同储存、运输"的规定，对前述违法行为进行行政处罚。

478. 发现存在生产、销售未取得登记证的肥料产品的违法行为，乡镇（街道）应当如何处理？

答：根据《山西省人民政府关于向乡镇人民政府和街道办事处下放部分行政执法职权的决定》（晋政发〔2022〕22号）中《山西省人民政府下放乡镇人民政府和街道办事处行政执法职权指导目录》第27项的规定，乡镇（街道）可以依照《肥料登记管理办法》第二十六条"有下列情形之一的，由县级以上农业农村主管部门给予警告，并处违法所得3倍以下罚款，但最高不得超过30000元；没有违法所得的，处10000元以下罚款：（一）生产、销售未取得登记证的肥料产品；（二）假冒、伪造肥料登记证、登记证号的；（三）生产、销售的肥料产品有效成分或含量与登记批准的内容不符的"的规定，对前述违法行为进行行政处罚。

479. 发现存在未经批准私自采集或者采伐国家重点保护的天然种质资源的违法行为，乡镇（街道）应当如何处理？

答：根据《山西省人民政府关于向乡镇人民政府和街道办事处下放部分行政执法职权的决定》（晋政发〔2022〕22号）中《山西省人民政府下放乡镇人民政府和街道办事处行政执法职权指导目录》第31项的规定，对未经批准私自采集或者采伐国家重点保护的天然种质资源的行为，乡镇（街道）可以依照《中华人民共和国种子法》第八十条"违反本法第八条规定，侵占、破坏种质资源，私自采集或者采伐国家重点保护的天然种质资源的，由县级以上人民政府农业农村、林业草原主管部门责令停止违法行为，没收种质资源和违法所得，并处五千元以上五万元以下罚款；造成损失的，依法承担赔偿责任"的规定，对前述违法行为进行行政处罚。

480. 发现存在动物、动物产品的运载工具在装载前和卸载后没有及时清洗、消毒的违法行为，乡镇（街道）应当如何处理？

答：根据《海南省乡镇和街道行政处罚事项清单》（琼编办〔2021〕5号）第8项的规定，乡镇（街道）可以依照《中华人民共和国动物防疫法》第九十二条第四项"违反本法规定，有下列行为之一的，由县级以上地方人民政府农业农村主管部门责令限期改正，可以处一千元以下罚款；逾期不改正的，处一千元以上五千元以下罚款，由县级以上地方人民政府农业农村主管部门委托动物诊疗机构、无害化处理场所等代为处理，所需费用由违法行为人承担：……（四）动物、动物产品的运载工具在装载前和卸载后未按照规定及时清洗、消毒的"、《海南省无规定动物疫病区管理条例》第三十八条"不履行动物疫病强制免疫义务，或者对动物、动物产品的运载工具在装载前和卸载后没有及时清洗、消毒的，由县级以上人民政府农业农村主管部门责令限期改正，可以处一千元以下罚款；逾期不改正的，处一千元以上五千元以下罚款，由县级以上人民政府农业农村主管部门委托动物诊疗机构、无害化处理场所等代为处理，所需费用由违法行为人承担"的规定，对前述违法行为进行行政处罚。

481. 发现存在某单位或个人不按照国家和本省规定随意处置和丢弃病死动物的动物饲养的违法行为，乡镇（街道）应当如何处理？

答：根据《海南省乡镇和街道行政处罚事项清单》（琼编办〔2021〕5号）第9项的规定，乡镇（街道）可以依照《海南省无规定动物疫病区管理条例》第三十九条"动物饲养单位和个人，对染疫动物及其排泄物、染疫动物产品或者被染疫动物、动物产品污染的运载工具、垫料、包装物、容器等未按照规定处置的，由县级以上人民政府农业农村主管部门责令限期处理；逾期不处理的，由县级以上人民政府农业农村主管部门委托有关单位代为处理，所需费用由违法行为人承担，处五千元以上五万元以下罚款。动物饲养单位和个人，未按照规定处理或者随意弃置病死动物、病害动物产品的，由县级以上人民政府农业农村主管部门责令改正，处三千元以上三万元以下罚款；情节严重的，责令停业整顿，并处三万元以上十万元以下罚款。造成环境污染或者生态破坏的，依照环境保护有关法律法规进行处罚"的规定，对前述违法行为进行行政处罚。

482. 发现存在破坏或者擅自改变基本农田保护区标志的违法行为，乡镇（街道）应当如何处理？

答：根据《海南省乡镇和街道行政处罚事项清单》（琼编办〔2021〕5号）第89项的规定，乡镇（街道）可以依照《基本农田保护条例》第三十二条"违反本条例规定，破坏或者擅自改变基本农田保护区标志的，由县级以上地方人民政府土地行政主管部门或者农业行政主管部门责令恢复原状，可以处1000元以下罚款"、《海南省永久基本农田保护规定》第二十九条"破坏或者擅自改变永久基本农田保护区标志的，由县级以上人民政府自然资源主管部门或者农业农村主管部门责令恢复原状，可以处一千元以下的罚款"的规定，对前述违法行为进行行政处罚。

483. 发现存在不按照规定区域从业的乡村兽医的违法行为，乡镇（街道）应当如何处理？

答：根据《海南省乡镇和街道行政处罚事项清单》（琼编办〔2021〕5号）第102项的规定，乡镇（街道）可以依照《执业兽医和乡村兽医管理办法》第三十三条"违反本办法规定，乡村兽医不按照备案规定区域从事动物诊疗活动的，由县级以上地方人民政府农业农村主管部门责令限期改正，处一千元以上五千元以下罚款"的规定，对前述违法行为进行行政处罚。

484. 发现存在乡村兽医不按照当地人民政府或者有关部门的要求参加动物疫病预防、控制和扑灭活动的违法行为，乡镇（街道）应当如何处理？

答：根据《海南省乡镇和街道行政处罚事项清单》（琼编办〔2021〕5号）第103项的规定，乡镇（街道）可以依照《执业兽医和乡村兽医管理办法》第二十六条"执业兽医和乡村兽医应当按照当地人民政府或者农业农村主管部门的要求，参加动物疫病预防、控制和动物疫情扑灭活动，执业兽医所在单位和乡村兽医不得阻碍、拒绝。执业兽医和乡村兽医可以通过承接政府购买服务的方式开展动物防疫和疫病诊疗活动"、第三十条"违反本办法规定，执业兽医对患有或者疑似患有国家规定应当扑杀的疫病的动物进行治疗，造成或者可能造成动物疫病传播、流行的，依照《中华人民共和国动物防疫法》第一百零六条第二款的规定予以处罚"以及《中华人民共和国动物防疫法》第一百零六条"违反本法规定，未经执业兽医备案从事经营性动物诊疗活动的，由县级以上地方人民政府农业农村主管部门责令停止动物诊疗活动，没收违法所得，并处三千元以上三万元以下罚款；对其所在的动物诊疗机构处一万元以上五万元以下罚款。执业兽医有下列行为之一的，由县级以上地方人民政府农业农村主管部门给予警告，责令暂停六个月以上一年以下动物诊疗活动；情节严重的，吊销执业兽医资格证书……（三）未按照当地人民政府或者农业农村主管部门要求参加动物疫病预防、控制和动物疫情扑灭活动的"的规定，对前述违法行为进行行政处罚。

八、文化市场

485. 乡镇（街道）对擅自从事互联网上网服务经营活动的应当如何处理？

答：根据《陕西省人民政府关于向乡镇政府和街道办事处下放部分县级行政执法权的决定》（陕政发〔2023〕9号）中《陕西省下放乡镇政府和街道办事处行政执法事项指导目录》第51项的规定，乡镇（街道）可以根据《互联网上网服务营业场所管理条例》第二十七条"违反本条例的规定，擅自从事互联网上网服务经营活动的，由文化行政部门或者由文化行政部门会同公安机关依法予以取缔，查封其从事违法经营活动的场所，扣押从事违法经营活动的专用工具、设备；触犯刑律的，依照刑法关于非法经营罪的规定，依法追究刑事责任；尚不够刑事处罚的，由文化行政部门没收违法所得及其从事违法经营活动的专用工具、设备；违法经营额1万元以上的，并处违法经营额5倍以上10倍以下的罚款；违法经营额不足1万元的，并处1万元以上5万元以下的罚款"之规定进行处理。安徽省也有相关赋权事项的规定，即《安徽省人民政府关于赋予乡镇街道部分县级审批执法权限的决定》（皖政〔2022〕112号）中的《安徽省赋予乡镇街道部分县级审批执法权限指导目录》第256项对此作出规定。

486. 对互联网上网服务营业场所经营单位在规定的营业时间以外营业的，乡镇（街道）应当如何处理？

答：根据《陕西省人民政府关于向乡镇政府和街道办事处下放部分县级行政执法权的决定》（陕政发〔2023〕9号）中《陕西省下放乡镇政府和街道办事处行政执法事项指导目录》第52项的规定，乡镇（街道）可以根据《互联网上网服务营业场所管理条例》第三十一条第一项"互联网上网服务营业场所经营单位违反本条例的规定，有下列行为之一的，由文化行政部门给予警告，可以并处15000元以下的罚款；情节严重的，责令停业整顿，直至吊销《网络文化经营许可证》：（一）在规定的营业时间以外营业的"之规定进行处理。根据《山西省人民政府关于向乡镇人民政府和街道办事处下放部分行政执法职权的决定》（晋政发〔2022〕22号）中《山西省人民政府下放乡镇人民政府和街道办事处行政执法职权指导目录》第32项的规定，乡镇（街道）还可以根据《娱乐场所管理条例》第四十九条第二项"娱乐场所违反本条例规定，有下列情形之一的，由县级人民政府文化主管部门责令改正，给予警告；情节严重的，责令停业整顿1个月至3个月：……（二）在本条例规定的禁止营业时间内营业的"之规定进行处理。《甘肃省赋予乡镇和街道部分县级经济社会管理权限指导目录》（甘政办发〔2020〕88号）第173项和《云南省人民政府关于公布乡镇（街道）行政职权基本目录和赋予乡镇（街道）部分县级行政职权指导目录的决定》（云政发〔2023〕9号）中《云南省赋予乡镇（街道）部分县级行政职权指导目录（2023年版）》第90项、第97项对此也有规定。

487. 对互联网上网服务营业场所经营单位向上网消费者提供的计算机未通过局域网的方式接入互联网等的，乡镇（街道）是否有权进行行政处罚？

答：根据《陕西省人民政府关于向乡镇政府和街道办事处下放部分

县级行政执法权的决定》（陕政发〔2023〕9号）中《陕西省下放乡镇政府和街道办事处行政执法事项指导目录》第53项的规定，乡镇（街道）可以根据《互联网上网服务营业场所管理条例》第三十三条第一项"互联网上网服务营业场所经营单位违反本条例的规定，有下列行为之一的，由文化行政部门、公安机关依据各自职权给予警告，可以并处15000元以下的罚款；情节严重的，责令停业整顿，直至由文化行政部门吊销《网络文化经营许可证》：（一）向上网消费者提供的计算机未通过局域网的方式接入互联网的"之规定进行行政处罚。

488. 对未经批准，擅自从事经营性互联网文化活动的，乡镇（街道）应当如何处罚？

答：根据《陕西省人民政府关于向乡镇政府和街道办事处下放部分县级行政执法权的决定》（陕政发〔2023〕9号）中《陕西省下放乡镇政府和街道办事处行政执法事项指导目录》第54项的规定，乡镇（街道）可以根据《互联网文化管理暂行规定》第二十一条"未经批准，擅自从事经营性互联网文化活动的，由县级以上人民政府文化行政部门或者文化市场综合执法机构责令停止经营性互联网文化活动，予以警告，并处30000元以下罚款；拒不停止经营活动的，依法列入文化市场黑名单，予以信用惩戒"之规定进行行政处罚。《甘肃省赋予乡镇和街道部分县级经济社会管理权限指导目录》（甘政办发〔2020〕88号）第172项对此也有规定。

489. 对游艺娱乐场所经营设置未经文化和旅游主管部门内容核查的游戏游艺设备等的，乡镇（街道）应当如何处理？

答：根据《陕西省人民政府关于向乡镇政府和街道办事处下放部分县级行政执法权的决定》（陕政发〔2023〕9号）中《陕西省下放乡镇政府和街道办事处行政执法事项指导目录》第55项的规定，乡镇（街道）可以根据《娱乐场所管理条例》第四十八条"违反本条例规定，有下列情形之一的，由县级人民政府文化主管部门没收违法所得和非法财物，并处违法所得1倍以上3倍以下的罚款；没有违法所得或者违法所得不足1万元的，并处1万元以上3万元以下的罚款；情节严重的，责令停业整顿1个月至6个月：（一）歌舞娱乐场所的歌曲点播系统与境外的曲库联接的；（二）歌舞娱乐场所播放的曲目、屏幕画面或者游艺娱乐场所电子游戏机内的游戏项目含有本条例第十三条禁止内容的；（三）歌舞娱乐场所接纳未成年人的；（四）游艺娱乐场所设置的电子游戏机在国家法定节假日外向未成年人提供的；（五）娱乐场所容纳的消费者超过核定人数的"及《娱乐场所管理办法》第三十条"游艺娱乐场所违反本办法第二十一条第（一）项、第（二）项规定的，由县级以上人民政府文化和旅游主管部门责令改正，并处5000元以上1万元以下的罚款；违反本办法第二十一条第（三）项规定的，由县级以上人民政府文化和旅游主管部门依照《条例》第四十八条予以处罚"的规定进行处理。

490. 对娱乐场所变更有关事项、未按照规定申请重新核发娱乐经营许可证的、在规定的禁止营业时间内营业的或者从业人员在营业期间未统一着装并佩戴工作标志的，乡镇（街道）是否有权进行行政处罚？

答：根据《陕西省人民政府关于向乡镇政府和街道办事处下放部分县级行政执法权的决定》（陕政发〔2023〕9号）中《陕西省下放乡镇政府和街道办事处行政执法事项指导目录》第56项的规定，乡镇（街道）可以根据《娱乐场所管理条例》第四十九条"娱乐场所违反本条例规定，有下列情形之一的，由县级人民政府文化主管部门责令改正，给予警告；情节严重的，责令停业整顿1个月至3个月：（一）变更有关事项，未按照本条例规定申请重新核发娱乐经营许可证的；（二）在本条例规定的禁止营业时间内营业的；（三）从业人员在营业期间未统一着装并佩带工作标志的"之规定进行行政处罚。《云南省人民政府关于公布乡镇（街道）行政职权基本目录和赋予乡镇（街道）部分县级行政职权指导目录的决定》（云政发〔2023〕9号）中《云南省赋予乡镇（街道）部分县级行政职权指导目录（2023年版）》第96项对此也有规定。

491. 对娱乐场所未在显著位置悬挂娱乐经营许可证、悬挂警示标志、未成年人禁入或者限入标志或者标志未注明举报电话的，乡镇（街道）应当如何处罚？

答：根据《陕西省人民政府关于向乡镇政府和街道办事处下放部分县级行政执法权的决定》（陕政发〔2023〕9号）中《陕西省下放乡镇政府和街道办事处行政执法事项指导目录》第57项的规定，乡镇（街道）可以根据《娱乐场所管理条例》第五十一条"娱乐场所未按照本条例规定悬挂警示标志、未成年人禁入或者限入标志的，由县级人民政府文化主管部门、县级公安部门依据法定职权责令改正，给予警告"及《娱乐场所管理办法》第三十三条"娱乐场所违反本办法第二十四条规定的，由县级以上人民政府文化和旅游主管部门责令改正，予以警告"之规定进行行政处罚。《山西省人民政府关于向乡镇人民政府和街道办事处下放部分行政执法职权的决定》（晋政发〔2022〕22号）中《山西省人民政府下放乡镇人民政府和街道办事处行政执法职权指导目录》第35项、《安徽省人民政府关于赋予乡镇街道部分县级审批执法权限的决定》（皖政〔2022〕112号）中《安徽省赋予乡镇街道部分县级审批执法权限指导目录》第274项、《江西省人民政府关于调整赋予乡镇（街道）县级审批服务执法权限和经济发达镇县级经济社会管理权限指导目录的通知》（赣府发〔2021〕23号）中《江西省赋予乡镇（街道）县级审批服务执法权限指导目录》第57项及《四川省赋予乡镇（街道）县级行政权力事项指导目录（第二批）》（川府发〔2021〕42号）第

99 项、第 100 项对此也有规定。

492. 对擅自从事营业性演出经营活动的；超范围从事营业性演出经营活动的；变更营业性演出经营项目未向原发证机关申请换发营业性演出许可证的，乡镇（街道）应当如何处罚？

答：根据《陕西省人民政府关于向乡镇政府和街道办事处下放部分县级行政执法权的决定》（陕政发〔2023〕9 号）中《陕西省下放乡镇政府和街道办事处行政执法事项指导目录》第 59 项的规定，乡镇（街道）可以根据《营业性演出管理条例》第四十三条第一款"有下列行为之一的，由县级人民政府文化主管部门予以取缔，没收演出器材和违法所得，并处违法所得 8 倍以上 10 倍以下的罚款；没有违法所得或者违法所得不足 1 万元的，并处 5 万元以上 10 万元以下的罚款；构成犯罪的，依法追究刑事责任：（一）违反本条例第六条、第十条、第十一条规定，擅自从事营业性演出经营活动的；（二）违反本条例第十二条、第十四条规定，超范围从事营业性演出经营活动的；（三）违反本条例第八条第一款规定，变更营业性演出经营项目未向原发证机关申请换发营业性演出许可证的"之规定进行行政处罚。《安徽省人民政府关于赋予乡镇街道部分县级审批执法权限的决定》（皖政〔2022〕112 号）中《安徽省赋予乡镇街道部分县级审批执法权限指导目录》第 262 项、第 263 项、第 264 项及《四川省赋予乡镇（街道）县级行政权力事项指导目录（第二批）》（川府发〔2021〕42 号）第 95 项对此也有规定。

493. 对未经批准举办营业性演出等的，乡镇（街道）应当如何处理？

答：根据《陕西省人民政府关于向乡镇政府和街道办事处下放部分县级行政执法权的决定》（陕政发〔2023〕9 号）中《陕西省下放乡镇政府和街道办事处行政执法事项指导目录》第 60 项的规定，乡镇（街道）可以根据《营业性演出管理条例》第四十四条第一款"违反本条例第十三条、第十五条规定，未经批准举办营业性演出的，由县级人民政府文化主管部门责令停止演出，没收违法所得，并处违法所得8倍以上10倍以下的罚款；没有违法所得或者违法所得不足1万元的，并处5万元以上10万元以下的罚款；情节严重的，由原发证机关吊销营业性演出许可证"之规定进行处理。《甘肃省赋予乡镇和街道部分县级经济社会管理权限指导目录》（甘政办发〔2020〕88号）第174项、《安徽省人民政府关于赋予乡镇街道部分县级审批执法权限的决定》（皖政〔2022〕112号）中《安徽省赋予乡镇街道部分县级审批执法权限指导目录》第265项及《四川省赋予乡镇（街道）县级行政权力事项指导目录（第二批）》（川府发〔2021〕42号）第96项对此也有规定。

494. 对变更演出举办单位、参加演出的文艺表演团体、演员或者节目未重新报批或者演出场所经营单位为未经批准的营业性演出提供场地的，乡镇（街道）是否有权进行行政处罚？

答：根据《陕西省人民政府关于向乡镇政府和街道办事处下放部分县级行政执法权的决定》（陕政发〔2023〕9号）中《陕西省下放乡镇政府和街道办事处行政执法事项指导目录》第61项规定，乡镇（街道）可以根据《营业性演出管理条例》第四十四第二款"违反本条例第十六条第三款规定，变更演出举办单位、参加演出的文艺表演团体、演员或者节目未重新报批的，依照前款规定处罚；变更演出的名称、时间、地点、场次未重新报批的，由县级人民政府文化主管部门责令改正，给予警告，可以并处3万元以下的罚款"及第三款"演出场所经营单位为未经批准的营业性演出提供场地的，由县级人民政府文化主管部门责令改正，没收违法所得，并处违法所得3倍以上5倍以下的罚款；没有违法所得或者违法所得不足1万元的，并处3万元以上5万元以下的罚款"之规定，进行行政处罚。《安徽省人民政府关于赋予乡镇街道部分县级审批执法权限的决定》（皖政〔2022〕112号）中《安徽省赋予乡镇街道部分县级审批执法权限指导目录》第266项、第268项也有相关规定。

495. 对演出场所经营单位、演出举办单位发现营业性演出有《营业性演出管理条例》第二十五条禁止情形未采取措施予以制止或者未依照《营业性演出管理条例》第二十六条规定报告的，乡镇（街道）应当如何处理？

答：根据《陕西省人民政府关于向乡镇政府和街道办事处下放部分县级行政执法权的决定》（陕政发〔2023〕9号）中《陕西省下放乡镇政府和街道办事处行政执法事项指导目录》第62项规定，乡镇（街道）可以根据《营业性演出管理条例》第四十六条"营业性演出有本条例第二十五条禁止情形的，由县级人民政府文化主管部门责令停止演出，没收违法所得，并处违法所得8倍以上10倍以下的罚款；没有违法所得或者违法所得不足1万元的，并处5万元以上10万元以下的罚款；情节严重的，由原发证机关吊销营业性演出许可证；违反治安管理规定的，由公安部门依法予以处罚；构成犯罪的，依法追究刑事责任。演出场所经营单位、演出举办单位发现营业性演出有本条例第二十五条禁止情形未采取措施予以制止的，由县级人民政府文化主管部门、公安部门依据法定职权给予警告，并处5万元以上10万元以下的罚款；未依照本条例第二十六条规定报告的，由县级人民政府文化主管部门、公安部门依据法定职权给予警告，并处5000元以上1万元以下的罚款"之规定进行处理。

496. 对以政府或者政府部门的名义举办营业性演出，或者营业性演出冠以"中国""中华""全国""国际"等字样的，乡镇（街道）是否有权进行行政处罚？

答：根据《陕西省人民政府关于向乡镇政府和街道办事处下放部分

县级行政执法权的决定》（陕政发〔2023〕9号）中《陕西省下放乡镇政府和街道办事处行政执法事项指导目录》第63项规定，乡镇（街道）可以根据《营业性演出管理条例》第四十八条第一款"以政府或者政府部门的名义举办营业性演出，或者营业性演出冠以'中国'、'中华'、'全国'、'国际'等字样的，由县级人民政府文化主管部门责令改正，没收违法所得，并处违法所得3倍以上5倍以下的罚款；没有违法所得或者违法所得不足1万元的，并处3万元以上5万元以下的罚款；拒不改正或者造成严重后果的，由原发证机关吊销营业性演出许可证"之规定进行行政处罚。

497. 对未经批准，擅自出售演出门票的，乡镇（街道）应当如何处罚？

答：根据《陕西省人民政府关于向乡镇政府和街道办事处下放部分县级行政执法权的决定》（陕政发〔2023〕9号）中《陕西省下放乡镇政府和街道办事处行政执法事项指导目录》第64项规定，乡镇（街道）可以根据《营业性演出管理条例实施细则》第五十条"违反本实施细则第二十五条规定，未经批准，擅自出售演出门票的，由县级人民政府文化和旅游主管部门责令停止违法活动，并处3万元以下罚款"之规定进行行政处罚。

498. 对演出举办单位没有现场演唱、演奏记录的，乡镇（街道）应当如何处理？

答：根据《陕西省人民政府关于向乡镇政府和街道办事处下放部分县级行政执法权的决定》（陕政发〔2023〕9号）中《陕西省下放乡镇政府和街道办事处行政执法事项指导目录》第65项规定，乡镇（街道）可以根据《营业性演出管理条例实施细则》第五十一条第一款"违反本实施细则第二十六条规定，演出举办单位没有现场演唱、演奏记录的，由县级人民政府文化和旅游主管部门处以3000元以下罚款"之规定进行处理。

499. 对违反规定经营图书、报纸、期刊零售和出租业务的，乡镇（街道）是否有权进行行政处罚？

答：根据《陕西省人民政府关于向乡镇政府和街道办事处下放部分县级行政执法权的决定》（陕政发〔2023〕9号）中《陕西省下放乡镇政府和街道办事处行政执法事项指导目录》第66项规定，乡镇（街道）可以根据《陕西省文化市场管理条例》第三十五条第八项"有违反下列规定行为的，由县级以上文化行政部门给予行政处罚，构成犯罪的，由司法机关依法追究刑事责任……（八）经营图书、报纸、期刊零售和出租业务的，违反本条例第二十六条规定和第二十八条规定行为之一的，没收非法出版物及违法所得，并处违法所得三倍至十倍的罚款，情节严重的，可吊销许可证"之规定进行行政处罚。

500. 对互联网上网服务营业场所、娱乐场所未按规定接纳未成年人进入营业场所的，乡镇（街道）应当如何处罚？

答：根据《山西省人民政府关于向乡镇人民政府和街道办事处下放部分行政执法职权的决定》（晋政发〔2022〕22号）中《山西省人民政府下放乡镇人民政府和街道办事处行政执法职权指导目录》第33项规定，乡镇（街道）可以根据《互联网上网服务营业场所管理条例》第三十一条第二项"互联网上网服务营业场所经营单位违反本条例的规定，有下列行为之一的，由文化行政部门给予警告，可以并处15000元以下的罚款；情节严重的，责令停业整顿，直至吊销《网络文化经营许可证》……（二）接纳未成年人进入营业场所的"及《娱乐场所管理条例》第四十八条第三项"违反本条例规定，有下列情形之一的，由县级人民政府文化主管部门没收违法所得和非法财物，并处违法所得1倍以上 3 倍以下的罚款；没有违法所得或者违法所得不足 1 万元的，并处 1 万元以上 3 万元以下的罚款；情节严重的，责令停业整顿 1 个月至 6 个月……（三）歌舞娱乐场所接纳未成年人的"之规定进行行政处罚。《甘肃省赋予乡镇和街道部分县级经济社会管理权限指导目录》（甘政办发〔2020〕88 号）第 173 项、《陕西省人民政府关于向乡镇政府和街道办事处下放部分县级行政执法权的决定》（陕政发〔2023〕9 号）中《陕西省下放乡镇政府和街道办事处行政执法事项指导目录》第 67 项、《云南省人民政府关于公布乡镇（街道）行政职权基本目录和赋予乡镇（街道）部分县级行政职权指导目录的决定》（云政发〔2023〕9 号）中《云南省赋予乡镇（街道）部分县级行政职权指导目录（2023 年版）》第 91 项、第 94 项、《安徽省人民政府关于赋予乡镇街道部分县级审批执法权限的决定》（皖政〔2022〕112 号）中《安徽省赋予乡镇街道部分县级审批执法权限指导目录》第 257 项、第 271 项、《四川省赋予乡镇（街道）县级行政权力事项指导目录（第二批）》（川府发〔2021〕42 号）第 93 项、第 97 项对此也有规定。

501. 对互联网上网服务营业场所未悬挂《网络文化经营许可证》或者未成年人禁入标志的，乡镇（街道）应当如何处理？

答：根据《山西省人民政府关于向乡镇人民政府和街道办事处下放部分行政执法职权的决定》（晋政发〔2022〕22 号）中《山西省人民政府下放乡镇人民政府和街道办事处行政执法职权指导目录》第 34 项规定，乡镇（街道）可以根据《互联网上网服务营业场所管理条例》第三十一条第二项、第五项"互联网上网服务营业场所经营单位违反本条例的规定，有下列行为之一的，由文化行政部门给予警告，可以并处 15000 元以下的罚款；情节严重的，责令停业整顿，直至吊销《网络文化经营许可证》……（二）接纳未成年人进入营业场所的……（五）未悬挂《网络文化经营许可证》或者未成年人禁入标志的"的规定进行处理。甘肃省、陕西省、云南省、安徽省、四川省也有相关赋权事项的规定，分别为：《甘肃省赋予乡镇和街道部分县级经济社会管理权限指导目录》（甘政办发〔2020〕88号）第173项、《陕西省人民政府关于向乡镇政府和街道办事处下放部分县级行政执法权的决定》（陕政发〔2023〕9号）中《陕西省下放乡镇政府和街道办事处行政执法事项指导目录》第67项、《云南省人民政府关于公布乡镇（街道）行政职权基本目录和赋予乡镇（街道）部分县级行政职权指导目录的决定》（云政发〔2023〕9号）中《云南省赋予乡镇（街道）部分县级行政职权指导目录（2023年版）》第92项、《安徽省人民政府关于赋予乡镇街道部分县级审批执法权限的决定》（皖政〔2022〕112号）中《安徽省赋予乡镇街道部分县级审批执法权限指导目录》第259项及《四川省赋予乡镇（街道）县级行政权力事项指导目录（第二批）》（川府发〔2021〕42号）第94项。

502. 对擅自从事娱乐场所经营活动的，乡镇（街道）应当如何处理？

答：根据《甘肃省赋予乡镇和街道部分县级经济社会管理权限指导目录》（甘政办发〔2020〕88号）第171项规定，乡镇（街道）可以根据《娱乐场所管理条例》第四十一条"违反本条例规定，擅自从事娱乐场所经营活动的，由文化主管部门依法予以取缔；公安部门在查处治安、刑事案件时，发现擅自从事娱乐场所经营活动的，应当依法予以取缔"之规定进行处理。

503. 对互联网上网服务营业场所未按规定核对、登记上网消费者的有效身份证件或者记录有关上网信息的，乡镇（街道）是否有权进行行政处罚？

答：根据《云南省人民政府关于公布乡镇（街道）行政职权基本

目录和赋予乡镇（街道）部分县级行政职权指导目录的决定》（云政发〔2023〕9号）中《云南省赋予乡镇（街道）部分县级行政职权指导目录（2023年版）》第93项规定，乡镇（街道）可以根据《互联网上网服务营业场所管理条例》第二十三条"互联网上网服务营业场所经营单位应当对上网消费者的身份证等有效证件进行核对、登记，并记录有关上网信息。登记内容和记录备份保存时间不得少于60日，并在文化行政部门、公安机关依法查询时予以提供。登记内容和记录备份在保存期内不得修改或者删除"之规定进行行政处罚。

504. 对游艺娱乐场所设置的电子游戏机在国家法定节假日外向未成年人提供的，乡镇（街道）应当如何处罚？

答：根据《云南省人民政府关于公布乡镇（街道）行政职权基本目录和赋予乡镇（街道）部分县级行政职权指导目录的决定》（云政发〔2023〕9号）中《云南省赋予乡镇（街道）部分县级行政职权指导目录（2023年版）》第95项规定，乡镇（街道）可以根据《娱乐场所管理条例》第四十八条第四项"违反本条例规定，有下列情形之一的，由县级人民政府文化主管部门没收违法所得和非法财物，并处违法所得1倍以上3倍以下的罚款；没有违法所得或者违法所得不足1万元的，并处1万元以上3万元以下的罚款；情节严重的，责令停业整顿1个月至6个月……（四）游艺娱乐场所设置的电子游戏机在国家法定节假日外向未成年人提供的"进行行政处罚。安徽省、四川省也有相关赋权事项的规定，即《安徽省人民政府关于赋予乡镇街道部分县级审批执法权限的决定》（皖政〔2022〕112号）中《安徽省赋予乡镇街道部分县级审批执法权限指导目录》第272项及《四川省赋予乡镇（街道）县级行政权力事项指导目录（第二批）》（川府发〔2021〕42号）第98项的规定。

505. 对娱乐场所未按照规定建立从业人员名簿、营业日志的，乡镇（街道）应当如何处理？

答：根据《云南省人民政府关于公布乡镇（街道）行政职权基本目录和赋予乡镇（街道）部分县级行政职权指导目录的决定》（云政发〔2023〕9号）中《云南省赋予乡镇（街道）部分县级行政职权指导目录（2023年版）》第98项规定，乡镇（街道）可以根据《娱乐场所管理条例》第五十条"娱乐场所未按照本条例规定建立从业人员名簿、营业日志，或者发现违法犯罪行为未按照本条例规定报告的，由县级人民政府文化主管部门、县级公安部门依据法定职权责令改正，给予警告；情节严重的，责令停业整顿1个月至3个月"的规定进行处理。

506. 对于境内文艺表演团体及个人营业性演出的审批，乡镇（街道）应当如何行使职权？

答：根据《安徽省人民政府关于赋予乡镇街道部分县级审批执法权限的决定》（皖政〔2022〕112号）中《安徽省赋予乡镇街道部分县级审批执法权限指导目录》第247项规定，乡镇（街道）可以根据《营业性演出管理条例》第十三条"举办营业性演出，应当向演出所在地县级人民政府文化主管部门提出申请。县级人民政府文化主管部门应当自受理申请之日起3日内作出决定。对符合本条例第二十五条规定的，发给批准文件；对不符合本条例第二十五条规定的，不予批准，书面通知申请人并说明理由"及《营业性演出管理条例实施细则（2022修订）》第七条"依法登记的文艺表演团体申请从事营业性演出活动，应当向文化和旅游主管部门提交下列文件：（一）申请书；（二）营业执照和从事的艺术类型；（三）法定代表人或者主要负责人的有效身份证件；（四）演员的艺术表演能力证明；（五）与业务相适应的演出器材设备书面声明。前款第四项所称演员的艺术表演能力证明，可以是下列文件之一：（一）中专以上学校文艺表演类专业毕业证书；（二）职称证书；

（三）其他有效证明"及第十六条"申请举办营业性涉外或者涉港澳台演出，除提交本实施细则第十五条规定的文件外，还应当提交下列文件：（一）演员有效身份证件复印件；（二）2年以上举办营业性演出经历的证明文件；（三）近2年内无违反《条例》规定的书面声明。文化和旅游主管部门审核涉外或者涉港澳台营业性演出项目，必要时可以依法组织专家进行论证"之规定行使职权。

507. 对于互联网上网服务经营活动的审批，乡镇（街道）应当如何处理？

答：根据《安徽省人民政府关于赋予乡镇街道部分县级审批执法权限的决定》（皖政〔2022〕112号）中《安徽省赋予乡镇街道部分县级审批执法权限指导目录》第248项规定，乡镇（街道）可以根据《互联网上网服务营业场所管理条例》第四条"县级以上人民政府文化行政部门负责互联网上网服务营业场所经营单位的设立审批，并负责对依法设立的互联网上网服务营业场所经营单位经营活动的监督管理；公安机关负责对互联网上网服务营业场所经营单位的信息网络安全、治安及消防安全的监督管理；工商行政管理部门负责对互联网上网服务营业场所经营单位登记注册和营业执照的管理，并依法查处无照经营活动；电信管理等其他有关部门在各自职责范围内，依照本条例和有关法律、行政法规的规定，对互联网上网服务营业场所经营单位分别实施有关监督管理"、第十条"互联网上网服务营业场所经营单位申请从事互联网上网服务经营活动，应当向县级以上地方人民政府文化行政部门提出申请，并提交下列文件：（一）企业营业执照和章程；（二）法定代表人或者主要负责人的身份证明材料；（三）资金信用证明；（四）营业场所产权证明或者租赁意向书；（五）依法需要提交的其他文件"及第十三条"互联网上网服务营业场所经营单位变更营业场所地址或者对营业场所进行改建、扩建，变更计算机数量或者其他重要事项的，应当经原审核机关同意。互联网上网服务营业场所经营单位变更名称、住所、法定代表人或者主要负责人、注册资本、网络地址或者终止经营活动的，应当依法到工商行政管理部门办理变更登记或者注销登记，并到文化行政部门、公安机关办理有关手续或者备案"之规定进行处理。

508. 对内资娱乐场所经营活动的审批，乡镇（街道）应当如何行使职权？

答：根据《安徽省人民政府关于赋予乡镇街道部分县级审批执法权限的决定》（皖政〔2022〕112号）中《安徽省赋予乡镇街道部分县级审批执法权限指导目录》第249项规定，乡镇（街道）可以根据《娱乐场所管理条例》第九条"娱乐场所申请从事娱乐场所经营活动，应当向所在地县级人民政府文化主管部门提出申请；外商投资的娱乐场所申请从事娱乐场所经营活动，应当向所在地省、自治区、直辖市人民政府文化主管部门提出申请。娱乐场所申请从事娱乐场所经营活动，应当提交投资人员、拟任的法定代表人和其他负责人没有本条例第五条规定情形的书面声明。申请人应当对书面声明内容的真实性负责。受理申请的文化主管部门应当就书面声明向公安部门或者其他有关单位核查，公安部门或者其他有关单位应当予以配合；经核查属实的，文化主管部门应当依据本条例第七条、第八条的规定进行实地检查，作出决定。予以批准的，颁发娱乐经营许可证，并根据国务院文化主管部门的规定核定娱乐场所容纳的消费者数量；不予批准的，应当书面通知申请人并说明理由。有关法律、行政法规规定需要办理消防、卫生、环境保护等审批手续的，从其规定"及第十二条"娱乐场所改建、扩建营业场所或者变更场地、主要设施设备、投资人员，或者变更娱乐经营许可证载明的事项的，应当向原发证机关申请重新核发娱乐经营许可证，并向公安部门备案；需要办理变更登记的，应当依法向工商行政管理部门办理变更登记"之规定进行审批。

509. 对于举办营业性艺术展览、文艺比赛的审查，乡镇（街道）应当如何履行职责？

答：根据《安徽省人民政府关于赋予乡镇街道部分县级审批执法权限的决定》（皖政〔2022〕112号）中《安徽省赋予乡镇街道部分县级审批执法权限指导目录》第251项规定，乡镇（街道）可以根据《安徽省文化市场管理条例》第十二条"举办营业性演出，应当依法向演出所在地县级人民政府文化行政部门提出申请，经批准后方可举办。营业性演出经文化行政部门批准后，方可售票。营业性艺术展览、文艺比赛应当在活动举办5日前将展览、比赛的内容等有关资料报举办地县级以上人民政府文化行政部门审查"之规定履行职责。

510. 对于设立文化经纪单位、营业性艺术培训以及艺术摄影、摄像单位的备案，乡镇（街道）应当如何处理？

答：根据《安徽省人民政府关于赋予乡镇街道部分县级审批执法权限的决定》（皖政〔2022〕112号）中《安徽省赋予乡镇街道部分县级审批执法权限指导目录》第252项规定，乡镇（街道）可以根据《安徽省文化市场管理条例》第十三条"美术品经营单位、营业性演出场所经营单位、演出经纪机构以外的其他文化经纪单位、营业性艺术培训以及艺术摄影摄像单位，应当在领取营业执照后20日内持营业执照副本到县级以上人民政府文化行政部门备案"之规定处理。

511. 对于艺术品经营单位的备案，乡镇（街道）应当如何处理？

答：根据《安徽省人民政府关于赋予乡镇街道部分县级审批执法权限的决定》（皖政〔2022〕112号）中《安徽省赋予乡镇街道部分县级审批执法权限指导目录》第253项规定，乡镇（街道）可以根据《艺术品经营管理办法》第五条"设立从事艺术品经营活动的经营单位，应当到其住所地县级以上人民政府工商行政管理部门申领营业执照，并在领取营业执照之日起 15 日内，到其住所地县级以上人民政府文化行政部门备案。其他经营单位增设艺术品经营业务的，应当按前款办理备案手续"之规定进行处理。

512. 对于演出场所经营单位的备案，乡镇（街道）应当如何处理？

答：根据《安徽省人民政府关于赋予乡镇街道部分县级审批执法权限的决定》（皖政〔2022〕112 号）中《安徽省赋予乡镇街道部分县级审批执法权限指导目录》第 254 项规定，乡镇（街道）可以根据《营业性演出管理条例》第七条"设立演出场所经营单位，应当依法到工商行政管理部门办理注册登记，领取营业执照，并依照有关消防、卫生管理等法律、行政法规的规定办理审批手续。演出场所经营单位应当自领取营业执照之日起 20 日内向所在地县级人民政府文化主管部门备案"及《营业性演出管理条例实施细则》第九条第一款"依法登记的演出场所经营单位，应当自领取营业执照之日起 20 日内，持营业执照和有关消防、卫生批准文件，向所在地县级人民政府文化和旅游主管部门备案，县级人民政府文化和旅游主管部门应当出具备案证明。备案证明式样由国务院文化和旅游主管部门设计，省级人民政府文化和旅游主管部门印制"之规定进行处理。

513. 对于个体演员、个体演出经纪人的备案，乡镇（街道）应当如何行使职权？

答：根据《安徽省人民政府关于赋予乡镇街道部分县级审批执法权限的决定》（皖政〔2022〕112 号）中《安徽省赋予乡镇街道部分县级审批执法权限指导目录》第 255 项规定，乡镇（街道）可以根据《营业性演出管理条例》第九条"以从事营业性演出为职业的个体演员（以下简称个体演员）和以从事营业性演出的居间、代理活动为职业的个体演出经纪人（以下简称个体演出经纪人），应当依法到工商行政管理部门办理注册登记，领取营业执照。个体演员、个体演出经纪人应当自领取营业执照之日起 20 日内向所在地县级人民政府文化主管部门备案"及《营业性演出管理条例实施细则》第九条第二款"个体演员可以持个人有效身份证件和本实施细则第七条第二款规定的艺术表演能力证明，个体演出经纪人可以持个人有效身份证件和演出经纪人员资格证，向户籍所在地或者常驻地县级人民政府文化和旅游主管部门申请备案，文化和旅游主管部门应当出具备案证明。备案证明式样由国务院文化和旅游主管部门设计，省级人民政府文化和旅游主管部门印制"之规定行使职权。

514. 对互联网上网服务营业场所经营单位擅自停止实施经营管理技术措施的，乡镇（街道）应当如何处罚？

答：根据《安徽省人民政府关于赋予乡镇街道部分县级审批执法权限的决定》（皖政〔2022〕112 号）中《安徽省赋予乡镇街道部分县级审批执法权限指导目录》第 258 项规定，乡镇（街道）可以根据《互联网上网服务营业场所管理条例》第三十一条第四项之规定"互联网上网服务营业场所经营单位违反本条例的规定，有下列行为之一的，由文化行政部门给予警告，可以并处 15000 元以下的罚款；情节严重的，责令停业整顿，直至吊销《网络文化经营许可证》……（四）擅自停止实施经营管理技术措施的"进行行政处罚，但吊销网络文化经营许可证除外。甘肃省也有相关赋权事项的规定，即《甘肃省赋予乡镇和街道部分县级经济社会管理权限指导目录》（甘政办发〔2020〕88 号）第 173 项的规定。

515. 对变更演出的名称、时间、地点、场次未重新报批的，乡镇（街道）是否有权进行行政处罚？

答：根据《安徽省人民政府关于赋予乡镇街道部分县级审批执法权

限的决定》（皖政〔2022〕112号）中《安徽省赋予乡镇街道部分县级审批执法权限指导目录》第267项规定，乡镇（街道）可以根据《营业性演出管理条例》第四十四条第二款"违反本条例第十六条第三款规定，变更演出举办单位、参加演出的文艺表演团体、演员或者节目未重新报批的，依照前款规定处罚；变更演出的名称、时间、地点、场次未重新报批的，由县级人民政府文化主管部门责令改正，给予警告，可以并处3万元以下的罚款"之规定进行行政处罚。

516. 对娱乐场所为未经文化主管部门批准的营业性演出活动提供场地的，乡镇（街道）应当如何处理？

答：根据《安徽省人民政府关于赋予乡镇街道部分县级审批执法权限的决定》（皖政〔2022〕112号）中《安徽省赋予乡镇街道部分县级审批执法权限指导目录》第269项规定，乡镇（街道）可以根据《娱乐场所管理办法》第三十一条"娱乐场所违反本办法第二十二条第一款规定的，由县级以上人民政府文化和旅游主管部门责令改正，并处5000元以上1万元以下罚款"之规定处理。陕西省也有相关的赋权项目，即《陕西省人民政府关于向乡镇政府和街道办事处下放部分县级行政执法权的决定》（陕政发〔2023〕9号）中《陕西省下放乡镇政府和街道办事处行政执法事项指导目录》第58项的规定。

517. 对娱乐场所拒绝配合文化主管部门的日常检查和技术监管措施的，乡镇（街道）应当如何处理？

答：根据《安徽省人民政府关于赋予乡镇街道部分县级审批执法权限的决定》（皖政〔2022〕112号）中《安徽省赋予乡镇街道部分县级审批执法权限指导目录》第270项规定，乡镇（街道）可以根据《娱乐场所管理办法》第三十四条"娱乐场所违反本办法第二十五条规定的，由县级以上人民政府文化和旅游主管部门予以警告，并处5000元以上1

万元以下罚款"之规定进行处理。

518. 对娱乐场所容纳的消费者超过核定人数的，乡镇（街道）是否有权进行行政处罚？

答：根据《安徽省人民政府关于赋予乡镇街道部分县级审批执法权限的决定》（皖政〔2022〕112号）中《安徽省赋予乡镇街道部分县级审批执法权限指导目录》第273项规定，乡镇（街道）可以根据《娱乐场所管理条例》第四十八条第五项"违反本条例规定，有下列情形之一的，由县级人民政府文化主管部门没收违法所得和非法财物，并处违法所得1倍以上3倍以下的罚款；没有违法所得或者违法所得不足1万元的，并处1万元以上3万元以下的罚款；情节严重的，责令停业整顿1个月至6个月……（五）娱乐场所容纳的消费者超过核定人数的"之规定进行处罚。

519. 对擅自设立从事出版物印刷经营活动的企业或者擅自从事印刷经营活动的，乡镇（街道）应当如何处罚？

答：根据《安徽省人民政府关于赋予乡镇街道部分县级审批执法权限的决定》（皖政〔2022〕112号）中《安徽省赋予乡镇街道部分县级审批执法权限指导目录》第276项规定，乡镇（街道）可以根据《印刷业管理条例》第三十六条第一款"违反本条例规定，擅自设立从事出版物印刷经营活动的企业或者擅自从事印刷经营活动的，由出版行政部门、工商行政管理部门依据法定职权予以取缔，没收印刷品和违法所得以及进行违法活动的专用工具、设备，违法经营额1万元以上的，并处违法经营额5倍以上10倍以下的罚款；违法经营额不足1万元的，并处1万元以上5万元以下的罚款；构成犯罪的，依法追究刑事责任"之规定进行行政处罚。

520. 对擅自移动、损毁文物保护单位保护范围和建设控制地带竖立的界桩的，乡镇（街道）应当如何处理？

答：根据《安徽省人民政府关于赋予乡镇街道部分县级审批执法权限的决定》（皖政〔2022〕112号）中《安徽省赋予乡镇街道部分县级审批执法权限指导目录》第277项规定，乡镇（街道）可以根据《安徽省实施〈中华人民共和国文物保护法〉办法》第三十四条"违反本办法第十条第二款规定，擅自移动、损毁界桩的，由公安机关或者文物行政部门责令恢复原状、赔偿损失，并给予警告"之规定进行处理。

521. 对经营非网络游戏的，乡镇（街道）应当如何处罚？

答：根据《甘肃省赋予乡镇和街道部分县级经济社会管理权限指导目录》（甘政办发〔2020〕88号）第173项规定，乡镇（街道）可以根据《互联网上网服务营业场所管理条例》第三十一条第三项"互联网上网服务营业场所经营单位违反本条例的规定，有下列行为之一的，由文化行政部门给予警告，可以并处15000元以下的罚款；情节严重的，责令停业整顿，直至吊销《网络文化经营许可证》……（三）经营非网络游戏的"之规定进行行政处罚。

九、市场监管

522. 乡镇（街道）对食品摊贩进行管理的依据是什么？

答：根据《江苏省乡镇（街道）法定权力事项清单通用目录》（苏政办发〔2021〕71号）第45项规定，乡镇（街道）可以根据《江苏省食品小作坊和食品摊贩管理条例》第六条第一款"乡镇人民政府、街道办事处应当依照本条例和上级人民政府的规定，做好本辖区内食品小作坊和食品摊贩的监督管理工作"、第二十二条"县级人民政府和乡镇人民政府、街道办事处应当根据实际需要，按照方便群众、合理布局的原则，在征求社会公众意见后，划定食品摊贩经营区域、确定经营时段，并向社会公布。在划定区域外，乡镇人民政府、街道办事处根据群众需求，在不影响安全、交通、市容环保等情况下，可以在城市非主干道两侧临时指定一定路段、时段供食品摊贩经营"、第二十四条"食品摊贩实行备案管理。食品摊贩从事经营活动，应当向所在地乡镇人民政府或者街道办事处备案，提供经营者的身份证、住址、联系方式和经营品种等信息。乡镇人民政府、街道办事处应当及时将食品摊贩备案信息通报所在地县级市场监督管理、城市管理行政执法部门"及第二十五条"乡镇人民政府、街道办事处应当根据备案信息制作并发放食品摊贩信息公示卡。食品摊贩信息公示卡应当载明食品摊贩的姓名、经营品种、经营区域、经营时段等信息。乡镇人民政府、街道办事处在日常管理中，发现食品摊贩未办理食品摊贩信息公示卡的，应当告知其及时办理"之规定进行处理。江西省、四川省、新疆维吾尔自治区也有相关的赋权事项，即《江西省人民政府关于调整赋予乡镇（街道）县级审批服务执法权限和经济发达镇县级经济社会管理权限指导目录的通知》（赣府发〔2021〕23号）中《江西省赋予乡镇（街道）县级审批服务执法权限指导目录》第74项、《四川省赋予乡镇（街道）县级行政权力事项指导目录》（川办发〔2020〕85号）第53项及（新疆维吾尔自治区人民政府办公厅）《乡镇（街道）权力事项通用目录》（新政办发〔2023〕33号）第九点第33项之规定。

523. 对食品小作坊、小餐饮店、小食杂店和食品摊贩违法生产经营的，乡镇（街道）应当如何处罚？

答： 根据（新疆维吾尔自治区）《自治区人民政府关于赋予乡镇人民政府和街道办事处部分行政处罚权的决定》（新政发〔2023〕31号）中《乡镇（街道）行政处罚赋权事项指导目录（2023版）》第28项规定，乡镇（街道）可以根据《新疆维吾尔自治区食品小作坊、小餐饮店、小食杂店和食品摊贩管理条例》第四十一条"违反本条例第十一条规定所列行为之一的，由县级以上人民政府市场监督管理部门处二千元以上一万元以下罚款；情节严重的，处一万元以上三万元以下罚款，并没收违法所得和违法生产经营的食品、食品原料等物品"之规定进行行政处罚。湖南省也有相关的赋权事项，即《湖南省乡镇权力清单和责任清单》（湘政办发〔2019〕55号）第二点第5项。

十、商务

524. 家电维修经营者和从业人员实施虚列、夸大、伪造维修服务项目或内容等行为的，乡镇（街道）是否有权进行行政处罚？

答：根据《陕西省人民政府关于向乡镇政府和街道办事处下放部分县级行政执法权的决定》（陕政发〔2023〕9号）中《陕西省下放乡镇政府和街道办事处行政执法事项指导目录》第49项规定，乡镇（街道）可以根据《家电维修服务业管理办法》第十四条"各级商务主管部门对于违反本办法的家电维修经营者可以予以警告，责令限期改正；拒不改正的，可以向社会公告；违反本办法第九条规定，情节严重的，可处三万元以下罚款；对依据有关法律、法规应予以处罚的，各级商务主管部门应提请有关部门依法处罚"之规定进行行政处罚。

525. 对美容美发经营者违反《美容美发业管理暂行办法》的，乡镇（街道）应当如何处理？

答：根据《陕西省人民政府关于向乡镇政府和街道办事处下放部分县级行政执法权的决定》（陕政发〔2023〕9号）中《陕西省下放乡镇政府和街道办事处行政执法事项指导目录》第50项规定，乡镇（街道）可以根据《美容美发业管理暂行办法》第十八条"各级商务主管部门对于违反本办法的美容美发经营者可以予以警告，令其限期改正；必要时，可以向社会公告。对依据有关法律、法规应予以处罚的，各级商务主管部门可以提请有关部门依法处罚"之规定进行处理。

十一、消防

526. 对损坏、挪用或者擅自拆除、停用消防设施、器材的，乡镇（街道）是否有权进行行政处罚？

答：根据《云南省人民政府关于公布乡镇（街道）行政职权基本目录和赋予乡镇（街道）部分县级行政职权指导目录的决定》（云政发〔2023〕9号）中《云南省赋予乡镇（街道）部分县级行政职权指导目录（2023年版）》第138项的规定，乡镇（街道）有权根据《中华人民共和国消防法》第六十条第一款第二项"单位违反本法规定，有下列行为之一的，责令改正，处五千元以上五万元以下罚款……（二）损坏、挪用或者擅自拆除、停用消防设施、器材的"及第二款"个人有前款第二项、第三项、第四项、第五项行为之一的，处警告或者五百元以下罚款"之规定进行行政处罚。

527. 对占用、堵塞、封闭疏散通道、安全出口或者有其他妨碍安全疏散的，乡镇（街道）应当如何处理？

答：根据《云南省人民政府关于公布乡镇（街道）行政职权基本目录和赋予乡镇（街道）部分县级行政职权指导目录的决定》（云政发〔2023〕9号）中《云南省赋予乡镇（街道）部分县级行政职权指导目录（2023年版）》第139项规定，乡镇（街道）可以根据《中华人民共和国消防法》第六十条第一款第三项"单位违反本法规定，有下列行为之一的，责令改正，处五千元以上五万元以下罚款……（三）占用、堵塞、封闭疏散通道、安全出口或者有其他妨碍安全疏散行为的"及第二款"个人有前款第二项、第三项、第四项、第五项行为之一的，处警告或者五百元以下罚款"之规定进行处理。安徽省、江西省也有相关赋权的规定，即《安徽省人民政府关于赋予乡镇街道部分县级审批执法权限的决定》（皖政〔2022〕112号）中《安徽省赋予乡镇街道部分县级审批执法权限指导目录》第 461 项及《江西省人民政府关于调整赋予乡镇（街道）县级审批服务执法权限和经济发达镇县级经济社会管理权限指导目录的通知》（赣府发〔2021〕23 号）中《江西省赋予乡镇（街道）县级审批服务执法权限指导目录》第 77 项。

528. 对埋压、圈占、遮挡消火栓的，乡镇（街道）是否有权进行行政处罚？

答：根据《云南省人民政府关于公布乡镇（街道）行政职权基本目录和赋予乡镇（街道）部分县级行政职权指导目录的决定》（云政发〔2023〕9 号）中《云南省赋予乡镇（街道）部分县级行政职权指导目录（2023 年版）》第 134 项规定，乡镇（街道）可以根据《中华人民共和国消防法》第六十条第一款第四项"单位违反本法规定，有下列行为之一的，责令改正，处五千元以上五万元以下罚款……（四）埋压、圈占、遮挡消火栓或者占用防火间距的"及第二款"个人有前款第二项、第三项、第四项、第五项行为之一的，处警告或者五百元以下罚款"之规定进行行政处罚。山西省、安徽省也有相关赋权事项的规定，即《山西省人民政府关于向乡镇人民政府和街道办事处下放部分行政执法职权的决定》（晋政发〔2022〕22 号）中《山西省人民政府下放乡镇人民政府和街道办事处行政执法职权指导目录》第 53 项及《安徽省人民政府关于赋予乡镇街道部分县级审批执法权限的决定》（皖政〔2022〕112 号）中《安徽省赋予乡镇街道部分县级审批执法权限指导目录》第 462 项。

529. 对占用、堵塞、封闭消防车通道的，乡镇（街道）应当如何处罚？

答：根据《云南省人民政府关于公布乡镇（街道）行政职权基本目录和赋予乡镇（街道）部分县级行政职权指导目录的决定》（云政发

〔2023〕9号）中《云南省赋予乡镇（街道）部分县级行政职权指导目录（2023年版）》第135项规定，乡镇（街道）可以根据《中华人民共和国消防法》第六十条第一款第五项"单位违反本法规定，有下列行为之一的，责令改正，处五千元以上五万元以下罚款……（五）占用、堵塞、封闭消防车通道，妨碍消防车通行的"及第三款"有本条第一款第三项、第四项、第五项、第六项行为，经责令改正拒不改正的，强制执行，所需费用由违法行为人承担"之规定进行行政处罚。山西省、安徽省也有相关赋权事项的规定，即《山西省人民政府关于向乡镇人民政府和街道办事处下放部分行政执法职权的决定》（晋政发〔2022〕22号）中《山西省人民政府下放乡镇人民政府和街道办事处行政执法职权指导目录》第54项及《安徽省人民政府关于赋予乡镇街道部分县级审批执法权限的决定》（皖政〔2022〕112号）中《安徽省赋予乡镇街道部分县级审批执法权限指导目录》第463项的规定。

530. 对门窗设置影响逃生、灭火救援的障碍物的，乡镇（街道）是否有权进行行政处罚？

答：根据《云南省人民政府关于公布乡镇（街道）行政职权基本目录和赋予乡镇（街道）部分县级行政职权指导目录的决定》（云政发〔2023〕9号）中《云南省赋予乡镇（街道）部分县级行政职权指导目录（2023年版）》第136项规定，乡镇（街道）可以根据《中华人民共和国消防法》第六十条第一款第六项"单位违反本法规定，有下列行为之一的，责令改正，处五千元以上五万元以下罚款……（六）人员密集场所在门窗上设置影响逃生和灭火救援的障碍物的"及第三款"有本条第一款第三项、第四项、第五项、第六项行为，经责令改正拒不改正的，强制执行，所需费用由违法行为人承担"之规定进行行政处罚。安徽省也有相关赋权事项的规定，即《安徽省人民政府关于赋予乡镇街道部分县级审批执法权限的决定》（皖政〔2022〕112号）中《安徽省赋予乡镇街道部分县级审批执法权限指导目录》第 464 项。

531. 对火灾隐患经消防救援机构通知后不及时采取措施消除的，乡镇（街道）应如何处理？

答：根据《安徽省人民政府关于赋予乡镇街道部分县级审批执法权限的决定》（皖政〔2022〕112 号）中《安徽省赋予乡镇街道部分县级审批执法权限指导目录》第 465 项规定，乡镇（街道）可以根据《中华人民共和国消防法》第六十条第一款第七项"单位违反本法规定，有下列行为之一的，责令改正，处五千元以上五万元以下罚款……（七）对火灾隐患经消防救援机构通知后不及时采取措施消除的"之规定进行处理。

532. 对生产、储存、经营易燃易爆危险品的场所与居住场所设置在同一建筑物内的，乡镇（街道）应当如何处罚？

答：根据《安徽省人民政府关于赋予乡镇街道部分县级审批执法权限的决定》（皖政〔2022〕112 号）中《安徽省赋予乡镇街道部分县级审批执法权限指导目录》第 466 项规定，乡镇（街道）可以根据《中华人民共和国消防法》第六十一条"生产、储存、经营易燃易爆危险品的场所与居住场所设置在同一建筑物内，或者未与居住场所保持安全距离的，责令停产停业，并处五千元以上五万元以下罚款。生产、储存、经营其他物品的场所与居住场所设置在同一建筑物内，不符合消防技术标准的，依照前款规定处罚"之规定进行行政处罚。

533. 对生产、储存、经营其他物品的场所与居住场所设置在同一建筑物内，不符合消防技术标准的，乡镇（街道）是否有权进行行政处罚？

答：根据《安徽省人民政府关于赋予乡镇街道部分县级审批执法权限的决定》（皖政〔2022〕112 号）中《安徽省赋予乡镇街道部分县级

审批执法权限指导目录》第 467 项规定，乡镇（街道）可以根据《中华人民共和国消防法》第六十一条"生产、储存、经营易燃易爆危险品的场所与居住场所设置在同一建筑物内，或者未与居住场所保持安全距离的，责令停产停业，并处五千元以上五万元以下罚款。生产、储存、经营其他物品的场所与居住场所设置在同一建筑物内，不符合消防技术标准的，依照前款规定处罚"之规定进行行政处罚。

534. 对违规使用明火作业或者在具有火灾、爆炸危险的场所吸烟、使用明火的，乡镇（街道）是否有权进行行政处罚？

答：根据《安徽省人民政府关于赋予乡镇街道部分县级审批执法权限的决定》（皖政〔2022〕112 号）中《安徽省赋予乡镇街道部分县级审批执法权限指导目录》第 468 项规定，乡镇（街道）可以根据《中华人民共和国消防法》第六十三条第二项"违反本法规定，有下列行为之一的，处警告或者五百元以下罚款；情节严重的，处五日以下拘留……（二）违反规定使用明火作业或者在具有火灾、爆炸危险的场所吸烟、使用明火的"之规定进行行政处罚。山西省也有相关赋权事项的规定，即《山西省人民政府关于向乡镇人民政府和街道办事处下放部分行政执法职权的决定》（晋政发〔2022〕22 号）中《山西省人民政府下放乡镇人民政府和街道办事处行政执法职权指导目录》第 52 项。

535. 对在高层民用建筑的公共门厅、疏散走道、楼梯间、安全出口停放电动自行车或者为电动自行车充电拒不改正的，乡镇（街道）应当如何处罚？

答：根据《安徽省人民政府关于赋予乡镇街道部分县级审批执法权限的决定》（皖政〔2022〕112 号）中《安徽省赋予乡镇街道部分县级审批执法权限指导目录》第 471 项规定，乡镇（街道）可以根据《高层民用建筑消防安全管理规定》第四十七条第七项"违反本规定，有下列行为之一的，由消防救援机构责令改正，对经营性单位和个人处 2000 元以上 10000 元以下罚款，对非经营性单位和个人处 500 元以上 1000 元以下罚款……（七）在高层民用建筑的公共门厅、疏散走道、楼梯间、安全出口停放电动自行车或者为电动自行车充电，拒不改正的"之规定进行行政处罚。山西省、云南省、江西省也有相关赋权事项的规定，即《山西省人民政府关于向乡镇人民政府和街道办事处下放部分行政执法职权的决定》（晋政发〔2022〕22 号）中《山西省人民政府下放乡镇人民政府和街道办事处行政执法职权指导目录》第 55 项、《云南省人民政府关于公布乡镇（街道）行政职权基本目录和赋予乡镇（街道）部分县级行政职权指导目录的决定》（云政发〔2023〕9 号）中《云南省赋予乡镇（街道）部分县级行政职权指导目录（2023 年版）》第 133 项及《江西省人民政府关于调整赋予乡镇（街道）县级审批服务执法权限和经济发达镇县级经济社会管理权限指导目录的通知》（赣府发〔2021〕23 号）中《江西省赋予乡镇（街道）县级审批服务执法权限指导目录》第 78 项的规定。

536. 对在住宅楼楼梯间、楼道等疏散通道、安全出口停放电动自行车的，乡镇（街道）是否有权进行行政处罚？

答： 根据《云南省人民政府关于公布乡镇（街道）行政职权基本目录和赋予乡镇（街道）部分县级行政职权指导目录的决定》（云政发〔2023〕9 号）中《云南省赋予乡镇（街道）部分县级行政职权指导目录（2023 年版）》第 132 项规定，乡镇（街道）可以根据《中华人民共和国消防法》第六十条第一款第三项"单位违反本法规定，有下列行为之一的，责令改正，处五千元以上五万元以下罚款……（三）占用、堵塞、封闭疏散通道、安全出口或者有其他妨碍安全疏散行为的"及第二款"个人有前款第二项、第三项、第四项、第五项行为之一的，处警告或者五百元以下罚款"之规定进行行政处罚。

537. 对在人员密集场所或者生产、储存、经营易燃易爆危险品场所擅自拆除、停用消防设施的,乡镇(街道)应当如何处理?

答:根据《云南省人民政府关于公布乡镇(街道)行政职权基本目录和赋予乡镇(街道)部分县级行政职权指导目录的决定》(云政发〔2023〕9号)中《云南省赋予乡镇(街道)部分县级行政职权指导目录(2023年版)》第137项规定,乡镇(街道)可以根据《云南省消防条例》第四十四条第二款"前款规定的场所擅自拆除、停用消防设施,不能保持消防设施完好有效,或者对火灾隐患经消防救援机构通知后不及时采取措施消除的,责令改正,并依法予以处罚;拒不改正的,可以责令停止使用或者停产停业"之规定进行处理。

538. 乡镇(街道)是否有权对公共消防设施、火灾隐患和消防安全违法行为进行行政检查?

答:根据《上海市街道办事处乡镇人民政府首批行政执法事项目录清单》(沪府规〔2021〕10号)中《本市街道乡镇实施的法定行政执法事项目录清单》第11项规定,根据《上海市消防条例》第十一条"乡、镇人民政府和街道办事处应当组织、指导、督促本区域内的单位和个人做好消防工作;指导、支持、帮助居、村民委员会开展群众性消防工作;依托城市网格化等综合管理平台,对公共消防设施、火灾隐患和消防安全违法行为及时协调相关职能部门予以处置;组织做好火灾事故善后处理相关工作"之规定,乡镇(街道)有权及时协调相关职能部门予以处置,但不具有单独行政检查的职权。湖南省、四川省、新疆维吾尔自治区也有相关的赋权事项,即《湖南省乡镇权力清单和责任清单》(湘政办发〔2019〕55号)第七点第1项、《四川省乡镇(街道)法定行政权力事项指导目录》(川办发〔2020〕85号)第41项及(新疆维吾尔自治区人民政府办公厅)《乡镇(街道)权力事项通用目录》(新政办发〔2023〕33号)第五点第4项的规定。

539. 对在人员密集场所室内外装修、装饰，未按照消防技术标准的要求使用不燃、难燃材料的，乡镇（街道）是否有权进行行政处罚？

答：根据《安徽省人民政府关于赋予乡镇街道部分县级审批执法权限的决定》（皖政〔2022〕112号）中《安徽省赋予乡镇街道部分县级审批执法权限指导目录》第469项规定，乡镇（街道）可以根据《安徽省消防条例》第七十四条第一项"违反本条例第三十六条、第四十一条规定，有下列行为之一的，由消防救援机构责令限期改正；逾期不改正的，处五千元以上五万元以下罚款：（一）在人员密集场所室内外装修、装饰，未按照消防技术标准的要求使用不燃、难燃材料的"之规定进行行政处罚。

540. 对在商场、集贸市场、公共娱乐场所以及具有火灾危险的车间、仓库等违反规定设置员工集体宿舍的，乡镇（街道）应当如何处罚？

答：根据《安徽省人民政府关于赋予乡镇街道部分县级审批执法权限的决定》（皖政〔2022〕112号）中《安徽省赋予乡镇街道部分县级审批执法权限指导目录》第470项规定，乡镇（街道）可以根据《安徽省消防条例》第七十四条第二项"违反本条例第三十六条、第四十一条规定，有下列行为之一的，由消防救援机构责令限期改正；逾期不改正的，处五千元以上五万元以下罚款……（二）在商场、集贸市场、公共娱乐场所以及具有火灾危险的车间、仓库等违反规定设置员工集体宿舍的"之规定进行行政处罚。

541. 乡镇（街道）对未采取防范措施在野外焚烧杂草、垃圾等可燃物的是否具有管理权限？

答：根据《江西省人民政府关于调整赋予乡镇（街道）县级审批服务执法权限和经济发达镇县级经济社会管理权限指导目录的通知》

(赣府发〔2021〕23号)中《江西省赋予乡镇(街道)县级审批服务执法权限指导目录》第79项规定,乡镇(街道)可以根据《江西省消防条例》第五十四条第三款"在野外焚烧杂草、垃圾等可燃物的,应当采取防范措施,防止火灾事故的发生。消防救援机构、公安派出所在农业收获季节应当进行消防安全检查,查处焚烧和其他违反消防安全规定的行为"及第八十八条"违反本条例第五十四条第三款规定,未采取防范措施在野外焚烧杂草、垃圾等可燃物的,责令停止违法行为,可以并处五十元以上二百元以下罚款"之规定进行管理。

十二、社会服务

542. 对于扑救森林火灾、防洪抢险等紧急情况林木采伐的备案,乡镇(街道)应当如何处理?

答:根据《福建省赋予经济发达镇部分县级经济社会管理权限的指导目录(一)》(闽政办〔2020〕22号)第一点行政审批与公共服务类第2项规定,乡镇(街道)可以根据《中华人民共和国森林法实施条例》第三十条"申请林木采伐许可证,除应当提交申请采伐林木的所有权证书或者使用权证书外,还应当按照下列规定提交其他有关证明文件:(一)国有林业企业事业单位还应当提交采伐区调查设计文件和上年度采伐更新验收证明;(二)其他单位还应当提交包括采伐林木的目的、地点、林种、林况、面积、蓄积量、方式和更新措施等内容的文件;(三)个人还应当提交包括采伐林木的地点、面积、树种、株数、蓄积量、更新时间等内容的文件。因扑救森林火灾、防洪抢险等紧急情况需要采伐林木的,组织抢险的单位或者部门应当自紧急情况结束之日起30日内,将采伐林木的情况报告当地县级以上人民政府林业主管部门"之规定,行使相应职权。

543. 对于房地产中介服务机构备案，乡镇（街道）应当如何处理？

答：根据《福建省赋予经济发达镇部分县级经济社会管理权限的指导目录（一）》（闽政办〔2020〕22号）第一点行政审批与公共服务类第3项规定，乡镇（街道）可以根据《房地产经纪管理办法》第十条"房地产经纪人协理和房地产经纪人职业资格实行全国统一大纲、统一命题、统一组织的考试制度，由房地产经纪行业组织负责管理和实施考试工作，原则上每年举行一次考试。国务院住房城乡建设主管部门、人力资源社会保障部门负责对房地产经纪人协理和房地产经纪人职业资格考试进行指导、监督和检查"、第十一条"房地产经纪机构及其分支机构应当自领取营业执照之日起30日内，到所在直辖市、市、县人民政府建设（房地产）主管部门备案"，第十五条"房地产经纪机构及其分支机构应当在其经营场所醒目位置公示下列内容：（一）营业执照和备案证明文件；（二）服务项目、内容、标准；（三）业务流程；（四）收费项目、依据、标准；（五）交易资金监管方式；（六）信用档案查询方式、投诉电话及12358价格举报电话；（七）政府主管部门或者行业组织制定的房地产经纪服务合同、房屋买卖合同、房屋租赁合同示范文本；（八）法律、法规、规章规定的其他事项。分支机构还应当公示设立该分支机构的房地产经纪机构的经营地址及联系方式。房地产经纪机构代理销售商品房项目的，还应当在销售现场明显位置明示商品房销售委托书和批准销售商品房的有关证明文件"之规定进行处理。

544. 对于劳动用工备案，乡镇（街道）应当如何处理？

答：根据《福建省赋予经济发达镇部分县级经济社会管理权限的指导目录（一）》（闽政办〔2020〕22号）第一点行政审批与公共服务类第7项规定，乡镇（街道）可以根据《劳动和社会保障部关于建立劳动用工备案制度的通知》第三条"规范劳动用工备案的内容和要求"的"（一）用人单位进行劳动用工备案的信息应当包括：用人单位名称、法定代表人、经济类型、组织机构代码、招用职工的人数、姓名、性别、公民身份号码，与职工签订劳动合同的起止时间，终止或解除劳动合同的人数、职工姓名、时间等。各省、自治区、直辖市劳动保障行政部门可根据实际需要适当增加备案信息。（二）用人单位新招用职工或与职工续订劳动合同的，应自招用或续订劳动合同之日起 30 日内进行劳动用工备案。用人单位与职工终止或解除劳动合同的，应在终止或解除劳动合同后 7 日内进行劳动用工备案。用人单位名称、法定代表人、经济类型、组织机构代码发生变更后，应在 30 日内办理劳动用工备案变更手续。用人单位注销后，应在 7 日内办理劳动用工备案注销手续。（三）用人单位登记注册地与实际经营地不一致的，在实际经营地的劳动保障行政部门进行劳动用工备案"的规定进行处理。

545. 关于就业失业登记，乡镇（街道）应当如何处理？

答：根据《福建省赋予经济发达镇部分县级经济社会管理权限的指导目录（一）》（闽政办〔2020〕22 号）第一点行政审批与公共服务类第 8 项规定，乡镇（街道）可以根据《就业服务与就业管理规定》第六十一条"劳动保障行政部门应当建立健全就业登记制度和失业登记制度，完善就业管理和失业管理。公共就业服务机构负责就业登记与失业登记工作，建立专门台账，及时、准确地记录劳动者就业与失业变动情况，并做好相应统计工作。就业登记和失业登记在各省、自治区、直辖市范围内实行统一的就业失业登记证（以下简称登记证），向劳动者免费发放，并注明可享受的相应扶持政策。就业登记、失业登记的具体程序和登记证的样式，由省级劳动保障行政部门规定"之规定进行处理。《中华人民共和国就业促进法》第三十五条规定："县级以上人民政府建立健全公共就业服务体系，设立公共就业服务机构，为劳动者免费提供下列服务：（一）就业政策法规咨询；（二）职业供求信息、市场工资指导价位信息和职业培训信息发布；（三）职业指导和职业介绍；

（四）对就业困难人员实施就业援助；（五）办理就业登记、失业登记等事务；（六）其他公共就业服务。公共就业服务机构应当不断提高服务的质量和效率，不得从事经营性活动。公共就业服务经费纳入同级财政预算。"

546. 关于再生资源回收经营者登记、变更备案，乡镇（街道）应当如何处理？

答：根据《福建省赋予经济发达镇部分县级经济社会管理权限的指导目录（一）》（闽政办〔2020〕22号）第一点行政审批与公共服务类第16项规定，乡镇（街道）可以根据《再生资源回收管理办法》第七条"回收生产性废旧金属的再生资源回收企业和回收非生产性废旧金属的再生资源回收经营者，还应当在取得营业执照后15日内，向所在地县级人民政府公安机关备案。备案事项发生变更时，前款所列再生资源回收经营者应当自变更之日起15日内（属于工商登记事项的自工商登记变更之日起15日内）向县级人民政府公安机关办理变更手续"之规定行使职权。

547. 对于最低生活保障对象认定、保障金给付，乡镇（街道）应当如何处理？

答：根据《江苏省乡镇（街道）法定权力事项清单通用目录》（苏政办发〔2021〕71号）第17项规定，乡镇（街道）可以根据《社会救助暂行办法》第九条"国家对共同生活的家庭成员人均收入低于当地最低生活保障标准，且符合当地最低生活保障家庭财产状况规定的家庭，给予最低生活保障"、第十一条"申请最低生活保障，按照下列程序办理：（一）由共同生活的家庭成员向户籍所在地的乡镇人民政府、街道办事处提出书面申请；家庭成员申请有困难的，可以委托村民委员会、居民委员会代为提出申请。（二）乡镇人民政府、街道办事处应当通过入户调查、邻里访问、信函索证、群众评议、信息核查等方式，对申请人的家庭收入状况、财产状况进行调查核实，提出初审意见，在申请人所在村、社区公示后报县级人民政府民政部门审批。（三）县级人民政府民政部门经审查，对符合条件的申请予以批准，并在申请人所在村、社区公布；对不符合条件的申请不予批准，并书面向申请人说明理由"及第十二条"对批准获得最低生活保障的家庭，县级人民政府民政部门按照共同生活的家庭成员人均收入低于当地最低生活保障标准的差额，按月发给最低生活保障金。对获得最低生活保障后生活仍有困难的老年人、未成年人、重度残疾人和重病患者，县级以上地方人民政府应当采取必要措施给予生活保障"之规定行使相应职权。

安徽省也有相关赋权事项，《安徽省人民政府关于赋予乡镇街道部分县级审批执法权限的决定》（皖政〔2022〕112号）中《安徽省赋予乡镇街道部分县级审批执法权限指导目录》第22项规定，乡镇街道可以依据《社会救助暂行办法》第四条"乡镇人民政府、街道办事处负责有关社会救助的申请受理、调查审核，具体工作由社会救助经办机构或者经办人员承担。村民委员会、居民委员会协助做好有关社会救助工作"及《关于改革完善社会救助制度的意见》第二十四条"优化审核确认程序。有条件的地方可按程序将低保、特困等社会救助审核确认权限下放至乡镇（街道），县级民政部门加强监督指导。对没有争议的救助申请家庭，可不再进行民主评议。取消可以通过国家或地方政务服务平台查询的相关证明材料。健全社会救助家庭经济状况核对机制，发挥各级核对机构作用"之规定处理。江西省、湖南省、新疆维吾尔自治区也有相关赋权事项，即《江西省人民政府关于调整赋予乡镇（街道）县级审批服务执法权限和经济发达镇县级经济社会管理权限指导目录的通知》（赣府发〔2021〕23号）中《江西省赋予乡镇（街道）县级审批服务执法权限指导目录》第88项、《湖南省乡镇权力清单和责任清单》（湘政办发〔2019〕55号）第八点第13项及（新疆维吾尔自治区人民政府办公厅)《乡镇(街道)权力事项通用目录》(新政办发〔2023〕33号)第九点第5项的规定。

548. 对孤儿基本生活保障金的给付,乡镇(街道)应当如何处理?

答:根据《江苏省乡镇(街道)法定权力事项清单通用目录》(苏政办发〔2021〕71号)第18项规定,乡镇(街道)可以根据《关于加强孤儿保障工作的意见》第二点第一项"二、建立健全孤儿保障体系,维护孤儿基本权益(一)建立孤儿基本生活保障制度。为满足孤儿基本生活需要,建立孤儿基本生活保障制度。各省、自治区、直辖市政府按照不低于当地平均生活水平的原则,合理确定孤儿基本生活最低养育标准,机构抚养孤儿养育标准应高于散居孤儿养育标准,并建立孤儿基本生活最低养育标准自然增长机制。地方各级财政要安排专项资金,确保孤儿基本生活费及时足额到位;中央财政安排专项资金,对地方支出孤儿基本生活费按照一定标准给予补助。民政、财政部门要建立严格的孤儿基本生活费管理制度,加强监督检查,确保专款专用、按时发放,确保孤儿基本生活费用于孤儿"及《民政部、财政部关于发放孤儿基本生活费的通知》第四点第一项"(一)申请、审核和审批。社会散居孤儿申请孤儿基本生活费,由孤儿监护人向孤儿户籍所在地的街道办事处或乡(镇)人民政府提出申请,申请时应出具孤儿父母死亡证明或人民法院宣告孤儿父母死亡或失踪的证明。街道办事处或乡(镇)人民政府对申请人和孤儿情况进行核实并提出初步意见,上报县级人民政府民政部门审批。县级人民政府民政部门要认真审核申请材料,提出核定、审批意见。为保护孤儿的隐私,应避免以公示的方式核实了解情况"之规定进行处理。安徽省也有相关赋权事项,即《安徽省人民政府关于赋予乡镇街道部分县级审批执法权限的决定》(皖政〔2022〕112号)中《安徽省赋予乡镇街道部分县级审批执法权限指导目录》第21项的规定。

549. 对于特困人员认定、救助供养金给付，乡镇（街道）应当如何处理？

答： 根据《江苏省乡镇（街道）法定权力事项清单通用目录》（苏政办发〔2021〕71号）第20项规定，乡镇（街道）可以根据《社会救助暂行办法》第十一条"申请最低生活保障，按照下列程序办理：（一）由共同生活的家庭成员向户籍所在地的乡镇人民政府、街道办事处提出书面申请；家庭成员申请有困难的，可以委托村民委员会、居民委员会代为提出申请。（二）乡镇人民政府、街道办事处应当通过入户调查、邻里访问、信函索证、群众评议、信息核查等方式，对申请人的家庭收入状况、财产状况进行调查核实，提出初审意见，在申请人所在村、社区公示后报县级人民政府民政部门审批。（三）县级人民政府民政部门经审查，对符合条件的申请予以批准，并在申请人所在村、社区公布；对不符合条件的申请不予批准，并书面向申请人说明理由"、第十六条"申请特困人员供养，由本人向户籍所在地的乡镇人民政府、街道办事处提出书面申请；本人申请有困难的，可以委托村民委员会、居民委员会代为提出申请。特困人员供养的审批程序适用本办法第十一条规定"、第十七条"乡镇人民政府、街道办事处应当及时了解掌握居民的生活情况，发现符合特困供养条件的人员，应当主动为其依法办理供养"及第十八条"特困供养人员不再符合供养条件的，村民委员会、居民委员会或者供养服务机构应当告知乡镇人民政府、街道办事处，由乡镇人民政府、街道办事处审核并报县级人民政府民政部门核准后，终止供养并予以公示"之规定进行处理。还可以根据《特困人员认定办法》第十三条"乡镇人民政府（街道办事处）应当自受理申请之日起15个工作日内，通过入户调查、邻里访问、信函索证、信息核对等方式，对申请人的经济状况、实际生活状况以及赡养、抚养、扶养状况等进行调查核实，并提出初审意见。申请人以及有关单位、组织或者个人应当配合调查，如实提供有关情况。村（居）民委员会应当协助乡镇人民政府（街道办事处）开展调查核实"及第二十五条"特困人员不再符合救助供养条件的，本人、照料服务人、村（居）民委员会或者供养服务机构应当及时告知乡镇人民政府（街道办事处），由乡镇人民政府（街道办事处）调查核实并报县级人民政府民政部门核准。县级人民政府民政部门、乡镇人民政府（街道办事处）在工作中发现特困人员不再符合救助供养条件的，应当及时办理终止救助供养手续"之规定行使职权。

安徽省也有相关赋权事项，根据《安徽省人民政府关于赋予乡镇街道部分县级审批执法权限的决定》（皖政〔2022〕112号）中《安徽省赋予乡镇街道部分县级审批执法权限指导目录》第23项规定，乡镇（街道）可以根据《社会救助暂行办法》第四条"乡镇人民政府、街道办事处负责有关社会救助的申请受理、调查审核，具体工作由社会救助经办机构或者经办人员承担。村民委员会、居民委员会协助做好有关社会救助工作"及《关于改革完善社会救助制度的意见》第二十四条"优化审核确认程序。有条件的地方可按程序将低保、特困等社会救助审核确认权限下放至乡镇（街道），县级民政部门加强监督指导。对没有争议的救助申请家庭，可不再进行民主评议。取消可以通过国家或地方政务服务平台查询的相关证明材料。健全社会救助家庭经济状况核对机制，发挥各级核对机构作用"之规定行使职权。

江西省、湖南省、新疆维吾尔自治区也有相关赋权事项，即《江西省人民政府关于调整赋予乡镇（街道）县级审批服务执法权限和经济发达镇县级经济社会管理权限指导目录的通知》（赣府发〔2021〕23号）中《江西省赋予乡镇（街道）县级审批服务执法权限指导目录》第89项、《湖南省乡镇权力清单和责任清单》（湘政办发〔2019〕55号）第五点第3项及（新疆维吾尔自治区人民政府办公厅）《乡镇（街道）权力事项通用目录》（新政办发〔2023〕33号）第九点第6项的规定。

550. 关于困难残疾人生活补贴和重度残疾人护理补贴，乡镇（街道）应当如何处理？

答： 根据《江苏省乡镇（街道）法定权力事项清单通用目录》（苏政办发〔2021〕71号）第21项规定，乡镇（街道）可以根据《国务院关于全面建立困难残疾人生活补贴和重度残疾人护理补贴制度的意见》第二点第一项"二、主要内容（一）补贴对象。困难残疾人生活补贴主要补助残疾人因残疾产生的额外生活支出，对象为低保家庭中的残疾人，有条件的地方可逐步扩大到低收入残疾人及其他困难残疾人。低收入残疾人及其他困难残疾人的认定标准由县级以上地方人民政府参照相关规定、结合实际情况制定。重度残疾人护理补贴主要补助残疾人因残疾产生的额外长期照护支出，对象为残疾等级被评定为一级、二级且需要长期照护的重度残疾人，有条件的地方可扩大到非重度智力、精神残疾人或其他残疾人，逐步推动形成面向所有需要长期照护残疾人的护理补贴制度。长期照护是指因残疾产生的特殊护理消费品和照护服务支出持续6个月以上时间"之规定进行处理。

湖南省、新疆维吾尔自治区也有相关赋权事项的规定，即《湖南省乡镇权力清单和责任清单》（湘政办发〔2019〕55号）第八点第16项和（新疆维吾尔自治区人民政府办公厅）《乡镇（街道）权力事项通用目录》（新政办发〔2023〕33号）第九点第9项的规定。

551. 对维护老年人合法权益和敬老、养老、助老成绩显著的组织、家庭或者个人以及对参与社会发展做出突出贡献的老年人，乡镇（街道）是否有权表彰或者奖励？

答： 根据《江苏省乡镇（街道）法定权力事项清单通用目录》（苏政办发〔2021〕71号）第27项规定，乡镇（街道）可以根据《中华人民共和国老年人权益保障法》第十条"各级人民政府和有关部门对维护老年人合法权益和敬老、养老、助老成绩显著的组织、家庭或者个人，对参与社会发展做出突出贡献的老年人，按照国家有关规定给予表彰或者奖励"之规定行使职权。

552. 对申请医疗救助事项（最低生活保障家庭成员和特困供养人员除外），乡镇（街道）应当如何处理？

答：根据《江苏省乡镇（街道）法定权力事项清单通用目录》（苏政办发〔2021〕71号）第75项规定，乡镇（街道）可以根据《社会救助暂行办法》第三十条"申请医疗救助的，应当向乡镇人民政府、街道办事处提出，经审核、公示后，由县级人民政府医疗保障部门审批。最低生活保障家庭成员和特困供养人员的医疗救助，由县级人民政府医疗保障部门直接办理"之规定进行处理。

安徽省、湖南省也有相关赋权事项的规定，即《安徽省人民政府关于赋予乡镇街道部分县级审批执法权限的决定》（皖政〔2022〕112号）中《安徽省赋予乡镇街道部分县级审批执法权限指导目录》第336项和《湖南省乡镇权力清单和责任清单》（湘政办发〔2019〕55号）第八点第15项的规定。

553. 关于殡葬设施建设审批（仅限农村为村民设置公益性墓地审批），乡镇（街道）有哪些行政职责？

答：根据《安徽省人民政府关于赋予乡镇街道部分县级审批执法权限的决定》（皖政〔2022〕112号）中《安徽省赋予乡镇街道部分县级审批执法权限指导目录》第20项规定，乡镇（街道）可以依据《殡葬管理条例》第三条"国务院民政部门负责全国的殡葬管理工作。县级以上地方人民政府民政部门负责本行政区域内的殡葬管理工作"及第八条"建设殡仪馆、火葬场，由县级人民政府和设区的市、自治州人民政府的民政部门提出方案，报本级人民政府审批；建设殡仪服务站、骨灰堂，由县级人民政府和设区的市、自治州人民政府的民政部门审批；建设公墓，经县级人民政府和设区的市、自治州人民政府的民政部门审核同意后，报省、自治区、直辖市人民政府民政部门审批。利用外资建设殡葬设施，经省、自治区、直辖市人民政府民政部门审核同意后，报国务院民政部门审批。农村为村民设置公益性墓地，经乡级人民政府审核同意后，报县级人民政府民政部门审批"的规定进行管理。湖南省、四川省也有相关赋权事项的规定，即《湖南省乡镇权力清单和责任清单》（湘政办发〔2019〕55号）第八点第38项、第39项及《四川省乡镇（街道）法定行政权力事项指导目录》（川办发〔2020〕85号）第72项的规定。

554. 对于申请社会救助或临时救助的，乡镇（街道）应当如何行使职权？

答：根据《安徽省人民政府关于赋予乡镇街道部分县级审批执法权限的决定》（皖政〔2022〕112号）中《安徽省赋予乡镇街道部分县级审批执法权限指导目录》第24项规定，乡镇（街道）应当根据《社会救助暂行办法》第四条"乡镇人民政府、街道办事处负责有关社会救助的申请受理、调查审核，具体工作由社会救助经办机构或者经办人员承担。村民委员会、居民委员会协助做好有关社会救助工作"、第四十七条"国家对因火灾、交通事故等意外事件，家庭成员突发重大疾病等原因，导致基本生活暂时出现严重困难的家庭，或者因生活必需支出突然增加超出家庭承受能力，导致基本生活暂时出现严重困难的最低生活保障家庭，以及遭遇其他特殊困难的家庭，给予临时救助"及《关于改革完善社会救助制度的意见》第二十四条"优化审核确认程序。有条件的地方可按程序将低保、特困等社会救助审核确认权限下放至乡镇（街道），县级民政部门加强监督指导。对没有争议的救助申请家庭，可不再进行民主评议。取消可以通过国家或地方政务服务平台查询的相关证明材料。健全社会救助家庭经济状况核对机制，发挥各级核对机构作用"之规定行使职权。

湖南省也有相关赋权事项的规定,即《湖南省乡镇权力清单和责任清单》(湘政办发〔2019〕55号)第八点第19项的规定。

555. 对采取虚报、隐瞒、伪造等手段,骗取享受城市居民最低生活保障待遇的,乡镇(街道)是否有权进行行政处罚?

答:根据《安徽省人民政府关于赋予乡镇街道部分县级审批执法权限的决定》(皖政〔2022〕112号)中《安徽省赋予乡镇街道部分县级审批执法权限指导目录》第25项规定,乡镇(街道)可以根据《城市居民最低生活保障条例》第十四条第一项"享受城市居民最低生活保障待遇的城市居民有下列行为之一的,由县级人民政府民政部门给予批评教育或者警告,追回其冒领的城市居民最低生活保障款物;情节恶劣的,处冒领金额1倍以上3倍以下的罚款:(一)采取虚报、隐瞒、伪造等手段,骗取享受城市居民最低生活保障待遇的"之规定进行行政处罚。

556. 对在享受城市居民最低生活保障待遇期间家庭收入情况好转,不按规定告知管理审批机关,继续享受城市居民最低生活保障待遇的,乡镇(街道)应当如何处罚?

答:根据《安徽省人民政府关于赋予乡镇街道部分县级审批执法权限的决定》(皖政〔2022〕112号)中《安徽省赋予乡镇街道部分县级审批执法权限指导目录》第26项规定,乡镇(街道)可以根据《城市居民最低生活保障条例》第十四条第二项"享受城市居民最低生活保障待遇的城市居民有下列行为之一的,由县级人民政府民政部门给予批评教育或者警告,追回其冒领的城市居民最低生活保障款物;情节恶劣的,处冒领金额1倍以上3倍以下的罚款……(二)在享受城市居民最低生活保障待遇期间家庭收入情况好转,不按规定告知管理审批机关,继续享受城市居民最低生活保障待遇的"之规定进行行政处罚。

557. 对未经批准，擅自兴建殡葬设施的，乡镇（街道）是否有权进行行政处罚？

答：根据《安徽省人民政府关于赋予乡镇街道部分县级审批执法权限的决定》（皖政〔2022〕112号）中《安徽省赋予乡镇街道部分县级审批执法权限指导目录》第27项规定，乡镇（街道）可以根据《殡葬管理条例》第十八条"未经批准，擅自兴建殡葬设施的，由民政部门会同建设、土地行政管理部门予以取缔，责令恢复原状，没收违法所得，可以并处违法所得1倍以上3倍以下的罚款"之规定进行行政处罚。

558. 对墓穴占地面积超过省人民政府规定的标准的，乡镇（街道）应当如何处理？

答：根据《安徽省人民政府关于赋予乡镇街道部分县级审批执法权限的决定》（皖政〔2022〕112号）中《安徽省赋予乡镇街道部分县级审批执法权限指导目录》第28项规定，乡镇（街道）可以根据《殡葬管理条例》第十九条"墓穴占地面积超过省、自治区、直辖市人民政府规定的标准的，由民政部门责令限期改正，没收违法所得，可以并处违法所得1倍以上3倍以下的罚款"之规定进行处理。

559. 对制造、销售封建迷信殡葬用品的，乡镇（街道）是否有权进行处罚？

答：根据《安徽省人民政府关于赋予乡镇街道部分县级审批执法权限的决定》（皖政〔2022〕112号）中《安徽省赋予乡镇街道部分县级审批执法权限指导目录》第29项规定，乡镇（街道）可以根据《安徽省殡葬管理办法》第十九条"制造、销售封建迷信殡葬用品的，由民政部门会同工商行政管理部门予以没收，可以并处制造、销售金额1倍以上3倍以下的罚款"之规定进行行政处罚。

560. 对挪用、侵占或者贪污捐赠款物的，乡镇（街道）是否有权进行行政处罚？

答：根据《安徽省人民政府关于赋予乡镇街道部分县级审批执法权限的决定》（皖政〔2022〕112号）中《安徽省赋予乡镇街道部分县级审批执法权限指导目录》第30项规定，乡镇（街道）有权根据《中华人民共和国公益事业捐赠法》第二十九条"挪用、侵占或者贪污捐赠款物的，由县级以上人民政府有关部门责令退还所用、所得款物，并处以罚款；对直接责任人员，由所在单位依照有关规定予以处理；构成犯罪的，依法追究刑事责任。依照前款追回、追缴的捐赠款物，应当用于原捐赠目的和用途"之规定进行处理。

561. 对采取虚报、隐瞒、伪造等手段，骗取社会救助资金、物资或者服务的，乡镇（街道）应当如何处理？

答：根据《安徽省人民政府关于赋予乡镇街道部分县级审批执法权限的决定》（皖政〔2022〕112号）中《安徽省赋予乡镇街道部分县级审批执法权限指导目录》第31项规定，乡镇（街道）可以根据《社会救助暂行办法》第六十八条"采取虚报、隐瞒、伪造等手段，骗取社会救助资金、物资或者服务的，由有关部门决定停止社会救助，责令退回非法获取的救助资金、物资，可以处非法获取的救助款额或者物资价值1倍以上3倍以下的罚款；构成违反治安管理行为的，依法给予治安管理处罚"之规定进行处理。

562. 对志愿服务组织、志愿者向志愿服务对象收取或者变相收取报酬的，乡镇（街道）应当如何处罚？

答：根据《安徽省人民政府关于赋予乡镇街道部分县级审批执法权限的决定》（皖政〔2022〕112号）中《安徽省赋予乡镇街道部分县级审批执法权限指导目录》第32项规定，乡镇（街道）可以根据《志愿服务条例》第三十七条"志愿服务组织、志愿者向志愿服务对象收取或者变相收取报酬的,由民政部门予以警告,责令退还收取的报酬;情节严重的,对有关组织或者个人并处所收取报酬一倍以上五倍以下的罚款"之规定进行行政处罚。

563. 乡镇（街道）是否有权对农村离任两老生活补助进行行政确认?

答：根据《江西省人民政府关于调整赋予乡镇（街道）县级审批服务执法权限和经济发达镇县级经济社会管理权限指导目录的通知》（赣府发〔2021〕23号）中《江西省赋予乡镇（街道）县级审批服务执法权限指导目录》第82项,乡镇（街道）应当进行行政确认。

564. 乡镇（街道）是否有权对养老机构进行监督检查?

答：根据《四川省赋予乡镇（街道）县级行政权力事项指导目录》（川办发〔2020〕85号）第6项规定,乡镇（街道）有权根据《养老机构管理办法》第三十六条第一款"民政部门应当加强对养老机构服务和运营的监督检查,发现违反本办法规定的,及时依法予以处理并向社会公布"之规定对养老机构进行监督检查。湖南省也有相关赋权事项的规定,即《湖南省乡镇权力清单和责任清单》（湘政办发〔2019〕55号）第七点第13项的规定。

565. 对于适龄儿童、少年因身体状况需要延缓入学或者休学审批的,乡镇（街道）应当如何处理?

答：根据《湖南省乡镇权力清单和责任清单》（湘政办发〔2019〕55号）第一点第5项规定,乡镇（街道）有权根据《中华人民共和国义务教育法》第十一条"凡年满六周岁的儿童,其父母或者其他法定监护人应当送其入学接受并完成义务教育;条件不具备的地区的儿童,可以推迟到七周岁。适龄儿童、少年因身体状况需要延缓入学或者休学的，其父母或者其他法定监护人应当提出申请，由当地乡镇人民政府或者县级人民政府教育行政部门批准"之规定作出处理。

四川省、新疆维吾尔自治区也有相关赋权事项的规定，即《四川省乡镇（街道）法定行政权力事项指导目录》（川办发〔2020〕85号）第1项和（新疆维吾尔自治区人民政府办公厅）《乡镇（街道）权力事项通用目录》（新政办发〔2023〕33号）第一点第1项的规定。

566. 对于基本养老服务补贴的审核、管理和给付，乡镇（街道）应当如何行使职权？

答：根据《湖南省乡镇权力清单和责任清单》（湘政办发〔2019〕55号）第三点第2项规定，乡镇（街道）可以根据《中华人民共和国老年人权益保障法》第三十七条"地方各级人民政府和有关部门应当采取措施，发展城乡社区养老服务，鼓励、扶持专业服务机构及其他组织和个人，为居家的老年人提供生活照料、紧急救援、医疗护理、精神慰藉、心理咨询等多种形式的服务。对经济困难的老年人，地方各级人民政府应当逐步给予养老服务补贴"之规定行使职权。

567. 对于高龄补贴的审核、管理和给付，乡镇（街道）应当如何处理？

答：根据《湖南省乡镇权力清单和责任清单》（湘政办发〔2019〕55号）第三点第3项规定，乡镇（街道）可以根据《中华人民共和国老年人权益保障法》第三十三条"国家建立和完善老年人福利制度，根据经济社会发展水平和老年人的实际需要，增加老年人的社会福利。国家鼓励地方建立八十周岁以上低收入老年人高龄津贴制度。国家建立和完善计划生育家庭老年人扶助制度。农村可以将未承包的集体所有的部分土地、山林、水面、滩涂等作为养老基地，收益供老年人养老"之规定进行处理。

568. 对于村（居）民申请法律援助经济困难证明，乡镇（街道）应当如何行使职权？

答：根据《湖南省乡镇权力清单和责任清单》（湘政办发〔2019〕55号）第五点第2项规定，乡镇（街道）可以根据《湖南省法律援助条例》第十四条"公民向户籍所在地或者长期居住地乡镇人民政府、街道办事处申请出具经济困难证明的，乡镇人民政府、街道办事处应当在三个工作日内对申请人的家庭人口、就业情况等进行审查，对符合条件的，出具证明；对不符合条件的，不出具证明，并说明理由"之规定行使职权。四川省也有相关赋权事项的规定，即《四川省乡镇（街道）法定行政权力事项指导目录》（川办发〔2020〕85号）第21项的规定。

569. 对于城乡居民基本医疗保险参保登记、缴费续保，乡镇（街道）应当如何处理？

答：根据《湖南省乡镇权力清单和责任清单》（湘政办发〔2019〕55号）第八点第14项规定，乡镇（街道）可以根据《湖南省城乡居民基本医疗保险实施办法》第七条"县（市、区）人民政府负责辖区内居民医保参保组织和基金筹集工作。乡镇人民政府、街道办事处具体负责组织辖区内居民医保的参保登记、缴费续保、政策宣传、社会公示等工作。行政村、社区负责承办县市区下放的居民医保高频服务事项。县（市、区）人民政府、乡镇（街道）建立涵盖医保、税务、财政、民政、教育等部门的医保征缴工作协调机制，共同做好居民医保费征收服务、业务培训、缴费宣传、督促督导和征收风险防范等工作"之规定进行处理。江西省也有相关赋权事项的规定，即《江西省人民政府关于调整赋予乡镇（街道）县级审批服务执法权限和经济发达镇县级经济社会管理权限指导目录的通知》（赣府发〔2021〕23号）中《江西省赋予乡镇（街道）县级审批服务执法权限指导目录》第106项、第107项的规定。

570. 对于自然灾害救助对象初审，乡镇（街道）应当如何审查？

答：根据《湖南省乡镇权力清单和责任清单》（湘政办发〔2019〕55号）第八点第18项规定，乡镇（街道）可以根据《自然灾害救助条例》第二十条"居民住房恢复重建补助对象由受灾人员本人申请或者由村民小组、居民小组提名。经村民委员会、居民委员会民主评议，符合救助条件的，在自然村、社区范围内公示；无异议或者经村民委员会、居民委员会民主评议异议不成立的，由村民委员会、居民委员会将评议意见和有关材料提交乡镇人民政府、街道办事处审核，报县级人民政府应急管理等部门审批"之规定进行审查。

571. 对于非本地户籍的临时遇困人员，乡镇（街道）应当如何行使救助责任？

答：根据《湖南省乡镇权力清单和责任清单》（湘政办发〔2019〕55号）第八点第20项规定，乡镇（街道）可以根据《国务院关于全面建立临时救助制度的通知》第三条第二款"凡认为符合救助条件的城乡居民家庭或个人均可以向所在地乡镇人民政府（街道办事处）提出临时救助申请；受申请人委托，村（居）民委员会或其他单位、个人可以代为提出临时救助申请。对于具有本地户籍、持有当地居住证的，由当地乡镇人民政府（街道办事处）受理；对于上述情形以外的，当地乡镇人民政府（街道办事处）应当协助其向县级人民政府设立的救助管理机构（即救助管理站、未成年人救助保护中心等）申请救助；当地县级人民政府没有设立救助管理机构的，乡镇人民政府（街道办事处）应当协助其向县级人民政府民政部门申请救助。申请临时救助，应按规定提交相关证明材料，无正当理由，乡镇人民政府（街道办事处）不得拒绝受理；因情况紧急无法在申请时提供相关证明材料的，乡镇人民政府（街道办事处）可先行受理"之规定进行处理。

第十二章 乡镇（街道）行政执法制度规定

一、乡镇（街道）行政执法程序

572. 行政执法主要包括哪些程序？

答：行政执法主要包括：申请受理与立案启动，行政执法管辖，调查取证，告知、陈述和答辩，回避，听证，行政执法决定，送达八个方面的程序。行政执法程序由以下两种方式启动：一是行政机关依职权启动行政执法程序。二是行政管理相对人认为自己的申请事项符合法定条件，可以申请行政机关启动行政执法程序。依据《河北省乡镇和街道综合行政执法条例》第十八条的规定，乡镇人民政府和街道办事处应当严格执行行政执法全过程记录制度，依法采取文字、音像等形式，对行政执法的启动、调查取证、审核、决定、送达、执行等进行全过程记录，归档保存，实现行政执法全过程留痕和可回溯管理。

573. 行政相对人对行政执法享有哪些权利？

答：根据《中华人民共和国行政处罚法》第七条、第四十四条的规定，公民、法人或者其他组织对行政机关所给予的行政处罚，有权要求告知其拟作出的行政处罚内容及事实、理由、依据，并享有陈述、申辩以及要求听证的权利；对行政处罚不服的，有权依法申请行政复议或者提起行政诉讼。公民、法人或者其他组织因行政机关违法给予行政处罚受到损害的，有权依法提出赔偿要求。

574. 乡镇（街道）综合行政执法应遵守哪些程序方面的法律规定？

答：乡镇（街道）在综合行政执法过程中应遵守《中华人民共和国行政处罚法》《中华人民共和国行政许可法》《中华人民共和国行政强制法》等法律规定，在不违反上位法的情况下，具体可参照中共中央办公厅、国务院办公厅《关于推进基层整合审批服务执法力量的实施意见》《关于加强基层治理体系和治理能力现代化建设的意见》和各地省、自治区、直辖市赋予乡镇（街道）法定行政权力事项相关文件及地方性规定。

575. 如何协调乡镇（街道）综合行政执法机构与派驻行政执法机构之间的关系？

答：根据《河北省乡镇和街道综合行政执法条例》第八条规定，乡镇人民政府和街道办事处应当按照相对集中行使行政处罚权要求，整合乡镇和街道现有站所、分局和县级人民政府有关行政执法部门下放的执法力量，组建乡镇和街道综合行政执法机构，以乡镇人民政府和街道办事处名义依法开展执法工作。依法依规实行派驻体制的行政执法机构，单独履行监管职责，但应当按照规定纳入乡镇人民政府和街道办事处统一指挥协调工作机制。

576. 乡镇（街道）综合行政执法人员的录用采用什么办法？

答：根据《河北省乡镇和街道综合行政执法条例》第十条第一款规定，乡镇和街道行政执法人员的录用，应当采取公开考试、严格考察、平等竞争、择优录取的办法。

577. 乡镇（街道）综合行政执法人员上岗执法必须满足哪些条件？

答：根据《河北省乡镇和街道综合行政执法条例》第十条第二款、第四十条第三款规定，乡镇和街道行政执法人员经公共法律知识和专业法律知识培训，考试合格取得行政执法资格和行政执法证件后，方可上岗执法。不得为工勤人员、临时聘用人员等不符合规定的人员发放行政执法证件。

578. 乡镇（街道）综合行政执法范围有哪些？

答：根据《河北省乡镇和街道综合行政执法条例》第十二条第一款、第二款、第三款规定，省人民政府应当依法将基层管理迫切需要的县级人民政府部门的行政处罚权交由能够有效承接的乡镇人民政府和街道办事处行使。省人民政府应当按照相对集中行使行政处罚权要求制定向乡镇人民政府和街道办事处赋权的指导清单。县级人民政府应当结合本地实际，从赋权指导清单中选取执法事项下放乡镇人民政府和街道办事处实施，并制定下放事项清单，向社会公布。下放事项清单经设区的市人民政府审核后报省人民政府备案。

579. 乡镇（街道）赋权事项被取消后，由哪个部门行使？

答：根据《河北省乡镇和街道综合行政执法条例》第十二条第四款规定，赋权指导清单、下放事项清单应当根据法律、法规、规章的变化和乡镇人民政府、街道办事处的实际承接能力定期组织评估，根据评估情况适时进行调整。调整后取消的乡镇人民政府、街道办事处赋权事项，经设区的市人民政府审核并报省人民政府备案后，依法由原县级人民政府有关行政执法部门继续行使。

580. 行政处罚权依法相对集中行使的，原行政执法部门是否可以行使？

答：根据《河北省乡镇和街道综合行政执法条例》第十二条第五款规定，行政处罚权由乡镇人民政府和街道办事处依法相对集中行使的，县级人民政府有关行政执法部门不再继续行使。

581. 乡镇（街道）是否可以实施赋权指导清单外行政处罚？

答：根据《河北省乡镇和街道综合行政执法条例》第十三条、第十四条规定，赋权指导清单外由县级人民政府有关行政执法部门实施的行政处罚，拟采取相对集中行使行政处罚权方式下放乡镇人民政府和街道办事处实施的，由县级人民政府经设区的市人民政府审核，报省人民政府决定。赋权指导清单外县级人民政府有关行政执法部门根据工作需要，可以依法委托乡镇人民政府和街道办事处行使行政处罚权，并向县级人民政府备案。

582. 哪个部门可以明确乡镇（街道）与有关行政执法部门的执法责任和执法边界？

答：根据《河北省乡镇和街道综合行政执法条例》第十五条规定，县级人民政府应当建立健全行政执法责任制，明确乡镇人民政府和街道办事处与有关行政执法部门的执法责任和执法边界。

583. 乡镇（街道）如何执行行政执法三项制度？

答：根据《河北省乡镇和街道综合行政执法条例》第十七条、第十八条、第十九条规定，乡镇人民政府和街道办事处应当严格执行行政执法公示制度，依法将行政执法的实施机关、立案依据、实施程序、救济渠道等信息向社会公示，实现行政执法公开透明。乡镇人民政府和街道办事处应当严格执行行政执法全过程记录制度，依法采取文字、音像等形式，对行政执法的启动、调查取证、审核、决定、送达、执行等进行全过程记录，归档保存，实现行政执法全过程留痕和可回溯管理。乡镇人民政府和街道办事处应当依据《中华人民共和国行政处罚法》第五十八条的规定对其作出的重大行政处罚决定进行法制审核。

584. 乡镇（街道）进行调查或者检查应注意哪些事项？

答：根据《河北省乡镇和街道综合行政执法条例》第二十条第一款

和第二款规定,乡镇和街道行政执法人员在开展调查或者进行检查时,应当主动向当事人或者有关人员出示行政执法证件。当事人或者有关人员有权要求行政执法人员出示行政执法证件,行政执法人员拒不出示行政执法证件的,当事人或者有关人员有权拒绝接受调查或者检查。当事人或者有关人员应当如实回答询问,并协助调查或者检查,不得拒绝或者阻挠。询问或者检查应当制作笔录。

585. 乡镇(街道)应在多长时间内作出行政执法决定?

答:除依法当场作出行政执法决定的外,乡镇人民政府和街道办事处应当在法律、法规、规章规定的办理期限内作出行政执法决定。

586. 乡镇(街道)行政执法人员有哪些回避规定?

答:根据《河北省乡镇和街道综合行政执法条例》第二十一条规定,乡镇和街道行政执法人员与办理的行政执法案件有直接利害关系或者有其他关系可能影响公正执法的,应当回避。当事人认为乡镇和街道行政执法人员与办理的行政执法案件有直接利害关系或者有其他关系可能影响公正执法的,有权申请其回避。当事人提出回避申请的,乡镇人民政府或者街道办事处应当依法审查,由乡镇人民政府或者街道办事处负责人决定。决定作出之前,不停止调查。

587. 乡镇(街道)可以采取哪些行政执法措施?

答:根据《河北省乡镇和街道综合行政执法条例》第二十五条规定,乡镇人民政府和街道办事处在行政执法中,可以采取以下措施:(1)询问当事人和与被调查事件有关的单位和个人;(2)进入涉嫌违法的场所进行现场检查;(3)查阅、调取、复制与被调查事件有关的文件资料、音频视频资料;(4)以拍照、录音、摄像等方式进行现场取证;(5)法律、法规、规章规定的其他措施。

588. "责令改正或者限期改正违法行为"和"行政处罚"是否可以一并作出？

答：所谓责令改正或者限期改正违法行为，是指行政主体责令违法行为人停止和纠正违法行为，以恢复原状，维持法定的秩序或者状态，具有事后救济性。可以单独适用，也可以和行政处罚合并适用。但是从行政经济原则的角度，根据《河北省乡镇和街道综合行政执法条例》第二十六条规定，乡镇人民政府和街道办事处实施行政处罚时，应当责令当事人改正或者限期改正违法行为。

589. 行政执法中需要进行鉴定、检验、检测的，乡镇（街道）应如何处理？

答：根据《河北省乡镇和街道综合行政执法条例》第二十七条、第三十五条规定，乡镇人民政府和街道办事处在行政执法活动中需要进行鉴定、检验、检测的，可以向上级相关行政执法部门申请协助或者按照规定委托具备相应资质的第三方机构进行。乡镇人民政府和街道办事处在调查取证过程中，需要有关行政执法部门提供资料或者进行鉴定、检验、检测的，应当出具协助函件。行政执法部门应当自收到协助函件之日起七个工作日内出具书面意见。案情复杂需要延期的，应当以书面形式向乡镇人民政府和街道办事处说明理由并明确答复期限。行政执法部门出具书面意见前需要乡镇人民政府和街道办事处补充资料的，应当自收到协助函件之日起两个工作日内告知，补充资料所用时间不计入答复期限。

590. 乡镇（街道）实施行政处罚时如何适用行政裁量权？

答：根据《河北省乡镇和街道综合行政执法条例》第二十八条规定，乡镇人民政府和街道办事处适用的行政裁量权基准应当按照省人民政府及其有关部门制定的行政裁量权基准执行。乡镇人民政府和街道办事处应当依照法律、法规、规章以及行政裁量权基准作出行政执法决定，并在决定文书中对裁量权的适用作出说明。

591. 乡镇（街道）处理罚款、没收的违法所得或者没收非法财物拍卖的款项有哪些规定？

答：根据《河北省乡镇和街道综合行政执法条例》第三十条规定，乡镇人民政府和街道办事处应当严格执行罚缴分离和收支两条线制度，除依法当场收缴的罚款外，乡镇和街道行政执法人员不得自行收缴罚款。依法没收的财物，应当在两名以上行政执法人员监督下，以拍照、录音、摄像等方式记录并登记造册、妥善保管，按照国家和本省有关规定公开拍卖或者处理，不得损毁、使用、截留、坐支、私分和擅自处置。

罚款、没收的违法所得或者没收非法财物拍卖的款项，应当全部上缴国库，任何行政机关或者个人不得以任何形式截留、私分或者变相私分。

罚款、没收的违法所得或者没收非法财物拍卖的款项，不得与作出行政处罚决定的乡镇和街道及其工作人员的考核、考评直接或者变相挂钩。不得下达或者变相下达行政处罚指标。除依法应当退还、退赔的外，财政部门不得以任何形式向作出行政处罚决定的乡镇或者街道返还罚款、没收的违法所得或者没收非法财物拍卖的款项。

依法应当销毁的物品，经乡镇人民政府和街道办事处负责人批准后，由两名以上行政执法人员监督销毁，销毁过程应当通过拍照或者摄像等方式予以全程记录。

592. 乡镇（街道）应如何处理行政执法案卷？

答：根据《河北省乡镇和街道综合行政执法条例》第三十一条规定，乡镇人民政府和街道办事处应当建立规范的行政执法案卷管理制度，将行政执法相关文书、证据材料以及电子文件、电子数据等，按照规定立卷归档，明确执法案卷标准，确保行政执法文书和案卷完整准确。

593. 如何协调乡镇（街道）与有关行政执法部门之间执法衔接？

答：根据《河北省乡镇和街道综合行政执法条例》第三十二条规定，县级人民政府及其司法行政部门应当建立健全乡镇人民政府和街道办事处与有关行政执法部门之间执法协调衔接机制，完善相互告知、案件移送、联合执法、信息共享以及业务指导等工作制度，实现违法线索互联、监管标准互通。

594. 什么是乡镇与有关行政执法部门之间涉嫌违法行为告知制度？

答：根据《河北省乡镇和街道综合行政执法条例》第三十三条规定，乡镇人民政府和街道办事处发现涉嫌违法行为属于职责范围内的，应当及时予以查处；属于有关行政执法部门职责范围的，应当进行劝阻和制止，并告知有关行政执法部门，有关行政执法部门应当及时查处；对涉及多个部门协同解决或者责任主体不明确的事项，应当报请县级人民政府决定开展联合执法或者确定责任主体。

县级以上人民政府有关行政执法部门在执法检查过程中发现涉嫌违法行为属于乡镇人民政府和街道办事处职责范围的，应当告知有关乡镇人民政府和街道办事处查处。

595. 乡镇（街道）发现违法行为涉嫌犯罪的，应如何处理？

答：根据《河北省乡镇和街道综合行政执法条例》第三十四条规定，乡镇人民政府和街道办事处在行政执法中发现违法行为涉嫌犯罪的，应当依法将案件移送司法机关查处。

596. 乡镇（街道）如何利用现有制度和设备做好巡查工作？

答：根据《河北省乡镇和街道综合行政执法条例》第三十六条规定，乡镇人民政府和街道办事处应当建立综合行政执法网格化管理和日常巡查制度，利用信息化网络平台，科学划分基本网格单元，组织乡镇和街道行政执法人员以及村民委员会、居民委员会（社区）工作人员按照规定的责任区域和巡查时段进行巡查并做好记录。

597. 哪些制度可以对乡镇和街道综合行政执法进行监督？

答：根据《河北省乡镇和街道综合行政执法条例》第四十一条规定，加强对乡镇和街道综合行政执法的监督，建立健全政务公开、行政复议、审计监督和人大监督、民主监督、司法监督以及群众监督、舆论监督等制度，综合推进乡镇人民政府和街道办事处依法履行职责。

598. 乡镇人民政府和街道办事处及其行政执法人员有哪些行为，可能受到行政处理、内部处分甚至刑事处罚？

答：根据《河北省乡镇和街道综合行政执法条例》第四十七条规定，乡镇人民政府和街道办事处及其行政执法人员有下列行为之一的，由上级行政部门或者有关机关责令限期改正，并可以根据情节对负有直接责任的主管人员和其他直接责任人员给予批评教育、离岗培训、调离执法岗位、暂扣行政执法证或者吊销行政执法证等处理决定；情节严重的，依法给予处分；构成犯罪的，依法追究刑事责任：（1）执法主体、执法权限、执法程序不合法，执法决定不合法或者明显不当的；（2）损毁、使用、截留、坐支、私分或者擅自处置罚没财物的；（3）不履行或者不正确履行行政执法职责的；（4）执法粗暴，造成不良影响的；（5）不依法出示行政执法证件的；（6）落实行政执法制度不规范的；（7）不配合、不接受行政执法监督或者弄虚作假的；（8）利用行政执法职权牟取不正当利益的；（9）其他违法或者不当的行政执法行为。

599. 阻碍乡镇和街道行政执法人员依法执行职务的，乡镇可以如何处理？

答：根据《河北省乡镇和街道综合行政执法条例》第四十九条规定，阻碍乡镇和街道行政执法人员依法执行职务的，由公安机关依照《中华人民共和国治安管理处罚法》的规定予以处罚；构成犯罪的，依法追究刑事责任。

600. 什么是行政执法主体资格确认公示？

答：行政执法主体，是指依法设立、依法享有行政职权，能够以自己的名义实施行政管理、独立承担相应法律责任的行政机关和法律、法规授权的组织。行政执法主体资格确认在于规范行政执法主体，保障和监督行政执法主体依法行使职权。依据《中华人民共和国行政处罚法》和《河北省乡镇和街道综合行政执法条例》的规定，县级以上政府工作部门（不含中央垂直管理部门）、乡镇政府和街道办事处；根据法律、法规或者规章的授权，具有行政执法职能的单位；根据法律、法规或者规章的规定，受行政机关委托实施行政执法的单位等需要确认行政执法主体资格。行政执法主体资格确认公示应注意事项：(1)依法受委托实施行政执法的单位，由委托机关与其签订行政执法委托书后，方可以委托机关的名义实施行政执法；公告时应注明委托机关。(2)行政执法机关有派出机构的，公告时应一并列明。(3)不具有行政执法职能但实际从事行政执法活动的单位，经机构编制部门批准在行政执法机关挂牌的，按被挂牌的行政执法机关予以确认公告；两个以上行政执法机关合署办公的，分别予以确认公告。

601. 综合行政执法涉及行政强制、行政许可和相对集中行政处罚等的，应当如何处理？

答：根据《中华人民共和国行政处罚法》第十八条第一款规定，国家在城市管理、市场监管、生态环境、文化市场、交通运输、应急管理、农业等领域推行建立综合行政执法制度，相对集中行政处罚权。根据《福建省行政执法条例》第十八条规定，推进综合行政执法改革，对职能相近、执法内容相近、执法方式相同的行政执法机关，可以进行机构和职能整合，组建综合的行政执法机关，集中行使职权。一个行政执法机关有多个所属行政执法机构、行使多项行政执法职权的，可以整合所属行政执法机构，组建综合的行政执法机构，集中行使职权。综合行政执法涉及行政强制、行政许可和相对集中行政处罚等的，应当依法履行报批手续。依据（南京市）《市政府关于相对集中城市排水和污水处理有关行政权力事项的决定》（宁政发〔2022〕65号）中"二、集中事项""城市排水和污水处理22项行政处罚权和1项行政强制权（见附件）相对集中到市、区综合行政执法局。江北新区和各区综合行政执法局按照属地管理原则依法实施。前述相对集中事项已列入街道综合行政执法权力清单范围的，仍由有关街道办事处继续实施"的规定处理。

602. 受委托组织是否可以再委托其他组织或者个人实施行政处罚？

答：根据《中华人民共和国行政处罚法》第二十条规定，行政机关依照法律、法规、规章的规定，可以在其法定权限内书面委托符合本法第二十一条规定条件的组织实施行政处罚。行政机关不得委托其他组织或者个人实施行政处罚。委托书应当载明委托的具体事项、权限、期限等内容。委托行政机关和受委托组织应当将委托书向社会公布。委托行政机关对受委托组织实施行政处罚的行为应当负责监督，并对该行为的后果承担法律责任。受委托组织在委托范围内，以委托行政机关名义实施行政处罚；不得再委托其他组织或者个人实施行政处罚。

603. 受委托行政执法组织应符合哪些条件？

答：根据《中华人民共和国行政处罚法》第二十一条规定："受委

托组织必须符合以下条件：（一）依法成立并具有管理公共事务职能；（二）有熟悉有关法律、法规、规章和业务并取得行政执法资格的工作人员；（三）需要进行技术检查或者技术鉴定的，应当有条件组织进行相应的技术检查或者技术鉴定。"根据第二十四条规定，省、自治区、直辖市根据当地实际情况，可以决定将基层管理迫切需要的县级人民政府部门的行政处罚权交由能够有效承接的乡镇人民政府、街道办事处行使，并定期组织评估。决定应当公布。承接行政处罚权的乡镇人民政府、街道办事处应当加强执法能力建设，按照规定范围、依照法定程序实施行政处罚……

604. 行政执法事项需两个以上行政执法机关共同办理的，应当如何处理？

答：根据《中华人民共和国行政处罚法》第十八条规定，国家在城市管理、市场监管、生态环境、文化市场、交通运输、应急管理、农业等领域推行建立综合行政执法制度，相对集中行政处罚权。国务院或者省、自治区、直辖市人民政府可以决定一个行政机关行使有关行政机关的行政处罚权……根据《河北省乡镇和街道综合行政执法条例》第三十三条规定，乡镇人民政府和街道办事处发现涉嫌违法行为属于职责范围内的，应当及时予以查处；属于有关行政执法部门职责范围的，应当进行劝阻和制止，并告知有关行政执法部门，有关行政执法部门应当及时查处；对涉及多个部门协同解决或者责任主体不明确的事项，应当报请县级人民政府决定开展联合执法或者确定责任主体。县级以上人民政府有关行政执法部门在执法检查过程中发现涉嫌违法行为属于乡镇人民政府和街道办事处职责范围的，应当告知有关乡镇人民政府和街道办事处查处。

605. 联合执法中的行政执法决定应由哪个机关承担法律责任？

答：根据《中华人民共和国行政诉讼法》第二十六条第一款和第四款规定，公民、法人或者其他组织直接向人民法院提起诉讼的，作出行政行为的行政机关是被告。两个以上行政机关作出同一行政行为的，共同作出行政行为的行政机关是共同被告。另外，根据《福建省行政执法条例》第二十一条规定，县级以上行政执法机关根据行政执法需要，可以组织相关行政执法机关联合执法。联合执法中的行政执法决定按照下列规定作出，并由作出机关承担相应的法律责任：(1) 不同行政执法系统之间的联合执法，由参加联合执法的行政执法机关在各自的职权范围内依法分别作出；(2) 同一行政执法系统内的联合执法，可以以上级行政执法机关的名义依法作出，也可以在各自的职权范围内依法分别作出。

606. 哪些情形下，行政执法机关可以请求相关机关协助？

答：根据《中华人民共和国行政处罚法》第二十六条规定，行政机关因实施行政处罚的需要，可以向有关机关提出协助请求。协助事项属于被请求机关职权范围内的，应当依法予以协助。根据《河北省乡镇和街道综合行政执法条例》第三十五条规定，乡镇人民政府和街道办事处在调查取证过程中，需要有关行政执法部门提供资料或者进行鉴定、检验、检测的，应当出具协助函件。行政执法部门应当自收到协助函件之日起七个工作日内出具书面意见。案情复杂需要延期的，应当以书面形式向乡镇人民政府和街道办事处说明理由并明确答复期限。行政执法部门出具书面意见前需要乡镇人民政府和街道办事处补充资料的，应当自收到协助函件之日起两个工作日内告知，补充资料所用时间不计入答复期限。

607. 行政执法辅助人员是否可以行政执法？

答：根据《中华人民共和国行政处罚法》第四十二条第一款规定，行政处罚应当由具有行政执法资格的执法人员实施。执法人员不得少于两人，法律另有规定的除外。《公安机关办理行政案件程序规定》第五十二条规定，公安机关进行询问、辨认、检查、勘验，实施行政强制措施等调查取证工作时，人民警察不得少于二人，并表明执法身份。接报案、受案登记、接受证据、信息采集、调解、送达文书等工作，可以由一名人民警察带领警务辅助人员进行，但应当全程录音录像。《福建省行政执法条例》第二十四条第一款、第二款规定，行政执法机关可以根据工作需要，配置一定数量的行政执法辅助人员。行政执法辅助人员应当经所属行政执法机关考试考核合格，并向社会公示后方可从事行政执法辅助工作。行政执法辅助人员不得从事行政执法。在行政执法机关及其行政执法人员的指挥和监督下，行政执法辅助人员可以从事劝阻、宣传、信息收集、后勤保障、接受申请、送达文书等辅助性事务。综上，行政执法辅助人员可以从事辅助性事务，但不得进行行政执法。

608. 行政执法机关作出对当事人不利的行政执法决定前，应当如何处理？

答：根据《中华人民共和国行政处罚法》第四十四条规定，行政机关在作出行政处罚决定之前，应当告知当事人拟作出的行政处罚内容及事实、理由、依据，并告知当事人依法享有的陈述、申辩、要求听证等权利。《福建省行政执法条例》第二十九条规定，行政执法机关作出对当事人不利的行政执法决定前，应当依法告知当事人拟作出行政执法决定的事实、理由、依据和决定内容，以及其依法享有的陈述权、申辩权。行政执法机关应当充分听取当事人的陈述和申辩，对其提出的事实、理由和证据予以记录、复核并归入案卷。当事人提出的事实、理由或者证据成立的，行政执法机关应当采纳。行政执法机关不得因当事人的陈述、申辩而作出对其更为不利的处理决定。

609. 哪些情形下，行政执法机关应当在作出行政执法决定前举行听证？

答：根据《中华人民共和国行政处罚法》第六十三条规定，行政机关拟作出下列行政处罚决定，应当告知当事人有要求听证的权利，当事人要求听证的，行政机关应当组织听证：（1）较大数额罚款；（2）没收较大数额违法所得、没收较大价值非法财物；（3）降低资质等级、吊销许可证件；（4）责令停产停业、责令关闭、限制从业；（5）其他较重的行政处罚；（6）法律、法规、规章规定的其他情形。《中华人民共和国行政许可法》第四十六条、第四十七条第一款规定，法律、法规、规章规定实施行政许可应当听证的事项，或者行政机关认为需要听证的其他涉及公共利益的重大行政许可事项，行政机关应当向社会公告，并举行听证。行政许可直接涉及申请人与他人之间重大利益关系的，行政机关在作出行政许可决定前，应当告知申请人、利害关系人享有要求听证的权利；申请人、利害关系人在被告知听证权利之日起五日内提出听证申请的，行政机关应当在二十日内组织听证。根据《福建省行政执法条例》第三十条规定，具有下列情形之一的，行政执法机关在作出行政执法决定之前应当举行听证：（1）行政执法事项属于法律、法规、规章规定应当举行听证的；（2）行政执法事项属于行政执法机关依法应当告知听证权利的，在告知权利后，当事人、利害关系人申请听证的；（3）行政执法机关认为有必要举行听证的其他情形。举行涉及重大公共利益的听证，应当公开征选社会公众代表参加。行政执法机关应当将举行听证的案由、时间、地点等在听证举行的七个工作日前予以公告……

610. 如何确定行政处罚听证案件中"较大数额罚款"标准？

答：《中华人民共和国行政处罚法》第六十三条没有明确"较大数

额罚款"的数额和标准，需要根据各部委规章及地方性法规确定。

各部委对于行政处罚"较大数额罚款"的标准各不相同。根据《安全生产违法行为行政处罚办法》第三十三条规定，安全监管监察部门作出责令停产停业整顿、责令停产停业、吊销有关许可证、撤销有关执业资格、岗位证书或者较大数额罚款的行政处罚决定之前，应当告知当事人有要求举行听证的权利……前款所称较大数额罚款，为省、自治区、直辖市人大常委会或者人民政府规定的数额；没有规定数额的，其数额对个人罚款为2万元以上，对生产经营单位罚款为5万元以上。根据《生态环境行政处罚办法》第八十九条规定，本办法第四十六条所称"较大数额"、"较大价值"，对公民是指人民币（或者等值物品价值）五千元以上、对法人或者其他组织是指人民币（或者等值物品价值）二十万元以上。地方性法规、地方政府规章对"较大数额"、"较大价值"另有规定的，从其规定。

各省、直辖市、自治区对于行政处罚"较大数额罚款"的标准也各不相同。《北京市行政处罚听证程序实施办法》第二条规定，经立案调查，行政机关（含经依法授权或者受委托的行政执法组织，下同）拟作出行政处罚法第六十三条第一款规定的行政处罚决定的，应当在案件调查终结前告知当事人有要求听证的权利。当事人要求听证的，依照行政处罚法和本办法执行。行政处罚法第六十三条第一款规定的较大数额罚款、较大数额违法所得、较大价值非法财物的标准，以及其他较重的行政处罚种类，由市级行政机关确定，并报市政府法制机构备案。《上海市行政处罚听证程序规定》第四条规定，本规定所称的较大数额（或者较大价值），对个人是指5000元以上（或者等值物品价值）；对法人或者其他组织是指5万元以上（或者等值物品价值）。《重庆市行政处罚听证程序规定》第十三条第一项规定："行政机关拟作出下列行政处罚决定，应当告知当事人有要求听证的权利：（一）较大数额罚款。"第十四条规定，较大数额罚款，是指对公民的违法行为处以5000元以上罚款，对法人或者其他组织的违法行为处以 50000 元以上罚款。

611. 行政执法机关应当在多长时限内作出行政执法决定？

答：根据《中华人民共和国行政处罚法》第三十六条第一款规定，违法行为在二年内未被发现的，不再给予行政处罚；涉及公民生命健康安全、金融安全且有危害后果的，上述期限延长至五年。法律另有规定的除外。根据《中华人民共和国行政处罚法》第六十条规定，行政机关应当自行政处罚案件立案之日起九十日内作出行政处罚决定。法律、法规、规章另有规定的，从其规定。根据《中华人民共和国行政强制法》第二十五条第一款规定，查封、扣押的期限不得超过三十日；情况复杂的，经行政机关负责人批准，可以延长，但是延长期限不得超过三十日。法律、行政法规另有规定的除外。根据《中华人民共和国行政强制法》第三十一条、第三十二条规定，依照法律规定冻结存款、汇款的，作出决定的行政机关应当在三日内向当事人交付冻结决定书。自冻结存款、汇款之日起三十日内，行政机关应当作出处理决定或者作出解除冻结决定；情况复杂的，经行政机关负责人批准，可以延长，但是延长期限不得超过三十日。法律另有规定的除外……根据《中华人民共和国行政强制法》第三十九条第二款规定，对没有明显社会危害，当事人确无能力履行，中止执行满三年未恢复执行的，行政机关不再执行。根据《中华人民共和国行政强制法》第三十一条、第四十六条规定，加处罚款或者滞纳金：行政机关依照本法第四十五条规定实施加处罚款或者滞纳金超过三十日，经催告当事人仍不履行的，具有行政强制执行权的行政机关可以强制执行。根据《中华人民共和国行政强制法》第五十三条规定，当事人在法定期限内不申请行政复议或者提起行政诉讼，又不履行行政决定的，没有行政强制执行权的行政机关可以自期限届满之日起三个月内，依照本章规定申请人民法院强制执行。

612. 行政执法决定是否可以附条件或者附期限生效？

答：根据《福建省行政执法条例》第三十二条规定，行政执法决定自送达当事人之日起生效。行政执法决定附条件或者附期限生效的，应当载明生效的条件或者期限。附条件生效是指作出的行政执法决定附有条件，送达之日并不生效，直至该条件达到之时即时生效。行政行为自受领和附条件所定法律事实发生之时起所发生的法律效力，是行政行为的确定力、拘束力和执行力。附期限生效是指作出行政执法的决定附有期限，期限届满，该行政执法决定即时生效。

613. 行政执法机关送达行政执法文书有哪些方式？

答：《中华人民共和国行政处罚法》第六十一条规定，行政处罚决定书应当在宣告后当场交付当事人；当事人不在场的，行政机关应当在七日内依照《中华人民共和国民事诉讼法》的有关规定，将行政处罚决定书送达当事人。当事人同意并签订确认书的，行政机关可以采用传真、电子邮件等方式，将行政处罚决定书等送达当事人。根据《福建省行政执法条例》第三十三条规定，行政执法机关送达行政执法文书应当采取直接送达。不能直接送达的，可以采取留置送达、邮寄送达、委托送达、电子送达等方式。受送达人下落不明，或者采用上述方式仍无法送达的，行政执法机关可以公告送达。法律、行政法规对文书送达方式有强制性规定的，从其规定。

614. 行政执法机关认为本机关作出的行政执法决定确有错误需要撤回、撤销或者变更的，应如何处理？

答：根据《中华人民共和国行政处罚法》第四十八条规定，具有一定社会影响的行政处罚决定应当依法公开。公开的行政处罚决定被依法变更、撤销、确认违法或者确认无效的，行政机关应当在三日内撤回行政处罚决定信息并公开说明理由。根据《福建省行政执法条例》第三十四条规定，因国家利益、公共利益或者其他法定事由，需要对已经生效的行政执法决定作出撤回、撤销或者变更的，行政执法机关应当依照法定权限和法定程序进行，并对公民、法人或者其他组织因此遭受的损失依法予以补偿。行政执法机关认为本机关作出的行政执法决定确有错误需要撤回、撤销或者变更的，应当自行依据法定程序纠正。县级以上地方人民政府发现所属行政执法机关，或者本系统上级行政执法机关发现下级行政执法机关的行政执法决定确有错误，需要撤回、撤销或者变更的，按照本条例行政执法监督的有关规定执行。

615. 行政执法机关根据调查需要，可以采取哪些措施？

答：根据《福建省行政执法条例》第五十五条规定："行政执法机关根据调查需要，可以采取以下措施：（一）书面通知有关公民、法人和其他组织对调查事项作出解释和说明；（二）要求公民、法人和其他组织提供与调查事项有关的文件、资料，并进行复制；（三）对有关公民、法人和其他组织的工作场所、经营场所等进行现场勘验、检查；（四）勘验检查时，对现场测量、拍照、录音、录像、抽取样品、询问在场人；（五）自行或者委托法定鉴定、检验机构对有关事实进行鉴定、检验；（六）法律、法规、规章规定的其他调查措施。"

二、乡镇（街道）行政执法证据

616. 什么是行政执法证据？

答：根据《中华人民共和国行政处罚法》、《中华人民共和国行政强制法》、《中华人民共和国行政复议法》、《中华人民共和国行政诉讼法》、《最高人民法院关于行政诉讼证据若干问题的规定》、《最高人民法院关于适用〈中华人民共和国行政诉讼法〉的解释》、《最高人民法院关于民事诉讼证据的若干规定》以及《国务院办公厅关于全面推行行政执法公示制度执法全过程记录制度重大执法决定法制审核制度的指导意见》的相关规定，行政执法证据是指在行政处罚、行政强制、行政检查案件办理中用以证明和确认案件事实，经查证属实的材料，主要为：（1）证明当事人身份的材料；（2）证明违法事实及其性质、程度的材料；（3）证明从重、从轻、减轻或者不予行政处罚情节的材料；（4）证明案件管辖权的材料；（5）其他证明案件事实的材料。

617. 行政执法证据包括哪些种类？

答：根据《中华人民共和国行政处罚法》《中华人民共和国行政强制法》《中华人民共和国行政复议法》《中华人民共和国行政诉讼法》《最高人民法院关于行政诉讼证据若干问题的规定》《最高人民法院关于适用〈中华人民共和国行政诉讼法〉的解释》《最高人民法院关于民事诉讼证据的若干规定》《国务院办公厅关于全面推行行政执法公示制度执法全过程记录制度重大执法决定法制审核制度的指导意见》的相关规定，行政执法证据的种类包括：（1）书证；（2）物证；（3）视听资料；（4）电子数据；（5）证人证言；（6）当事人的陈述；（7）鉴定意见；（8）勘验笔录、现场笔录；（9）法律、法规规定的其他证据。

618. 收集行政执法证据有什么具体要求？

答：根据《中华人民共和国行政处罚法》第四十六条第二款、第三款规定，证据必须经查证属实，方可作为认定案件事实的根据。以非法手段取得的证据，不得作为认定案件事实的根据。根据《福建省行政执法条例》第五十三条规定，行政执法机关应当依照法定程序，采取合法手段，全面、客观、公正地收集证据。行政执法机关对司法机关、其他行政执法机关正式移送的相关材料，经依法审核后，可以作为证据使用。根据《福建省行政执法条例》第五十四条规定："下列材料不得作为行政执法决定的依据：（一）违反法定程序收集的；（二）以非法偷拍、偷录、窃听等手段获取侵害他人合法权益取得的；（三）以利诱、欺诈、胁迫、暴力等不正当手段获取的；（四）没有其他证据印证，且对方当事人不予认可的证据的复制件或者复制品；（五）被技术处理而无法辨明真伪的；（六）在中华人民共和国领域以外或者在中华人民共和国香港特别行政区、澳门特别行政区和台湾地区形成的未办理法定证明手续的材料；（七）不能正确表达意志的证人提供的证言；（八）不具备合法性、真实性和关联性的其他材料。"

619. 行政执法行为中举证责任是如何分配的？

答：根据《中华人民共和国行政处罚法》第四十条规定，公民、法人或者其他组织违反行政管理秩序的行为，依法应当给予行政处罚的，行政机关必须查明事实；违法事实不清、证据不足的，不得给予行政处罚。根据《中华人民共和国行政诉讼法》第三十四条规定，被告对作出的行政行为负有举证责任，应当提供作出该行政行为的证据和所依据的规范性文件。根据《最高人民法院关于审理行政赔偿案件若干问题的规定》第十二条规定，原告主张其被限制人身自由期间受到身体伤害，被告否认相关损害事实或者损害与违法行政行为存在因果关系的，被告应当提供相应的证据证明。《最高人民法院关于行政诉讼证据若干问题的规定》第一条规定，根据行政诉讼法第三十二条和第四十三条的规定，被告对作出的具体行政行为负有举证责任，应当在收到起诉状副本之日起十日内，提供据以作出被诉具体行政行为的全部证据和所依据的规范性文件。被告不提供或者无正当理由逾期提供证据的，视为被诉具体行政行为没有相应的证据。被告因不可抗力或者客观上不能控制的其他正当事由，不能在前款规定的期限内提供证据的，应当在收到起诉状副本之日起十日内向人民法院提出延期提供证据的书面申请。人民法院准许延期提供的，被告应当在正当事由消除后十日内提供证据。逾期提供的，视为被诉具体行政行为没有相应的证据。综上，在行政执法行为中，应由被告即行政机关承担举证责任。

620. 原告在行政执法行为中是否当然不承担举证责任？

答：根据《中华人民共和国行政诉讼法》第三十七条、第三十八条第一款规定，原告可以提供证明行政行为违法的证据。原告提供的证据不成立的，不免除被告的举证责任。在起诉被告不履行法定职责的案件中，原告应当提供其向被告提出申请的证据。但有下列情形之一的除外：(1)被告应当依职权主动履行法定职责的；(2)原告因正当理由不能提供证据的。由此可以看出，行政处罚后期可能涉及的行政诉讼当中行政机关负有很重的举证责任。原告举证只在被诉"不作为"案件中为特例。《最高人民法院关于审理行政赔偿案件若干问题的规定》第十一条规定，行政赔偿诉讼中，原告应当对行政行为造成的损害提供证据；因被告的原因导致原告无法举证的，由被告承担举证责任。人民法院对于原告主张的生产和生活所必需物品的合理损失，应当予以支持；对于原告提出的超出生产和生活所必需的其他贵重物品、现金损失，可以结合案件相关证据予以认定。《最高人民法院关于行政诉讼证据若干问题的规定》第四条规定，公民、法人或者其他组织向人民法院起诉时，应当提供其符合起诉条件的相应的证据材料。在起诉被告不作为的案件中，原告应当提供其在行政程序中曾经提出申请的证据材料。但有下列情形的除外：(1)被告应当依职权主动履行法定职责的；(2)原告因被告受理申请的登记制度不完备等正当事由不能提供相关证据材料并能够作出合理说明的。被告认为原告起诉超过法定期限的，由被告承担举证责任。

621. 如何理解行政执法证据的证明标准？

答：根据《中华人民共和国行政处罚法》第四十条规定，公民、法人或者其他组织违反行政管理秩序的行为，依法应当给予行政处罚的，行政机关必须查明事实；违法事实不清、证据不足的，不得给予行政处罚。证明标准，是法律上运用证据证明待证事实所要达到的程度要求。

《最高人民法院关于行政诉讼证据若干问题的规定》第五十三条规定，人民法院裁判行政案件，应当以证据证明的案件事实为依据。第五十四条规定，法庭应当对经过庭审质证的证据和无需质证的证据进行逐一审查和对全部证据综合审查，遵循法官职业道德，运用逻辑推理和生活经验，进行全面、客观和公正地分析判断，确定证据材料与案件事实之间的证明关系，排除不具有关联性的证据材料，准确认定案件事实。综上，行政机关收集执法证据应严格遵循证据的三性原则，即合法性、真实性和关联性。

622. 如何理解当事人的"自认"证据？

答：当事人自认是指当事人自愿承认案件事实和行政执法证据，当事人或者其代理人在代理权限范围内对陈述的案件事实明确表示认可的，均属于当事人自认。在证据种类上，该"自认"证据属于当事人的陈述。如果在行政机关已经充分保障行政相对人的程序性权利，且无其他相反证据能够推翻的情况下，行政相对人的自认行为可以作为认定案件事实的依据。

623. 中华人民共和国领域外形成的行政执法证据有什么具体要求？

答：根据《最高人民法院关于行政诉讼证据若干问题的规定》第十六条规定，当事人向人民法院提供的在中华人民共和国领域外形成的证据，应当说明来源，经所在国公证机关证明，并经中华人民共和国驻该国使领馆认证，或者履行中华人民共和国与证据所在国订立的有关条约中规定的证明手续。当事人提供的在中华人民共和国香港特别行政区、澳门特别行政区和台湾地区内形成的证据，应当具有按照有关规定办理的证明手续。根据《市场监督管理行政处罚程序规定》第二十七条第一款及第二款规定，在中华人民共和国领域外形成的公文书证，应当经所在国公证机关证明，或者履行中华人民共和国与该所在国订立的有关条约中规定的证明手续。涉及身份关系的证据，应当经所在国公证机关证明，并经中华人民共和国驻该国使领馆认证，或者履行中华人民共和国与该所在国订立的有关条约中规定的证明手续。在中华人民共和国香港特别行政区、澳门特别行政区和台湾地区形成的证据，应当履行相关的证明手续。

624. 当事人提供外文书证或者外文说明资料证据有什么要求？

答：根据《最高人民法院关于行政诉讼证据若干问题的规定》第十七条规定，当事人向人民法院提供外文书证或者外国语视听资料的，应当附有由具有翻译资质的机构翻译的或者其他翻译准确的中文译本，由翻译机构盖章或者翻译人员签名。根据《市场监督管理行政处罚程序规定》第二十七条第三款规定，外文书证或者外国语视听资料等证据应当附有由具有翻译资质的机构翻译的或者其他翻译准确的中文译本，由翻译机构盖章或者翻译人员签名。

625. 哪些行政执法事实无须举证证明？

答：根据《最高人民法院关于行政诉讼证据若干问题的规定》第六十八条规定："下列事实法庭可以直接认定：（一）众所周知的事实；（二）自然规律及定理；（三）按照法律规定推定的事实；（四）已经依法证明的事实；（五）根据日常生活经验法则推定的事实。前款（一）、（三）、（四）、（五）项，当事人有相反证据足以推翻的除外。"第七十条规定："生效的人民法院裁判文书或者仲裁机构裁决文书确认的事实，可以作为定案依据。但是如果发现裁判文书或者裁决文书认定的事实有重大问题的，应当中止诉讼，通过法定程序予以纠正后恢复诉讼。"

626. 哪些证据材料不得作为行政执法决定的依据？

答：根据《中华人民共和国行政处罚法》第四十一条、第四十六条规定，证据必须经查证属实，方可作为认定案件事实的根据。以非法手段取得的证据，不得作为认定案件事实的根据。行政机关依照法律、行政法规规定利用电子技术监控设备收集、固定违法事实的，应当经过法制和技术审核，确保电子技术监控设备符合标准、设置合理、标志明显，设置地点应当向社会公布。电子技术监控设备记录违法事实应当真实、清晰、完整、准确。行政机关应当审核记录内容是否符合要求；未经审核或者经审核不符合要求的，不得作为行政处罚的证据……《最高人民法院关于行政诉讼证据若干问题的规定》第五十七条规定："下列证据材料不能作为定案依据：（一）严重违反法定程序收集的证据材料；（二）以偷拍、偷录、窃听等手段获取侵害他人合法权益的证据材料；（三）以利诱、欺诈、胁迫、暴力等不正当手段获取的证据材料；（四）当事人无正当事由超出举证期限提供的证据材料；（五）在中华人民共和国领域以外或者在中华人民共和国香港特别行政区、澳门特别行政区和台湾地区形成的未办理法定证明手续的证据材料；（六）当事人无正当理由拒不提供原件、原物，又无其他证据印证，且对方当事人不予认可的证据的复制件或者复制品；（七）被当事人或者他人进行技术处理而无法辨明真伪的证据材料；（八）不能正确表达意志的证人提供的证言；（九）不具备合法性和真实性的其他证据材料。"

627. 哪些证据不能单独作为定案的依据？

答：根据《最高人民法院关于行政诉讼证据若干问题的规定》第六十七条、第七十一条规定，在不受外力影响的情况下，一方当事人提供的证据，对方当事人明确表示认可的，可以认定该证据的证明效力；对方当事人予以否认，但不能提供充分的证据进行反驳的，可以综合全案情况审查认定该证据的证明效力。下列证据不能单独作为定案依据：(1) 未成年人所作的与其年龄和智力状况不相适应的证言；(2) 与一方当事人有亲属关系或者其他密切关系的证人所作的对该当事人有利的证言，或者与一方当事人有不利关系的证人所作的对该当事人不利的证言；（3）应当出庭作证而无正当理由不出庭作证的证人证言；（4）难以识别是否经过修改的视听资料；（5）无法与原件、原物核对的复制件或者复制品；（6）经一方当事人或者他人改动，对方当事人不予认可的证据材料；（7）其他不能单独作为定案依据的证据材料。

628. 电子数据包括哪些内容？

答：参考《最高人民法院关于民事诉讼证据的若干规定》第十四条规定，电子数据包括下列信息、电子文件：（1）网页、博客、微博客等网络平台发布的信息；（2）手机短信、电子邮件、即时通信、通讯群组等网络应用服务的通信信息；（3）用户注册信息、身份认证信息、电子交易记录、通信记录、登录日志等信息；（4）文档、图片、音频、视频、数字证书、计算机程序等电子文件；（5）其他以数字化形式存储、处理、传输的能够证明案件事实的信息。

629. 如何判断电子数据的真实性？

答：《最高人民法院关于行政诉讼证据若干问题的规定》第六十四条规定，以有形载体固定或者显示的电子数据交换、电子邮件以及其他数据资料，其制作情况和真实性经对方当事人确认，或者以公证等其他有效方式予以证明的，与原件具有同等的证明效力。

630. 哪些情形下的电子数据，可以确认其真实性？

答：根据《中华人民共和国电子签名法》第八条规定："审查数据电文作为证据的真实性，应当考虑以下因素：（一）生成、储存或者传递数据电文方法的可靠性；（二）保持内容完整性方法的可靠性；（三）用以鉴别发件人方法的可靠性；（四）其他相关因素。"参考《最高人民法院关于民事诉讼证据的若干规定》第九十三条规定："人民法院对于电子数据的真实性，应当结合下列因素综合判断：（一）电子数据的生成、存储、传输所依赖的计算机系统的硬件、软件环境是否完整、可靠；（二）电子数据的生成、存储、传输所依赖的计算机系统的硬件、软件环境是否处于正常运行状态，或者不处于正常运行状态时对电子数据的生成、存储、传输是否有影响；（三）电子数据的生成、存储、传输所依赖的计算机系统的硬件、软件环境是否具备有效的防止出错的监测、核查手段；（四）电子数据是否被完整地保存、传输、提取，保存、传输、提取的方法是否可靠；（五）电子数据是否在正常的往来活动中形成和存储；（六）保存、传输、提取电子数据的主体是否适当；（七）影响电子数据完整性和可靠性的其他因素。人民法院认为有必要的，可以通过鉴定或者勘验等方法，审查判断电子数据的真实性。"第九十四条规定："电子数据存在下列情形的，人民法院可以确认其真实性，但有足以反驳的相反证据的除外：（一）由当事人提交或者保管的于己不利的电子数据；（二）由记录和保存电子数据的中立第三方平台提供或者确认的；（三）在正常业务活动中形成的；（四）以档案管理方式保管的；（五）以当事人约定的方式保存、传输、提取的。电子数据的内容经公证机关公证的，人民法院应当确认其真实性，但有相反证据足以推翻的除外。"

631. 当事人对电子数据真实性提出异议，应当如何审查？

答：参考《最高人民法院关于互联网法院审理案件若干问题的规定》第十一条规定，当事人对电子数据真实性提出异议的，互联网法院应当结合质证情况，审查判断电子数据生成、收集、存储、传输过程的真实性，并着重审查以下内容：（1）电子数据生成、收集、存储、传输所依赖的计算机系统等硬件、软件环境是否安全、可靠；（2）电子数据的生成主体和时间是否明确，表现内容是否清晰、客观、准确；（3）电子数据的存储、保管介质是否明确，保管方式和手段是否妥当；（4）电子数据提取和固定的主体、工具和方式是否可靠，提取过程是否可以重现；（5）电子数据的内容是否存在增加、删除、修改及不完整等情形；

(6) 电子数据是否可以通过特定形式得到验证。当事人提交的电子数据，通过电子签名、可信时间戳、哈希值校验、区块链等证据收集、固定和防篡改的技术手段或者通过电子取证存证平台认证，能够证明其真实性的，互联网法院应当确认。当事人可以申请具有专门知识的人就电子数据技术问题提出意见。互联网法院可以根据当事人申请或者依职权，委托鉴定电子数据的真实性或者调取其他相关证据进行核对。

632. 哪些情形下当事人可以申请重新鉴定？

答：根据《最高人民法院关于行政诉讼证据若干问题的规定》第三十条规定，当事人对人民法院委托的鉴定部门作出的鉴定结论有异议申请重新鉴定，提出证据证明存在下列情形之一的，人民法院应予准许：（1）鉴定部门或者鉴定人不具有相应的鉴定资格的；（2）鉴定程序严重违法的；（3）鉴定结论明显依据不足的；（4）经过质证不能作为证据使用的其他情形。对有缺陷的鉴定结论，可以通过补充鉴定、重新质证或者补充质证等方式解决。

633. 证人作证有哪些要求？

答：根据《最高人民法院关于行政诉讼证据若干问题的规定》第四十一条规定："凡是知道案件事实的人，都有出庭作证的义务。有下列情形之一的，经人民法院准许，当事人可以提交书面证言：（一）当事人在行政程序或者庭前证据交换中对证人证言无异议的；（二）证人因年迈体弱或者行动不便无法出庭的；（三）证人因路途遥远、交通不便无法出庭的；（四）证人因自然灾害等不可抗力或者其他意外事件无法出庭的；（五）证人因其他特殊原因确实无法出庭的。"根据《最高人民法院关于行政诉讼证据若干问题的规定》第四十二条规定，不能正确表达意志的人不能作证。根据当事人申请，人民法院可以就证人能否正确表达意志进行审查或者交由有关部门鉴定。必要时，人民法院也可以依职权交由有关部门鉴定。第四十三条规定，当事人申请证人出庭作证的，应当在举证期限届满前提出，并经人民法院许可。人民法院准许证人出庭作证的，应当在开庭审理前通知证人出庭作证。当事人在庭审过程中要求证人出庭作证的，法庭可以根据审理案件的具体情况，决定是否准许以及是否延期审理。第四十四条规定："有下列情形之一，原告或者第三人可以要求相关行政执法人员作为证人出庭作证：（一）对现场笔录的合法性或者真实性有异议的；（二）对扣押财产的品种或者数量有异议的；（三）对检验的物品取样或者保管有异议的；（四）对行政执法人员的身份的合法性有异议的；（五）需要出庭作证的其他情形。"

634. 如何审核认定证据？

答：根据《最高人民法院关于行政诉讼证据若干问题的规定》第五十三条、第五十五条、第五十六条规定，人民法院裁判行政案件，应当以证据证明的案件事实为依据。法庭应当根据案件的具体情况，从以下方面审查证据的合法性：（1）证据是否符合法定形式；（2）证据的取得是否符合法律、法规、司法解释和规章的要求；（3）是否有影响证据效力的其他违法情形。法庭应当根据案件的具体情况，从以下方面审查证据的真实性：（1）证据形成的原因；（2）发现证据时的客观环境；（3）证据是否为原件、原物，复制件、复制品与原件、原物是否相符；（4）提供证据的人或者证人与当事人是否具有利害关系；（5）影响证据真实性的其他因素。

635. 如何理解行政执法证据的证明标准？

答：行政执法的证明标准是指行政机关在行政执法程序中通过证据证明违法行为实体性事实和程序性事实所要达到的程度。《中华人民共和国行政处罚法》没有规定明确的操作标准，但在实务中行政执法案件的证明标准以"明显优势证明标准"为主,以"排除合理怀疑标准"和"优势证明标准"为补充。"明显优势证明标准"低于"排除合理怀疑标准",高于"优势证明标准",具有高度盖然性,即要求行政机关提供的证据证明力明显大于对方,足以使法庭确信其主张的案件事实真实存在,或者更具有真实存在的可能性。

636. 如何审核认定行政执法单一证据?

答:根据《最高人民法院关于行政诉讼证据若干问题的规定》第七十一条规定:"下列证据不能单独作为定案依据:(一)未成年人所作的与其年龄和智力状况不相适应的证言;(二)与一方当事人有亲属关系或者其他密切关系的证人所作的对该当事人有利的证言,或者与一方当事人有不利关系的证人所作的对该当事人不利的证言;(三)应当出庭作证而无正当理由不出庭作证的证人证言;(四)难以识别是否经过修改的视听资料;(五)无法与原件、原物核对的复制件或者复制品;(六)经一方当事人或者他人改动,对方当事人不予认可的证据材料;(七)其他不能单独作为定案依据的证据材料。"

637. 如何认识公文书证的效力?

答:公文书证是国家机关或者其他依法具有社会管理职能的组织,在其职权范围内制作的文书。根据《最高人民法院关于行政诉讼证据若干问题的规定》第六十三条规定:"证明同一事实的数个证据,其证明效力一般可以按照下列情形分别认定:(一)国家机关以及其他职能部门依职权制作的公文文书优于其他书证;(二)鉴定结论、现场笔录、勘验笔录、档案材料以及经过公证或者登记的书证优于其他书证、视听资料和证人证言;(三)原件、原物优于复制件、复制品;(四)法定鉴定部门的鉴定结论优于其他鉴定部门的鉴定结论;(五)法庭主持勘验所制作的勘验笔录优于其他部门主持勘验所制作的勘验笔录;

（六）原始证据优于传来证据；（七）其他证人证言优于与当事人有亲属关系或者其他密切关系的证人提供的对该当事人有利的证言；（八）出庭作证的证人证言优于未出庭作证的证人证言；（九）数个种类不同、内容一致的证据优于一个孤立的证据。"另，根据《最高人民法院关于行政诉讼证据若干问题的规定》第七十条规定，生效的人民法院裁判文书或者仲裁机构裁决文书确认的事实，可以作为定案依据。但是如果发现裁判文书或者裁决文书认定的事实有重大问题的，应当中止诉讼，通过法定程序予以纠正后恢复诉讼。

638. 当事人提交私文书证有什么具体要求？

答：根据《最高人民法院关于民事诉讼证据的若干规定》第四十四条第一款规定，摘录有关单位制作的与案件事实相关的文件、材料，应当注明出处，并加盖制作单位或者保管单位的印章，摘录人和其他调查人员应当在摘录件上签名或者盖章。

639. 如何审查私文书证？

答：根据《最高人民法院关于民事诉讼证据的若干规定》第四十六条规定，人民法院对当事人提交书证的申请进行审查时，应当听取对方当事人的意见，必要时可以要求双方当事人提供证据、进行辩论。当事人申请提交的书证不明确、书证对于待证事实的证明无必要、待证事实对于裁判结果无实质性影响、书证未在对方当事人控制之下或者不符合本规定第四十七条情形的，人民法院不予准许。当事人申请理由成立的，人民法院应当作出裁定，责令对方当事人提交书证；理由不成立的，通知申请人。第四十七条规定，下列情形，控制书证的当事人应当提交书证：(1)控制书证的当事人在诉讼中曾经引用过的书证；(2)为对方当事人的利益制作的书证；(3)对方当事人依照法律规定有权查阅、获取的书证；(4)账簿、记账原始凭证；(5)人民法院认为应当提交书证的其他情形。前款所列书证，涉及国家秘密、商业秘密、当事人或第三人的隐私，或者存在法律规定应当保密的情形的，提交后不得公开质证。

640. 控制书证的当事人无正当理由拒不提交书证的，行政机关应当如何处理？

答：参考《最高人民法院关于民事诉讼证据的若干规定》第四十八条规定，控制书证的当事人无正当理由拒不提交书证的，人民法院可以认定对方当事人所主张的书证内容为真实。控制书证的当事人存在《最高人民法院关于适用〈中华人民共和国民事诉讼法〉的解释》第一百一十三条①规定情形的，人民法院可以认定对方当事人主张以该书证证明的事实为真实。

三、乡镇（街道）行政执法其他制度

641. 什么是行政执法公示？

答：根据《国务院办公厅关于全面推行行政执法公示制度执法全过程记录制度重大执法决定法制审核制度的指导意见》第二条规定，行政执法公示是保障行政相对人和社会公众知情权、参与权、表达权、监督权的重要措施。行政执法机关要按照"谁执法谁公示"的原则，明确公示内容的采集、传递、审核、发布职责，规范信息公示内容的标准、格式。

642. 行政执法事前公开（公示）的内容有哪些？

答：根据《国务院办公厅关于全面推行行政执法公示制度执法全过程记录制度重大执法决定法制审核制度的指导意见》第二条第四项规定，行政执法机关要统筹推进行政执法事前公开与政府信息公开、权责

---

① 2022年修订后为第一百一十三条。

清单公布、"双随机、一公开"监管等工作。全面准确及时主动公开行政执法主体、人员、职责、权限、依据、程序、救济渠道和随机抽查事项清单等信息。根据有关法律法规，结合自身职权职责，编制并公开本机关的服务指南、执法流程图，明确执法事项名称、受理机构、审批机构、受理条件、办理时限等内容。公开的信息要简明扼要、通俗易懂，并及时根据法律法规及机构职能变化情况进行动态调整。

643. 行政执法信息公示有哪些载体？

答：根据《国务院办公厅关于全面推行行政执法公示制度执法全过程记录制度重大执法决定法制审核制度的指导意见》第二条规定，建立统一的执法信息公示平台，及时通过政府网站及政务新媒体、办事大厅公示栏、服务窗口等平台向社会公开行政执法基本信息、结果信息。

644. 如何规范事中公示？

答：根据《国务院办公厅关于全面推行行政执法公示制度执法全过程记录制度重大执法决定法制审核制度的指导意见》第二条第五项规定，行政执法人员在进行监督检查、调查取证、采取强制措施和强制执行、送达执法文书等执法活动时，必须主动出示执法证件，向当事人和相关人员表明身份，鼓励采取佩戴执法证件的方式，执法全程公示执法身份；要出具行政执法文书，主动告知当事人执法事由、执法依据、权利义务等内容。国家规定统一着执法服装、佩戴执法标识的，执法时要按规定着装、佩戴标识。政务服务窗口要设置岗位信息公示牌，明示工作人员岗位职责、申请材料示范文本、办理进度查询、咨询服务、投诉举报等信息。

645. 行政执法机关应在执法决定作出后多长时间内公布信息？

答：根据《国务院办公厅关于全面推行行政执法公示制度执法全过程记录制度重大执法决定法制审核制度的指导意见》第二条第六项规

定，行政执法机关要在执法决定作出之日起 20 个工作日内，向社会公布执法机关、执法对象、执法类别、执法结论等信息，接受社会监督，行政许可、行政处罚的执法决定信息要在执法决定作出之日起 7 个工作日内公开，但法律、行政法规另有规定的除外。

646. 已公开的行政执法决定被依法撤销、确认违法或者要求重新作出的，应当如何处理？

答：根据《国务院办公厅关于全面推行行政执法公示制度执法全过程记录制度重大执法决定法制审核制度的指导意见》第二条第六项规定，已公开的行政执法决定被依法撤销、确认违法或者要求重新作出的，应当及时从信息公示平台撤下原行政执法决定信息。

647. 行政执法决定中的哪些信息不予公开？

答：根据《国务院办公厅关于全面推行行政执法公示制度执法全过程记录制度重大执法决定法制审核制度的指导意见》第二条规定，涉及国家秘密、商业秘密、个人隐私等不宜公开的信息，依法确需公开的，要作适当处理后公开。根据《河北省行政执法公示办法》第二十六条、第二十七条第一款规定，行政执法机关公开行政执法决定时，不予公开下列信息：（1）当事人以外的自然人姓名；（2）自然人的家庭住址、身份证号码、通信方式、银行账号、动产或者不动产权属证书编号、财产状况等；（3）法人或者其他组织的银行账号、动产或者不动产权属证书编号、财产状况等；（4）法律、法规、规章规定不予公开的其他信息。另外，行政执法决定有下列情形之一的，不予公开：（1）依法确定为国家秘密的；（2）涉及商业秘密、个人隐私等公开会对第三方合法权益造成损害的；（3）公开后可能危及国家安全、公共安全、经济安全、社会稳定的；（4）法律、法规、规章规定不予公开的其他情形。

第十三章 行政执法全过程记录

648. 什么是行政执法全过程记录?

答:根据《国务院办公厅关于全面推行行政执法公示制度执法全过程记录制度重大执法决定法制审核制度的指导意见》第三条规定,行政执法全过程记录是行政执法活动合法有效的重要保证。行政执法机关要通过文字、音像等记录形式,对行政执法的启动、调查取证、审核决定、送达执行等全部过程进行记录,并全面系统归档保存,做到执法全过程留痕和可回溯管理。《河北省行政执法全过程记录办法》第二条第三款规定,本办法所称行政执法全过程记录,是指行政执法机关采取文字记录、音像记录的方式,对执法程序启动、调查取证、审查决定、送达执行等环节进行记录的活动。

649. 行政执法程序启动环节应当记录哪些内容?

答:《河北省行政执法全过程记录办法》第八条规定,行政执法程序启动环节应当记录下列内容:(1)依职权启动的,应当对执法事项来源、启动原因等情况进行记录;(2)依申请启动的,应当对执法事项的申请、补正、受理等情况进行记录。

650. 行政执法调查取证环节应当记录哪些内容?

答:《河北省行政执法全过程记录办法》第九条规定:"行政执法调查取证环节应当记录下列内容:(一)行政执法人员的姓名、执法证号以及出示证件情况；（二）询问情况；（三）现场检查（勘验）情况；（四）调取书证、物证以及其他证据情况；（五）抽样取证情况；（六）检验、检测、检疫、鉴定、评审情况；（七）证据保全情况；（八）实施行政强制措施情况；（九）告知当事人陈述、申辩、申请回避、申请听证等权利以及当事人陈述、申辩、申请回避、申请听证等情况；（十）听证、论证情况；（十一）应当记录的其他内容。"

651. 行政执法审查决定环节应当记录哪些内容？

答：《河北省行政执法全过程记录办法》第十条规定："行政执法审查决定环节应当记录下列内容：（一）行政执法人员的处理建议以及相关事实、证据、依据、自由裁量权适用等情况；（二）行政执法机关执法承办机构拟作出决定情况；（三）行政执法机关法制审核机构审核情况；（四）集体讨论决定情况；（五）行政执法机关负责人审批决定；（六）应当记录的其他内容。"

652. 行政执法送达执行环节应当记录哪些内容？

答：《河北省行政执法全过程记录办法》第十一条规定："行政执法送达执行环节应当记录下列内容：（一）送达情况；（二）当事人履行行政执法决定情况；（三）行政强制执行情况；（四）没收财物处理情况；（五）应当记录的其他内容。"

653. 什么是行政执法文字记录？

答：根据《国务院办公厅关于全面推行行政执法公示制度执法全过程记录制度重大执法决定法制审核制度的指导意见》第三条第七项规定，文字记录是以纸质文件或电子文件形式对行政执法活动进行全过程记录的方式。《河北省行政执法全过程记录办法》第十二条规定，文字记录是指以纸质文件或者电子文件形式对行政执法活动进行的记录，包括向当事人出具的行政执法文书、调查取证文书、内部审批文书、听证文书、送达文书等书面记录。

654. 行政执法过程中的行政文书有哪些具体要求？

答：《河北省行政执法全过程记录办法》第十四条、第十五条、第十六条、第十七条规定，行政执法机关向当事人出具的行政执法文书，应当规范、完整、准确，并加盖行政执法机关印章，载明签发日期。调查取证文书中涉及当事人的文字记录，应当由当事人签字确认。文字记录有更改的，应当由当事人在更改处捺手印或者盖章。文字记录为多页的，当事人应当捺骑缝手印或者加盖骑缝章。当事人对文字记录拒绝签字确认的，行政执法人员应当在相应文书中注明，并由两名以上行政执法人员签字。内部审批文书应当记录行政执法人员的承办意见和理由、审核人的审核意见、批准人的批准意见，并分别载明签字日期。听证文书应当记录听证的全过程和听证参加人的原始发言，并由听证参加人审核无误后签字或者盖章。

655. 送达行政文书有哪些具体要求？

答：《河北省行政执法全过程记录办法》第十八条规定，送达文书应当载明送达文书名称、受送达人名称或者姓名、送达时间与地点、送达方式、送达人签字、受送达人签字。委托送达的，应当记录委托原因，并由受送达人在送达回证上签字；邮寄送达、公告送达的，应当将邮寄回执单、公告文书归档保存。留置送达的，送达人应当在送达回证上说明情况，并由送达人、见证人签字。

656. 什么是行政执法音像记录？

答：根据《国务院办公厅关于全面推行行政执法公示制度执法全过程记录制度重大执法决定法制审核制度的指导意见》第三条第八项规定，音像记录是通过照相机、录音机、摄像机、执法记录仪、视频监控等记录设备，实时对行政执法过程进行记录的方式。

657. 音像记录设备包括哪些？

答：音像记录设备包括照相机、摄像机、录音机、录音笔、执法记录仪、手持执法终端、视频监控等记录设备和相关音像资料采集存储设备。

658. 实务中哪些行政执法环节应当进行音像记录？

答：《河北省行政执法全过程记录办法》第二十条规定，行政执法机关对现场执法、调查取证、举行听证、留置送达和公告送达等容易引发争议的行政执法环节，应当根据实际进行音像记录；对直接涉及人身自由、生命健康、重大财产权益的现场执法活动和执法办案场所，应当进行全程音像记录。

659. 行政执法机关进行音像记录时，应当重点记录哪些内容？

答：《河北省行政执法全过程记录办法》第二十二条规定，行政执法机关进行音像记录时，应当重点记录下列内容：（1）现场执法环境以及行政执法人员检查、取证情况；（2）当事人、证人、第三人等现场有关人员的体貌特征和言行举止；（3）与行政执法相关的重要物品及其主要特征，以及其他证据；（4）行政执法人员对有关人员、财物采取行政强制措施的情况；（5）行政执法人员现场制作、送达行政执法文书的情况；（6）根据实际应当记录的其他内容。

660. 遇有客观原因中断音像记录的，应当如何重新开始记录？

答：《河北省行政执法全过程记录办法》第二十三条规定，行政执法人员在进行音像记录过程中，因设备故障、天气恶劣、人为阻挠等客观原因中断记录的，重新开始记录时应当对中断原因进行语音说明；确实无法继续记录的，应当在现场执法结束后书面说明情况，并由两名以上执法人员签字。

661. 音像记录完成后，如何及时储存？

答：《河北省行政执法全过程记录办法》第二十四条规定，音像记录完成后，行政执法人员应当在二十四小时内将音像记录信息储存至所在机关的行政执法信息系统或者指定的存储设备，不得私自保管或者擅自交给他人保管，不得泄露音像记录信息。因连续执法、异地执法或者在边远、水上、交通不便地区执法，确实无法及时储存音像记录信息的，行政执法人员应当在返回所在机关后二十四小时内予以储存。

662. 如何衔接音像记录与文字记录？

答：根据《国务院办公厅关于全面推行行政执法公示制度执法全过程记录制度重大执法决定法制审核制度的指导意见》第三条第八项规定，要做好音像记录与文字记录的衔接工作，充分考虑音像记录方式的必要性、适当性和实效性，对文字记录能够全面有效记录执法行为的，可以不进行音像记录；对查封扣押财产、强制拆除等直接涉及人身自由、生命健康、重大财产权益的现场执法活动和执法办案场所，要推行全程音像记录；对现场执法、调查取证、举行听证、留置送达和公告送达等容易引发争议的行政执法过程，要根据实际情况进行音像记录。

663. 行政机关如何建立健全执法音像记录管理制度？

答：行政执法机关应当根据本机关的执法职责、执法程序、执法类别，编制音像记录事项清单和执法行为用语指引，明确执法音像记录的设备配备、使用规范、记录要素、存储应用、监督管理等要求，明确音像记录的内容、标准和程序，规范执法人员开展音像记录。

664. 行政执法全过程资料如何记录归档？

答：根据《国务院办公厅关于全面推行行政执法公示制度执法全过程记录制度重大执法决定法制审核制度的指导意见》第三条第九项规定，要完善执法案卷管理制度，加强对执法台账和法律文书的制作、使用、管理，按照有关法律法规和档案管理规定归档保存执法全过程记录资料，确保所有行政执法行为有据可查。对涉及国家秘密、商业秘密、个人隐私的记录资料，归档时要严格执行国家有关规定。积极探索成本低、效果好、易保存、防删改的信息化记录储存方式，通过技术手段对同一执法对象的文字记录、音像记录进行集中储存。建立健全基于互联网、电子认证、电子签章的行政执法全过程数据化记录工作机制，形成业务流程清晰、数据链条完整、数据安全有保障的数字化记录信息归档管理制度。根据《河北省行政执法全过程记录办法》第二十六条规定，行政执法机关及其执法人员在行政执法行为终结之日起三十日内，应当将行政执法全过程记录资料按照档案管理的规定立卷、归档。作为证据使用的录音、录像，应当制作光盘归档保存，并注明记录的事项、时间、地点、方式和行政执法人员等信息。

665. 违反行政执法全过程记录制度的行政执法机关及其工作人员，将承担哪些行政责任和刑事责任？

答：《河北省行政执法全过程记录办法》第三十一条规定："行政执法机关及其工作人员有下列情形之一的，由上一级行政机关或者有关部门责令改正；情节严重或者造成严重后果的，对负有责任的领导人员和直接责任人员依法给予处分；构成犯罪的，依法追究刑事责任：（一）未建立健全行政执法全过程记录制度的；（二）未进行或者未按规定进行行政执法全过程记录的；（三）未归档保存或者未按规定归档保存行政执法全过程记录资料的；（四）擅自毁损、删除、修改文字记录和音像记录资料的；（五）泄露音像记录信息的。"

666. 什么是重大执法决定法制审核？

答：根据《国务院办公厅关于全面推行行政执法公示制度执法全过程记录制度重大执法决定法制审核制度的指导意见》第四条规定，重大执法决定法制审核是确保行政执法机关作出的重大执法决定合法有效的关键环节。行政执法机关作出重大执法决定前，要严格进行法制审核，未经法制审核或者审核未通过的，不得作出决定。

667. 如何加强法制审核队伍建设？

答：根据《国务院办公厅关于全面推行行政执法公示制度执法全过程记录制度重大执法决定法制审核制度的指导意见》第四条第十一项规定，明确审核机构。各级行政执法机关要明确具体负责本单位重大执法决定法制审核的工作机构，确保法制审核工作有机构承担、有专人负责。加强法制审核队伍的正规化、专业化、职业化建设，把政治素质高、业务能力强、具有法律专业背景的人员调整充实到法制审核岗位，配强工作力量，使法制审核人员的配置与形势任务相适应，原则上各级行政执法机关的法制审核人员不少于本单位执法人员总数的5%。要充分发挥法律顾问、公职律师在法制审核工作中的作用，特别是针对基层存在的法制审核专业人员数量不足、分布不均等问题，探索建立健全本系统内法律顾问、公职律师统筹调用机制，实现法律专业人才资源共享。

668. 哪些重大执法决定需要法制审核？

答：根据《国务院办公厅关于全面推行行政执法公示制度执法全过程记录制度重大执法决定法制审核制度的指导意见》第四条第十二项规定，明确审核范围。凡涉及重大公共利益，可能造成重大社会影响或引发社会风险，直接关系行政相对人或第三人重大权益，经过听证程序作出行政执法决定，以及案件情况疑难复杂、涉及多个法律关系的，都要进行法制审核。各级行政执法机关要结合本机关行政执法行为的类别、执法层级、所属领域、涉案金额等因素，制定重大执法决定法制审核目录清单。上级行政执法机关要对下一级执法机关重大执法决定法制审核目录清单编制工作加强指导，明确重大执法决定事项的标准。

669. 如何审核重大执法决定？

答：根据《国务院办公厅关于全面推行行政执法公示制度执法全过程记录制度重大执法决定法制审核制度的指导意见》第四条第十三项规定，明确审核内容。要严格审核行政执法主体是否合法，行政执法人员是否具备执法资格；行政执法程序是否合法；案件事实是否清楚，证据是否合法充分；适用法律、法规、规章是否准确，裁量基准运用是否适当；执法是否超越执法机关法定权限；行政执法文书是否完备、规范；违法行为是否涉嫌犯罪、需要移送司法机关等。法制审核机构完成审核后，要根据不同情形，提出同意或者存在问题的书面审核意见。行政执法承办机构要对法制审核机构提出的存在问题的审核意见进行研究，作出相应处理后再次报送法制审核。

670. 如何明确重大执法决定法制审核责任？

答：根据《国务院办公厅关于全面推行行政执法公示制度执法全过程记录制度重大执法决定法制审核制度的指导意见》第四条第十四项规定，明确审核责任。行政执法机关主要负责人是推动落实本机关重大执法决定法制审核制度的第一责任人，对本机关作出的行政执法决定负责。要结合实际，确定法制审核流程，明确送审材料报送要求和审核的方式、时限、责任，建立健全法制审核机构与行政执法承办机构对审核意见不一致时的协调机制。行政执法承办机构对送审材料的真实性、准确性、完整性，以及执法的事实、证据、法律适用、程序的合法性负责。法制审核机构对重大执法决定的法制审核意见负责。因行政执法承办机构的承办人员、负责法制审核的人员和审批行政执法决定的负责人滥用职权、玩忽职守、徇私枉法等，导致行政执法决定错误，要依纪依法追究相关人员责任。

第十四章 重大执法决定法制审核

671. 什么是重大执法决定法制审核?

答:根据《国务院办公厅关于全面推行行政执法公示制度执法全过程记录制度重大执法决定法制审核制度的指导意见》第四条规定,重大执法决定法制审核是确保行政执法机关作出的重大执法决定合法有效的关键环节。行政执法机关作出重大执法决定前,要严格进行法制审核,未经法制审核或者审核未通过的,不得作出决定。

672. 如何设立法制审核机构?

答:根据《国务院办公厅关于全面推行行政执法公示制度执法全过程记录制度重大执法决定法制审核制度的指导意见》第四条第十一项规定,各级行政执法机关要把政治素质高、业务能力强、具有法律专业背景的人员调整充实到法制审核岗位,配强工作力量,使法制审核人员的配置与形势任务相适应,原则上各级行政执法机关的法制审核人员不少于本单位执法人员总数的5%。要充分发挥法律顾问、公职律师在法制审核工作中的作用,特别是针对基层存在的法制审核专业人员数量不足、分布不均等问题,探索建立健全本系统内法律顾问、公职律师统筹调用机制,实现法律专业人才资源共享。

行政执法机关应当明确本机关重大行政执法决定法制审核的机构,法制审核机构原则上与行政执法承办机构分开设置,一般是行政执法机关的法规科(处)室或者承担相应职能的科(处)室。

673. 哪些行政行为属于重大执法决定法制审核范围？

答：根据《国务院办公厅关于全面推行行政执法公示制度执法全过程记录制度重大执法决定法制审核制度的指导意见》第四条第十二项规定，凡涉及重大公共利益，可能造成重大社会影响或引发社会风险，直接关系行政相对人或第三人重大权益，经过听证程序作出行政执法决定，以及案件情况疑难复杂、涉及多个法律关系的，都要进行法制审核。

重大执法决定法制审核范围是：（1）涉及重大公共利益；（2）可能造成重大社会影响或引发社会风险；（3）直接关系行政相对人或第三人重大权益；（4）经过听证程序作出行政执法决定；（5）案件情况疑难复杂、涉及多个法律关系；都要进行法制审核。除适用简易程序作出的行政处罚外，行政处罚决定作出前都应当进行法制审核。各级行政执法机关应结合本机关执法行为的类别、执法层级、所属领域、涉案金额等因素，制定重大执法决定法制审核目录清单。

674. 如何进行重大执法决定法制审核？

答：根据《国务院办公厅关于全面推行行政执法公示制度执法全过程记录制度重大执法决定法制审核制度的指导意见》第四条第十三项规定，法制审核机构完成审核后，要根据不同情形，提出同意或者存在问题的书面审核意见。行政执法承办机构要对法制审核机构提出的存在问题的审核意见进行研究，作出相应处理后再次报送法制审核。

行政执法机关作出重大执法决定前，行政执法承办机构应当将拟作出的行政执法决定及相关证据、依据等材料提交本机关法制审核机构审核；法制审核机构完成审核后，根据不同情形，提出同意或者存在问题的书面审核意见；行政执法承办机构对法制审核未通过的，应当作出相应处理后再次报送法制审核；双方对审核意见无法达成一致的，由法制审核机构报行政执法机关负责人决定；法律、法规、规章规定行政执法决定作出前需要经过集体讨论的，应当先进行法制审核。

675. 行政执法机关拟作出的重大执法决定提交法制审核时，应当提供哪些材料？

答：根据《广东省重大行政执法决定法制审核办法》第十四条规定，提交法制审核时，应当向法制审核机构提供下列材料：（1）拟作出的行政执法决定，及其事实、证据、法律依据、行政裁量权适用规则；（2）调查取证记录。如有下列材料应当一并提供：①听证笔录、听证报告；②风险评估报告；③专家论证报告。

676. 负责法制审核的机构进行法制审核时应当重点审核哪些内容？

答：根据《国务院办公厅关于全面推行行政执法公示制度执法全过程记录制度重大执法决定法制审核制度的指导意见》第四条第十三项规定，要严格审核行政执法主体是否合法，行政执法人员是否具备执法资格；行政执法程序是否合法；案件事实是否清楚，证据是否合法充分；适用法律、法规、规章是否准确，裁量基准运用是否适当；执法是否超越执法机关法定权限；行政执法文书是否完备、规范；违法行为是否涉嫌犯罪、需要移送司法机关等。

根据《广东省重大行政执法决定法制审核办法》第十七条规定："重大行政执法决定的法制审核内容主要包括：（一）执法主体、执法人员资格；（二）事实、证据；（三）法律依据及行政裁量权的行使；（四）执法程序；（五）法律、法规、规章规定的其他内容。"

677. 承办机构在重大执法决定法制审核中承担哪些责任？

答：根据《国务院办公厅关于全面推行行政执法公示制度执法全过程记录制度重大执法决定法制审核制度的指导意见》第四条第十四项规定，行政执法承办机构对送审材料的真实性、准确性、完整性，以及执法的事实、证据、法律适用、程序的合法性负责。

678. 审核机构在重大执法决定法制审核中承担哪些责任？

答：根据《国务院办公厅关于全面推行行政执法公示制度执法全过程记录制度重大执法决定法制审核制度的指导意见》第四条第十四项规定，法制审核机构对重大执法决定的法制审核意见负责。

679. 重大行政执法决定未通过法制审核，应当如何处理？

答：根据《国务院办公厅关于全面推行行政执法公示制度执法全过程记录制度重大执法决定法制审核制度的指导意见》第四条第十三项规定，行政执法承办机构要对法制审核机构提出的存在问题的审核意见进行研究，作出相应处理后再次报送法制审核。

重大行政执法决定经法制审核未通过的，执法承办机构应当根据审核意见作出相应处理，再次送法制审核机构审核。

案例篇

第十五章
乡镇（街道）综合执法案例

一、行政处罚

案例1：街道办事处对油烟排放超标餐饮公司行政处罚案[①]

> **要点提示**
>
> 餐饮公司油烟排放超过标准，街道办事处适用《中华人民共和国大气污染防治法》对其进行行政处罚，符合法律规定。

基本案情

2022年11月13日，因群众举报，某某街道办事处执法人员前往A餐饮公司经营的餐饮店进行监督性监测，检测报告显示油烟的排放超过国家规定的大气污染物排放标准。上述行为已构成超标排放大气污染物的违法事实。2022年11月13日，某某街道办事处执法人员向A餐饮公司现场负责人制作现场检查笔录，确认A餐饮公司现场正常生产，主要从事中式快餐的制售，中餐烹饪过程中有油烟产生，并现场委托第三方有资质的监测单位对其烹饪过程中产生的油烟废气开展监测。2022年

---

① 本书案例系作者团队在工作实践中收集整理并经改编，仅供读者学习参考研究。

11月29日，第三方有资质的监测单位出具监测报告，载明油烟排放浓度2.95mg/m³，超出国家规定排放标准0.475倍（国家规定的大气污染物排放标准为2mg/m³），该行为违反了《中华人民共和国大气污染防治法》第一百一十八条及《福建省大气污染防治条例》第八十四条的规定。2022年12月18日，某某街道办事处制作调查询问笔录，送达了监测报告，并作出责令改正违法行为决定书，要求A餐饮公司立即停止违法排放污染物的行为。2023年1月8日，某某街道办事处作出95号行政处罚告知书，拟对A餐饮公司作出处以罚款2万元的行政处罚，并于次日直接送达处罚告知书。2023年2月10日，某某街道办事处作出95号处罚决定书，对A餐饮公司处以罚款2万元。某某街道办事处于2023年2月17日向A餐饮公司直接送达了处罚决定书。

另查明，《福建省人民政府关于赋予乡镇人民政府、街道办事处部分行政处罚权的决定》（闽政文〔2022〕3号）赋权乡镇人民政府、街道办事处部分行政处罚权工作，某某街道办事处是具有前述行为的行政执法主体资格和执法权限的单位之一。

案例评析

一、某某街道办事处是否有涉案行为的行政处罚权

根据《福建省人民政府关于赋予乡镇人民政府、街道办事处部分行政处罚权的决定》（闽政文〔2022〕3号）及相关规定，依据《中华人民共和国大气污染防治法》第一百一十八条规定："违反本法规定，排放油烟的餐饮服务业经营者未安装油烟净化设施、不正常使用油烟净化设施或者未采取其他油烟净化措施，超过排放标准排放油烟的，由县级以上地方人民政府确定的监督管理部门责令改正，处五千元以上五万元以下的罚款；拒不改正的，责令停业整治。违反本法规定，在居民住宅楼、未配套设立专用烟道的商住综合楼、商住综合楼内与居住层相邻的商业楼层内新建、改建、扩建产生油烟、异味、废气的餐饮服务项目

的，由县级以上地方人民政府确定的监督管理部门责令改正；拒不改正的，予以关闭，并处一万元以上十万元以下的罚款。违反本法规定，在当地人民政府禁止的时段和区域内露天烧烤食品或者为露天烧烤食品提供场地的，由县级以上地方人民政府确定的监督管理部门责令改正，没收烧烤工具和违法所得，并处五百元以上二万元以下的罚款。"《福建省大气污染防治条例》第八十四条规定："违反本条例规定，排放油烟的餐饮服务业经营者未按照规定安装油烟净化设施、不正常使用油烟净化设施、未采取其他油烟净化措施超过排放标准排放油烟或者封堵、改变专用烟道直接向大气排放油烟的，由县级以上地方人民政府确定的监督管理部门责令改正，处五千元以上五万元以下罚款；拒不改正的，责令停业整治。违反本条例规定，在居民住宅楼等非商用建筑、未配套设立专用烟道的商住综合楼、商住综合楼内与居住层相邻的商业楼层内新建、改建、扩建产生油烟、异味、废气的餐饮服务项目的，由县级以上地方人民政府确定的监督管理部门责令改正；拒不改正的，予以关闭，并处一万元以上三万元以下罚款；情节严重的，予以关闭，并处三万元以上十万元以下罚款。违反本条例规定，在配套设立专用烟道的居民住宅楼等非商用建筑、商住综合楼内，个人和有关单位封堵、改变专用烟道直接向大气排放油烟的，由县级以上地方人民政府确定的监督管理部门责令改正；拒不改正的，处五千元以上五万元以下罚款。违反本条例规定，在当地人民政府禁止的区域内露天烧烤食品或者为露天烧烤食品提供场地的，由县级以上地方人民政府确定的监督管理部门责令改正，没收烧烤工具和违法所得，并处二千元以上二万元以下罚款。"省政府将对餐饮服务业未安装油烟净化设施、不正常使用油烟净化设施等行为或者露天烧烤等的行政处罚权，由原实施主体县级以上人民政府确定的监督管理部门赋予乡镇人民政府、街道办事处该类事项行政执法，故某某街道办事处对涉案行为有行政处罚权。街道办事处所在市县将上述行政处罚事项赋权乡镇和街道，备案并向社会公布。

二、某某街道办事处作出行政处罚行为是否符合法律规定

经查,某某街道办事处执法人员接到群众举报,立案受理后,对 A 餐饮公司经营的餐饮店进行监督性监测,检测报告显示油烟的排放超过国家规定的大气污染物排放标准。上述行为已构成超标排放大气污染物的违法事实。随后向 A 餐饮公司现场负责人制作现场检查笔录,确认 A 餐饮公司现场正常生产,并现场委托第三方有资质的监测单位对其烹饪过程中产生的油烟废气开展监测。根据第三方有资质的监测单位出具监测报告显示,油烟排放浓度超出国家规定排放标准 0.475 倍(国家规定的大气污染物排放标准为 $2mg/m^3$),该行为违反了《中华人民共和国大气污染防治法》第一百一十八条及《福建省大气污染防治条例》第八十四条的规定。之后,某某街道办事处又对 A 餐饮公司法定代表人进行调查询问,并制作笔录,送达监测报告,作责令改正违法行为决定书,要求 A 餐饮公司立即停止违法排放污染物的行为。2023 年 1 月 8 日,某某街道办事处作出 95 号行政处罚告知书,拟对 A 餐饮公司作出处以罚款 2 万元的行政处罚,告知其违法事实、处罚依据及其陈述申辩权利,并向 A 餐饮公司直接送达处罚告知书。2023 年 2 月 10 日,某某街道办事处作出 95 号处罚决定书,对 A 餐饮公司处以罚款 2 万元,并直接送达处罚决定书。街道办事处作出上述行政处罚事实清楚,程序合法,符合法律规定。

关联规定

《中华人民共和国大气污染防治法》第一百一十八条;《福建省大气污染防治条例》第八十四条;《福建省人民政府关于赋予乡镇人民政府、街道办事处部分行政处罚权的决定》(闽政文〔2022〕3 号)。

案例2：镇政府适用《中华人民共和国大气污染防治法》对石料场进行行政处罚案

> **要点提示**
>
> 石料场生产厂区至少有三处生产原料未采取覆盖措施，违反了《中华人民共和国大气污染防治法》第七十二条之规定，镇政府依据《中华人民共和国大气污染防治法》第一百一十七条作出行政处罚，符合法律规定。

基本案情

A石料场于2011年12月20日成立，经营范围为水泥用石灰石露天开采及销售。2011年12月即投入生产。2022年8月22日，经C镇政府现场检查（勘查），向A石料场负责人钟某某调查询问，发现A石料场实施了原料露天堆放、未建设规范的废渣堆放场所、未申请环保竣工验收的环境违法行为。C镇政府于当日向A石料场作出《责令改正违法行为决定书》，并送达A石料场负责人钟某某，要求其立即停止生产、建设规范的废渣堆放场所、申请环保竣工验收。C镇政府于2023年2月11日对A石料场再次检查时，发现仍然存在部分生产原料堆场未采取覆盖措施、未建设规范的拦渣坝、未申请环保竣工验收等环境违法行为，当日作出《行政处罚事先告知书》并送达A石料场负责人钟某某，拟对该场罚款4万元整，并函告电力局对该场实施断电措施。A石料场于2023年2月12日向C镇政府递交了申诉书，C镇政府于2023年2月22日对A石料场的申诉事项进行回函，说明了拟对其作出罚款4万元整的法律依据和从轻处罚的原因。C镇政府于2023年2月27日对A石料场作出行政处罚决定书：根据2023年2月11日调查，发现A石料场实施了生产厂区至少有三处生产原料未采取覆盖措施的环境违法行为，依据《中华人民共和国大气污染防治法》第一百一十七条规定，决定对其处罚款4万元。该处罚决定于2023年2月27日送达该场法定代表人钟某某。A石料场不服该行政处罚决定，于2023年3月9日向H县政府申请行政复议。H县政府于2023年5月7日作出复议决定，认为C镇政府作出行政处罚决定事情清楚、证据确凿，程序合法，维持C镇政府作出的《行政处罚决定书》。

案例评析

一、关于C镇政府是否具有行政处罚权

根据《中华人民共和国大气污染防治法》第一百一十七条规定："违反本法规定，有下列行为之一的，由县级以上人民政府生态环境等主管部门按照职责责令改正，处一万元以上十万元以下的罚款；拒不改正的，责令停工整治或者停业整治……（二）对不能密闭的易产生扬尘的物料，未设置不低于堆放物高度的严密围挡，或者未采取有效覆盖措施防治扬尘污染的……"本案中，A石料场对不能密闭的易产生扬尘的物料，未采取有效覆盖措施防治扬尘污染的，违反上述法律规定，应当由县级以上人民政府生态环境等主管部门按照职责予以处理。

《福建省人民政府关于赋予乡镇人民政府、街道办事处部分行政处罚权的决定》（闽政文〔2022〕3号）赋权乡镇人民政府、街道办事处对违法行为（即"对不能密闭的易产生扬尘的物料，未设置不低于堆放物高度的严密围挡，或者未采取有效覆盖措施防治扬尘污染的"）行使行政处罚权。C镇政府所在市县将上述行政处罚事项赋权乡镇和街道，备案并向社会公布。因此，C镇政府具有前述行为的行政执法主体资格和执法权限。

二、关于涉案行政处罚决定书是否合法的问题

1. 在事实依据方面，本案中，A石料场生产厂区至少有三处生产原

料未采取覆盖措施的事实有现场检查（勘验）笔录、在检查过程中对时任法定代表人钟某某制作的询问笔录、拍摄的现场照片等证据证实，事实清楚，证据确实、充分。对A石料场认为自2022年7月开工至今一直采取了覆盖措施的意见，其时任法定代表人钟某某在2023年2月11日14时40分至15时30分的《询问笔录》中对环保执法工作人员"你们石料场至少有三处生产的原料没有覆盖，你作何解释？"的提问，回答是"我们立即进行覆盖"，且有现场照片予以证明，因此，对A石料场的此意见不予采信。

2. 在程序方面，对于C镇政府提交的《行政处罚事先告知书》与A石料场提交的不一致，C镇政府作出合理解释，表示以A石料场提交的为准。该告知书文书制作存在瑕疵，但并不能影响到行政处罚决定书的效力。C镇政府在作出行政处罚决定过程中，依法展开了调查，在作出行政处罚决定前，亦告知了A石料场拟作出行政处罚决定的事实、理由、依据及具有的陈述和申辩的权利。根据《生态环境行政处罚办法》第四十六条、第八十九条之规定，C镇政府对A石料场决定罚款4万元，未进行听证，程序合法。A石料场认为根据《环境行政处罚听证程序规定》第二条、第五条的规定，当事人申请或拟对法人、其他组织处以人民币50000元以上或者对公民处以人民币5000元以上罚款的，即使当事人未要求，都应当组织听证的意见是对法律的片面理解，不能成立；C镇政府依据《中华人民共和国大气污染防治法》第一百一十七条对A石料场处以罚款4万元的行政处罚，适用法律正确，处罚适当。

三、关于涉案复议决定是否合法的问题

H县政府收到A石料场的复议申请后，依法进行受理、通知、审查、作出复议决定、送达，符合《中华人民共和国行政复议法》第十七条、第二十八条、第三十一条的相关规定，H县政府作出的复议决定程序合法。C镇政府作出的行政处罚决定认定事实清楚，程序合法，适用法律正确。H县政府作出的复议决定符合法定复议程序。

关联规定

《中华人民共和国大气污染防治法》第七十二条、第一百一十七条；《中华人民共和国行政诉讼法》第六条、第六十九条。

二、行政许可

案例3：镇政府未依法核查《乡村建设规划许可证》申请材料案

> **要点提示**
>
> 在审查申请人提交的《乡村建设规划许可证》申请材料过程中，镇政府工作人员未能依法核查材料完整性并履行法定程序，违反法律规定。

基本案情

张三（化名）系A镇A村集体经济组织成员，在该村拥有一块宅基地，于十几年前在宅基地上建设房屋一栋，并与家人居住至今。李四（化名）是同村村民，平日里二人就存在矛盾。李四于2022年4月向A镇人民政府申请报建房屋一栋用于家人居住使用，A镇人民政府工作人员在审查李四提供的申报材料时，未实地考察，并进一步了解宅基地分布情况，最终向李四核发了《乡村规划建设许可证》。事实上，李四报建的地块与张三的宅基地存在大部分重合的情形。2022年6月，李四手持《乡村规划建设许可证》要求张三清退房屋。双方发生多次争吵，争执无果。张三前往A镇人民政府查询了解，发现李四的《乡村规划建设许可证》真实存在。

案例评析

本案的争议焦点在于：（1）张三是否有权申请提起诉讼；（2）A镇政府是否有权核发《乡村规划建设许可证》；（3）A镇人民政府在审查

过程中是否依法依规。

关于焦点一，张三是否有权申请提起诉讼。根据《中华人民共和国行政诉讼法》第二十五条第一款规定："行政行为的相对人以及其他与行政行为有利害关系的公民、法人或者其他组织，有权提起诉讼。"《最高人民法院关于适用〈中华人民共和国行政诉讼法〉的解释》第十二条规定："有下列情形之一的，属于行政诉讼法第二十五条第一款规定的'与行政行为有利害关系'：（一）被诉的行政行为涉及其相邻权或者公平竞争权的；（二）在行政复议等行政程序中被追加为第三人的；（三）要求行政机关依法追究加害人法律责任的；（四）撤销或者变更行政行为涉及其合法权益的；（五）为维护自身合法权益向行政机关投诉，具有处理投诉职责的行政机关作出或者未作出处理的；（六）其他与行政行为有利害关系的情形。"故张三作为与李四申请的行政许可的有利害关系的人，有权以自己名义提起行政诉讼。

关于焦点二，A镇人民政府是否有权核发《乡村规划建设许可证》。根据《中华人民共和国城乡规划法》第四十一条第二款规定，在乡、村庄规划区内使用原有宅基地进行农村村民住宅建设的规划管理办法，由省、自治区、直辖市制定。A镇所在省份制定施行的《福建省实施〈中华人民共和国城乡规划法〉办法》第三十八条第二项规定："在乡、村庄规划区内进行下列建设，建设单位或者个人应当持下列材料，向建设项目所在地镇、乡人民政府申请办理乡村建设规划许可证……（二）农村村民进行住宅建设的，应当提交乡村建设规划许可证申请表、村民委员会同意意见等相关材料。"2020年，A镇所在省份已经发布施行的《福建省赋予经济发达镇部分县级经济社会管理权限的指导目录（一）》（闽政办〔2020〕22号）赋权指导文件规定，"《目录》中行政审批与公共服务类的行政许可事项，由经济发达镇所在地县级人民政府主管部门和经济发达镇人民政府签订委托书后实施。经济发达镇人民政府不得就委托事项再行委托"，根据其中目录第17项规定，A镇人民政府有权依法核发原由县级人民政府城乡规划主管部门负责审查核发的《乡村规划建设许可证》。经查，该镇所在县人民政府城乡规划主管部门和经济发达镇人民政府签订实施核发《乡村规划建设许可证》委托书，故A镇人民政府有权以自己名义核发《乡村规划建设许可证》。因此，本案中A镇人民政府实施的具体行政行为具有法律依据。

　　关于焦点三，A镇人民政府在审查过程中是否依法依规。根据《中华人民共和国行政许可法》第三十六条规定："行政机关对行政许可申请进行审查时，发现行政许可事项直接关系他人重大利益的，应当告知该利害关系人。申请人、利害关系人有权进行陈述和申辩。行政机关应当听取申请人、利害关系人的意见。"第四十七条第一款规定："行政许可直接涉及申请人与他人之间重大利益关系的，行政机关在作出行政许可决定前，应当告知申请人、利害关系人享有要求听证的权利；申请人、利害关系人在被告知听证权利之日起五日内提出听证申请的，行政机关应当在二十日内组织听证。"A镇人民政府在受理行政许可后应当告知与该许可有利害关系的张三有陈述和申辩权利，听取张三的意见，并在作出行政许可决定前告知张三享有要求听证的权利。根据A镇所在省制定施行的《福建省实施〈中华人民共和国城乡规划法〉办法》第三十九条第一款规定："镇、乡人民政府受理乡村建设规划许可证的申请后，应当派人到现场踏勘。对使用原有宅基地建设的村民住宅项目，经审查符合规划要求的，镇、乡人民政府应当自受理之日起二十日内核发乡村建设规划许可证。"但A镇人民政府工作人员在收到李四递交的申请材料后未进行实地现场踏勘，也未听取利害关系人张三陈述和申辩意见，且A镇人民政府在核发《乡村规划建设许可证》前并未告知张三有申请听证的权利，导致核发的《乡村规划建设许可证》涉及土地与张三宅基地存在大部分重合，违反法定程序。

关联规定

《中华人民共和国城乡规划法》第四十一条;《中华人民共和国行政诉讼法》第二十五条第一款、第八十九条第一款第二项;《最高人民法院关于适用〈中华人民共和国行政诉讼法〉的解释》第十二条;《中华人民共和国行政许可法》第三十六条、第四十七条;《福建省实施〈中华人民共和国城乡规划法〉办法》第三十八条、第三十九条。

案例4：镇政府拒不受理公共场所卫生许可确认违法案

要点提示

> 对于申请人依法提交的公共场所卫生许可申请材料，镇政府推诿责任，拒绝受理并作出决定，系违法。

基本案情

陈某打算在F镇商业街上开一家快餐店，向F县卫生局申请办理快餐店的《卫生许可证》时，被告知向其所在地F镇人民政府申请即可。陈某随后就向F镇人民政府提交了公共场所卫生许可申请材料，但F镇人民政府工作人员以各种理由多次拒收材料，推诿责任，让陈某找卫生局办理。陈某找卫生局说明情况，卫生局工作人员拿出职权依据文件，说明相关审批职权已下放到乡镇人民政府。陈某再次向F镇人民政府邮寄申请材料，也被退回。

案例评析

本案的争议焦点：(1) F镇人民政府是否有权受理陈某的行政许可申请；(2) F镇人民政府未受理行为是否违法。

关于焦点一，F镇人民政府是否有权受理陈某的行政许可申请。根据《公共场所卫生管理条例》第四条规定，国家对公共场所实行"卫生许可证"制度。"卫生许可证"由县以上卫生行政部门签发。《公共场所卫生管理条例实施细则》第二十二条第一款、第二款规定，国家对除公园、体育场馆、公共交通工具外的公共场所实行卫生许可证管理。公共场所经营者取得工商行政管理部门颁发的营业执照后，还应当按照规定向县级以上地方人民政府卫生计生行政部门申请卫生许可证，方可营业。故陈某的快餐店需要申请《卫生许可证》，经职能部门依法审批核发许可证后，方可开业。依照规定，陈某应当向 F 县卫生局申请办理。但是，《甘肃省赋予乡镇和街道部分县级经济社会管理权限指导目录》（甘政办发〔2020〕88 号）赋权指导目录"第 9 项"明确规定了公共场所卫生许可赋权乡镇、街道，即 F 镇人民政府承接了原属于 F 县卫生局的该项许可审批职权。故 F 镇人民政府应当依法受理陈某的行政许可申请。

关于焦点二，F 镇人民政府未受理行为是否违法。根据前文表述，F 镇人民政府承接了原属于 F 县卫生局的职权，应当对申请人提交的《卫生许可证》行政许可进行受理、审查。而在本案中，在陈某多次通过当场递交申请材料、邮寄申请材料的方式申请行政许可，符合《中华人民共和国行政许可法》第二十九条规定的申请方式，而 F 镇人民政府推诿责任，多次拒绝接收陈某提供的申请材料，属于未依法依规履行职责，系违法行为。

关联规定

《公共场所卫生管理条例》第四条；《公共场所卫生管理条例实施细则》第二十二条；《中华人民共和国行政许可法》第二十九条；《甘肃省赋予乡镇和街道部分县级经济社会管理权限指导目录》（甘政办发〔2020〕88 号）。

三、行政强制

案例5：镇政府适用《中华人民共和国城乡规划法》等规定对违法建筑作出强拆决定案

> **要点提示**
>
> 某镇政府发现违法建筑，作出《责令限期拆除违法建筑决定书》，符合法律规定。

基本案情

2002年8月21日，某某公司与某镇政府及某某经济开发区签订《出让土地使用权地块预约协议》，并向某某经济开发区交纳人民币280万元，且于2004年起在××市××区××镇××路××号建设建筑物。2021年9月10日，某镇政府执法人员对涉案建筑进行现场检查。同日，某镇政府向某某公司作出《责令限期拆除违法建筑决定书》（以下简称《限拆决定书》），认定某某公司在××路××号擅自搭建建（构）筑物的行为，违反了《中华人民共和国城乡规划法》第四十一条第一款的规定，依据该法第六十五条、《上海市城市管理行政执法条例》第十一条第一款第八项和《上海市拆除违法建筑若干规定》第八条及第二十三条的规定，责令某某公司收到该决定书起七日内自行拆除违法建筑。逾期不拆除的，某镇政府将依法强制拆除。当日，因某某公司拒收相关法律文书，某镇政府遂将《限拆决定书》留置送达。届期，某某公司未自行拆除涉案建筑物。2021年9月17日，某镇政府向某某公司留置送达了《责令限期拆除违法建筑公告》，要求该公司三日内自行拆除违法建筑。逾期不拆除的，该政府将依法强制拆除。2021年9月20日，某镇政府向某某公司作出《限期拆除违法建筑催告书》，催告该公司自收到该催告书之日起七日内自行拆除涉案违法建筑，逾期不拆除的，将依法强制拆除,并告知该公司在收到催告书之日起七日内有权进行陈述和申辩。2022年4月23日,某镇政府向某某公司作出《强制拆除违法建筑决定书》(以下简称《强拆决定书》),告知某某公司因其在规定期限内未拆除上述违法建筑,依据《中华人民共和国城乡规划法》第六十五条的规定,决定于2022年5月15日组织强制拆除。《强拆决定书》依法送达某某公司。某某公司不服,于同年5月28日向某区政府提起行政复议,某区政府于2022年8月20日作出《行政复议决定书》,维持了强拆决定。

案例评析

本案的争议焦点在于某镇政府对位于其辖区内的涉案建筑物是否具有作出强拆决定的法定职权以及其作出的决定是否合法。

一、某镇政府对位于其辖区内的涉案建筑物是否具有作出强拆决定的法定职权

《中华人民共和国城乡规划法》第四十一条第一款规定:"在乡、村庄规划区内进行乡镇企业、乡村公共设施和公益事业建设的,建设单位或者个人应当向乡、镇人民政府提出申请,由乡、镇人民政府报城市、县人民政府城乡规划主管部门核发乡村建设规划许可证。"第六十五条规定:"在乡、村庄规划区内未依法取得乡村建设规划许可证或者未按照乡村建设规划许可证的规定进行建设的,由乡、镇人民政府责令停止建设、限期改正;逾期不改正的,可以拆除。"《上海市拆除违法建筑若干规定》第二十三条规定:"乡、村庄规划区的违法建筑拆除,由乡、镇人民政府参照本规定执行。"另查明,《上海市街道办事处乡镇人民政府首批行政执法事项目录清单》(沪府规〔2021〕10号)的"二、本市街道乡镇实施的法定行政执法事项目录清单"中第13项规定,赋予乡镇人民政府、街道办事处"对未依法取得乡村建设规划许可证或者未按照乡村建设规划许可证的规定进行建设的强制执行"权限,某镇政

府是具有前述行为的行政执法主体资格和执法权限的单位。因此，某镇政府对位于其辖区内的涉案建筑物有权作出强拆决定。

二、某镇政府作出强拆决定是否合法

《中华人民共和国行政强制法》第三十四条规定："行政机关依法作出行政决定后，当事人在行政机关决定的期限内不履行义务的，具有行政强制执行权的行政机关依照本章规定强制执行。"第三十五条规定："行政机关作出强制执行决定前，应当事先催告当事人履行义务。催告应当以书面形式作出，并载明下列事项：（一）履行义务的期限；（二）履行义务的方式；（三）涉及金钱给付的，应当有明确的金额和给付方式；（四）当事人依法享有的陈述权和申辩权。"第三十七条规定："经催告，当事人逾期仍不履行行政决定，且无正当理由的，行政机关可以作出强制执行决定。强制执行决定应当以书面形式作出，并载明下列事项：（一）当事人的姓名或者名称、地址；（二）强制执行的理由和依据；（三）强制执行的方式和时间；（四）申请行政复议或者提起行政诉讼的途径和期限；（五）行政机关的名称、印章和日期。在催告期间，对有证据证明有转移或者隐匿财物迹象的，行政机关可以作出立即强制执行决定。"第三十八条规定："催告书、行政强制执行决定书应当直接送达当事人。当事人拒绝接收或者无法直接送达当事人的，应当依照《中华人民共和国民事诉讼法》的有关规定送达。"上述条文规定了行政机关作出强制执行决定的前提、步骤和相应程序等。本案中，某某公司未取得规划主管部门审核批准建造了涉案建筑物，该违法行为已由某镇政府查处并作出限拆决定。在某某公司在法定期限内不申请行政复议也不提起行政诉讼，且逾期未拆除的情况下，某镇政府启动强制拆除程序，先行依法公告并催告某某公司履行自行拆除义务，在某某公司仍不自行拆除的情况下，最终向某某公司作出并送达强拆决定，已具备必要的事实基础及法律前提，程序亦符合《中华人民共和国行政强制法》等法律法规的规定，不存在应予撤销的情形。

关联规定

《中华人民共和国城乡规划法》第六十五条；《上海市拆除违法建筑若干规定》第二十三条；《中华人民共和国行政强制法》第三十四条、第三十五条、第三十七条、第三十八条；《上海市街道办事处乡镇人民政府首批行政执法事项目录清单》（沪府规〔2021〕10号）。

案例6：街道办事处对违法建设作出限期拆除通知案

要点提示

> 违法建设无乡村建设规划许可档案，未经规划许可建设的行为始终处于延续状态，违反了《中华人民共和国城乡规划法》的相关规定。街道办事处责令搬离并自行拆除违法建设，逾期不拆除的，将依法组织相关部门进行拆除，符合法律规定。

基本案情

某街道办事处于2022年5月25日对王某秋下达限期拆除通知书，认定其坐落于某街道某村的2#4-4-2建筑物系违法建设，无乡村建设规划许可档案，未经乡村建设规划许可建设的行为始终处于延续状态，违反了《中华人民共和国城乡规划法》第四十一条"在乡、村庄规划区内进行乡镇企业、乡村公共设施和公益事业建设的，建设单位或者个人应当向乡、镇人民政府提出申请，由乡、镇人民政府报城市、县人民政府城乡规划主管部门核发乡村建设规划许可证。在乡、村庄规划区内使用原有宅基地进行农村村民住宅建设的规划管理办法，由省、自治区、直辖市制定。在乡、村庄规划区内进行乡镇企业、乡村公共设施和公益事业建设以及农村村民住宅建设，不得占用农用地；确需占用农用地的，应当依照《中华人民共和国土地管理法》有关规定办理农用地转用审批手续后，由城市、县人民政府城乡规划主管部门核发乡村建设规划许可证。建设单位或者个人在取得乡村建设规划许可证后，方可办理用地审批手续"的规定。某街道办事处根据《中华人民共和国城乡规划法》第六十五条"在乡、村庄规划区内未依法取得乡村建设规划许可证或者未按照乡村建设规划许可证的规定进行建设的，由乡、镇人民政府责令停止建设、限期改正；逾期不改正的，可以拆除"之规定向王某秋作出限期整改通知书，责令王某秋在收到该限期整改通知书之日起三日内搬离并自行拆除上述违法建设，逾期不拆除的，将依法组织相关部门进行拆除。王某秋收到限期整改通知书后，对此不服，其认为上述案涉房屋是经过相关部门批准建设的合法房产，其所居住的是2002年建设，当时通过相关部门审批属合法建筑。王某秋认为，市城市管理行政执法局行使相对集中城市管理行政处罚权，其具有作出限期拆除通知书的权力，某街道办事处不具备该职权，某街道办事处作出的限期拆除通知书超出法定职权，没有事实和法律依据，亦未交代诉讼权利和起诉期限，某街道办事处作出限期拆除通知书的具体行政行为事实不清，程序违法。

案例评析

本案的焦点为某街道办事处是否具有作出限期拆除通知书的职权。

根据《江苏省乡镇（街道）法定权力事项清单通用目录》（苏政办发〔2021〕71号）第15项的规定，将"对在乡、村庄规划区内未依法取得乡村建设规划许可证或未按乡村建设规划许可证建设逾期不改正的拆除"的行政强制权赋予乡镇（街道），因此，乡镇（街道）有权依据《中华人民共和国城乡规划法》第六十五条"在乡、村庄规划区内未依法取得乡村建设规划许可证或者未按照乡村建设规划许可证的规定进行建设的，由乡、镇人民政府责令停止建设、限期改正；逾期不改正的，可以拆除"之规定进行强制拆除。

根据上述法律规定，某街道办事处因《江苏省乡镇（街道）法定权力事项清单通用目录》（苏政办发〔2021〕71号）被赋予行政强制权，当执法人员发现王某秋无乡村建设规划许可档案，未经规划许可建设的行为始终处于延续状态时，可以根据《中华人民共和国城乡规划法》第六十五条的规定作出限期拆除通知书，责令王某秋停止建设、限期改正，逾期不改正的，可以拆除。因此，某街道办事处作出限期拆除通知书的行为具有法律依据。

关联规定

《中华人民共和国城乡规划法》第四十一条、第六十五条；《江苏省乡镇（街道）法定权力事项清单通用目录》（苏政办发〔2021〕71号）。

案例7：镇政府未履行法定程序强制拆除被撤销案

要点提示

> 镇政府实施强制拆除行为，应遵守行政强制相关程序，若未履行法定程序的，面临被撤销的法律风险。

基本案情

2014年，唐某与肖某签订土地租赁合同，承租了房屋及土地，后唐某对该土地进行地面硬化，用于经营停车场。2020年11月20日，某镇政府发布《公告》，要求唐某于2020年11月22日前自行拆除清理地上房屋物品，逾期未清理的视为自愿放弃，镇政府及村委会予以拆除清理。在唐某未与任何单位达成补偿安置协议、未获得任何补偿的情况下，2020年11月26日，唐某的房屋及停车场被某镇政府非法强拆。某镇政府强拆唐某房屋和停车场的行为严重违法，且严重侵害唐某的合法权益。

案例评析

一、关于案涉强制拆除行为是否属于行政行为

根据《中华人民共和国城乡规划法》第六十五条的规定，在乡、村庄规划区内未依法取得乡村建设规划许可证或者未按照乡村建设规划许可证的规定进行建设的，由乡、镇人民政府责令停止建设、限期改正；逾期不改正的，可以拆除。据此，某镇政府具有对其行政区域内的乡村违法建设进行查处和拆除的法定职权。本案中，某镇政府虽否认其实施了强制拆除行为，然结合本案合法有效的证据及庭审中各方当事人的陈述，以及某镇政府与村委会下发的《公告》中告知村民因公园项目要求其对涉案土地上的房屋及物品进行清理，且村委会认可其配合某镇政府实施强制拆除行为，故强制拆除涉案建设的行为应属行政行为，其产生的法律后果应由某镇政府承担。

二、关于案涉强制拆除行为是否合法

事实方面，某镇政府以违法建设为由对涉案建设予以强制拆除，但未提交证据证明其前期对涉案建设是否取得相关规划手续及面积、建成时间、相关当事人等基本情况予以调查，故案涉强制拆除行为属于认定事实不清。

程序方面，依据《中华人民共和国行政强制法》第三十四条、第三十五条、第三十六条、第三十七条、第三十八条、第四十四条的规定，实施强制拆除应当履行限期当事人自行拆除、催告、陈述和申辩、作出强制执行决定、送达等法定程序，现某镇政府未提交证据证明其履行了上述法定程序，故案涉强制拆除行为亦属程序违法。综上，案涉强制拆除行为属于认定事实不清、程序违法，应确认该行为违法。

关联规定

《中华人民共和国城乡规划法》第六十五条；《中华人民共和国行

政强制法》第三十四条、第三十五条、第三十六条、第三十七条、第三十八条、第四十四条。

案例8：赋权乡镇政府扣押违规载人拖拉机案

> **要点提示**
>
> 行为人违法驾驶拖拉机等农业机械载人，赋权乡镇政府扣押载人拖拉机，符合法律规定。

基本案情

2022年3月，A在××市B镇××道驾驶拖拉机时载人2名。B镇执法人员发现后，予以批评教育，并责令改正，但A乘执法人员不备，启动拖拉机逃窜，B镇执法人员立即追击，将其拦下。B镇政府遂以申请人使用拖拉机、联合收割机违反规定载人的行为违反了《农业机械安全监督管理条例》第五十四条的规定，对A的拖拉机进行扣押，并开具了《查封（扣押）决定书》及《查封（扣押）物品清单》，该决定书载明：查封（扣押）物品保存地点为××市B镇停车场；扣押期限自2022年5月23日至2022年6月23日止；A可对决定书进行陈述和申辩，如对决定书不服，可申请行政复议或者提起行政诉讼。A认为本案B镇政府的查封（扣押）行为违法，于2022年6月6日向××市人民政府提起行政复议，要求确认B镇政府将A的拖拉机扣押的行为违法。

另查明，B镇政府于2022年6月24日向申请人作出《解除查封（扣押）决定书》并向A送达了该决定书。该决定书载明对《查封（扣押）决定书》扣押的物品予以解除查封（扣押），A于2022年6月24日到B镇政府处办理了退还拖拉机的手续。

案例评析

一、B 镇政府是否有权扣押拖拉机

《农业机械安全监督管理条例》第五十四条规定:"使用拖拉机、联合收割机违反规定载人的,由县级以上地方人民政府农业机械化主管部门对违法行为人予以批评教育,责令改正;拒不改正的,扣押拖拉机、联合收割机的证书、牌照;情节严重的,吊销有关人员的操作证件。非法从事经营性道路旅客运输的,由交通主管部门依照道路运输管理法律、行政法规处罚。当事人改正违法行为的,应当及时退还扣押的拖拉机、联合收割机的证书、牌照。"根据上述法律规定,县人民政府农业机械化主管部门具有对使用拖拉机、联合收割机违反规定载人的违法行为进行行政处罚的职权。

另,根据《海南省乡镇和街道行政处罚事项清单》(琼编办〔2021〕5 号)第 6 项规定,省政府将原县级农业部门的行政强制权(即查封、扣押违反规定载的人拖拉机、联合收割机)赋予乡镇街道行使。镇政府所在市县将上述行政处罚事项赋权乡镇和街道,备案并向社会公布。根据《中华人民共和国行政强制法》第十七条及《农业机械安全监督管理条例》第五十四条的规定,B 镇政府针对申请人使用拖拉机、联合收割机违反规定载人行为,采取查封(扣押)的行政强制证据确凿,适用法律、法规正确,符合法定程序。

根据《中华人民共和国行政强制法》第十六条第一款"行政机关履行行政管理职责,依照法律、法规的规定,实施行政强制措施"、第十七条第二款"依据《中华人民共和国行政处罚法》的规定行使相对集中行政处罚权的行政机关,可以实施法律、法规规定的与行政处罚权有关的行政强制措施"及《农业机械安全监督管理条例》第五十四条的规定,本案被申请人 B 镇政府依据《国务院关于进一步推进相对集中行政处罚权工作的决定》、《海南省乡镇和街道行政处罚事项清单》(琼编办〔2021〕5号）第6项规定依法具有对使用拖拉机、联合收割机违反规定载人行为的行政强制措施职权。本案中，申请人A使用拖拉机、联合收割机违反规定载人的违法行为，被申请人B镇政府具有管辖权。申请人A主张被申请人不具有职权依据的观点不予支持。

二、被申请人作出的行政强制行为是否违法

本案中，被申请人提交的现场执法记录仪及现场监控的视听资料，能够证实被申请人多名工作人员出现在现场并出示执法证件，告知申请人采取行政强制措施的理由，也能证实被申请人责令其改正情况下申请人A强行离开现场，同时被申请人也提交了（查封）扣押决定书并加盖单位公章，故应当视为已经负责人批准。被申请人依据申请人A的违法事实作出的案涉行政强制措施，符合《中华人民共和国行政强制法》第十八条的相关规定。

关联规定

《中华人民共和国行政强制法》第十六条第一款、第十七条第二款、第十八条；《中华人民共和国行政复议法》第六十八条；《国务院关于进一步推进相对集中行政处罚权工作的决定》；《农业机械安全监督管理条例》第五十四条；《海南省乡镇和街道行政处罚事项清单》（琼编办〔2021〕5号）。

案例9：赋权乡镇政府扣押无照经营户财物案

要点提示

当事人违法无照占道经营，赋权乡镇政府有权行使扣押行政强制措施，不违反法律规定。

基本案情

2023年5月，A驾驶电动三轮车在某市B镇某道旁经营，在立案调查过程中，A再次驾驶电动三轮车在某市B镇某道旁经营食品，B镇政府遂以A无证无照、占道经营行为违反了《无证无照经营查处办法》第五条的规定，对A的三轮车进行查封（扣押），并开具了《查封（扣押）决定书》及《查封（扣押）物品清单》，该决定书载明：查封（扣押）物品保存地点为某市B镇某道旁；扣押期限自2023年5月23日起至2023年6月23日止；A可对决定书进行陈述和申辩，如对决定书不服，可申请行政复议或者提起行政诉讼。后B镇政府将A的电动三轮车拉至B镇政府处保存。

另查明，B镇政府于2023年6月24日向A作出《解除查封（扣押）决定书》并向A送达了该决定书。该决定书载明对《查封（扣押）决定书》扣押的物品予以解除查封（扣押），A于2023年6月24日到B镇政府处办理了退还电动三轮车的手续。2023年7月18日，市城市管理综合行政执法局对A无证无照经营及占道经营的行为作出《行政处罚决定书》，决定对A处罚款4000元。

案例评析

本案争议焦点在于：（1）B镇政府是否有权扣押无照经营及占道经营行为人的电动三轮车；（2）B镇政府作出行政强制是否符合法律规定。

一、B镇政府是否有权扣押无照经营及占道经营行为人的电动三轮车

《安徽省人民政府关于赋予乡镇街道部分县级审批执法权限的决定》（皖政〔2022〕112号）中《安徽省赋予乡镇街道部分县级审批执法权限指导目录》第459项规定，根据《无证无照经营查处办法》第十一条

等规定，省政府将原县级实施部门（城管）的行政强制权［即查封、扣押涉嫌用于户外公共场所无照经营的工具、设备、原材料、产品（商品）等物品］赋予乡镇街道行使。镇政府所在市县将上述行政处罚事项赋权乡镇和街道，备案并向社会公布。根据《中华人民共和国行政强制法》第十七条及《无证无照经营查处办法》第十一条的规定，B镇政府针对A的无证无照经营行为，采取查封（扣押）的行政强制证据确凿，适用法律、法规正确，符合法定程序。

根据《中华人民共和国行政强制法》第十六条第一款"行政机关履行行政管理职责，依照法律、法规的规定，实施行政强制措施"、《城市管理执法办法》第十条、《无证无照经营查处办法》第五条及第七条的规定，本案B镇政府依据《国务院关于进一步推进相对集中行政处罚权工作的决定》、《安徽省人民政府关于赋予乡镇街道部分县级审批执法权限的决定》（皖政〔2022〕112号）的规定依法具有涉及户外公共场所无照经营及占道经营相应的行政强制措施职权。本案中，A在未能取得相应证照的情形下，在某市城市规划区内的户外公共场所及道路旁经营加工食品的行为，B镇政府具有管辖权。

二、B镇政府作出行政强制是否符合法律规定

本案中，B镇政府依据A的两次违法事实作出的案涉行政强制措施，根据《中华人民共和国行政强制法》第十八条的规定："行政机关实施行政强制措施应当遵守下列规定：（一）实施前须向行政机关负责人报告并经批准；（二）由两名以上行政执法人员实施；（三）出示执法身份证件；（四）通知当事人到场；（五）当场告知当事人采取行政强制措施的理由、依据以及当事人依法享有的权利、救济途径；（六）听取当事人的陈述和申辩；（七）制作现场笔录；（八）现场笔录由当事人和行政执法人员签名或者盖章，当事人拒绝的，在笔录中予以注明；（九）当事人不到场的，邀请见证人到场，由见证人和行政执法人员在现场笔录上签名或者盖章；（十）法律、法规规定的其他程序。"B镇政府所提交

现场执法记录仪及现场监控的视听资料，能够证实其工作人员出现在现场并出示执法证件，在 A 拒绝配合调查的情形下告知采取行政强制措施的理由，同时也能证实 A 自行离开现场，故 B 镇政府邀请见证人到场符合法律规定的程序，同时 B 镇政府也提交了（查封）扣押决定书并加盖单位公章，故应当视为已经负责人批准。

关联规定

《中华人民共和国行政强制法》第十六条第一款、第十七条、第十八条；《中华人民共和国行政诉讼法》第六十九条；《城市管理执法办法》第十条；《无证无照经营查处办法》第五条、第七条、第十一条；《安徽省人民政府关于赋予乡镇街道部分县级审批执法权限的决定》（皖政〔2022〕112号）中《安徽省赋予乡镇街道部分县级审批执法权限指导目录》。

案例10：镇政府强制扣押车辆确认违法案

要点提示

> 行政机关查封、扣押属行政强制措施，应当由法律、法规规定的行政机关实施，非经法律授权，其他任何行政机关或者组织不得实施。

基本案情

2021年4月6日，某镇政府作出涉案处罚决定，主要内容为：2021年1月3日，某市某区某镇政府综合行政执法队执法人员在检查中发现，马某有随意倾倒、抛撒或者堆放建筑垃圾的行为，遂予以立案调查。经查，2021年1月3日12时30分，马某在某市某区某镇政府某村村西养殖场西侧随意倾倒建筑垃圾，上述地点不是相关部门指定的建筑垃圾消纳场所，影响市容环境卫生。执法人员进行了现场拍照取证，并责令马某于 2021 年 1 月 6 日 9 时 30 分前改正上述违法行为。马某对此无异议。马某的上述行为违反了《城市建筑垃圾管理规定》第十五条规定，属于随意倾倒、抛撒或者堆放建筑垃圾的行为，影响了本市市容环境卫生秩序。依据《城市建筑垃圾管理规定》第二十六条的规定，并综合考虑此案违法事实、性质、情节、社会危害程度和相关证据，本机关决定对马某罚款人民币 200 元整。

马某认为，某镇政府扣押马某车辆的行为违法。理由如下：第一，某镇政府扣押车辆的行为严重违反法定程序。某镇政府扣押马某车辆时，未告知马某扣押的理由、依据及马某享有的权利和救济途径，也未向马某交付《扣押决定书》和清单，导致马某在车辆被扣押后不知所措，既不清楚自己的违法事由，也不知道救济途径。某镇政府的行为违反了《中华人民共和国行政强制法》第十八条、第二十四条之规定，属严重违反法定程序的行为。第二，某镇政府扣押车辆的期限严重超出法定期限。某镇政府于 2021 年 1 月 3 日扣押马某车辆，2021 年 4 月 6 日归还，扣押期限长达九十三天。根据《中华人民共和国行政强制法》第二十五条之规定，某镇政府的扣押期限严重超出法定期限，给马某造成了巨大的经济损失。某镇政府作为行政机关，在履行法定职责时应遵循行政法的基本原则，从程序上做到公开行政、程序法定，从实体上做到依法行政、公平公正。而某镇政府的上述行为不但严重违反了法定程序，同时造成了马某的巨大损失。

马某陈述某镇政府于 2021 年 1 月 3 日 12 时许将马某驾驶的涉案车辆进行强制扣押，某镇政府对此予以认可，马某亦陈述其于 2021 年 4 月 6 日将涉案车辆取回。

另查明，2019 年 3 月 31 日，马某与某运输公司签订《协议》，约定涉案车辆系马某自行出资购买，马某是涉案车辆的实际所有权人，由马某占有控制，自行支配，以自己名义对外经营管理，自负盈亏，自行承担车辆毁损、盗抢、丢失等风险；马某使用某运输公司或其下属分公司名义办理其自有车辆的行驶证等证件。机动车行驶证载明涉案车辆登记在某运输公司名下。

案例评析

本案存在两个问题：一是某镇政府是否有权作出处罚决定；二是某镇政府对涉案车辆进行扣押的行为是否合法。

针对第一个问题，根据《城市建筑垃圾管理规定》第二十六条和《北京市人民政府关于向街道办事处和乡镇人民政府下放部分行政执法职权并实行综合执法的决定》（京政发〔2020〕9号）第137项规定，北京市政府赋予乡镇政府（街道）对任何单位和个人随意倾倒、抛撒或者堆放建筑垃圾的行为进行处罚的职权（职权编号：C4614000），因此，某镇政府具有上述事权的行政处罚权。但鉴于本案审理的是某镇政府实施扣押财物行为的合法性问题，关于某镇政府是否有权处罚不属于本案审理内容，如马某对某镇政府认定其实施了随意倾倒建筑垃圾的违法行为有异议，应当通过其他合法途径解决。

针对第二个问题，案涉行政行为是某镇政府行使行政职权实施的扣押财物行为，属于行政强制措施的一种，应当同时受到《中华人民共和国行政强制法》的规制和相应行政执法领域专门性规定的约束。《中华人民共和国行政强制法》第十条规定："行政强制措施由法律设定。尚未制定法律，且属于国务院行政管理职权事项的，行政法规可以设定除本法第九条第一项、第四项和应当由法律规定的行政强制措施以外的其他行政强制措施。尚未制定法律、行政法规，且属于地方性事务的，地方性法规可以设定本法第九条第二项、第三项的行政强制措施……"第二十二条规定，查封、扣押应当由法律、法规规定的行政机关实施，其他任何行政机关或者组织不得实施。本案中，某镇政府认可其于2021年1月3日将马某的涉案车辆进行扣押，且其陈述对涉案车辆进行扣押的理由为马某存在随意倾倒建筑垃圾的行为。根据《城市建筑垃圾管理规定》第二十六条之规定，任何单位和个人随意倾倒、抛撒或者堆放建筑垃圾的，由城市人民政府市容环境卫生主管部门责令限期改正，给予警告，并对单位处5000元以上5万元以下罚款，对个人处200元以下罚款。上述法律法规并未授予某镇政府可以因马某存在随意倾倒建筑垃圾的行为而扣押涉案车辆的职权。且某镇政府亦未提交其扣押马某涉案车辆的其他法律、行政法规及地方性法规的授权依据。故案涉扣押行为缺乏法律依据，因案涉扣押行为不具有可撤销内容，应依法确认违法。

关联规定

《城市建筑垃圾管理规定》第十五条、第二十六条；《中华人民共和国行政强制法》第十八条、第二十四条、第二十五条；《北京市人民政府关于向街道办事处和乡镇人民政府下放部分行政执法职权并实行综合执法的决定》（京政发〔2020〕9号）第137项。

案例11：镇政府未按法定程序强制拆除违法建设确认违法案

要点提示

> 拆除违法建设应遵循法定程序，乡镇政府未按法定程序强制拆除违法建设，鉴于涉案建筑物已被拆除，案涉强制拆除行为不具有可撤销内容，依法应予确认违法。

基本案情

A称，其于2009年转包了B区C镇D村90亩林地，在地内东南侧有管理用房800余平方米，此处管理用房是1988年建果园时建造，由于房屋老旧已经开始出现部分房屋坍塌。为保证人身安全，防止人员被砸伤，A于同年将老旧房屋拆除，在原有房屋占地范围内重新进行了翻建，并作为原管理用房性质使用。2019年8月23日，C镇政府对A位于北京市B区C镇D村某办公用房（以下简称涉案建筑物）实施强制拆除。

C镇政府认为：（1）C镇政府认定事实清楚。北京市规划和自然资源委员会B分局（以下简称B规自委）于2017年6月下发B区2017年第二季度遥感监测图斑，图斑标注处侵占基本农田（水浇地）系违法建设。2019年7月15日，C镇政府向B规自委发送《关于查询A在D村承包地内建设是否取得规划许可的函》，查询涉案建筑物是否有规划审批手续。2019年7月18日，B规自委函复未取得规划许可。故C镇政府认定A的建筑物为违法建设事实清楚、证据确凿。（2）C镇政府作出行政行为的程序合法。2017年3月1日，C镇政府向A下发责令停止建设通知书并依法送达，要求A于接到该通知后5日内自行拆除违法建设并接受复查。2017年3月5日，C镇政府向A下发限期拆除通知书并依法送达，要求A于3月7日前自行拆除违法建设并接受复查。因A拒不自行拆除违法建设，C镇政府收到B规自委的协查复函后即于2019年8月23日对涉案建筑物实施强制拆除。（3）C镇政府对涉案建筑物的拆除行为合法。C镇政府依据《中华人民共和国城乡规划法》第六十五条、《北京市城乡规划条例》第二十三条以及《北京市禁止违法建设若干规定》第三条的相关规定作出并送达限期拆除通知书，又依据《中华人民共和国城乡规划法》第六十五条、《北京市城乡规划条例》第六十八条、《北京市禁止违法建设若干规定》第十五条第一款的规定依法对违法建筑实施强制拆除并无不妥。

案例评析

本案争议焦点在于：（1）涉案建筑物是否系违法建设；（2）C镇政府是否具有查处和拆除的法定职权；（3）C镇政府实施强制拆除行为是否遵循法定程序。

一、关于涉案建筑物是否系违法建设的问题

依据 A 所主张的建设行为发生时有效实施的修订前的《北京市城乡规划条例》(2009)第二十三条第一款、第三款及修订后的《北京市城乡规划条例》(2019 修订)第二十九条第一款、第三款规定，本市依法实行规划许可制度，各项建设用地和建设工程应当符合城乡规划，依法取得规划许可。城镇建设项目应当按照建设工程规划许可证或者临时建设工程规划许可证的许可内容进行建设；农村建设项目应当按照乡村建设规划许可证或者临时乡村建设规划许可证的许可内容进行建设。本案中，C 镇政府提交的《案件协查复函》能够证明规划行政主管部门没有对涉案建筑物核发规划许可证件，据此 A 所建涉案建筑物未取得规划行政主管部门的许可审批手续，故 C 镇政府根据其调查取得的证据材料将涉案建筑物认定为违法建设，并无不当。

二、C 镇政府是否具有查处和拆除的法定职权

《中华人民共和国城乡规划法》第六十五条规定，"在乡、村庄规划区内未依法取得乡村建设规划许可证或者未按照乡村建设规划许可证的规定进行建设的，由乡、镇人民政府责令停止建设、限期改正；逾期不改正的，可以拆除"。对辖区内的乡村违法建设，C 镇政府依据《中华人民共和国城乡规划法》第六十五条的规定具有查处和拆除的法定职权。

三、C 镇政府实施强制拆除行为是否遵循法定程序

《中华人民共和国行政强制法》第三十四条、第三十五条、第三十六条、第三十七条、第三十八条、第四十四条及《北京市禁止违法建设若干规定》第十七条明确规定了对违法的建筑物、构筑物、设施等需要强制拆除的，应当由行政机关予以公告，限期当事人自行拆除。当事人在法定期限内不申请行政复议或者提起行政诉讼，又不拆除的，行政机关可以依法强制拆除，且应履行催告、作出强制执行决定、公告、通知当事人清理有关物品，制作财物清单、制作笔录并摄制录像等行政程

序。本案中，C镇政府虽出具限期拆除通知书，但未提交证据证明该限期拆除通知书已向A依法送达，故应视为该强制拆除行为缺乏执行依据。另，C镇政府亦未出具证据证明其履行了催告、作出强制执行决定、公告、通知当事人清理有关物品、制作笔录并摄制录像等行政程序，其制作的财物清单无当事人签字，亦无涉案建筑物所在地村民委员会确认，故C镇政府未依照上述规定实施强制拆除的行为构成程序违法。鉴于涉案建筑物已被拆除，该强制拆除行为不具有可撤销内容，依法应予确认违法。

关联规定

《中华人民共和国城乡规划法》第六十五条；《中华人民共和国行政诉讼法》第七十四条第二款第一项；《中华人民共和国行政强制法》第三十四条、第三十五条、第三十六条、第三十七条、第三十八条、第四十四条；《北京市禁止违法建设若干规定》第十七条。

四、其他

案例12：镇政府对权属争议土地行政裁决案

要点提示

> 当事人因土地征收产生纠纷，镇政府依法作出《土地权属争议处理决定书》，将该案涉土地确权。

基本案情

某某茶园组由于某土地征收与王某产生纠纷，于2020年9月向Y镇政府提出申请，要求对争议土地进行确权。Y镇政府于2021年7月4日作出《土地权属争议处理决定书》。王某不服，向Y县人民政府申请行政复议，Y县人民政府于2021年12月20日作出《行政复议决定书》。王某不服，于2022年1月2日向法院提起行政诉讼。法院于2022年5月5日以Y镇政府、Y县人民政府违反法定程序为由，判决撤销了Y镇政府作出的《土地权属争议决定书》和Y县人民政府作出的《行政复议决定书》。并判决Y镇政府对本案争议土地重新作出行政行为。2022年7月5日，Y镇政府作出3号《土地权属争议处理决定书》（以下简称3号处理决定），将该案涉土地确权给了某某茶园组集体所有。王某不服该处理决定，于2022年7月5日向Y县人民政府申请行政复议，Y县人民政府2022年9月9日作出55号《行政复议决定书》（以下简称55号复议决定），维持了Y镇政府作出的3号处理决定。王某不服Y镇政府2022年7月5日作出的3号处理决定及Y县人民政府2022年9月9日作出的55号复议决定，于2022年9月9日向法院提起诉讼，诉称本案所涉土地自土改、四固定及1981年定权发证，所有权均归王某所有，而不属本案第三人，Y镇政府将该争议地确认给本案第三人毫无事实依据和法律依据。市政府未依法履行审查义务，毫无根据地错误维持Y镇政府的错误决定，请求撤销3号处理决定及55号复议决定，确认争议土地归其所有。

另查明，《湖南省乡镇权力清单和责任清单》和《湖南省赋予乡镇（街道）经济社会管理权限指导目录》（湘政办发〔2019〕55号）赋权乡镇人民政府、街道办事处部分行政裁决工作，Y镇政府是具有前述行为的行政执法主体资格和执法权限的单位之一。

案例评析

本案的争议焦点在于：（1）Y镇政府是否有权作出行政裁决；（2）Y镇政府及Y县人民政府认定事实是否清楚。

一、Y镇政府是否有权作出行政裁决

根据《湖南省乡镇权力清单和责任清单》和《湖南省赋予乡镇（街道）经济社会管理权限指导目录》（湘政办发〔2019〕55号）中

《湖南省乡镇权力清单和责任清单》的"六、行政裁决类"第 1 项，根据《中华人民共和国森林法》第十七条第二款规定："个人之间、个人与单位之间发生的林木所有权和林地使用权争议，由当地县级或者乡级人民政府依法处理。"省政府将上述事项赋权给 Y 镇政府，据此，Y 镇政府有处理本案王某与某某茶园组之间发生的林地所有权争议的法定职权。

二、Y 镇政府及 Y 县人民政府认定事实是否清楚

根据《确定土地所有权和使用权的若干规定》第二十条规定："村农民集体所有的土地，按目前该村农民集体实际使用的本集体土地所有权界线确定所有权。根据《六十条》确定的农民集体土地所有权，由于下列原因发生变更的，按变更后的现状确定集体土地所有权。（一）由于村、队、社、场合并或分割等管理体制的变化引起土地所有权变更的；（二）由于土地开发、国家征地、集体兴办企事业或者自然灾害等原因进行过土地调整的；（三）由于农田基本建设和行政区划变动等原因重新划定土地所有权界线的。行政区划变动未涉及土地权属变更的，原土地权属不变。"本案案涉土地系由原 Y 人民公社划入 Y 人民公社茶场，成为 Y 人民公社茶场的土地，并一直由 Y 人民公社管理和使用。之后，Y 人民公社在原茶场基础上成立某某茶园组，该争议土地一直由某某茶园组发包给本组农户管理和使用，履行各项义务。此前，原 Y 市北区人民政府向茶场承包户发放了《农村土地承包经营权证》，后，Y 镇政府又为某某茶园组各农户颁发了《中华人民共和国农村土地承包经营权证》。Y 镇政府依据《林木林地权属争议处理办法》《湖南省林木、林地权属争议处理办法》等规定，对该案涉土地作出的 3 号处理决定，将争议土地所有权确定给某某茶园组，具有事实和法律依据。Y 县人民政府作出的 55 号复议决定，维持 Y 镇政府作出的 3 号处理决定，认定事实清楚，适用法律正确，符合法定程序。

关联规定

《确定土地所有权和使用权的若干规定》第二十条第一款、第二款第一项及第二项；《林木林地权属争议处理办法》；《湖南省林木、林地权属争议处理办法》；《湖南省乡镇权力清单和责任清单》和《湖南省赋予乡镇（街道）经济社会管理权限指导目录》（湘政办发〔2019〕55号）。

案例13：某镇政府行政检查案

要点提示

> 镇政府依法对违法行为进行调查询问，查明事实后，作出《责令改正通知书》，符合法律规定。

基本案情

柏某某、曹某某为××市××区××路××弄××号401室的业主，夏某某为××市××区××路××弄××号401室隔壁的业主。某镇政府于2023年1月5日收到夏某某以邮寄方式提交的申请书及相关材料，申请事项为请求某镇政府依法履行查处401室柏某某、曹某某针对《关于拆除××路××弄××号401室违建的工作方案》进行拆违整改之后，擅自改建、占用露台共用部分为屋顶私家花园违法行为的法定职责。某镇政府收到申请后，2023年2月27日，前往现场查看情况并制作现场检查笔录，2月28日立案。2023年3月8日，某某镇城市管理行政执法中队（以下简称某某镇城管中队）对××区××路××弄的物业工作人员进行调查询问，该物业工作人员表述401室于2022年年底屋顶斜坡恢复之后没有再进行装修改动。2023年3月27日，曹某某前往某某镇城管中队配合调查，并制作了询问笔录，表示愿意自行整改，但因家中有孕妇即将分娩故希望延长整改期限，并表示2022年年底拆除违建并恢复屋顶之后没有对屋顶进行重新装修及改造。2023年4月1日，某镇政府作出责令改正通知书。2023年4月21日，某镇政府前往401室见证曹某某自行搬离露台上堆放的花盆并拆除台盆。2023年4月29日，某镇政府作出《答复书》，并于5月9日送达夏某某。夏某某不服，于2023年5月5日向某区政府申请行政复议，请求责令某镇政府依法履行法定职责，后于2023年5月9日收到《答复书》并于2023年5月11日变更行政复议请求，请求撤销《答复书》。某区政府于2023年5月10日受理夏某某的行政复议申请，并向某镇政府发送行政复议答复通知书，某镇政府于同年5月17日作出答复并提交相关证据。某区政府经审查于2023年6月25日作出《行政复议决定书》，维持《答复书》，并送达夏某某。

案例评析

本案的争议焦点在于某镇政府是否具有案涉违法行为行政检查权以及其是否已经履行法定职责。

一、某镇政府是否具有案涉违法行为行政检查权

根据《上海市城市管理行政执法条例》第十一条第一款第八项规定："市和区城管执法部门以及乡、镇人民政府实施城市管理行政执法的范围包括……（八）依据城乡规划和物业管理方面的法律、法规和规章的规定，按照市人民政府确定的职责分工，对擅自搭建建筑物、构筑物的违法行为和物业管理区域内破坏房屋外貌的违法行为实施行政处罚。"《上海市城市管理行政执法条例实施办法》第二条第二款规定，前款所称的城市管理行政执法，是指市和区城市管理行政执法部门（以下简称"城管执法部门"）以及乡、镇人民政府依法相对集中行使有关行政管理部门在城市管理领域的全部或部分行政处罚权及相关的行政检查权和行政强制权的行为。《上海市住宅物业管理规定》第八十五条规定："违反本规定第五十六条第二款第三项、第四项、第五项规定，破坏房屋外貌，擅自改建、占用物业共用部分，损坏或者擅自占用、移

装共用设施设备的，由区房屋行政管理部门责令改正，恢复原状，可处一千元以上一万元以下的罚款；情节严重的，可处一万元以上十万元以下的罚款。"

另查明，《上海市街道办事处乡镇人民政府首批行政执法事项目录清单》（沪府规〔2021〕10号）第255项规定，赋予乡镇人民政府"对擅自改建、占用物业共用部分的处罚"行政执法事权，因此，某镇政府具有对上述事项的行政处罚权及相关的行政检查权和行政强制权。

二、某镇政府是否已经履行法定职责

某镇政府收到夏某某的申请书及相关材料后，由某某镇城管中队执法人员前往401室进行现场检查、向物业工作人员了解情况，并对401室业主曹某某进行调查询问，查明事实后，向曹某某作出了《责令改正通知书》，并现场见证曹某某自行搬离了露台上堆放的花盆且拆除了台盆，后对夏某某作出《答复书》，将处理过程和结果告知夏某某，已依法履行了城市管理行政执法的法定职责，并无不当。

关联规定

《上海市城市管理行政执法条例》第十一条第一款第八项；《上海市城市管理行政执法条例实施办法》第五条第二款第三项；《上海市住宅物业管理规定》第八十五条；《上海市街道办事处乡镇人民政府首批行政执法事项目录清单》（沪府规〔2021〕10号）。

案例14：镇政府怠于履行法定职责公益诉讼案

要点提示

镇政府怠于履行法定职责，未督促当事人履行限期恢复原状的行政义务，导致所破坏的森林植被未及时得到恢复。检察机关提起公益诉讼，符合法律规定。

基本案情

J县居民王某受H公司的委托在国有林区违法开挖公路，J镇政府发现后责令其停止违法行为，立案调查结束后，J镇政府向王某、H公司送达了行政处罚告知书，听取其陈述申辩后，向王某、H公司送达了行政处罚决定书并送达。行政处罚决定书载明：H公司在未取得合法的林地征占用手续的情况下，委托王某在13林班21、22小班之间用挖掘机开挖公路长度为×米、平均宽度为×米、面积为××平方米，共计毁坏林地3.34亩，违反《中华人民共和国森林法》第七十四条规定，并决定对王某及H公司给予如下行政处罚：（1）责令限期恢复植被和林业生产条件；（2）处恢复植被和林业生产条件所需费用三倍的罚款。H公司交纳了罚款后，J镇政府即对该案予以结案。其后，J镇政府并未督促H公司和王某履行限期恢复植被和林业生产条件的行政义务，所破坏的森林植被至今没有得到恢复。

经群众反映，该县人民检察院向J镇政府发出检察建议，建议其依法履行职责，认真落实行政处罚决定，采取有效措施，恢复森林植被。J镇政府回复称自接到《检察建议书》后，即刻进行认真研究，采取了积极的措施，并派民警到王某家对其责令限期恢复原状进行催告，鉴于王某死亡，执行终止。对H公司，J镇政府没有向其发出催告书。

案例评析

本案争议焦点在于：（1）J镇政府是否为本案适格被告；（2）公益诉讼人提起本案行政公益诉讼是否符合起诉条件。

一、J镇政府是否为本案适格被告

《中华人民共和国森林法》第七十四条规定，"违反本法规定，进行开垦、采石、采砂、采土或者其他活动，造成林木毁坏的，由县级以上人民政府林业主管部门责令停止违法行为，限期在原地或者异地补种毁坏株数一倍以上三倍以下的树木，可以处毁坏林木价值五倍以下的罚款；造成林地毁坏的，由县级以上人民政府林业主管部门责令停止违法行为，限期恢复植被和林业生产条件，可以处恢复植被和林业生产条件所需费用三倍以下的罚款。违反本法规定，在幼林地砍柴、毁苗、放牧造成林木毁坏的，由县级以上人民政府林业主管部门责令停止违法行为，限期在原地或者异地补种毁坏株数一倍以上三倍以下的树木……"根据上述法律规定，县级林业部门有权对违法开垦、采石、采砂、采土或者其他活动，造成林木毁坏的行为进行行政处罚。经查明，《福建省人民政府关于赋予乡镇人民政府、街道办事处部分行政处罚权的决定》（闽政文〔2022〕3号）赋权乡镇人民政府、街道办事处部分行政处罚权工作。J镇政府所在市县将上述行政处罚事项赋权乡镇和街道，备案并向社会公布。根据《中华人民共和国行政诉讼法》第二十六条第六款规定，行政机关被撤销或者职权变更的，继续行使其职权的行政机关是被告。根据上述规定，J镇政府行使原来由J县林业局行使的林业行政处罚权，J县林业局不再行使相应的行政处罚权，因此，J镇政府是适格的被告主体。

二、公益诉讼人提起本案行政公益诉讼是否符合起诉条件

最高人民法院《人民法院审理人民检察院提起公益诉讼试点工作实施办法》第十一条规定："人民检察院认为在生态环境和资源保护、国有资产保护、国有土地使用权出让等领域负有监督管理职责的行政机关或者法律、法规、规章授权的组织违法行使职权或不履行法定职责，造成国家和社会公共利益受到侵害，向人民法院提起行政公益诉讼，符合行政诉讼法第四十九条第二项、第三项、第四项规定的，人民法院应当登记立案。"第十二条规定："人民检察院提起行政公益诉讼应当提交下列材料：（一）行政公益诉讼起诉状，并按照被告人数提出副本；（二）被告的行为造成国家和社会公共利益受到侵害的初步证明材料；（三）人民检察院已经履行向相关行政机关提出检察建议、督促其纠正违法行政

行为或者依法履行职责的诉前程序的证明材料。"第十三条规定："人民检察院提起行政公益诉讼，可以向人民法院提出撤销或者部分撤销违法行政行为、在一定期限内履行法定职责、确认行政行为违法或者无效等诉讼请求。"第十四条规定："人民检察院以公益诉讼人身份提起行政公益诉讼，诉讼权利义务参照行政诉讼法关于原告诉讼权利义务的规定。行政公益诉讼的被告是生态环境和资源保护、国有资产保护、国有土地使用权出让等领域行使职权或者负有行政职责的行政机关，以及法律、法规、规章授权的组织。"第二十四条规定："本办法适用于北京、内蒙古、吉林、江苏、安徽、福建、山东、湖北、广东、贵州、云南、陕西、甘肃等十三个省、自治区、直辖市。"

本案中：（1）人民检察院以公益诉讼人身份提起行政公益诉讼，符合《中华人民共和国行政诉讼法》第二十五条第四款规定，即"人民检察院在履行职责中发现生态环境和资源保护、食品药品安全、国有财产保护、国有土地使用权出让等领域负有监督管理职责的行政机关违法行使职权或者不作为，致使国家利益或者社会公共利益受到侵害的，应当向行政机关提出检察建议，督促其依法履行职责。行政机关不依法履行职责的，人民检察院依法向人民法院提起诉讼"。（2）J镇政府作为生态环境和资源保护领域负有监督管理职责的行政机关不履行法定职责，造成国家和社会公共利益受到侵害，系行政公益诉讼的被告。（3）检察院向J镇政府发出检察建议，但J镇政府仍未催告H公司限期恢复原状。（4）人民检察院提起行政公益诉讼，可以向人民法院提出撤销或者部分撤销违法行政行为、在一定期限内履行法定职责、确认行政行为违法或者无效等诉讼请求。因此，公益诉讼人提起本案诉讼符合最高人民法院《人民法院审理人民检察院提起公益诉讼试点工作实施办法》规定的行政公益诉讼受案范围，符合起诉条件。

J镇政府在查明H公司及王某毁坏林地的事实后，作出对H公司和王某责令限期恢复原状和罚款的行政处罚决定，符合法律规定，但在H公司缴纳罚款后没有督促 H 公司和王某对破坏的林地恢复原状，也没有代为履行，致使 H 公司和王某擅自改变的林地至今没有恢复原状，且未提供证据证明有相关合法、合理的事由，其行为显然不当，属于怠于履行法定职责的行为。行政处罚决定没有执行完毕，J 镇政府依法应该继续履行法定职责，采取有效措施，督促行政相对人限期恢复被改变林地的原状。

关联规定

《中华人民共和国森林法》第七十四条；《中华人民共和国行政诉讼法》第七十条、第七十四条。

案例 15：镇政府未对申请信息进行区别，"笼统"答复案

要点提示

> 当事人要求某镇政府出具征地相关政府文件，及对其实施行政强制执行的法定程序、理由、依据，镇政府作出"笼统"答复，不符合法律规定。

基本案情

2020 年 5 月 8 日，胡某添向某镇政府提交《行政处理申请书》及相关材料，申请事项为"一、要求某镇政府出具高某路、某开发区对胡某添鱼塘和耕地的征地相关政府文件，及对胡某添实施行政强制执行的法定程序、理由、依据。二、承担胡某添多年上访的合理费用"。2020 年 6 月 12 日，某镇政府作出《某镇人民政府关于胡某添提出行政处理申请的回复》（以下简称《回复》），就胡某添的申请事项回复如下："一、你若需要了解高某路、某开发区政府征地相关文件，请根据《中华人民共和国政府信息公开条例》相关规定，依法向有关部门提出申请；二、你申请的其他事项，不属于我府职权的处理范围，我府无法定

义务就该事项对你进行书面回复。"2020年6月17日,某镇政府将《回复》直接送达给胡某添。胡某添对该《回复》不服,于2020年6月23日向某区政府提出行政复议申请。2020年9月11日,某区政府作出《行政复议决定书》,维持某镇政府作出的《回复》。

案例评析

一、关于胡某添的申请事项是否属于政府信息公开范围的问题

《中华人民共和国政府信息公开条例》第二条规定:"本条例所称政府信息,是指行政机关在履行行政管理职能过程中制作或者获取的,以一定形式记录、保存的信息。"第二十条规定:"行政机关应当依照本条例第十九条的规定,主动公开本行政机关的下列政府信息:(一)行政法规、规章和规范性文件;(二)机关职能、机构设置、办公地址、办公时间、联系方式、负责人姓名;(三)国民经济和社会发展规划、专项规划、区域规划及相关政策;(四)国民经济和社会发展统计信息;(五)办理行政许可和其他对外管理服务事项的依据、条件、程序以及办理结果;(六)实施行政处罚、行政强制的依据、条件、程序以及本行政机关认为具有一定社会影响的行政处罚决定;(七)财政预算、决算信息;(八)行政事业性收费项目及其依据、标准;(九)政府集中采购项目的目录、标准及实施情况;(十)重大建设项目的批准和实施情况;(十一)扶贫、教育、医疗、社会保障、促进就业等方面的政策、措施及其实施情况;(十二)突发公共事件的应急预案、预警信息及应对情况;(十三)环境保护、公共卫生、安全生产、食品药品、产品质量的监督检查情况;(十四)公务员招考的职位、名额、报考条件等事项以及录用结果;(十五)法律、法规、规章和国家有关规定规定应当主动公开的其他政府信息。"胡某添申请公开的事项中有"高某路、某开发区对胡某添鱼塘和耕地的征地相关政府文件"的内容,符合上述规定,属于可公开且主动公开的政府信息。

二、关于胡某添申请政府信息公开的形式是否符合法律规定的问题

本案中,胡某添提交了书面的申请书,其上记载有胡某添姓名及联系方式,申请书虽名称为《行政处理申请书》,但其申请的事项内容系要求某镇政府公开"高某路、某开发区对胡某添鱼塘和耕地的征地相关政府文件,及对胡某添实施行政强制执行的法定程序、理由、依据",实质属于政府信息公开申请,应依照《中华人民共和国政府信息公开条例》的规定执行。根据《中华人民共和国政府信息公开条例》第二十九条规定:"公民、法人或者其他组织申请获取政府信息的,应当向行政机关的政府信息公开工作机构提出,并采用包括信件、数据电文在内的书面形式;采用书面形式确有困难的,申请人可以口头提出,由受理该申请的政府信息公开工作机构代为填写政府信息公开申请。政府信息公开申请应当包括下列内容:(一)申请人的姓名或者名称、身份证明、联系方式;(二)申请公开的政府信息的名称、文号或者便于行政机关查询的其他特征性描述;(三)申请公开的政府信息的形式要求,包括获取信息的方式、途径。"对于公民申请公开的政府信息的内容描述及申请的形式是否符合要求,乡镇(街道)应对此作出判断,若认为其申请在形式上存在缺陷或内容描述不清晰或不符合相关规定,乡镇(街道)应进行指导和释明并一次性告知限期补正。

三、关于某镇政府作出回复的方式是否符合法律规定的问题

根据《中华人民共和国政府信息公开条例》第三十六条规定:"对政府信息公开申请,行政机关根据下列情况分别作出答复:(一)所申请公开信息已经主动公开的,告知申请人获取该政府信息的方式、途径;(二)所申请公开信息可以公开的,向申请人提供该政府信息,或者告知申请人获取该政府信息的方式、途径和时间;(三)行政机关依据本条例的规定决定不予公开的,告知申请人不予公开并说明理由;(四)经检索没有所申请公开信息的,告知申请人该政府信息不存在;(五)所申请公开信息不属于本行政机关负责公开的,告知申请人并说

明理由；能够确定负责公开该政府信息的行政机关的，告知申请人该行政机关的名称、联系方式；（六）行政机关已就申请人提出的政府信息公开申请作出答复、申请人重复申请公开相同政府信息的，告知申请人不予重复处理；（七）所申请公开信息属于工商、不动产登记资料等信息，有关法律、行政法规对信息的获取有特别规定的，告知申请人依照有关法律、行政法规的规定办理。"乡镇（街道）应区别情况作出不同答复。本案中，某镇政府回复要求胡某添根据《中华人民共和国政府信息公开条例》相关规定，向有关部门提出申请。但对于胡某添应以何种形式、何种申请及应向哪一政府部门提交均未明确及释明，对于申请内容不明确的，也未告知胡某添作出更改、补充。根据《中华人民共和国政府信息公开条例》第三十六条规定，某镇政府应明确告知胡某添获取政府信息的机关的具体名称，但某镇政府却以"有关部门"笼统代替，违反了上述规定的要求。

此外，乡镇（街道）对胡某添提出的申请属于何种性质，应由乡镇（街道）进行释明，对申请中既包括可能是乡镇（街道）可以公开的信息，也包括可能是乡镇（街道）不公开的信息；既包括可能是乡镇（街道）的职责，也包括可能不是乡镇（街道）的职责，都应当先由乡镇（街道）向申请人予以释明、指引、明确，并依法分别予以答复。

关联规定

《中华人民共和国政府信息公开条例》第二条、第二十条、第二十九条、第三十条、第三十六条。

案例 16：镇政府信息公开工作年度报告未侵害公民信息案

要点提示

> 公民申请政府信息公开的事项，不属于私密信息。有关行政机关在制作政府信息公开工作年度报告时予以列明该自然人姓名，不属侵害公民姓名权、隐私权、个人信息权益的行为。

基本案情

2022 年 10 月，王五向某市某县某镇人民政府（以下简称某镇政府）申请政府信息公开，要求获取 2008—2022 年某镇政府关于新农村建设的政策拨款或补贴内容。2022 年 11 月，王五再次向某镇政府申请政府信息公开，要求获取 2008—2022 年某市某县某镇人民政府某村民委员会（以下简称某村民委员会）成员审计内容及审计目标、项目、明细。

某镇政府于 2023 年 1 月 20 日在某市某县人民政府（以下简称某县政府）门户网站公开了《某市某县某镇人民政府 2022 年政府信息公开工作年度报告》（以下简称《年度报告》），该报告第一项中总体情况部分第 2 项中有如下表述："我镇 2022 年全年共计收到依申请公开 2 件，申请时间分别为 2022 年 10 月 18 日、11 月 22 日，信息申请人均为王五，所申请事项为 2008—2022 年某镇政府关于新农村建设的政策拨款或补贴内容的申请、某村委会成员审计内容及目标、项目、明细等；我镇积极联系区信息公开办，按照相关文件要求，在规定的时间内给当事人邮寄送出了登记回执、答复告知书及书面答复材料。"

王五认为《年度报告》中特别强调政府信息公开申请人名称侵害其合法权益，向某县政府申请行政复议，复议请求为要求某镇政府变更《年度报告》中侵犯其合法权益内容并更新至各发布渠道，责令某镇政府对上述侵犯合法权益事实在区域内造成的不良影响发布道歉公告。某县政府受理该复议申请后，作出《行政复议决定书》（以下简称复议决定），认定某镇政府于2023年1月20日公开的《年度报告》认定事实清楚、适用法律正确、程序合法，作出了维持的复议决定，并送达给王五和某镇政府。

案例评析

本案的争议焦点在于乡镇人民政府在制作政府信息公开工作年度报告时列明申请人的姓名，是否侵害自然人的隐私权或者个人信息权益。

首先，本案中，王五要求某镇政府变更《年度报告》中的内容，但其并未按照《中华人民共和国政府信息公开条例》第四十一条的规定向某镇政府提出变更申请。且王五并未表示某镇政府所制作的《年度报告》的内容不准确，在案证据亦可以证明涉案《年度报告》记载的内容与客观事实一致。故本案不应适用《中华人民共和国政府信息公开条例》第四十一条的规定。

其次，王五在一审期间主张涉案《年度报告》侵害其个人隐私。《中华人民共和国政府信息公开条例》第十五条仅针对涉及个人隐私的信息不得公开予以规定，但对何谓个人隐私，并未明确予以规定。《中华人民共和国民法典》第一千零三十二条规定，自然人享有隐私权。任何组织或者个人不得以刺探、侵扰、泄露、公开等方式侵害他人的隐私权。隐私是自然人的私人生活安宁和不愿为他人知晓的私密空间、私密活动、私密信息。而本案仅可能涉及前述法条规定的私密活动和私密信息。私密活动是指一切个人的，与公共利益无关的活动。私密信息是指自然人不愿意公开的私密信息，如果该信息不属于公共领域，并且本人不愿意公开，则可能受到隐私权的保护。具体到本案中，王五提出政府信息公开申请，属于公民行使知情权的范畴。而该知情权的行使，是为了提高政府工作的透明度，是社会公众参与法治政府建设的一部分。故该行为不属于私密活动，形成的相关信息亦不属于私密信息。

关于王五主张的姓名权一节，《中华人民共和国民法典》第一千零一十二条规定，自然人享有姓名权，有权依法决定、使用、变更或者许可他人使用自己的姓名，但是不得违背公序良俗。第一千零一十四条规定，任何组织或者个人不得以干涉、盗用、假冒等方式侵害他人的姓名权或者名称权。本案中，某镇政府并未实施前述法条规定的行为，且并未将王五的名称用于商业用途。公开涉案《年度报告》是某镇政府依据政府信息公开条例第四条的规定履行行政管理职责的行为。

综上，依据《中华人民共和国政府信息公开条例》第五十条第一款第二项的规定，政府信息公开工作年度报告应当包括行政机关收到和处理政府信息公开申请的情况。故某镇政府公开《年度报告》的行为符合政府信息公开条例的规定且并未侵害王五的合法权益。

关联规定

《中华人民共和国民法典》第一千零一十二条、第一千零三十二条、第一千零三十四条；《中华人民共和国政府信息公开条例》第十条、第十五条、第四十一条。

案例17：镇政府在事故调查中未予回避确认违法案

> **要点提示**
>
> 某一起建筑工程事故中，镇政府是案涉工程的发包方，又作为事故调查组成员参与调查，有违程序正当的法治原则。

基本案情

涉案工程的发包方是镇政府，总承包方为建设公司，分包单位为A公司，监理单位为B监理公司。C公司是A公司道路石材铺设供货单位。C 公司将人行道砖转由建筑公司向 A 公司提供。建筑公司委托王某运输涉案工程工地货物，并与王某结算货物运输款。

王某驾驶叉车从地面往货车厢板倒车，因叉车失去重心侧翻将王某压在叉车下，经抢救无效导致王某死亡。区政府委托原某区安监局对一般生产安全事故（特种设备事故除外）组织事故调查组进行调查。事故发生后，原某区安监局、某区公安分局、镇政府等相关部门组成调查组赴现场调查取证，并形成《建筑公司车辆伤害死亡事故调查报告》（以下简称《事故调查报告》）。

调查组人员讨论通过《事故调查报告》，原某区安监局将《事故调查报告》报送区政府，区政府作出《批复》，并将《事故调查报告》及《批复》送达建筑公司。

案例评析

本案的争议焦点在于镇政府作为发包方本身就具有安全生产管理职责，镇政府是否需要回避。

《生产安全事故报告和调查处理条例》第十九条第二款规定，一般事故由事故发生地人民政府负责调查，人民政府可以授权或者委托有关部门组织事故调查组进行调查。第二十二条第二款规定，根据事故的具体情况，事故调查组由有关人民政府、安全生产监督管理部门、负有安全生产监督管理职责的有关部门、监察机关、公安机关以及工会派人组成，并应当邀请人民检察院派人参加。第二十三条规定，事故调查组成员应当具有事故调查所需要的知识和专长，并与所调查的事故没有直接利害关系。第二十五条规定，事故调查组履行下列职责：（1）查明事故发生的经过、原因、人员伤亡情况及直接经济损失；（2）认定事故的性质和事故责任；（3）提出对事故责任者的处理建议；（4）总结事故教训，提出防范和整改措施；（5）提交事故调查报告。第三十二条规定，负责事故调查的人民政府应当自收到事故调查报告之日起 15 日内作出批复。据此，区政府作为负责涉案事故调查的人民政府在收到事故调查组提交的事故调查报告后，具有作出关于事故调查报告批复的职责。根据上述规定，事故调查组的主要职责在于查明事故情况、认定事故责任并提交事故调查报告。政府部门一般不直接从事生产经营活动，通常情况下，属地镇人民政府参加事故调查组，参与事故调查及认定事故责任，有利于配合做好服务保障和相关社会管理工作。

但在本案中，镇政府是涉案新建工程项目的建设单位，在此特定情形下，镇政府就涉案项目建设的安全生产具有相应的安全生产责任，有可能是涉案生产安全事故的被调查对象。镇政府工作人员参加事故调查组，参与事故调查并认定事故责任，有违程序正当的法治原则。区政府批复同意该调查组作出的事故调查报告，显属不当。

关联规定

《生产安全事故报告和调查处理条例》第十九条第二款、第二十二条第二款、第二十五条、第二十三条、第三十二条。

案例 18：村民向镇政府申请村务信息公开被驳回案

要点提示

"履行行政管理职能过程中制作或者获取"是政府信息公开的前提。行政管理，体现的是管理者与被管理对象之间关系的不平等性，以命令服从为其主要特征。在村务公开行为中村民与村委会处于平等主体地位，不存在村民应当服从村委会的被管理属性，村务公开属于法定的自治范围；镇政府不直接参与村务公开，其依法查处村委会违反村务公开规定行为的职责并不影响在先的村务公开行为的自治性质；村务公开所涉资料在公开后依规向镇政府农村经营管理部门备案，该备案环节并不体现行政管理的本质特征，故备案材料也不属于履行行政管理职能过程中所获取的政府信息。

基本案情

张三称其于 2023 年 4 月 25 日向甲村申请村务公开，因甲村拒绝公开，于 2023 年 4 月 28 日向乙镇政府申请村务信息公开，乙镇政府应当履行公开职责，且以书面形式公开村务信息。乙镇政府答复引用法律错误，应当适用《中华人民共和国政府信息公开条例》第五十四条，乙镇政府有对村务公开监督的法定职责，应当调查核实并责令甲村公开。

乙镇政府称村级财务信息不属于信息公开的范围，根据《中华人民共和国村民委员会组织法》第三十条规定，其对张三的申请已履行了告知义务，村务公开事项不属于本案审查范围。

经查明：2023 年 4 月 28 日，张三向乙镇政府提出申请，要求公开"甲村 2000 年 1 月至 2023 年 3 月的村级财务一切收支明细账目——村镇村务公开（包括历届征地、村级投资、公共建设项目、村收支明细、村务事由等）"。乙镇政府于 2023 年 5 月 10 日作出《信息公开告知书》，答复张三申请的信息不属于《中华人民共和国政府信息公开条例》第二条规定的政府信息，张三可带好本人身份证直接到甲村进行登记查询。

案例评析

本案的争议焦点在于：村务信息是否等同于政府信息。

《中华人民共和国政府信息公开条例》第二条规定，本条例所称政府信息，是指行政机关在履行行政管理职能过程中制作或者获取的，以一定形式记录、保存的信息。因此，适用《中华人民共和国政府信息公开条例》有关规定予以公开的政府信息，须满足"履行行政管理职能过程中制作或者获取"这一前提。所谓行政管理，是指行政主体对公共事务的组织和管理活动,体现的是管理者与被管理对象之间关系的不平等性,以命令服从为其主要特征。

《农村集体经济组织财务公开规定》第九条规定,财务公开资料经村集体经济组织负责人、民主理财小组负责人和主管会计签字后公开,并报乡(镇)农村经营管理部门备案。对于能否从该规定认定乙镇政府在履行行政管理职能过程中获取了相关财务公开资料的问题,还需结合《中华人民共和国村民委员会组织法》的有关规定予以分析。根据该法第一条、第二条以及第五条的规定,该法立法目的是,在农村建立基层群众性自治组织即村委会,实行基层群众自治,由村民依法办理自己的事情,故对于属于村民自治范围内的事项,镇政府在指导、支持和帮助村委会的同时,依法不得干预;该法第三十条对村务公开制度作出了规定,明确了相关事项的公布主体为村委会,并应接受村民的监督和查询,结合该法第二十四条关于涉及村民利益须经村民会议讨论决定的事项的规定,本案张三所申请公开的信息即属村民自治范围内的事项;该法第三十一条规定了镇政府查处村委会违反村务公开规定行为的职责,但此处的查处属于镇政府的事后监督管理职责,与村委会村务公开分属不同阶段的不同行为,镇政府并不参与村务公开,其查处职责并不影响在先的村务公开行为的自治性质。

以上分析可知,第一,《中华人民共和国政府信息公开条例》第五十四条所规定的"法律、法规授权的具有管理公共事务职能的组织"应结合《中华人民共和国政府信息公开条例》第二条予以理解,是指法定授权下可以对公共事务履行行政管理职能的组织,但是,由村民会议讨论决定的事项属于村民自治范围内的事项,前述事项的财务收支情况由村委会予以村务公开,整个过程中村民与村委会处于平等主体地位,不存在村民应当服从村委会的被管理属性,故村委会村务公开行为不应适用《中华人民共和国政府信息公开条例》的规定。第二,乙镇政府是否依《中华人民共和国村民委员会组织法》第三十一条的规定履行监督职责,与本案乙镇政府是否依《中华人民共和国政府信息公开条例》相关规定履行政府信息公开职责,系不同的行政行为,前者不属于本案审理范围。第三,将村务公开所涉资料向镇政府农村经营管理部门备案,无需镇政府对相关资料审查核实,《农村集体经济组织财务公开规定》第九条的规定也表明,相关资料经相关人员签字后即予公开,进一步体现出村务公开属村民自治范围,该备案环节并不体现行政管理的本质特征,即使镇政府农村经营管理部门基于该备案规定留存有相关资料,也不属于《中华人民共和国政府信息公开条例》所规定的镇政府在履行行政管理职能过程中所获取的政府信息,张三可依法向相关基层群众性自治组织要求查询,乙镇政府向张三所作答复内容符合法律规定。

关联规定

《中华人民共和国村民委员会组织法》第二条第一款、第五条第一款、第三十条、第三十一条;《中华人民共和国政府信息公开条例》第二条、第五十四条;《农村集体经济组织财务公开规定》第九条。

案例19:乡镇政府不予特困人员供养行政确认纠纷案

> **要点提示**
>
> 行政相对人有法定赡养义务人,乡镇政府认为其不符合特困人员救助供养条件,不纳入特困人员救助供养,符合法律规定。

基本案情

R生于1955年,系江西省W区W镇X村村民,主要以务农为生。2008年,R与李某离婚,婚姻期间两人生育一子小R。

2020年,江西省W区W镇X村村民委员会作为甲方与乙方小R、丙方R达成《协议书》,该《协议书》记载:因丙方年老多病,需要亲人实行监护，经乙方与丙方协商，一致同意由乙方对丙方进行监护，同时接受甲方的管理监督，并就具体事宜进行了约定。2021年12月，R向W镇政府提交《江西省特困人员救助供养申请书》，以其无劳动能力、无生活来源为由，申请分散供养。

2022年1月，W镇政府作出《关于R同志申请享受特困人员救助供养的回复》，认为R有法定赡养义务人，不符合特困人员救助供养条件，不纳入特困人员救助供养。R不服，向W区人民政府申请行政复议。行政复议期间，R申请撤回行政复议，W镇政府自行撤销了《关于R同志申请享受特困人员救助供养的回复》。

2022年7月10日，W镇政府作出《江西省特困人员生活自理能力评估表》，认为R具备生活自理能力。

2022年7月11日，江西省W区W镇X村村民委员会组织村社干部、监督委员、理事及部分村民共22人，召开了关于R申请特困人员民主评议会，参会人员一致不同意将R纳入特困人员供养名单。

2022年7月12日，经授权江西省W区救助家庭经济状况核查认定中心作出《江西省社会救助家庭经济状况信息核查认定报告书》《江西省社会救助家庭经济状况信息核查认定报告》（个人详情），发现小R有某公司工商登记信息，小R名下还有小型轿车一辆。

2022年7月26日，W镇政府作出《特困人员救助供养审批结果通知书》，将不符合特困人员救助供养条件的R，不纳入特困人员救助供养。R于2022年8月2日收到前述《特困人员救助供养审批结果通知书》后，以W镇政府为被申请人，向W区人民政府申请行政复议，要求对W镇政府不予纳入特困人员救助供养进行复议，并要求对W镇政府的违法行为进行审查。2022年8月8日，W区人民政府受理了R的复议申请。

W区人民政府于2022年9月19日作出《行政复议决定书》，认为R不符合特困人员认定条件，维持了W镇政府于2022年7月26日作出的《特困人员救助审批结果通知书》，认为关于低保的复议申请不符合行政复议受理条件，驳回了 R 关于低保的行政复议申请。

案例评析

一、W 镇政府对 R 作出的不予特困人员供养的行政行为是否合法

根据《社会救助暂行办法》第三条、第十一条、第十六条之规定，W 区民政部门具有对 W 行政区域内的特困人员供养申请进行审批的法定职责。《江西省人民政府关于调整赋予乡镇（街道）县级审批服务执法权限和经济发达镇县级经济社会管理权限指导目录的通知》（赣府发〔2021〕23 号）中《江西省赋予乡镇（街道）县级审批服务执法权限指导目录》第 89 项规定，江西省政府将"特困人员对象认定"的行政职权赋予乡镇（街道），经查，W 镇政府为经济发达镇，经济发达镇所在 W 区政府在江西省决定赋权范围内选取承接的行政权力事项形成目录清单，以印发通知的形式向社会公布并报市政府备案。因此，W 镇政府具有对 W 行政区域内的特困人员供养申请进行审批的法定职责。根据《中华人民共和国行政诉讼法》第二十六条第二款的规定，经复议的案件，复议机关决定维持原行政行为的，作出原行政行为的行政机关和复议机关是共同被告，故 W 镇政府与 W 区人民政府是本案适格被告。

二、W 区人民政府对前述原行政行为予以维持的复议行为是否合法

根据《社会救助暂行办法》第十四条之规定，国家对无劳动能力、无生活来源且无法定赡养、抚养、扶养义务人，或者其法定赡养、抚养、扶养义务人无赡养、抚养、扶养能力的老年人、残疾人以及未满 16 周岁的未成年人，给予特困人员供养。本案现有证据能够证明，R 具备劳动能力和生活自理能力，通过种植庄稼和饲养家禽具有生活来源。另，R 有法定赡养义务人小 R，小 R 亦有赡养能力。故，R 的条件不符合前述规定，不应享受特困人员供养。W 镇政府于 2022 年 7 月 26 日作出《特困人员救助审批结果通知书》，将 R 不予纳入特困人员供养的行

为符合前述规定，应予以支持。

综上，W 镇政府于 2022 年 7 月 26 日作出《特困人员救助审批结果通知书》，将 R 不予纳入特困人员供养以及 W 区人民政府作出的《行政复议决定书》，维持前述原行政行为事实清楚，证据确凿，适用法律、法规，符合法定程序。W 镇政府在受理 R 的特困人员救助供养申请之后，依法对 R 进行了询问，在 R 所在社区进行了调查，并对 R 的生活自理能力进行了评估，对小 R 的家庭经济状况进行了核查，且经过了所在村民委员会民主评议，可以认定 R 具有赡养能力的法定赡养义务人（其子）小 R，R 本人也并未丧失劳动能力和生活自理能力，W 镇政府据此认定 R 不符合特困人员救助供养条件是符合前述规定的，其所作出的《特困人员救助审批结果通知书》于法有据。W 区人民政府收到 R 的行政复议申请书后，按照《中华人民共和国行政复议法》第十七条、第二十二条、第二十三条及第三十一条的规定，履行了受理、审查、在法定期限内作《行政复议决定书》。

关联规定

《社会救助暂行办法》第三条、第十一条、第十六条；《江西省人民政府关于调整赋予乡镇（街道）县级审批服务执法权限和经济发达镇县级经济社会管理权限指导目录的通知》（赣府发〔2021〕23 号）中《江西省赋予乡镇（街道）县级审批服务执法权限指导目录》第 89 项。

案例 20：恢复基本农田原种植条件行政强制案

要点提示

行为人破坏基本农田建造农场管理房，赋权乡镇政府依法予以行政处罚，要求行为人立即改正或者治理破坏的基本农田，恢复原种植条件，但行为人拒不履行行政处罚决定书，赋权乡镇政府申请法院强制执行行政处罚决定书，符合相关法律规定。

基本案情

申请执行人D镇人民政府以被执行人T农场未经批准，于2020年7月开始擅自在D镇A村破坏170平方米的基本农田建农场管理房，该行为违反了《基本农田保护条例》第十七条的规定，构成了破坏基本农田的违法事实为由，根据《基本农田保护条例》第三十二条、《福建省基本农田保护条例》第二十七条规定，并参照《福建省人民政府批转省土地局、省财政厅、省物委关于福建省耕地开垦费征收和使用规定的通知》（闽政〔2000〕文98号）中关于耕地开垦费的标准，于2021年9月作出《行政处罚决定书》，该决定书处罚内容为：（1）责令被执行人T农场立即改正或者治理破坏的基本农田，恢复原种植条件；（2）对遭到破坏的170平方米基本农田，处每亩××元的罚款。

申请执行人D镇人民政府依法向被执行人T农场送达《行政处罚决定书》，被执行人T农场在法定期限内既未申请复议也未依法向人民法院提起行政诉讼。2021年9月28日，被执行人T农场主动缴纳罚款。后D镇人民政府依法于2022年3月29日向被执行人T农场催告，催告书送达期限届满后被执行人T农场仍未主动履行《行政处罚决定书》的第1项内容。故D镇人民政府向所在地法院申请强制执行《行政处罚决定书》第1项内容。

案例评析

一、镇政府是否有权作出行政处罚

《基本农田保护条例》第三十二条规定："违反本条例规定，破坏或者擅自改变基本农田保护区标志的，由县级以上地方人民政府土地行政主管部门或者农业行政主管部门责令恢复原状，可以处1000元以下罚款。"根据上述法律规定，县级以上地方人民政府土地行政主管部门或者农业行政主管部门具有对破坏或者擅自改变基本农田保护区标志的违法行为进行行政处罚的职权。

根据《福建省人民政府办公厅关于印发福建省赋予经济发达镇部分县级经济社会管理权限的指导目录（一）的通知》（闽政办〔2020〕22号）第8项规定，省政府将原县级人民政府土地行政主管部门的行政处罚权赋予经济发达镇行使。经查，D镇人民政府在福建省政府公布的经济发达镇目录内。根据《基本农田保护条例》第三十二条的规定，D镇人民政府有权对行为人破坏或者擅自改变基本农田保护区标志的违法行为进行处罚，并作出行政处罚决定书。

另，根据《中华人民共和国行政强制法》第十三条的规定，"行政强制执行由法律设定。法律没有规定行政机关强制执行的，作出行政决定的行政机关应当申请人民法院强制执行"。因此，D镇人民政府系作出行政处罚决定的行政机关，申请人民法院强制执行，符合法律规定。

二、D镇政府申请法院强制执行行政处罚决定是否符合法律规定

本案中，申请执行人D镇人民政府作出了《行政处罚决定书》，在行政主体、行政权限、行为根据和依据方面符合法律规定，被执行人T农场在法律规定的期间内既不申请行政复议，也不提起行政诉讼，又未履行决定书确定的第1项义务，申请执行人D镇人民政府依法向法院申请强制执行，符合《中华人民共和国行政强制法》第五十三条、第五十四条规定。

关联规定

《中华人民共和国行政强制法》第十三条、第五十三条、第五十四条；《中华人民共和国行政诉讼法》第九十七条；《基本农田保护条例》第三十二条；《福建省基本农田保护条例》第二十七条；《福建省赋予经济发达镇部分县级经济社会管理权限的指导目录（一）》（闽政办〔2020〕22号）第8项。

案例21：城管局对当事人违法堆放土方进行行政处罚案

要点提示

> 区城管局发现当事人堆放土方，未按照规定设置围挡或采取有效覆盖措施，在不能密闭贮存的情况下，未设置不低于堆放物高度的严密围挡，也未采取有效覆盖措施，违反了《中华人民共和国大气污染防治法》相关规定，对其进行行政处罚。

基本案情

2021年1月11日，某区城管局在对北京市某区某山村林地的检查中发现，高某军存在对堆放的土方未按照规定设置围挡或采取有效覆盖措施，予以立案调查。当日，某区城管局完成现场检查，制作现场检查笔录，制发责令改正通知书，当场责令高某军改正违法行为。当日告知高某军享有陈述、申辩的权利和配合接受调查的义务，对高某军进行询问，制作询问笔录；制发听证告知书和行政处罚事先告知书，对高某军进行送达，高某军在送达回证上签字。高某军在法定期限内未提出听证要求，未进行陈述和申辩。2021年1月17日某区城管局作出《北京市某区城市管理综合行政执法监察局行政处罚决定书》（以下简称处罚决定），主要内容为：高某军在北京市某区某山村林地堆放土方，未对土方进行覆盖，容易造成扬尘，影响大气环境。违反了《中华人民共和国大气污染防治法》第七十二条第一款"贮存煤炭、煤矸石、煤渣、煤灰、水泥、石灰、石膏、砂土等易产生扬尘的物料应当密闭；不能密闭的，应当设置不低于堆放物高度的严密围挡，并采取有效覆盖措施防治扬尘污染"的规定，依据《中华人民共和国大气污染防治法》第一百一十七条第二项"违反本法规定，有下列行为之一的，由县级以上人民政府生态环境等主管部门按照职责责令改正，处一万元以上十万元以下的罚款；拒不改正的，责令停工整治或者停业整治……（二）对不能密闭的易产生扬尘的物料，未设置不低于堆放物高度的严密围挡，或者未采取有效覆盖措施防治扬尘污染的"规定，对高某军处以罚款人民币5万元整。高某军不服某区城管局作出的处罚决定，于2021年4月15日向北京市某区人民政府（以下简称某区政府）申请行政复议。2021年4月19日，某区政府将行政复议答复通知书、行政复议申请书副本及相关材料发送至某区城管局。2021年4月25日，某区城管局提出书面答复，并提交相关证据材料。2021年6月13日，某区政府作出了《行政复议决定书》（以下简称复议决定），维持了某区城管局作出的处罚决定，并于当日给高某军邮寄送达。

案例评析

本案件中作出的处罚决定及复议决定是否具有事实和法律依据

《中华人民共和国大气污染防治法》第七十二条第一款规定："贮存煤炭、煤矸石、煤渣、煤灰、水泥、石灰、石膏、砂土等易产生扬尘的物料应当密闭；不能密闭的，应当设置不低于堆放物高度的严密围挡，并采取有效覆盖措施防治扬尘污染。"《中华人民共和国大气污染防治法》第一百一十七条第二项规定："违反本法规定，有下列行为之一的，由县级以上人民政府生态环境等主管部门按照职责责令改正，处一万元以上十万元以下的罚款；拒不改正的，责令停工整治或者停业整治……（二）对不能密闭的易产生扬尘的物料，未设置不低于堆放物高度的严密围挡，或者未采取有效覆盖措施防治扬尘污染的。"《北京市大气污染防治条例》第八十二条第一款规定："煤炭、水泥、石灰、石膏、砂土等产生扬尘的物料应当密闭贮存；不具备密闭贮存条件的，应当在其周围设置不低于堆放物高度的围挡并有效覆盖，不得产生扬尘。"第一百二十条规定："违反本条例第八十二条规定的，由城市管理综合执法部门责令限期改正，处一万元以上十万元以下罚款；其中，对工业企业，由环境保护行政主管部门责令改正，处一万元以上十万元以下罚款；拒不改正的，责令停工整治或者停业整治。"本案中，高某军在某村林地堆放土方，在不能密闭贮存的情况下，未设置不低于堆放物高度的严密围挡，也未采取有效覆盖措施。某区城管局据此作出处罚决定及某区政府作出的复议决定，认定事实清楚，适用法律正确，具有事实和法律依据。

关联规定

《中华人民共和国大气污染防治法》第七十二条、第一百一十七条；《北京市大气污染防治条例》第八十二条、第一百二十条；《北京市人民政府关于向街道办事处和乡镇人民政府下放部分行政执法职权并实行综合执法的决定》（京政发〔2020〕9号）。

图书在版编目（CIP）数据

乡镇（街道）综合行政执法法律顾问实务 / 郑新芝主编；福建建达律师事务所编著. -- 北京：中国法制出版社，2024.8. -- ISBN 978-7-5216-4575-0

Ⅰ. D922.114

中国国家版本馆 CIP 数据核字第 2024A2Y782 号

策划编辑/责任编辑：黄会丽　　　　　　　　　　　封面设计：周黎明

乡镇（街道）综合行政执法法律顾问实务
XIANGZHEN（JIEDAO）ZONGHE XINGZHENG ZHIFA FALÜ GUWEN SHIWU

主编/郑新芝
编著/福建建达律师事务所
经销/新华书店
印刷/三河市紫恒印装有限公司
开本/730 毫米×1030 毫米　16 开　　　　　　　印张/ 33.75　字数/ 398 千
版次/2024 年 8 月第 1 版　　　　　　　　　　　2024 年 8 月第 1 次印刷

中国法制出版社出版

书号 ISBN 978-7-5216-4575-0　　　　　　　　　定价：98.00 元

北京市西城区西便门西里甲 16 号西便门办公区
邮政编码：100053　　　　　　　　　　　　　　传真：010-63141600
网址：http：//www.zgfzs.com　　　　　　　　编辑部电话：010-63141784
市场营销部电话：010-63141612　　　　　　　　印务部电话：010-63141606

（如有印装质量问题，请与本社印务部联系。）